북한연구학회 연구총서 01

김정은시대의 정치와 외교

선군인가, 선경인가

북한연구학회 기획 | 우승지 편저

North Korea's Politics and Diplomacy under Kim Jong-un

한울
아카데미

이 도서의 국립중앙도서관 출판예정도서목록(CIP)은 서지정보유통지원시스템 홈페이지(http://seoji.nl.go.kr)와 국가자료공동목록시스템(http://www.nl.go.kr/kolisnet)에서 이용하실 수 있습니다. (CIP제어번호 : CIP2014035326)

차례

발간사 | 박종철 7

서문

김정은정권의 사상·권력·외교 | 우승지 11

제1부 신체제의 상징과 전략

제1장 김정은시대의 '김일성-김정일주의':
주체사상과 선군사상의 추상화 | 김근식 25

1. 머리말 25
2. 사회주의 이데올로기: '정당화'와 '동원'의 기제 27
3. 김일성시대와 주체사상: 실천이데올로기에서 순수이데올로기로 29
4. 김정일시대와 선군사상: 선군정치에서 선군사상으로 33
5. 김정은시대의 공식이데올로기: 김일성-김정일주의 40
6. 맺음말: 김정은시대의 실천이데올로기, 선경(先經)과 선민(先民) 48

제2장 김정은시대의 정치언어: 상징과 담론을 통해 본 김정은의 정치 | 전미영 57

1. 머리말 57
2. 김정은의 권력승계와 담화의 정치 62
3. 김정은의 '로작'과 ≪로동신문≫ 분석 66
4. 김정은시대의 상징과 담론 71
5. 김정은의 정치언어: '계승'의 언어, '전환'의 언어 82

제3장 김정은시대의 국가전략: 변화 양상과 전략적 함의 | 곽승지 88

1. 머리말 88
2. 김정은시대 북한의 변화 양상에 대한 해석 92
3. 김정은시대 북한의 국가목표 및 국가전략 102
4. 맺음말 114

제2부 3대 세습과 권력의 향배

제4장 김정은 권력승계 과정과 과도기 권력구조: 장성택 숙청 이전을 중심으로 | 이기동 121

1. 머리말 121
2. 김정은의 권력승계 과정 123
3. 과도기 권력구조의 변화 과정 132

제5장 김정은정권의 수령제와 당·정·군 관계 | 김갑식 144

1. 머리말 144
2. 수령제의 재구성: 수령-당 관계와 당정·당군 관계 146
3. 김일성시대와 김정일시대의 권력구조 151
4. 김정은정권의 '재구성된 수령제' 156
5. 맺음말 171

제6장 김정은시대 북한 최고인민회의 상임위원회의 역할과 엘리트 | 정성장 ········ 176

1. 머리말 176
2. 북한 최고인민회의와 최고인민회의 상임위원회의 역할 비교 179
3. 김정은시대 북한 최고인민회의 상임위원회의 역할 183
4. 북한 최고인민회의 상임위원회 엘리트 195
5. 맺음말 202

제7장 수령독재하 권력과 이권을 둘러싼 갈등, 그리고 장성택 숙청 | 박형중·최대석·박영자·장인숙 ········ 209

1. 머리말 209
2. 수령독재하 권력과 이권을 둘러싼 갈등 동학의 기본 모델 211
3. 권력세습 과정에서 권력과 이권 갈등의 전개와 장성택 220
4. 맺음말 234

제3부 대외갈등의 지속 또는 대타협의 모색

제8장 김정은시대 북한의 대외전략: 지속과 변화의 '병진노선' | 황지환 ········ 243

1. 머리말 243
2. 신년사를 통해 본 '지속과 변화의 병진노선' 245
3. 김정은시대의 대외관계 재검토: 위기 고조와 긴장 완화의 병진 252
4. 김정은시대의 대외전략과 병진노선의 구조적 모순 262

5. 김정은시대 한국의 대북정책 272

제9장 김정은정권의 혼합외교: 갈등과 협력의 조화 혹은 엇박자 | 서보혁 ············ 277

1. 머리말: 김정은정권의 대외정책을 보는 방법 277
2. 북한의 대외정책 대강: 인식, 목표, 수단 279
3. 김정은정권의 대외정책 284
4. 김정은정권의 대외정책 특징과 과제 301

제10장 중국의 부상에 대한 김정은정권의 헤징전략 | 장용석 ······················ 306

1. 머리말 306
2. 정치·외교적 대응: 자주와 연성균형 311
3. 군사적 대응: 자위와 내적 균형 319
4. 경제적 대응: 자립과 협력 대변화 322
5. 맺음말 327

제11장 장성택 처형 이후 북한의 대남정책 | 양무진 ································· 334

1. 머리말 334
2. 북한의 대남정책 추진 배경 및 변화 336
3. 장성택 처형 이후 북한의 대남정책 전개 과정 342
4. 최근 북한 대남정책의 특징 348
5. 맺음말 355

발간사

북한 연구는 자료의 제약, 접근의 제약, 방법론의 제약 등 여러 가지 어려움을 안고 있습니다. 이러한 어려움 속에서도 연구자들의 노력에 힘입어, 그동안 북한 연구는 양적으로 확대되고 질적으로 발전했습니다. 이제 북한 연구는 하나의 지역학이자 여러 학문이 학제적으로 연결된 융합 학문을 지향해야 할 때입니다. 이러한 노력의 일환으로 북한 연구의 성과를 되짚어보고, 향후 연구 방향을 모색하기 위해 '북한연구학회 연구총서'를 발간하게 되었습니다.

그동안 북한연구학회 차원에서 북한 연구의 성과를 집대성하고, 연구 방향과 방법론을 모색하기 위해 여러 시도를 했습니다. 『분단반세기 북한 연구사』(1999)는 분단 이후 북한 연구의 분야별 업적을 종합적으로 검토했다는 점에서 의미가 있습니다. 또한 2006년 총 10권으로 발행된 총서 '북한의 새인식'은 북한의 정치, 경제, 군사, 사회, 외교 등 10개 분야에 걸쳐 북한의 진면목을 종합적으로 정리했다는 점에서 주목을 받았습니다.

북한연구학회 차원에서 추진된 이러한 업적을 바탕으로 김정은시대의 북한체제를 종합적으로 분석하기 위한 총서를 발간하게 되었습니다. 이것은 김정은체제가 공식적으로 출범한 지 3년이 가까워진 시점에 북한연구학회 차원에서 김정은시대를 조망할 수 있는 객관적 프리즘을 제시할 필요성이 있다는 점을 고려한 것이기도 합니다.

이번 '북한연구학회 연구총서'의 대주제는 '김정은체제: 유산과 도전, 새로운 국가전략의 모색'이라고 할 수 있습니다. 김정은체제는 이념과 권력구조, 경제사회시스템 등 유산의 제약 속에서 새로운 방향을 모색하기 위해 노력하고 있는 것으로 보입니다. 또한 국가와 경제·사회관계의 변화, 주민의식의 변화, 국제환경의 변화 등의 도전에 직면해 있습니다. 이러한 상황에서 김정은체제는 '경제·핵 병진노선'을 국가전략으로 채택하고, 공세적 대외·대남전략을 추진하고 있습니다. 김정은체제의 이러한 국가전략에는 근본적 한계와 함께 여러 가지 장애 요인이 있습니다. 이러한 김정은체제의 모습과 딜레마를 객관적이고 다양한 시각을 통해 조망하는 것은 학문적으로, 그리고 정책적 측면에서 의미 있는 작업이라고 생각합니다.

이번 총서는 총 다섯 권으로 구성되어 있습니다. 김정은시대를 조망하기 위한 총서 1~3권은 각각 ① 정치·외교·안보, ② 경제·사회, ③ 문화·예술·과학기술·도시환경을 다루고 있습니다. 이 세 권은 김정은시대에 초점을 맞추되 배경의 이해가 필요할 경우 시기적으로 김정은시대를 거슬러 올라가는 내용을 포함했습니다. 아울러 김정은시대를 이해하기 위한 핵심 쟁점을 다각적으로 분석했습니다. 또한 총서 4권은 북한 연구의 방법론에 대한 것입니다. 특히 지난 10여 년 동안 북한의 시장화, 계층화, 사회화, 도시화 등의 새로운 양상을 포착하기 위해 적용한 다양한 연구 방법을 소개했습니다. 마지막으로 총서 5권에는 통일담론 및 통일정책과 관련된 12개의 질문에 대한 글을 담았습니다.

이번 기획은 시간적 제약, 예산의 제약, 집필진 확보의 어려움 등 여러 가지 현실적 여건을 감안해 기존 발표 논문을 재수록하거나 수정본, 새로 작성된 논문을 같이 포함하는 절충 방식으로 추진되었습니다. 이러한 여러 가지 현실적 어려움과 총서 권수의 제약 등으로 제한된 연구자들의 연구 성과만

이 소개된 점을 매우 안타깝게 생각합니다. 앞으로 여건이 허락된다면 기획 목적에 충실한 새로운 논문들로 구성된 총서가 발간되어 더 많은 연구자들의 업적이 소개되는 기회가 있기를 바랍니다.

이번 총서를 기획하는 데 많은 분이 수고를 해주셨습니다. 특히 총서 발간 위원회 위원장이라는 부담스럽고 수고스러운 직책을 흔쾌히 맡아 애써주신 박순성 교수님에게 진심으로 감사드립니다. 아울러 분야별로 기획과 편집을 맡아 수고한 우승지 교수님, 양문수 교수님, 전미영 교수님, 조영주 교수님의 노고에도 깊은 감사를 드립니다. 이분들의 학문에 대한 열정과 북한연구학회에 대한 애정이 없었다면 이번 총서는 햇빛을 보지 못했을 것입니다. 끝으로 출판업계의 어려움 속에서도 총서를 발간해준 도서출판 한울의 김종수 사장님과 편집을 맡아 수고한 신유미 씨에게도 감사드립니다.

2014년 12월

한 해가 저물어가는 겨울 언저리에서

북한연구학회장 박종철

김정은정권의 사상·권력·외교

김정은정권의 출범

2011년 12월 17일 김정일 국방위원장의 사망과 함께 그의 아들인 김정은에게 권력이 승계되었다. '3대 세습'이라는 별칭이 상징하듯 해방 이후 북한의 근 70년의 현대사는 오로지 김일성 가문에 의해 통치되는 특이한 현상을 보이고 있다. 이는 '백두혈통'의 역사와 북한 현대사가 긴밀하게 얽혀 있는 형국이다. 이런 현상은 자연스럽게 김일성 가문 통치의 끝은 어디이며, 어떤 모습으로 끝날지에 대한 질문을 가져온다. 또한 백두혈통 외의 지배구조 형성이 가능한지, 가능하다면 그것이 어떤 모습일지 궁금증을 자아낸다.

김정일 사망 직후 2012년 2월 23~24일 북한과 미국은 베이징에서 회담을 가지고 일련의 합의를 이루어냈다. 그러나 기쁨도 잠시, 4월 13일 북한의 위성 발사 시도로 북·미관계는 다시 냉랭해졌다. 북한은 2012년 12월 12일 광명성 3-2호 발사에 이어 국제사회의 반대에도 김정은으로의 권력승계 1년을 조금 넘긴 시점인 2013년 2월 12일 핵실험을 단행했다. 2006년 10월 9일 제1차 핵실험, 2009년 4월 25일 제2차 핵실험에 이은 제3차 핵실험이었다. 북한은 핵억지력의 보유가 김정일의 유훈이라며, 이를 사회주의 강성대국 건설전략의 성과로 선전했다.

2013년 3월 31일 조선로동당 중앙위원회 전원회의는 경제·핵 병진노선을 채택함으로써 향후 김정은체제의 진로를 밝혔다. 핵무장과 장거리미사일 개발은 김정은정권과 국제사회의 조우가 결코 순탄치 않을 것임을 예고하는 것이다. 김정일체제 당시의 내외 현안들이 고스란히 김정은체제로 이월된 느낌이다. 인권과 인도주의, 경제개발과 무력증강, 자주와 동맹, 개방 대 폐쇄, 민족공조 대 국제공조, 국제사회의 규범과 자주성, 선군과 평화 등 우리에게 익숙한 용어들이 여전히 북한 문제를 이해하는 데 핵심어가 되고 있다. 김정은정권은 외적으로 중국과의 원만하지 않은 관계, 미국과의 관계 악화, 한국과의 대립 문제를 풀어야 하고, 내적으로 대북 제재 속에서 경제를 회생시켜야 하는 짐을 짊어졌다. 3대 세습의 부담을 떨쳐내고 굳건하게 정권의 뿌리를 내릴 수 있을지도 관심의 대상이다. 이번 총서의 제1권은 김정은시대 북한의 정치, 외교, 안보의 현실을 분석하고 이를 바탕으로 북한의 미래를 조망한다. 이 책은 신체제의 상징과 전략, 3대 세습과 권력의 향배, 대외정책의 방향 등 총 3부로 구성되어 있다. 각 부에서 김정은정권의 사상, 권력, 외교를 살펴보는 것이다. 김정은시대 담론의 특징은 무엇이며 새로운 국가전략이 형성되고 있는가? 이전 시기와 확연히 구별되는 김정은 권력체계의 특징은 무엇인가? 김정일시기 북한과 국제사회의 갈등과 협상의 순환은 반복될 것인가? 이러한 질문의 답변을 모색하는 나침반 역할을 해줄 글 11편을 이 책에 모았다.

신사상과 신전략의 태동

제1부는 사상, 상징과 담론, 국가전략을 다룬 세 편의 글을 담고 있다. 우선 제1장 「김정은시대의 '김일성-김정일주의': 주체사상과 선군사상의 추상화」에서 김근식은 김일성-김정일주의의 성격을 조망한다. 그는 "압축적 후

계 기간과 짧은 권력승계 기간을 거친" 김정은체제가 "이제 막 주조된 시스템"으로 치밀하게 조직화된 사상체계를 갖기에는 조금 이르다고 평가한다. 김일성-김정일주의라는 명칭만 제시되었지 아직 구체적인 내용이 부족하다는 것이다. 그는 정치적으로 권력이 공고화되고 경제적으로 발전노선을 확고히 한 시점에서 김정은시대에 맞는 통치이데올로기 담론이 제시될 것으로 예상한다.

또한 김근식은 정당화(legitimization)와 동원(mobilization)의 기능을 담당하는 이데올로기를 순수이데올로기와 실천이데올로기로 나눈다. 김일성시대에 마르크스레닌주의가 순수이데올로기의 역할을, 주체사상이 실천이데올로기의 역할을 수행했다고 전제한 후 1980년대 들어 주체가 마르크스레닌주의를 대체하면서 순수이데올로기로 격상되었다고 해석한다. 1990년대 체제 위기 극복의 순간에는 '붉은기철학'이 대두했고, 김정일시대가 본격적으로 열리면서 인민계급보다 군대를 앞세우는 선군정치가 등장하여 1990년대 북한의 실천이데올로기 기능을 수행했다. 2000년대 선군정치가 선군사상으로 탈바꿈하면서 북한은 선군의 기원을 김일성의 항일무장투쟁에서 찾기 시작했다.

김정은시대의 공식이데올로기로 김일성-김정일주의가 주창되었다. 김일성-김정일주의는 주체사상과 선군사상을 하나의 이데올로기로 통합시킨 것이다. 김근식은 김일성-김정일주의의 제창과 함께 북한 정권이 "역동적이고 현실적인 실천이데올로기를 형성해낼 수 있는 공간을 확보"하게 되었다고 본다. 그는 주체와 선군이 순수이데올로기로 격상되면서 급진적 노선에서의 탈피가 가능해졌고, 향후 선경과 선민의 김정은식 발전전략이 나올 수도 있다는 기대감을 표시하면서 글을 맺는다.

제2장 「김정은시대의 정치언어: 상징과 담론을 통해 본 김정은의 정치」에서 전미영은 김정은시대의 이미지 정치에 초점을 맞춘다. 전미영은 이 글에

서 선대의 향수를 불러일으키는 헤어스타일, 몸동작, 소탈한 태도 등 집권 초기 김정은의 상징 조작에 주목한다. 이어서 2012년 한 해 동안 출간된 김정은의 담화문과 ≪로동신문≫ 사설을 대상으로 북한 정권의 정치언어를 분석한다. 김정은의 담화에는 혁명계승, 유훈관철, 인민생활 향상, 지하자원 개발의 엄격한 관리, 김정일애국주의, 김일성 - 김정일주의가 빈번히 등장한다. ≪로동신문≫ 사설에 주로 나오는 핵심어의 빈도는 김정은영도, 김정일애국주의, 인민생활향상, 김정일유훈, 김일성 - 김정일주의, 혁명계승, 경제강국, 강성국가, 1970년대(식), 선군, 애국, 과학중시, 최첨단, 조국통일 순이다.

전미영에 따르면 김정은의 정치언어는 기본적으로 선대의 언어인 '주체'와 '선군'의 연장선상에 있다. 이는 계승과 답습을 특징으로 하며 독자적인 정치언어가 부족한 면을 보이는 것이라고 할 수 있다. 그는 김정은이 영상 측면에서는 김일성을 재연하고, 언어 측면에서는 김정일을 재연해 활동한다고 보고, "아직까지 김정은의 언어에는 김정일을 넘어서는 혁신과 개혁 의지가 감지되지 않고" 있다고 판단한다. 따라서 향후 북한은 체제 안전을 위한 선군 기조를 유지할 것이며, 경제개혁은 부차적 과제가 될 것이라고 전망한다.

제3장 「김정은시대의 국가전략: 변화 양상과 전략적 함의」는 김정은시대 북한의 전략적 변화에 대한 적절한 이해가 부족하다는 판단에서 출발한다. 곽승지는 변화 양상에 대해 더욱 '적극적인' 해석을 주문하면서 탈냉전 이후 줄곧 북한이 일정한 변화를 모색해왔음을 부각시키는 가운데 김정은시대 이후의 변화 양상에 주목한다. 그는 사회주의체제 내에서의 변화를 볼 것을 요구하면서 조선로동당 중심의 통치와 군에 대한 당의 확고한 영도 등 조선로동당의 위상과 역할, 법률과 제도를 적극적으로 정비하는 법치주의, 주민의 여가활동 장려 등 인민생활 향상을 위한 당국의 노력에서 북한의 변화를 읽어낸다.

곽승지에 따르면 북한의 국가목표는 사회주의 강성국가이며, 사회주의 강성국가는 경제강국과 문명(강)국 건설을 전면에 내세우고 주민생활 향상을 핵심 목표로 한다. 그는 김정은정권이 사회주의 강성국가 목표를 달성하기 위한 발전전략으로 개혁개방을, 안보전략으로 핵무장을, 전략적 마지노선으로 사회주의, 김일성-김정일주의 및 당의 유일적 영도 견지를 추구한다고 주장한다.

세습과 권력구조

3대 세습과 북한 정권의 권력구조를 다루는 제2부는 제4장 「김정은 권력승계 과정과 과도기 권력구조: 장성택 숙청 이전을 중심으로」, 제5장 「김정은정권의 수령제와 당·정·군 관계」, 제6장 「김정은시대 북한 최고인민회의 상임위원회의 역할과 엘리트」, 제7장 「수령독재하 권력과 이권을 둘러싼 갈등, 그리고 장성택 숙청」으로 구성되어 있다.

제4장에서 이기동은 북한의 후계구도에 초점을 맞추고 있다. 그는 김정은의 권력승계 과정을 후계자 유일지도체계 단계, 후계자 유일영도체계 단계, 수령 유일영도체계 단계로 삼분한다. 2009년 1월 8일부터 2011년 12월 17일까지의 후계자 유일지도체계 단계는 수령과 후계자 공동 정권을 그 특징으로 한다. 이 시기 북한은 국방위원장의 권능을 강화하는 개헌을 단행했고, 당 대표자회를 개최해 조선로동당 중앙군사위원회 부위원장직을 신설했으며, 당 규약을 개정해 당 총비서가 당중앙군사위원장직을 겸하게 했다. 김정일은 아들을 후계자로 지목하면서 2인자의 출현을 방지하고, 엘리트 간 충성경쟁을 유도하기 위해 견제와 균형의 원칙에 충실한 구상을 한 것으로 보인다. 그러나 군부 기반의 리영호 총참모장이 조기 실각하면서 이 균형은 깨졌다.

2011년 12월 17일부터 2012년 4월 13일까지의 후계자 유일영도체계 단계는 유훈통치기로 김정은이 주요 직책 중 최고사령관직을 먼저 맡아 군 장악을 중심으로 국정을 운영한 시기였다. 세 번째 시기인 수령 유일영도체계 단계에서 김정은은 조선로동당 제1비서와 국방위원회 제1위원장을 맡아 당·

정·군의 주요 사업과 인사를 관장했다. 이 시기 김정은의 통치 스타일은 이전 시대에 비해 공개성과 절차 준수성이 증가한 모습을 보였다. 김정은은 장성택 처형과 잇단 지도부 교체를 통해 자신의 통치 기반을 넓혀가는 중이다.

제5장에서 김갑식은 김정은정권의 권력구조의 특징을 수령제와 당·정·군 관계를 중심으로 살펴본다. 그에 따르면 김정은정권 들어 수령의 권한은 김일성·김정일시기에 비해 조금 약해진 상태다. 김일성은 당 안에서 수령의 권한을 행사하려 한 반면, 김정일은 수령과 당을 분리해 당을 자신의 통제 아래 두었다. 김정은은 분리되었던 수령과 당을 다시금 밀착시키고 있다. 김일성시대에 정과 군에 대한 당의 우위가 확고했다면 김정일시기에는 당의 공식 의사결정체계가 무력화되면서 비서국 중심으로 운영되었고, 김정은시대 들어와 다시 당의 공식 체계가 부활하는 중이다.

김일성시기에는 당의 그늘에 가려 정과 군의 독자 공간이 부족했고, 김정일시기에는 내각책임제 및 선군정치의 여파로 당·정·군 간 역할 분담이 강화되었다. 김정은시대에는 당적 지도가 복원되었음에도 역할 분담은 나름 유지되고 있는 것이다. 이상의 논의를 종합해 김갑식은 김일성시기를 '수령 절대적 우위의 통합형'과 '당적 지도와 역할 분담의 저발전'으로, 김정일시기를 '수령 절대적 우위의 분리형'과 '수령의 직할 통치와 역할 분담'으로, 김정은 시기를 '수령 상대적 우위의 밀착형'과 '당적 지도와 역할 분담의 절충'으로 개념화한다. 김갑식은 향후 김정은정권의 향배와 관련해 김정은 개인의 통치 능력, 공식적 의사결정체계의 실질적 작동 여부, 당 비서국의 축소 여부를 주요 기준점으로 제시한다.

제6장에서 정성장은 북한의 입법 및 국가 대표기구 중 하나인 최고인민회의 상임위원회의 위상과 역할을 자세히 살펴본다. 최고인민회의 상임위원회는 입법 활동뿐 아니라 국가를 대표하는 역할도 맡고 있으며, 통상 최고인민회의나 내각보다 더 높은 위상을 차지한다. 따라서 정성장은 최고인민회의

에 한국의 관심이 집중된 것은 현실과 어긋나며, 오히려 상임위원회의 위상과 활동에 더 초점을 맞춰야 한다고 주장한다.

상임위원회는 최고인민회의 휴회 기간 중 그 기능을 대행하여 정령을 통해 법을 채택하거나 기존 법률을 개정하는데, 사실상 헌법의 채택이나 수정을 제외한 다수의 입법 활동이 상임위원회를 통해 이루어진다. 또한 각종 상·훈장·칭호를 제정하고 수여함으로써 주민의 충성심을 유도하는 것도 상임위원회의 주요 권한 중 하나다. 정성장은 687명의 대의원으로 구성된 최고인민회의가 아닌 약 10여 명의 엘리트로 구성된 상임위원회의 입법 행위를 통해 입법부에 대한 조선로동당의 효과적 통제가 이루어진다고 풀이한다.

최고인민회의 상임위원장은 대외적으로 국가를 대표하여 외국 사신의 신임장 및 소환장을 접수하고, 외국 정상들에게 축전과 조전을 보내며, 제3세계 국가와 정상외교를 수행한다. 정성장은 남북 국회회담이 추진될 경우 대한민국 국회의 상대역은 북한의 최고인민회의가 아니라 상설기구인 최고인민회의 상임위원회가 되어야 한다고 주장한다.

제7장에서 박형중·최대석·박영자·장인숙은 수령독재체제에서 권력과 이권을 둘러싼 갈등을 분석한다. 이들에 따르면 수령독재에서 수령의 권력과 이권은 그를 제외한 모든 엘리트의 권력과 이권을 합한 것보다 크다. 수령은 자신의 부하들에게 차등적으로 권력과 이권을 분배해 이들을 나누어 지배한다. 필자들은 수령독재에서 수령의 자리를 차지하기 위한 권력 투쟁은 존재하는 않는다는 점을 전제한 후 주요 엘리트와 기관 사이에서 권력과 이권의 지분을 확대하기 위한 수평적 경쟁에 주목한다. 통상 권력세습이 이루어지는 시기에는 수령독재의 기반이 되는 통치연합의 재편성과 맞물려 권력 투쟁이 증가한다. 필자들은 후견권을 둘러싼 경쟁, 이권을 둘러싼 경쟁이 복합적으로 일어나는 과정을 추적한다.

세습 과정에서 주요 행위자는 '고영희 – 조직지도부 – 군부'와 '장성택 – 김경희-최룡해'다. 1단계에서 고영희 연합이 먼저 권력 후계의 시동을 걸었고, 장성택이 일선에 복귀하면서 군부의 무역 활동을 억제하는 역할을 맡았다. 2단계에 김정일의 건강이 악화되면서 장성택 연합이 김정은 후계의 핵심 역할을 맡게 되었고 행정부의 권한이 확대되었다. 3단계 김정은이 새로운 수령이 된 후 군부-조직지도부 세력이 다시 득세하면서 대외적으로 강경노선을 고수하는 한편, 내부적으로 장성택 숙청을 감행하기에 이른다.

병진 또는 혼합 외교

김정은시대 북한의 대외정책을 살피고 있는 제3부 제8장 「김정은시대 북한의 대외전략: 지속과 변화의 '병진노선'」에서 황지환은 제목이 시사하듯 북한의 대외전략을 '지속과 변화의 병진노선'으로 개념화해 분석한다. 그에 따르면 북한의 병진노선은 구조적인 문제를 안고 있는 모순적인 개념이다. 김일성의 국방-경제 병진노선이 군사적 모험주의를 촉진시켜 북한의 경제를 어렵게 만들었고, 김정일의 선군노선이 안보 딜레마와 국내 정치 딜레마를 낳았듯이 김정은의 병진노선 또한 현실적으로 성공하기 어려운 상당히 모순적인 전략이라는 것이다. 북한이 핵을 포기하지 않는 한 대외관계 개선과 국제사회의 지원은 불가능하기 때문에 핵을 보유하면서 경제 또한 부흥시키려는 북한의 의도는 실패할 가능성이 크다는 뜻이다.

황지환은 최근의 북·중관계를 연루와 포기의 동맹의 딜레마를 원용해 설명하려 한다. 즉, 중국은 북한으로 인해 자국의 전략적 이익을 훼손시키지 않으려 하고, 북한은 "중국의 영향력에 압도당하지도 버림받지도 않으려고 노력하고" 있다는 것이다. 그는 북한의 대중 의존도가 증가하고, 북한의 대남의존도가 감소하는 상황에서 의존도가 곧 영향력으로 치환될 수 있기 때문에 이를 가장 우려해야 할 부분으로 지적한다.

제9장 「김정은정권의 혼합외교: 갈등과 협력의 조화 혹은 엇박자」에서 서

보혁은 제3차 핵실험 전후 북한의 대외정책을 인식, 목표, 수단 차원에서 고찰한 후 개괄한다. 그는 북한 대외정책의 목표를 주권 수호를 바탕으로 한 국가 이익의 극대화로, 대외정책의 원칙을 자주권 존중과 평등으로 파악한다. 여기에서 핵억지력은 주권 수호를 위한 안전보장의 최후 보루이며, 나아가 그것이 안정적인 경제건설의 보장 장치로 기능하고 있다는 것이다.

서보혁은 김정은정권의 대외정책의 특징으로 핵무력 강화를 통한 안전보장과 외교정책 공세 수단으로 핵무장 활용을 꼽는다. 그는 향후 북한의 대외정책이 현상 타파보다는 경제발전을 뒷받침하기 위한 현상 유지적 성격을 강하게 띨 것이라고 보며 국방에 대한 자신감을 바탕으로 경제개선조치를 통한 경제발전에 주력할 것이라고 본다. 서보혁은 이러한 분석을 바탕으로 우리의 대북정책 전반에 대한 근본적인 성찰과 대안이 필요하다고 역설한다. 그는 경제제재, 군사적 압박, 외교적 고립 위주의 정책이 한계에 이르렀음을 지적하면서 한반도 비핵화 전략 재구성, 북핵문제와 북한문제 조정, 남북대화 복원 전략 재설정을 주문한다.

제10장 「중국의 부상에 대한 김정은정권의 헤징전략」에서 장용석은 북한이 힘의 논리를 강조하는 현실주의적 세계관을 갖고 있음을 전제한다. 북한은 한반도가 해양과 대륙을 잇는 지정학적 요충지임을 인식하면서 중국, 러시아, 일본, 남한뿐 아니라 미국도 북한과의 공존의 길을 택해야 한다고 믿는 듯하다. 장용석은 북한이 과거 '간섭'과 '배신'의 기억 속에서 부상하는 중국에 대해 헤징전략을 취하고 있다고 분석한다.

북한은 정치적으로 우리식 사회주의론 및 선군정치를 내세우고, 외교적으로 중국 의존을 분산시키며, 중국의 영향력 확대를 견제하기 위해 '중국과 미국에 대한 등거리-균형정책'을 취하려고 한다. 군사적으로 핵보유국을 자처하고 병진노선을 추진하는 한편, 대륙간탄도미사일 개발을 추진 중이다. 경제적으로는 중국에 대한 절대적 의존에서 벗어나기 위해 대외협력의 다변화를 꾀한다. 천연가스관 통과, 시베리아 횡단철도와 한반도 종단철도 연결, 라진항 공동 개발, 러시아 극동의 전력 수입 등 러시아와 다방면의 협력을 모색하고, 일본과 한국에도 러브콜을 보내고 있다. 또한 자립경제 기반 강화를 위해 자력갱생과 경제자립을 외치고, 경제개발구 추가 설치 등의 노력을 한다.

문제는 경제제재하에서는 이러한 노력이 결실을 맺기 어렵다는 점이다. 장용석은 북한의 대중 헤징전략이 결국 헤징의 기반을 약화시키는 딜레마를 지적한다. 중국 의존에서 벗어나기를 원하지만 핵개발 환경에서 중국을 대체할 주변국이 없는 상황은 북한이 다시 중국에게 돌아갈 수밖에 없는 결과를 낳는다.

제11장 「장성택 처형 이후 북한의 대남정책」에서 양무진은 장성택 처형이 북한체제에 미친 영향, 숙청 이후 북한 대남정책의 특징을 살펴본다. 그에 따르면 김정은시대의 대남정책은 김일성·김정일시대에 비해 독자성을 띤 것은 아니며, 이전의 대남정책 및 통일정책의 연장선상에 있다. 장성택 숙청으로 유일영도체계를 확립할 수 있는 기반이 마련되기도 했지만, 그와 동시에 간부들 사이에 공포심을 가중시켜 내적 불안정성도 커진 것으로 보인다.

북한은 2013년 2월 제3차 핵실험 이후 4월 8일 개성공단 근로자들을 철수시키고 개성공단을 일방적으로 폐쇄했다. 양무진은 북한의 대남 강경노선의 원인을 세습체제의 결속, 한반도 정세 주도권 선점 등에서 찾는다. 박근혜정부가 개성공단 폐쇄 불사의 입장을 보이자 중반 이후부터 북한은 유화 자세로 돌변했다. 김정은 제1위원장은 2014년 신년사에서 남북관계 개선을 위한 분위기를 마련해야 한다고 전제하고, 상호 비방과 중상 중단을 강조했다. 1월 16일 국방위원회는 이를 이어받아 중대제안을 발표해 상호 비방과 중상의 모든 행위를 전면 중지하는 실제적 조치를 취할 것, 한미합동군사훈련을 전면 중지할 것, 미국의 핵 타격 수단을 끌어들이지 말 것을 요구했다.

양무진은 북한이 유화 국면으로 전환한 이유로 세 가지를 제시한다. 첫째, 집권 3년차에 안정적인 대외 기반을 마련하기 위한 것이다. 미국과의 대화가 어려워지자 남북관계 개선을 통해 돌파구를 마련하고, 대화를 통해 문제를 풀겠다는 의지를 중국에 보여준다는 것이다. 둘째, 경제 개선을 위해서다. 대중 무역 불균형을 해소하고, 투자 유치 등 경제 재원을 마련하기 위해 남한으로부터의 자본 투입이 절실해졌다는 것이다. 셋째, 김정은식 대남정책 수립의 전조라는 것이다. 김정은정권에서 북한은 최고존엄을 건드리는 외부의 행위와 한미동맹에 의한 군사적 위협에 강력하게 대응하는면서 핵억지력을 평화의 담보로 해 경제 부흥을 본격화하려는 것이다.

양무진은 향후 북한이 외형적으로는 강경한 자세를 유지하겠지만 사안별로 강온전술을 반복할 것으로 전망한다. 예를 들면 남북관계를 징검다리로 삼아 대미 협상을 시도하는 '통남후미(通南後美)'의 전술을 채택하는 것이다. 그는 한반도 문제의 당사자인 남한이 더욱 적극적으로 북한 문제를 풀어야 한다는 당부로 글을 맺고 있다.

김정은정권의 미래

김정은체제의 형성은 여전히 진행형이다. 움직이는 과녁을 사격하는 일이 더 힘들 듯 건조 중인 김정은호의 권력구조와 대내외 전략을 분석하는 일은 쉽지 않다. 이러한 어려움에도 공동 집필자들을 포함한 15명의 필자들은 김정은체제의 어제, 오늘, 내일을 재검토하고 전망하는 과업을 자임했다. 모든 미래의 씨앗은 현재에 뿌려진다는 한 미래학자의 경구처럼 김정은체제 초기를 철저히 분석하는 이 책은 이 정권의 향후 항로에 대한 조심스러운 예측을 가능하게 할 것이며, 시기적으로 이르기는 하지만 나름 풍향계의 역할을 할 것으로 믿는다.

김정은시대의 대전략은 무엇인가? 이 질문에 필자들은 선군의 지속, 선경의 대전략이 곧 등장할 것, 개혁개방의 담론이 이미 가동 중이라는 각기 다른 답을 내놓는다. 김정은시대 들어와 각종 당 기구가 정상화되고, 당·정·군의 역할 분담이 이루어진 부분은 일견 긍정적으로 해석할 수 있다. 수령과 통치엘리트로 구성된 북한 정권의 지도부는 여전히 수직적 충성경쟁과 수평적 권력(이권)투쟁의 모습을 연출한다. 북한의 외교 또한 과거와 연속성을 보이면서 쉽사리 갈등과 협상의 순환 주기를 벗어날 기미가 보이지 않는다. 북한은 대중 의존을 염려하면서도 전통적인 북·중관계를 회복해야만 하는 숙제를 안고 있다. 미국과의 협상도 험난하고, 남북 화해 또한 한층 높아진 한국의 눈높이를 맞추기에 버거워지면서 회복의 기미가 불확실한 상황이다.

많은 분석가가 김정은정권의 대내외 행보의 속성에서 변화와 지속을 함께 짚어내고 있다. 북한의 대전략이 선군의 지속이냐 선경을 품을 것이냐에 대해 전자, 후자, 또는 양자라는 입장이 있는 반면, 선군과 선경의 병진은 불가능하다는 입장도 있다. 단기적으로 북한 권력의 향배는 수령의 통치 능력과 수령을 아우르는 통치연합의 단결 및 전략적 판단이 크게 좌우할 것이다. 그러나 더 넓은 안목에서 보면 향후 북한 변화의 폭과 속도를 좌우할 선행 지표는 신사고 담론의 등장 여부, 개혁연합의 등장에 따른 보수연합과 개혁연합의 대립, 시장과 정보의 확산과 아래로부터의 힘의 축적에 따른 국가-사회 세력균형의 변화 등이 될 것이다. 북한 변화의 추동력은 상당 부분 북한 내부로부터 나올 가능성이 크다. 한국을 비롯한 주변 국가의 역할은 북한의 변화를 더 많이, 더 빨리 추동할 수 있는 외조의 힘든 길을 찾는 것이다.

2014년 12월

필자를 대표하여 우승지

제1부

신체제의 상징과 전략

제1장

김정은시대의 '김일성-김정일주의'

_ 주체사상과 선군사상의 추상화

김근식 | 경남대학교 정치외교학과 교수

1. 머리말

김정은체제는 이제 막 주조된 시스템이다. 압축적 후계 기간과 짧은 권력 승계 기간을 거친 탓에 장성택 처형 같은 극적 사건을 거친 이후에야 김정은의 당·정·군 장악은 권력 정치 차원에서 안정화되었다. 2012년 장거리 로켓 '은하 3호' 발사 성공과, 2013년 제3차 핵실험 이후 당중앙위원회에서 '경제·핵 병진노선'이 공식적으로 채택되고 '우리식 경제 관리방법(6·28방침)'이 시행되면서 비로소 김정은시대의 경제발전전략도 윤곽을 드러냈다. 김정은체제의 정치적 리더십 장악과 경제건설노선이 제시된 것과 비교하면 공식이데올로기는 김일성 - 김정일주의라는 명칭만 제시되었을 뿐 구체적인 내용이 부족하고, 나아가 김정은 자신의 새로운 이데올로기 실현은 아직 시작도 못한 상황이다. 김정은시대의 새 이데올로기는 정치경제적 노선의 사후적 정당화인 만큼 이 이데올로기가 완성된 모습을 내보이는 데까지 좀 더 시간이 걸릴 것으로 보인다.

이데올로기는 해당 체제의 정치경제적·사회문화적 가치와 원리를 총체적으로 담아서 사회 구성원에게 세상을 보는 눈, 즉 세계관을 형성해주는 것이기 때문에 정치체제 및 경제발전전략에 비해 상대적으로 완성 속도가 느릴 수밖에 없다. 이는 김일성시대의 주체사상이 1950년대 이후 반종파투쟁과 갑산파 숙청 이후 김일성의 유일지도체제가 성립된 뒤에야, 또한 정치적 반대를 무릅쓰고 김일성의 자립적 민족경제건설 노선, 즉 폐쇄적 자립경제 노선이 확정된 이후에야 철학적 원리를 갖춘 전일적 체계로 형성되는 것과 마찬가지 이치다. 이를 감안하면 김정은의 이데올로기 역시 정치적 유일영도체계를 완성하고 경제적 발전노선을 확고히 실행한 후 이를 정당화하면서 김정은시대에 맞는 새로운 통치이데올로기 담론이 제시될 것으로 미루어 짐작할 만하다.

이 글은 김정은시대의 북한을 객관적이고 종합적으로 조명·분석한다는 취지하에 공식이데올로기로 주장되고 있는 '김일성-김정일주의'를 집중 탐구하고자 한다. 다만 아직도 완성된 내용을 공식적으로 내놓지 않고 있는 탓에 김일성시대의 주체사상과 김정일시대의 선군사상의 형성 및 체계화 과정과 비교하면서 김정은시대의 이데올로기가 어떤 공통점과 차이점을 갖고 있는지 살펴볼 것이다. 더불어 김일성-김정일주의의 하위 담론으로 자리 잡고 있는 '김정일애국주의'의 등장 배경과 그 내용 및 정치적 활용 과정 등도 살펴보고자 한다. 이를 통해 김정은시대의 이데올로기를 지속과 변화의 관점에서 평가하고, 북한의 미래를 조심스럽게 전망할 것이다.

2. 사회주의 이데올로기: '정당화'와 '동원'의 기제

일반적으로 이데올로기는 인간에게 세상을 보는 '창'을 제공한다. 이데올로기는 세계관을 포함하고 있으며, 인간은 이 세계관에 따라 세상을 들여다보기 때문이다. 이것이 이데올로기를 '집단 혹은 공동체의 신념, 생각, 태도, 특징의 집합체'로[1] 정의하는 이유다. 나아가 이데올로기는 뚜렷한 '목표 정향성'과 '행동 지향성'을 가진다는 점에서 '철학'이나 '이론'과 구별된다.[2] 즉, 이데올로기는 통일된 세계관을 부여함으로써 현실을 분석하고 판단할 수 있게 하는 동시에 추구해야 할 목표를 설정하고, 이를 이루기 위한 행동을 직접적으로 동기화(motivation)하는 것이다. 단순히 세상을 보는 눈에서 벗어나 세상을 개조하려는 목표 설정과 행위 유발의 특징을 가진 탓에 이데올로기는 대중에게 '정당화(legitimization)'와 '동원(mobilization)'의 기능을 한다.[3] 이데올로기는 대중에게 일관된 사고체계를 제공함으로써 정치 리더십과 사회체제에 대한 정당성을 부여하고, 이루고자 하는 목표를 위해 대중의 자발적 참여를 동원하는 역할을 하는 것이다.

이데올로기의 이와 같은 기능은 특히 사회주의체제에서 가장 극대화되는데, 그것은 사회주의가 무계급 사회의 실현, 공산주의적 인간형 창출 등 더욱 높은 목표 지향성을 갖고 있기 때문이다. 따라서 사회주의체제의 공식이데올로기는 현실에서 대중에게 체제 정당성을 부여함과 동시에 대중을 혁명과 건설에로 동원한다.[4] 즉, 사회주의 이데올로기는 혁명 이전에는 사회주

---

1) J. Plamenatz, *Ideology*(New York: Praeger, 1970), p. 15.

2) R. Macridis and M. Hulliung, *Contemporary Political Ideologies*(New York: HarperCollins, sixth ed., 1996), p. 3.

3) R. Macridis and M. Hulliung, *Contemporary Political Ideologies*, p. 9~11.

4) C. Johnson, "Comparing Communist Nations," in Chalmers Johnson(ed.), *Change in*

의 혁명의 당위성을 설파하고, 혁명 성공 이후에는 사회주의 건설의 필요성과 정당성을 제공하며, 체제의 위기 상황에서는 이를 이겨내기 위한 위기관리의 정당화 담론을 부여하는 것이다.

이를 전제로 프란츠 셔먼(Franz Schurmann)은 사회주의체제의 이데올로기를 관념과 행동의 연결 체계가 간접적인가 혹은 직접적인가에 따라 '순수이데올로기'와 '실천이데올로기'로 구분한다.[5] 순수이데올로기는 개인에게 일관되고 의식적인 세계관을 제공하는 사고체계로 정의되며(set of ideas designed to give the individual a unified and conscious world view),[6] 실천이데올로기는 개인에게 행동의 합리적 도구를 제공하는 사고체계로 규정된다(set of ideas designed to give the individual rational instruments for action).[7] 이때 순수이데올로기 없는 실천이데올로기는 정당성을 획득할 수 없고, 그와 마찬가지로 실천이데올로기 없는 순수이데올로기는 그 세계관을 일관된 행동으로 전화시킬 수 없다. 사회주의가 추구하는 '목표'를 더 강조한 것이 순수이데올로기라면, 실천이데올로기는 그 목표를 달성하기 위한 '실천 원칙'에 더 강조점을 둔 것이라고 할 수 있다.[8] 순수이데올로기가 표방하고 목표하는 가치 실

Communist Systems(Stanford: Stanford University Press, 1970), p. 15.

5) 이에 따라 셔먼은 중국 공산당의 이데올로기를 분석하면서 순수이데올로기는 추상적인 세계관을 제공하는 마르크스레닌주의이며, 실천이데올로기는 실천의 원칙과 방법을 제공하는 모택동 사상이라고 설명했다. 이는 마르크스레닌주의의 진리가 중국의 혁명과 건설의 실천 경험을 통해 실천이데올로기로 모택동 사상을 만들어낸 것이라고 본 것이다. F. Schurmann, *Ideology and Organization in Communist China*(Berkeley, Los Angeles: University of California Press, 1968), pp. 18~24.

6) F. Schurmann, *Ideology and Organization in Communist China*, p. 22.

7) 같은 책, p. 22.

8) 이는 혁명적 이데올로기의 두 가지 구성 요소로 궁극적 유토피아의 이미지인 '목표문화(goal culture)'와 목표문화에 도달하기 위한 구체적 정책 형성을 안내하는 규범으로서의 '전이문화(transfer culture)'의 개념 구분과 일맥상통한다. 이에 대해서는 A. Wallace,

현을 위해 현실에서 요구되는 구체적 정책 방향과 행동 원칙을 제시하는 것이 바로 실천이데올로기인 것이다. 따라서 실천이데올로기는 각국이 처한, 그리고 각 시대가 당면한 구체적인 현실 조건을 반영한 역사적 경험과 상관관계가 있다. 결국 사회주의체제는 순수이데올로기와 실천이데올로기를 통해 인민대중에게 체제를 '정당화'하고, 인민대중을 혁명과 건설에로 '동원'하는 것이다.

3. 김일성시대와 주체사상: 실천이데올로기에서 순수이데올로기로

1) 주체사상의 형성과 체계화[9)]

1950년대까지 북한의 공식이데올로기는 마르크스레닌주의였다. 북한은 순수이데올로기로 마르크스레닌주의에 따라 전후 복구와 사회주의적 개조에 나섰다. 그러나 마르크스레닌주의에서 밝힌 노선은 북한의 처지와 조건에 그대로 적용하기 어려웠다. 당장 전후 복구노선을 둘러싸고 김일성파와 반대파의 정책적 갈등이 시작되었고, 결국 1956년 8월종파사건이라는 북한역사상 전무후무한 정치적 권력 투쟁이 발생했다.

김일성은 자신의 노선을 반대하는 소련파와 연안파를 정치적으로 비판하고, 이를 대중적으로 정당화하기 위해 그들을 사대주의와 교조주의로 규정해 자신의 전후 복구노선과 사회주의건설노선을 '주체노선'으로 대비시켰다.

Culture and Personality(New York: Random House, 1961), p. 148 참조.

9) 김근식, 「주체사상: 북한의 체제이데올로기」, 박재규 편, 『새로운 북한읽기를 위하여』(법문사, 2004) 참조.

1950년대 김일성은 사상에서 '주체의 확립'을 강조함으로써 사회주의 건설 과정에서 주체사상의 토대를 형성해갔고, 이는 곧 마르크스레닌주의라는 순수이데올로기를 실천함으로써 북한식 실천이데올로기가 '주체'라는 이름으로 형성되는 과정이기도 했다. 8월종파사건 이후 김일성은 1960년대 중·소 분쟁의 와중에서 대외적 '자주노선'을 확립함으로써 친중도 친소도 아닌, 반중도 반소도 아닌 독자적인 길을 모색, 확보했다. 주체라는 실천이데올로기가 대외 노선에도 확대 적용되는 순간이었다.

결국 김일성이 주창한 주체노선은 마르크스레닌주의의 교조화를 반대하고 자신의 힘에 의거해 자기 인민을 믿고 사회주의를 건설한다는 주체적 입장의 확립으로, 이는 당시의 사회주의 건설에 필요한 대중 동원의 정당화 기제로 작용했다. 마르크스레닌주의라는 순수이데올로기를 실제 북한의 현실에 적용하면서 주체사상이라는 독자적 방침이 형성되었고, 주체사상은 실천이데올로기로 자리를 잡아갔다.

사회주의 건설 과정에서 형성된 북한식 발전전략의 총체적 노선과 원칙이 주체사상이었는데, 이는 1970년대를 지나면서 철학적 원리를 가진 체계화 과정을 거쳐[10] 급기야 1980년대에는 마르크스레닌주의를 대체함으로써 순수이데올로기로의 격상을 시도하게 되었다. 이제 주체사상은 단순한 정책이나 노선의 '원칙'도, 마르크스레닌주의의 창조적 '적용'도, 자신의 힘을 믿는다는 주체적 '입장'의 천명도 아닌 전일적인 사상체계로 발전했다.

혁명과 건설의 실천 원칙이자 정책 방향으로 출발한 주체사상이 마르크스레닌주의를 대체하는 격상을 시도하게 된 것은 1970년대의 정치적 시대 상

10) 이에 대해서는 김일성, 「우리 당의 주체사상과 공화국정부의 대내외정책의 몇가지 문제에 대하여」(1972년 9월 17일), 『김일성 저작집』 제27권(평양: 조선로동당출판사, 1984), 390~420쪽 참조.

황과 연관되어 있다. 이 시기는 김정일이 후계자로 공식 결정되고, 그의 주도로 유일사상 10대 원칙이 강조되면서 김일성의 유일영도체계로서 '수령제'가 완성되는 시기였다. 이는 주체사상이 마르크스레닌주의를 뛰어넘는 독자적 사상체계로 발전되는 과정 자체가 수령제 정치구조의 정착과 후계자의 등장, 그리고 수령제를 지탱하는 문화적 기저로서의 사상적 유일화와 동반되었음을 의미하는 것이기도 하다. 수령의 유일영도체계를 확고히 정당화하고, 후계체제를 안정적으로 구축하기 위해 주체사상을 수령과 후계자의 독창적 사상으로 격상해야 했던 것이다.

1980년 6차 당대회에서는 조선로동당의 지도 이념으로 마르크스레닌주의가 삭제되고, '김일성 동지의 주체사상'만이 규약에 명시되었다. 이제 주체사상은 철학적 원리, 사회역사적 원리, 지도적 원칙을 가진 '사상'이자 '사상·이론·방법의 전일적 체계'로 규정되었고, 마르크스레닌주의를 계승하면서도 동시에 그 한계를 극복한 주체시대의 새로운 사상으로 주장되었다.[11]

결국 김일성시대 주체사상의 형성 과정과 체계화 과정을 종합해보면 실천이데올로기로 시작해 점점 순수이데올로기화되었음을 알 수 있다. 주체사상은 이제 마르크스레닌주의를 실현하기 위한 북한의 구체적 방침과 수단으로서의 '실천이데올로기'에서 자신의 진리를 토대로 실천을 위한 구체적 원칙과 방법을 제공해줄 수 있는 '순수이데올로기'로 격상된 것이다.

11) 이의 대표적인 문헌으로는 김정일, 「주체사상에 대하여」, 『친애하는 지도자 김정일 동지의 문헌집』(평양: 조선로동당출판사, 1992), 8~81쪽 참조.

2) 주체사상의 추상화와 하위 정치담론: 붉은기철학[12)]

그런데 실천이데올로기로 출발했던 주체사상이 순수이데올로기로 격상된 시점에 북한은 역사상 유례없는 최대의 위기를 맞았다. 폐쇄적 자립노선, 수령의 과도한 유일체계, 비효율적 계획경제 등이 초래한 북한 경제의 위기는 급기야 사회주의 붕괴와 수령 사망이라는 상황과 맞물리면서 1990년대 체제 자체의 위기로 발전했다.

그러나 사상 최대의 위기를 맞은 상황에서 위기관리를 위한 체제 정당화의 기능은 주체사상의 이름으로 진행되지 않았다. 주체사상이라는 순수이데올로기는 인민대중에게 사회주의의 승리와 공산주의 사회의 건설을 정당화하는 것이었는데 반해, 새롭게 도래한 위기 상황은 이제 대중에게 사회주의 및 공산주의의 승리가 아니라 체제 위기의 극복을 정당화해줄 새로운 담론이 필요했던 것이다.

주체사상은 오히려 더욱 공고화된 추상적 형태의 '순수이데올로기'로 존재했고, 위기관리를 위한 현실적 정당화 작업은 새로운 정치담론을 통해 이루어졌다. 순수이데올로기로 격상된 주체사상 대신 다른 체제 정당화 담론의 제시를 통해 '정당화'와 '동원'이라는 이데올로기적 기능을 했다. 대표적으로 수령 사망 이후 위기 심화 과정에서 등장한 '붉은기철학'을 들 수 있다.[13)] 붉은기철학은 신념과 의리의 철학이자 수령결사옹위를 강조하는 일심 단결의 철학이었다. 이는 '비겁한 자여 갈 테면 가라, 우리는 붉은기를 지키리라'는 구호에서 알 수 있듯이 위기 상황에서 버팀과 인내의 집단적 의지를 제공

12) 김근식, 「1990년대 북한의 체제정당화 담론: '우리식 사회주의'와 '붉은기철학'」, ≪통일정책연구≫, 제8권 제2호(1999), 37~59쪽 참조.

13) 붉은기철학에 대한 대표적인 설명으로는 "붉은기는 조선혁명의 백전백승의 기치이다", ≪로동신문≫, 1996년 1월 9일 자 참조.

하는 정치담론이자 배신자 및 변절자에 대한 정치적 경고의 의미도 갖고 있었다.

순수이데올로기로 격상된 주체사상은 이른바 '선반 위의 사상'으로 추상화되었고, 따라서 이는 구체적 현실 상황에서 대중에게 정당화와 동원 기능을 실행하기 어려웠다. 특히 사회주의와 공산주의의 장밋빛 승리를 반복했던 주체사상의 이름으로 사상 최대의 북한체제의 위기를 재정당화하기는 여간 어려운 일이 아니었다. 따라서 1990년대 체제 위기를 맞은 북한에서 고도로 추상화된 주체사상 대신 현실에서 대중에게 버팀과 인내의 정당성을 설파하고, 위기를 극복하기 위한 노력과 의지로 대중을 동원하는 역할은 주체사상에 뿌리를 둔 하위 정치담론의 몫이었던 것이다.[14]

4. 김정일시대와 선군사상: 선군정치에서 선군사상으로

1) 위기 극복을 위한 선군정치

김일성 사망 이후 김정일시대는 대규모 아사 사태와 대외적 고립이 겹치면서 가장 심각한 위기를 맞게 되었고, 위기 돌파를 위해 북한은 이른바 '고난의 행군'을 겪어야만 했다. 일생일대 최악의 상황을 맞은 김정일은 위기 극복의 장기적 전략을 고민할 수밖에 없었고, 대중에게 위기를 이겨내자는 정당화와 동원의 기제를 제공해야 했다. 김정일이 맞닥뜨린 시대적 상황에서 북한 사회주의의 유지와 위기 극복의 실천적 방침과 정책 기조로 이른바 '선

14) 붉은기철학 외에도 사회주의 붕괴시기에 북한체제를 정당화했던 '우리식 사회주의'와 권력승계 이후 희망을 주기 위한 '강성대국' 등의 담론이 이에 해당된다.

군정치'가 제시되었다. 절체절명의 위기인 만큼 체제 유지의 최후 보루인 군대를 앞세워 이에 의거해서 안보도 챙기고 경제도 추스르겠다는 북한식 위기 돌파 전략이 바로 선군정치였다. 당보다 군을 앞세우고, 노동계급보다 군대를 내세워 위기를 돌파할 수밖에 없었던 북한식 체제유지전략의 일환으로 선군정치가 활용된 것이다.

선군정치란 군사 선행의 원칙에서 국정을 운영해나가며 인민군대를 혁명의 주력군으로 하여 사회주의 혁명과 건설을 이끌어내는 정치다.15) 선군정치의 문제의식은 노동계급의 정당보다 인민군대가 위기 극복의 핵심 역량이라는 것이다. 이미 김정일은 '김일성종합대학 50돌 기념 연설'에서 조선로동당의 무능을 질책하며 군을 본받으라고 강조했다.16) 위기 상황에서는 당보다 군대를 앞세워야 했고, 이는 '당이자 군대이고 군대이자 당'이라는 군 중시 철학을 선군의 원리로 자리매김하게 만들었다.17) 당 사업에서도 혁명적 전환을 강조하며, 인민군대의 당 정치사업을 본받아야 한다고 강조했다.18) 이제 인민군대가 혁명의 주력군이며 나라의 기둥으로 규정되었으며, 모든 분야가 '혁명적 군인정신'을 따라 배워야 했다.19) 선군후로 원칙은 위기 상황에서 제국

---

15) 김재호, 『김정일 강성대국 건설전략』(평양: 평양출판사, 2000), 26쪽.

16) 김정일, 「우리는 지금 식량 때문에 무정부상태가 되고 있다」(1996년 12월), ≪월간조선≫, 4월호(1997).

17) 이에 대해 북한 문헌은 '김정일 장군님께서는 1994년 10월 군대이자 당이고 국가이고 인민이라는 독창적인 군중시 정치철학을 천명하시고 이를 구현한 선군정치를 펼치셨다'고 서술하고 있다. 김철우, 『김정일 장군의 선군정치』(평양: 평양출판사, 2000), 264쪽.

18) 김정일, 「일군들은 고난의 행군 정신으로 살며 일해야 한다」(1996년 10월 14일), 『김정일선집』, 제14권(평양: 조선로동당출판사, 2004); 김정일, 「올해에 당 사업에서 혁명적 전환을 일으킬 데 대하여」(1997년 1월 1일), 『김정일선집』, 제14권(평양: 조선로동당출판사, 2004).

19) 김정일, 「혁명적 군인정신을 따라 배울 데 대하여」(1997년 3월 17일), 『김정일선집』,

주의의 사상문화적 침투에 대항한 이데올로기의 재기능화(refunctionalization of ideology)를 위한 것이었다.[20]

사회주의 건설 시 북한식 노선과 정책이 주체사상이라는 실천이데올로기로 형성된 것이라면, 선군정치는 사회주의 위기 시에 북한체제를 유지하고 지키기 위한 북한식 정치노선과 정책 방향으로 형성된 것이었다. 애초에 위기 상황을 견뎌내고 위기를 돌파하기 위해 선군정치라는 담론이 제시되었고, 실제 1990년대를 지나면서 선군정치라는 담론은 조금씩 그 내용을 채워가면서 체계화되었다.

김일성 사망 이후 첫 새해인 1995년 1월 1일 김정일이 다박솔중대를 현지지도한 것이 선군정치의 역사적 첫 계기[21]로 강조되었고, '군대이자 당',[22] 선군후로, 혁명적 군인정신, 선군혁명영도 등의 개념이 더해지면서 선군정치의 종합적·체계적 이론화가 진행되었다.[23] 군사 선행의 선군 원칙에 의해

제14권(평양: 조선로동당출판사, 2004). 혁명적 군인정신은 1996년 안변청년발전소 건설현장 현지지도(6월 10일)에서 최초 언급되었고, 구체적으로는 수령결사옹위정신, 결사관철의정신(육탄정신), 영웅적희생정신(자폭정신)으로 설명되었다. 조선로동당 중앙위원회 당력사연구소, 『조선로동당력사』(평양: 조선로동당출판사, 2006), 537쪽.

20) 안경모, 「선군노선과 북한식 급진주의: 이데올로기, 조직, 정책을 중심으로」, ≪북한연구학회보≫, 제17권 제2호(2013년 겨울), 6쪽. 경제위기 상황에서 주체사상의 대안 제시를 배제하고 오히려 사상적 재무장을 강조하는 이른바 이데올로기의 재기능화, 재혁명화에 대해서는 장달중, 「김정일 체제와 주체비전: 이데올로기, 당, 그리고 군중을 중심으로」, 『김정은체제의 북한: 정치·외교·경제·사상』(아연출판부, 2004) 참조.

21) 조선로동당 중앙위원회 당력사연구소, 『조선로동당력사』(평양: 조선로동당출판사, 2006), 533쪽; 조선로동당 중앙위원회 당력사연구소, 『우리당의 선군정치』(평양: 조선로동당출판사, 2006), 78~79쪽.

22) 김정일, 「위대한 수령님을 영원히 높이 모시고 수령님의 위업을 끝까지 완성하자」(1994년 10월 16일), 『김정일선집』, 제13권(평양: 조선로동당출판사, 1998), 438~439쪽.

23) "우리 당의 선군정치는 필승불패이다", ≪로동신문≫·≪근로자≫ 공동논설, 1999년 6

군수공업을 강화하고, 국방공업의 우선적 발전을 강조하는 선군시대 경제건설노선도 제시되었다.

결국, 선군정치는 북한이 당면한 엄중한 정세를 배경으로 채택된 1990년대 북한의 실천이데올로기였던 셈이다. 즉, 이는 북한식 위기 극복방식으로 '군대이자(군대가 곧) 당, 국가, 인민'이라는 정치철학과 '총대에도 사상이 있다는 총대철학'을 사상적 기초로 하여 군사선행과 선군후로의 선군혁명 원칙을 내세워 고난의 행군 기간을 혁명적 군인정신으로 극복해내고 선군시대 경제 건설에 매진하게 했다.

2) 선군사상으로의 격상

위기 극복을 위한 정치담론이었던 선군정치는 체계화 과정을 겪으면서 김정일시대의 실천이데올로기로 자리 잡았고, 2000년대 이후 선군사상으로의 격상을 시도했다. 선군사상으로 체계화되는 과정에서 무엇보다 혁명의 주력군 문제를 새롭게 밝히고 주체사상과의 관계 문제를 논리적·이론적으로 정리해내는 작업이 그 핵심이었다.

마르크스가 내놓은 혁명의 주력군 이론은 시대에 맞지 않는다고 비판하면서 선군시대에 인민군대를 혁명의 핵심 부대 주력군으로 규정했다.[24)] 마르크스레닌주의의 한계를 비판하면서 선군정치가 사상으로의 격상을 시도한 것이다. 혁명의 주력군에 관한 문제는 어느 시대, 어느 사회에서나 또 어떤 혁명에서나 고정불변한 것이 아닐 뿐 아니라, 순수 계급관계에 기초해서도

월 16일.

24) 김정일, 「선군혁명로선은 우리 시대의 위대한 혁명로선이며 우리 혁명의 백전백승의 기치이다」(2003년 1월 29일), 『김정일선집』, 제15권(평양: 조선로동당출판사, 2005), 352~370쪽.

해결할 문제가 아니라고 강조하면서[25] 시대가 변화했고 사회적 환경과 계급관계, 노동계급의 처지도 크게 달라졌으므로 혁명의 주력군 문제를 달리 봐야 한다고 전제한다.[26] 혁명의 주력군 문제는 시대의 발전과 변화된 사회 계급관계에 따라 현재 시점의 '혁명의 제일생명선'을 맡을 수 있는 집단으로 대체되어야 하며, 지금 제일생명선은 반제군사전선이므로 이를 지켜낼 군이 혁명의 주력군이 되어야 한다는 논리였다.[27] 인민대중의 자주성 옹호 실현이라는 주체사상의 요구는 " '인민대중의 자주적 지향의 유린자이며 교살자인 제국주의가 남아 있는 한' 오직 선군사상과 그 구현인 선군정치에 의해서만 확고히 실현될 수 있다"[28]라는 것이 선군사상을 통해 새로 밝혀진 점이라는 것이다.

주체사상과의 관계 역시 논리적 일관성을 갖추게 된다.[29] 선군정치는 김정일에 의해 완성되었지만 김일성의 선군혁명영도를 계승·발전시킨 것으로 정리된다.[30] 카륜회의의 무장노선은 선군혁명사상의 창시 및 선포의 중대한 역사적 의미로 간주되었다.[31] 또한 김일성이 당과 국가보다 군대를 먼저

---

25) 리영섭, 「선군시대에 새롭게 밝혀진 주체혁명위업 완성의 주력군에 관한 사상」, ≪철학연구≫, 제1호(2004), 30쪽.

26) 「선군정치는 시대와 혁명의 요구를 가장 정확히 반영한 과학적인 정치방식」, ≪철학연구≫, 제2호(2004), 15쪽

27) 박혁철 외, 『우리 당의 선군사상(조선사회과학학술집 35: 철학편)』(평양: 사회과학출판사, 2010), 81~82쪽.

28) 조선로동당 중앙위원회 당력사연구소, 『조선로동당력사』(평양: 조선로동당출판사, 2004), 539쪽.

29) 주체사상과 선군사상의 관계에 대한 자세한 내용은 탁성일 편, 『선군-김정일정치』(평양: 조선민주주의인민공화국 외국문출판사, 2012), 61~63쪽 참조.

30) 김정일, 「올해를 새 세기의 진격로를 열어 나가는 데서 전환의 해로 되게 하자」(2001년 1월 3일), 『김정일선집』, 제15권(평양: 조선로동당출판사, 2005), 85~86쪽.

31) 김인옥, 『김정일 장군 선군정치 리론』(평양: 평양출판사, 2003), 170쪽.

창건한 역사적 경험을 선군영도의 핵심적인 정당성으로 강조하면서 김정일의 의지와 결심은 김일성이 총대로 개척한 주체 위업을 총대로 끝까지 완성하는 것이라고 못 박았다.[32] 김정일 스스로 총대철학은 김일성이 창시한 것이고 선군사상도 김일성주의임을 선언했다.[33] 이는 김정일의 선군혁명영도는 김일성의 선군혁명영도를 계승했음을 분명히 한 것이다.[34] 이에 따라 선군의 기원도 1995년 다박솔중대 초소 방문에서 1960년 8월 25일 김일성과 함께 근위서울 류경수 사단을 현지지도한 날을 선군혁명영도 기념일로 소급했다.[35]

선군사상은 이제 주체사상에 뿌리를 둔 것으로서 "주체사상을 지도적 지침으로 삼고 우리 식대로 혁명을 해나가는 실천투쟁 속에서 창조된 독창적인 정치방식이며 주체사상의 요구를 전면적으로 구현하고 있는 가장 위력한 사회주의정치방식"으로 설명되었다.[36] 선군혁명 원리, 즉 군대가 곧 당이자

---

32) "우리 혁명 무력은 총대로 주체위업을 끝까지 완성해 나갈 것이다", ≪로동신문≫, 1998년 4월 25일 자.

33) 김정일, 「선군혁명로선은 우리 시대의 위대한 혁명로선이며 우리 혁명의 백전백승의 기치이다」(2003년 1월 29일), 『김정일선집』, 제15권(평양: 조선로동당출판사, 2005), 352~370쪽.

34) "위대한 수령 김일성 동지는 력사상 처음으로 주체의 총대중시사상으로 혁명을 개척하시고 이끄신 절세의 위인이시다. 위대한 수령님께서 창시하신 주체사상은 자주시대 혁명의 위대한 지도사상이며 그 구현을 위한 우리 당과 혁명의 력사는 선군의 력사다. 군대는 혁명의 기둥 핵심력량이며 민족의 존엄과 자주권의 상징이다. 자체의 강력한 군력을 가지고 군사를 확고히 선행하여 그 어떤 조건에서도 혁명을 승리적으로 전진시키며 민족의 존엄과 자주권을 결사수호하려는 것이 주체의 원리를 구현한 선군사상이다." "위대한 선군사상의 기치따라 백전백승 떨치자"(사설), ≪로동신문≫, 2001년 4월 25일 자.

35) "우리 최고사령관 동지"(정론), ≪로동신문≫, 2005년 8월 24일 자.

36) 김정일, 「기자 언론인들은 우리의 사상 우리의 제도 우리의 위업을 견결히 옹호고수하는 사상적 기수이다」(2001년 11월 18일), 『김정일선집』, 제15권(평양: 조선로동당

국가이자 인민이라는 공식도 주체사상을 바탕으로 한 것이었다.[37] 주체사상을 통해 총대로 인민대중의 운명이 지켜지고 개척되며 그 미래가 담보됨이 밝혀졌다고 설명하면서 선군정치의 핵심인 총대중시사상을 주체사상과 연관시켜 논리적 타당성을 부여했다.[38]

선군정치가 선군사상으로 격상되면서 북한은 과거 마르크스레닌주의가 경제 우선에 머물렀다며 선군사상은 이를 극복하고 선행 이론과 달리 "주체사상에 기초한 군사중시사상을 제시하고 군대를 강화하는 데 선차적인 힘을 넣어야 한다는 전혀 새로운 혁명 공식으로서의 군사선행, 군건설선행의 원칙, 원리를 제시"했다고 설명한다.[39] 주체사상의 틀 안이지만 선군정치에서 나아가 기존 마르크스레닌주의의 한계를 뛰어넘은 사상적 토대로까지 선군사상을 설명하는 것이다.

요컨대, 체제 위기 극복을 위한 선군정치가 점차 그 정당성과 논리성을 획득해가면서 주체사상에 입각해 수령의 혁명 방식을 계승·발전시킨 선군사상으로 일반화되고 정당화된 것이다. 이는 고난의 행군의 원인으로 비난받을 수 있는 주체사상을 고난의 행군을 이겨낸 선군정치의 토대로 정당화함으로써 주체사상의 생명력을 훼손하지 않은 셈이다. 즉, 주체사상이라는 순수이데올로기의 정당성을 빌어 선군사상이라는 실천이데올로기를 체계화한 것이다.

선군사상으로의 정립은 2010년 『우리당의 선군사상』이 발간되면서 정점

출판사, 2005), 211~213쪽.

37) 최성학, 「선군의 원리는 주체사상을 바탕으로 하고 있는 원리」, ≪철학연구≫, 제4호 (2002).

38) "선군의 기치를 높이 들고 주체의 사회주의 위업을 힘있게 다그치자", ≪로동신문≫·≪근로자≫ 공동논설, 2001년 12월 21일.

39) 김인옥, 『김정일 장군 선군정치 리론』, 196쪽.

에 달했는데, 주체사상과 유사한 전일적 사상체계로서의 틀을 갖추려고 노력한 모습이 눈에 띈다. 선군사상은 김일성이 창시하고 김정일이 심화·발전시킨 것으로 시대의 계승성을 정리하고 선군혁명의 원리와 원칙 및 선군정치 이론에 기존 선군정치의 내용을 더욱 풍부하고 체계적으로 정리했다. 나름 사상, 이론, 체계의 내용을 갖춰 선군사상을 정리하면서도 주체사상과의 차별성보다는 주체사상의 품 안에서 선군사상이 자리매김했음을 잊지 않고 있다. 즉, 선군사상을 '주체사상의 요구를 전면적으로 구현하기 위한 위력한 사상리론적 무기'로 정의하는 것이다.40)

김정일시대의 선군사상은 결국 2009년 4월 헌법 개정을 통해 주체사상에 더하여 선군사상이 공화국의 지도지침이 되었고, 공화국의 주권도 "로동자 농민 근로인테리와 모든 근로인민"에서 "로동자 농민군인 근로인테리와 모든 근로인민"으로 수정되었다.41) 이로써 선군사상이 김정일시대의 공식이데올로기로 정립된 것이다.

5. 김정은시대의 공식이데올로기: 김일성-김정일주의

1) 김일성-김정일주의: 주체사상과 선군사상의 추상화

2012년 김정은체제가 공식 출범하면서 북한의 공식이데올로기는 '김일성-김정일주의'로 규정되었다.42) 1970년대 김정일이 후계자로 확정된 이후 주

40) 박혁철 외, 『우리 당의 선군사상』 참조.

41) 2009년 4월 9일 최고인민회의 12기 제1차 회의.

42) 이전 당 규약은 "김일성동지의 혁명사상, 주체사상을 유일한 지도사상"이라 밝히고 있다. 그러나 2012년 4월 11일 개최된 제4차 당 대표자회는 "김일성·김정일주의를 우

체사상을 종합적으로 체계화하고 유일사상체계를 확립하면서 '김일성주의'를 명명한 적은 있었지만, 당의 지도사상으로 김정일주의가 명시된 것은 처음이었다.

후계자는 수령이 창시한 혁명사상을 계승·발전시키는 역할을 수행해야 한다. 즉, 수령의 혁명사상을 정식화·체계화해야 하는데, 김정은은 선대 수령인 김일성의 주체사상과 김정일의 선군사상을 동렬의 위치로 자리매김함으로써, 이를 '김일성-김정일주의'로 규정하고 그 내용을 풍부하게 해야 한다. 지금은 김일성-김정일주의로 정식화되었지만, 구체적이고 자세한 내용은 아직 정확히 설명되지 않았다.[43] 다만 김정일시대에 이미 선군사상을 주체사상과 결합시키면서 김일성이 선군혁명사상을 창시했고, 김정일이 이를 더욱 심화·발전시킨 것으로 설명했기 때문에 논리적으로 김일성-김정일주의는 주체사상과 선군사상을 하나의 이데올로기로 통합한 것으로 이해할 수 있다.[44]

리 당의 지도사상"이라는 내용으로 당 규약을 개정했다.

43) 김진환은 김정일주의의 정식화된 내용으로 '김정일애국주의'와 '자기 땅에 붙일 데 대한 사상'을 제시하지만, 이는 김정일주의라기보다는 권력승계의 정당성을 동원하기 위한 하위 담론으로 해석하는 것이 타당해 보인다. 김진환, 「김정은 시대 지배이데올로기의 특징과 전망: '김일성 주의'에서 '김일성-김정일주의'로」, ≪북한연구학회보≫, 제17권 제2호(2013), 45~50쪽. '자기 땅에 붙일 데 대한 사상'은 2010년 4월 14일 준공된 김일성종합대학 전자도서관에 김정일이 보낸 친필 명제 「자기 땅에 발을 붙이고 눈은 세계를 보라」의 첫 대목을 인용한 것이다. 로현석, 「자기 땅에 발을 붙일 데 대한 사상의 본질」, ≪철학연구≫, 제3호(2013), 25쪽.

44) 주체사상과 선군사상을 통합한 김일성-김정일주의의 구체적인 내용으로 '인민대중의 자주적 지향과 요구에 맞게 투쟁의 목표와 방향을 제시하고, 사회주의 사회의 본질적 특성과 그 발전의 합법칙성을 새롭게 천명했을 뿐 아니라, 주체혁명의 새 시대인 선군시대의 요구에 맞게 선군혁명사상과 선군정치이론의 체계화, 조국통일 문제의 본질과 성격, 주체, 방도의 제시, 자주성에 기초한 국제관계 이론과 새 세계 건설에 관한 이론을 포함하고 있다'라고 설명된다. 이에 대해서는 오천일, 「김일성-김정일주의는

김정은시대의 공식이데올로기로 채택된 김일성-김정일주의는 기존의 주체사상과 선군사상을 뛰어넘는, 김일성주의를 능가하는 새로운 내용을 밝히기보다는, 오히려 김정일시대의 선군사상을 김정일주의로 격상시켜 주체사상과 같은 반열에 올림으로써 선대 수령의 사상을 고도로 추상화시키는 의미를 갖고 있다. 이것이 주체사상과 선군사상을 병렬시켜 추상화하는 의미와 함께 김일성이 창시한 선군사상을 김정일이 심화·발전시켰다는 선군정치의 선군사상으로의 체계화 과정을 '김일성-김정일주의'로 완성시켰다는 해석도 가능한 이유다.

이미 주체사상은 김일성주의로 불리면서 역동성을 가진 실천이데올로기에서 추상화된 순수이데올로기로 격상되었다. 선군사상 역시 1990년대 체제위기를 극복하기 위한 선군정치로 출발했다가 2000년대 이후 김일성이 창시하고 김정일이 심화·발전시킨 사상으로 격상되었다. 그러나 아직 김정일주의로 불리지는 못했고 당의 지도사상으로 규정되지도 못했다.[45] 2012년 당대표자회에서 조선로동당의 공식 지도사상으로 김일성-김정일주의가 규정되면서 선군사상은 주체사상과 동격의 순수이데올로기로 추상화될 수 있음을 의미하게 되었다.

김정일시대에도 선군사상을 김정일주의로 하자는 움직임이 있었지만 김정일이 극구 반대했고, 결국 김정일 사후 김정은은 김정일을 김일성과 같은 '영원한 수령'으로 모시고[46] 김일성주의와 김정일주의를 병렬 배치함으로써

주체시대를 대표하는 위대한 혁명사상」, ≪철학연구≫, 제4호(2012), 4~5쪽 참조.

45) "김정일주의는 아무리 파고들어야 김일성주의밖에 없다고 하시면서 우리 당의 지도사상을 자신의 존함과 결부시키는 것을 극력 만류했다"라고 김정은은 강조하고 있다. 김정은, "위대한 김정일동지를 우리 당의 영원한 총비서로 높이 모시고 주체혁명위업을 빛나게 완성해나가자"(2012년 4월 6일 담화), ≪로동신문≫, 2012년 4월 19일 자.

46) "오늘 우리 혁명위업은 위대한 김일성동지와 김정일동지를 영원한 수령으로 높이 모

선군사상을 최대한 격상시킨 것이다. 이로써 김일성이 주체사상을 창시하고 그 주체사상의 선군혁명원리를 김정일이 선군사상으로 심화·발전시켰다는 것으로 김일성-김정일주의는 결합되고 설명되었다.[47] 비로소 김일성-김정일주의를 통해 주체사상과 선군사상이 하나의 순수이데올로기로 통합된 것이다.

김정은은 선대 수령 김정일에 대해 '김일성의 혁명사상을 김일성주의로 정식화하고 김일성의 총대중시사상을 선군혁명사상, 선군정치이론으로 심화·발전시켜 사회주의 강성국가 건설이론을 제시함으로써 김일성주의의 견인력과 생활력을 비상히 높였다'고 평가하면서 이제 '우리 당과 혁명은 김일성-김정일주의를 영원한 지도사상으로 확고히 틀어쥐고 나갈 것을 요구하고 있다'고 강조했다.[48]

김일성-김정일주의는 '주체의 사상, 리론, 방법의 전일적인 체계이며 주체시대를 대표하는 위대한 혁명사상'으로 규정되고,[49] '온 사회의 김일성-김정

시고 온 사회의 김일성-김정일주의화를 전면적으로 실현해나가는 새로운 력사적 단계에 들어섰습니다." 김정은, "우리의 사회과학은 온 사회의 김일성-김정일주의화 위업수행에 적극 이바지하여야 한다"(2012년 12월 1일 서한), ≪로동신문≫, 2012년 12월 2일 자. 2012년 전시사업세칙의 개정과 2013년 당의 유일영도체계 10대 원칙 개정 등도 한 명에게 초집중되었던 수령의 지배력을 당 차원에서 확대시킨 것으로 해석 가능하다.

47) "장군님이 수령님의 혁명사상에 기초하여 밝히신 사회주의붕괴의 교훈과 원인 사회주의의 과학성과 그 사상적 기초, 총대철학과 사회주의 강성국가 건설이론 선군정리이론 혁명의 주력군 이론과 등에 의해 주체사상의 시대성은 더욱 철저히 보장되게 되었다." 조선민주주의인민공화국 외국문출판사, 『위인 김정일』(평양: 조선민주주의인민공화국 외국문출판사, 2012), 108~110쪽.

48) 김정은, "위대한 김정일 동지를 우리 당의 영원한 총비서로 높이 모시고 주체혁명위업을 빛나게 완성해나가자". 김정일의 이와 같은 업적은 2012년 12월 17일 김정일 1주기 김영남의 추모사에서도 그대로 반복된다.

49) 김정은, "위대한 김정일 동지를 우리 당의 영원한 총비서로 높이 모시고 주체혁명위

일주의화는 온 사회의 김일성주의화의 혁명적 계승이며 새로운 높은 단계에로의 심화·발전'으로 설명되었다.[50] 김일성-김정일주의 기치를 높이 들고 '자주의 길, 선군의 길, 사회주의 길을 따라' 끝까지 곧바로 나갈 것을 요구한다고[51] 밝히고 있는 대목도 김일성-김정일주의가 결국 주체와 선군의 결합임을 의미하는 것으로 해석된다.

김일성-김정일주의를 통해 김정은은 선대 수령들의 혁명사상을 체계화하고 정식화함으로써 우선 백두혈통으로 이어지는 3대 세습의 사상적 정통성을 확보하는 효과를 거둘 수 있었다.[52] 더불어 선군사상으로 요약되는 김정일주의를 김일성주의와 동렬로 추상화시킴으로써 김정은시대의 북한의 발전전략에 필요한 역동적이고 현실적인 실천이데올로기를 형성해낼 수 있는 공간을 확보하는 효과도 거둔 것으로 보인다. 선군사상의 김정일주의로의 격상은 선군사상마저 순수이데올로기로 전환됨으로써 그에 따른 북한 노선의 급진성이 약화될 가능성을 내포하고 있는 것으로 해석할 수 있다.[53] 이로써 군사 집중의 상징인 국방위원회가 약화되거나 군사력 강화를 내세운 선군경제노선의 완화가 가능해진 셈이다. 공식이데올로기로 김일성-김정일주

업을 빛나게 완성해나가자".

50) 손영수, 「온사회의 김일성-김정일주의화는 온 사회의 김일성주의화의 혁명적 계승이며 새로운 높은 단계로의 심화발전」, ≪철학연구≫, 제4호(2012), 2~3쪽.

51) "김정은 신년사", ≪로동신문≫, 2013년 1월 1일 자.

52) 김일성-김정일주의 공식화에 대해 대부분의 전문가들은 김정은의 충성과 효성을 강조하고 권력승계를 정당화하면서 사회통합을 이루려는 것으로 분석하고 있다. 이에 대해서는 김갑식, 「김정은 정권의 출범과 정치적 과제」, ≪통일정책연구≫, 제21권 제1호(2012); 이기동, 「김정은의 권력승계과정과 권력구조」, ≪북한연구학회보≫, 제16권 제2호(2012); 정영철, 「김정은체제의 출범과 과제: 인격적 리더쉽의 구축과 인민생활 향상」, ≪북한연구학회보≫, 제16권 제1호(2012); 김창희, 「북한의 통치이념 '김일성-김정일주의' 분석」, ≪한국정치연구≫, 제22권 제3호(2013) 등을 참조.

53) 안경모, 「선군노선과 북한식 급진주의」, 22쪽.

의를 내세워 혈통 승계의 정당성을 확보하는 동시에 향후 이데올로기 해석권을 독점하면서 새로운 시대에 새로운 노선을 제시하고 여기에 대중을 동원해낼 수 있는 실천이데올로기의 신구상을 펼 수 있게 된 것이다.

2) 김정일애국주의: 과도기의 정치담론

김일성-김정일주의로 주체사상과 선군사상을 추상화시키는 대신, 김정은시대의 이데올로기적 기능을 현실에서 담당할 수 있는 실천이데올로기는 아직 드러나지 않고 있다. 3대 세습의 권력승계를 정당화하고 김정은이 추진하고자 하는 발전노선에 인민대중을 최대한 동원하기 위해서는 김정은시대에 걸맞은 새로운 실천이데올로기가 제시되어야 한다. 이는 주체사상이 김일성시대 사회주의 건설노선의 산물이었고 선군사상이 김정일시대 사회주의체제 유지전략의 결과였던 것과 마찬가지다.

김정은체제는 공식이데올로기로 김일성-김정일주의를 당의 지도사상으로 선언했지만 실제 김정은시대의 발전 노선과 정책 기조를 규정할 수 있는 역동적인 실천이데올로기는 미완의 상황이다. 다만 과도기의 하위 담론으로서 김정일애국주의를 연일 반복해 강조하면서 권력승계기의 정치적 안정을 확보하고 미래의 김정은체제를 향해 나갈 향후 실천이데올로기의 개념과 내용을 구상 중이라고 볼 수 있다.[54]

김정일애국주의는 2012년 3월 2일 전략로켓사령부를 시찰한 김정은이 "조국 산천의 나무 한그루, 풀 한포기도 사랑하신 어버이 장군님의 모범을

---

54) 김정일애국주의를 실천에 옮기는 데 1970년대의 화선식 사업 방법을 강조하고 있는 것도 그 이면에는 당시가 김정일의 후계체제가 구축되던 시기이고 사회주의 공업국가로서 가장 잘 살던 시대임을 염두에 둔 것으로 해석될 수 있다. "당 사업을 1970년대처럼 화선식으로 전환시키자"(사설), ≪로동신문≫, 2013년 1월 15일 자.

따라 배워 김정일식 애국주의를 높이 발휘하는 데서 인민군대가 앞장서야 한다"라고 강조한 뒤, 두 달 만인 5월 12일 ≪로동신문≫에 김정일애국주의로 처음 등장했다.[55] 김정일애국주의의 정당성은 현지지도 강행군 중 사망한 '김정일의 조국과 인민에 대한 헌신성'에서 비롯되었다. 물론 김정일애국주의는 그 본질적 특성과 절대적 우월성, 불패의 위력과 감화력, 보편성과 영원성이 주체사상과 선군사상으로부터 우러나온다고 밝힘으로써[56] 공식 이데올로기인 김일성-김정일주의의 하위 담론임을 분명히 하고 있다.

이후 김정은은 로작을 통해 김정일애국주의의 본질과 기초, 특징 등을 종합적으로 정식화하고 김정일애국주의 교양사업을 위한 원칙과 방도를 제시했다.[57] 이에 따르면 김정일애국주의는 가장 '숭고한 애국주의'이자 '사회주의적 애국주의의 최고 정화'이며, 김정일이 지닌 숭고한 '조국관'을 기초로 하고, 인민을 하늘처럼 여기는 숭고한 '인민관'을 바탕으로 하며 숭고한 '후대관'으로 인해 더욱 절실하게 다가온다는 것이다.[58]

김정일애국주의는 우선적으로 김일성-김정일로 이어지는 수령에 대한 충성을 최고의 숭고한 조국관으로 간주함으로써 자연스럽게 김정은의 3대 혈통승계를 정당화하고, 인민대중의 충성심을 동원하는 역할을 한다. 과거 사회주의적 애국주의가 조국과 수령의 관계, 애국심과 수령에 대한 충성의 관

---

55) "절세위인의 한생의 리념", ≪로동신문≫, 2012년 5월 12일 자. 이후 5월 14일 조선중앙방송의 사설 "모두 다 김정일애국주의로 심장을 불태우자"에서 "김정일애국주의는 수령에 대한 절대불변의 충실성을 핵으로 하여 한평생을 애국으로 수놓아오신 장군님의 업적과 위대성을 특징짓는 사상"이라고 정의했다.

56) "위대한 김정일애국주의는 백전백승의 기치이다", ≪로동신문≫, 2012년 6월 21일 자.

57) 김정은, "김정일애국주의를 구현하여 부강조국건설을 다그치자"(2012년 7월 26일 담화), ≪로동신문≫, 2012년 8월 3일 자.

58) 김정일, 『오늘을 위한 오늘에 살지 말고 래일을 위한 오늘에 살자: 조선로동당 중앙위원회 책임일군들과 한 담화(1996년 1월 14일)』(평양: 조선로동당출판사, 2005).

계 등을 제대로 해명하지 못했다고 하면서 수령 중심의 조국관, 즉 '조국은 곧 수령이며 조국의 품은 수령의 품'이라는 심오한 사상에 기초해서 수령에 대한 충성이 곧 애국심의 발현, 최고의 애국이라는 점을 밝혀낸 사회주의적 애국주의의 최고 정화라고 설명하고 있는 것이다.[59] 결국 김정일애국주의는 당과 수령에 대한 충실성, 김정은에 대한 충성 강조로 연결됨으로써 김정은체제의 정당화와 대중 동원을 위한 정치적 하위 담론으로 활용되고 있는 셈이다.

또한 김정일애국주의는 숭고한 인민관을 핵심으로 하는 바, 인민을 하늘처럼 여기는 김정일의 애국 신조를 강조하며 인민이 있어야 나라도 있고 조국도 있다고 강조한다. 수령에 대한 충성심과 함께 인민을 위한 위민이천의 마음을 김정일애국주의로 강조한 것은 김정은시대에 당 일꾼에게 당세도와 특전 및 특혜를 바라는 현상이 절대로 허용될 수 없음을 널리 공포하는 것이다. 이를 통해 김정일애국주의가 권력승계의 과도기 상황에서 당 조직 생활의 이완 현상을 바로잡고자 하는 정치적 의도로 활용되고 있음을 짐작할 수 있다.

최근 김정일애국주의는 조국사랑과 인민사랑에서 출발해 후대사랑, 미래사랑으로 점차 저변을 확장하고 있다. 소년단 창립 66주년을 계기로 김정일애국주의 차원에서 김정은의 후대관과 미래관을 적극 선전하면서 김정일애국주의에 김정은의 활동을 접목시키기 시작했다. 김정은은 소년 배려 차원에서 만경대유희장 및 능라유원지 등의 놀이시설 및 근린 생활 시설을 확대·개선하고 여성을 위한 병원 시설 확충에도 각별한 관심을 기울이고 있다.

---

59) 엄춘봉, 「애국주의와 사회주의의 호상관계에 관한 선행리론과 그 제한성」, ≪철학연구≫, 제1호(2013), 41~42쪽; 김인철, 「김정일애국주의는 수령중심의 조국관에 기초한 애국주의」, ≪철학연구≫, 제1호(2013), 8~9쪽; 리원철, 「김정일애국주의는 부강조국건설의 힘있는 원동력」, ≪철학연구≫, 제1호(2013), 5쪽.

2012년 9월 25일 개최된 최고인민회의 12기 제6차 회의에서 2012년 의무교육제 실시를 의제로 선정한 것도 김정은의 후대사랑과 미래사랑을 가늠할 수 있게 한다.

결국 김정일애국주의는 김일성-김정일-김정은으로 이어지는 혈통승계의 정당성을 공표함과 동시에 관료들의 인민사랑을 강조하고 나아가 미래의 후대사랑을 언급함으로써 앞으로 김정은시대에 인민대중이 행복하게 살 수 있도록 하겠다는 김정은의 의지로 읽히는 대목이기도 하다.

김일성-김정일주의는 공식적으로 표방된 지도사상일 뿐, 오히려 김정은시대의 정당화와 이데올로기적 동원은 그 하위 담론인 김정일애국주의에 의해 활발하게 진행되고 있다. 김정일애국주의가 북한의 공식 매체에 김일성-김정일주의보다 더 자주 빈번히 사용되고 있음도 이와 마찬가지 맥락이라고 볼 수 있다.[60] 김정일애국주의를 강조하는 논문과 기사들을 수없이 내보내면서 사회주의 강성국가 건설과 부강조국 건설의 지침이라고 밝히는 것도 이를 향후 김정은시대의 새로운 실천이데올로기로 연결시키기 위한 과도기의 정치담론임을 짐작케 한다.

6. 맺음말: 김정은시대의 실천이데올로기, 선경(先經)과 선민(先民)

북한의 이데올로기는 시대 상황과 시대적 가치 그리고 지도자의 발전전략과 정치체제의 특성에 맞게 지속적으로 진화해왔다. 김일성시대에 전후 복

---

60) 최근 ≪로동신문≫ 사이트를 검색해보면 김정일애국주의가 김일성-김정일주의보다 거의 1.5배 더 많이 검색된다. 정성장, 「통치이데올로기: 마르크스·레닌주의에서 김일성·김정일주의로」, 장달중 외, 『현대북한학강의』(사회평론, 2013), 41쪽.

구와 사회주의 건설을 위한 주체 확립과 자주노선으로 주체사상이 등장했고, 김정일 후계체제의 확립과 수령의 유일지도체제를 확보하는 과정에서 주체사상은 더욱 체계화되고 추상화된 순수이데올로기로 격상되었다. 권력승계 이후 김정일시대는 사상 최대의 위기 상황에서 사회주의체제를 유지하고 지켜내기 위해 위기 돌파의 정치담론으로 선군정치를 제시했고, 결국 선군사상이라는 위기 시대의 실천이데올로기를 형성해냈다.

이제 김정은으로의 권력승계가 완료된 시점에서 북한은 김일성-김정일주의를 조선로동당의 새로운 지도사상으로 규정하고 사회주의 건설시기의 주체사상과 사회주의 위기시기의 선군사상을 동렬의 병행적 공식이데올로기로 격상시킴으로써 김정은시대의 본격적인 발전전략을 고민할 수 있게 했다. 주체사상을 선반 위에 놓고 선군정치를 김정일시대의 실천이데올로기로 제시한 것처럼 이제 선군사상까지 선반 위에 놓고 김정은시대가 요구하는 새로운 실천이데올로기를 구상하고 내놓을 수 있게 된 것이다.

김정은이 새로운 이데올로기를 어떤 내용으로 창출해낼 수 있을지는 아직 미지수지만 향후 김정은시대의 실천이데올로기가 제시될 경우 정책 방향만큼은 과거 안보 위기 상황하의 선군 기조와는 다를 것으로 예상할 수 있다. 경제난과 체제 위기가 겹친 상황에서 안보담론으로 제기된 선군사상과 달리 상대적으로 경제가 회복되고[61] 체제 위기 극복이 가능하다[62]는 정세 판단하에서는 선군이 아닌 경제와 인민생활을 우선하는 정책 기조를 채택할 가

---

61) 최근 북한 경제의 호전은 식량난의 완화, 대외 교역의 증가, 비공식 경제의 성장 등의 요인으로 나름대로 구조화되고 있다는 분석이 제출되고 있다. 이에 대해서는 김석진, 「북한 경제실적 재평가: 주요 쟁점과 가설」, 『한반도포럼세미나자료집』(2013년 12월 23일), 15~34쪽 참조.

62) 2012년 12월 은하3호 로켓 발사 성공과 2013년 2월 3차 핵실험으로 김정은체제는 일단 외부 위협으로부터 체제를 지켜낼 수 있다는 안보 확보에 자신감을 보이고 있다.

능성이 크다.

2012년 4월 김일성 생일 100주년을 맞아 강성국가 진입을 선언하고, 2013년 3월 당중앙위원회 전원회의를 통해 '경제·핵 병진노선'을 채택한 것도 핵무기로 안보를 확보한 상황에서 이제 인민생활 향상을 위한 경제건설에 매진하겠다는 강력한 의지로 해석된다. 2012년 '우리식 경제 관리방법'으로 경제 개혁을 추진하고, 2013년 경재개발구 전략으로 대외 개방을 추진한 것도 같은 맥락에서 해석될 수 있다. 김정은이 선언한 "인민대중이 더 이상 허리띠를 조이는 일이 없도록 하겠다"라는 의지가 경제 우선 노선의 가능성을 짐작케 하기도 한다. 김정일애국주의가 강조하는 인민관과 후대관도 기실 미래의 인민생활 향상을 최우선 가치로 두겠다는 복선으로 해석할 수 있다.[63]

김정은시대의 새로운 국가전략으로 선군이 아닌 경제 우선과 인민 우선의 노선을 제시하기 위해서는 당연히 공식이데올로기의 구속으로부터 자유로워야 한다. 사회주의에서 이데올로기는 항상 위로부터의 보수적 재혁명화 기능을 수행하기 때문이다.[64] 따라서 경제발전을 우선시하는 선경노선 혹은 인민생활 향상을 최우선에 두는 선민노선으로의 전환을 정당화하기 위해서는 부득불 김일성의 주체사상과 김정일의 선군사상을 순수이데올로기로 추상화시켜 선반 위에 올려놓고 김정은의 새로운 발전전략을 정당화하기 위한 실천이데올로기를 개발하고 제시해야 한다.[65]

---

63) 소년단 창립절에 김정은이 직접 참여·격려하고 전국어머니대회를 대대적으로 개최하고 청년절을 강조하며 무상교육 연장 법령을 통과시킨 최근의 모습 등은 후세대를 배려하고 미래 주역들을 잘살게 하기 위한 김정은식 행보로 보인다.

64) 경제발전으로 사회주의 원칙이 흔들릴 때마다 사회주의는 위로부터의 사상혁명을 강조하면서 사상적 재무장을 강요하곤 한다. 이데올로기의 위로부터의 사상혁명(permanent revolution from the above) 기능에 대해서는 R. Lowenthal, "Development vs. Utopia in Communist Policy", in Chalmers Johnson(ed.), *Change in Communist Systems* 참조.

65) 중국의 경우에도 마르크스레닌주의와 모택동사상을 고도로 추상화시키고 이를 개혁

기존의 보수적 이데올로기의 기능과 역할을 최소화·형식화하고, 실제 김정은시대의 새로운 발전노선을 정당화하면서, 여기에 인민을 동원할 수 있는 새로운 정치담론을 제시해야 할 것이다. 김일성시대에는 북한식 사회주의 건설 과정에서 마르크스레닌주의로부터 분리된 주체사상을 만들었고, 김정일시대에는 북한식 위기 극복 과정에서 주체사상과 별도로 선군사상을 제시한 것처럼, 이제 김정은시대의 경제발전전략을 정당화하기 위한 김정은식 실천이데올로기가 제출되어야 하는 이유가 여기에 있다. 김정일애국주의는 과도기의 정치담론으로서 백두산 혈통승계의 정당성을 부여해주고 사회 통합과 체제 결속을 다지는 한편, 숭고한 후대관, 미래관을 역설함으로써 인민생활 향상과 미래 경제발전의 청사진과 희망을 제시해주는 징검다리 역할을 한다. 김정일애국주의에 이어 선경과 선민의 김정은식 발전전략을 뒷받침할 새로운 실천이데올로기의 등장을 기대해본다. 보수적인 공식이데올로기를 약화시킬 수 있는 역동적인 실천이데올로기를 통해 사상의 해방이 가능할지 귀추가 주목된다.

개방을 위한 실천적 지침, 즉 '사회주의 초급단계론'이나 '중국 특색적 사회주의' 등과 분리해냄으로써 지배이데올로기의 추상화를 통해 본래 마르크스레닌주의와 모택동사상의 방향과 배치될 수도 있는 중국식 발전전략의 정당성을 확보했다는 해석이 가능하다. 이에 대해서는 백병훈, 「중국사회주의이데올로기의 탈교조화 경향분석: 마르크스주의의 재해석과 '사회주의초급단계론'을 중심으로」, ≪공안연구≫, 제1집 (1989), 163~194쪽 참조.

참고문헌

1. 국내 문헌

김갑식. 2012.「김정은 정권의 출범과 정치적 과제」. ≪통일정책연구≫, 제21권 제1호, 1~24쪽.

김근식. 2000.「1990년대 북한의 체제정당화 담론: '우리식 사회주의'와 '붉은기철학'을 중심으로」. ≪통일정책연구≫, 제8권 제2호, 37~59쪽.

_____. 2004.「주체사상: 북한의 체제이데올로기」. 박재규 엮음.『새로운 북한읽기를 위하여』. 법문사, 188~205쪽.

김석진. 2013.「북한 경제실적 재평가: 주요 쟁점과 가설」.『한반도포럼 월례세미나 발표자료집』(서울, 12월 23일).

김진환. 2013.「김정은시대 지배이데올로기의 특징과 전망: '김일성주의'에서 '김일성-김정일주의'로」. ≪북한연구학회보≫, 제17권 제2호, 29~56쪽.

김창희. 2013.「북한의 통치이념 '김일성-김정일주의' 분석」. ≪한국정치연구≫, 제22권 제3호, 187~211쪽.

백병훈. 1989.「중국 사회주의 이데올로기의 탈교조화 경향분석: 마르크스주의의 재해석과 '사회주의초급단계'론을 중심으로」. ≪공안연구≫, 제1집, 163~194쪽.

안경모. 2013.「선군노선과 북한식 급진주의: 이데올로기, 조직, 정책을 중심으로」. ≪북한연구학회보≫, 제17권 제2호, 1~28쪽.

이기동. 2012.「김정은의 권력승계 과정과 권력구조」. ≪북한연구학회보≫, 제16권 제2호, 1~21쪽.

장달중. 2004.「김정일체제와 주체비전: 이데올로기, 당, 그리고 군중을 중심으로」. 장달중·이즈미 하지메(伊豆見元) 공편.『김정은체제의 북한: 정치·외교·경제·사상』. 아연출판부, 9~58쪽.

정성장. 2013. 「통치이데올로기: 마르크스·레닌주의에서 김일성·김정일주의로」. 장달중 엮음. 『현대북한학강의』. 사회평론, 19~50쪽.
정영철. 2012. 「김정은체제의 출범과 과제: 인격적 리더쉽의 구축과 인민생활 향상」. ≪북한연구학회보≫, 제16권 제1호, 1~24쪽.

2. 북한 문헌

김인옥. 2003. 『김정일 장군 선군정치 리론』. 평양: 평양출판사.
김인철. 2013. 「김정일애국주의는 수령중심의 조국관에 기초한 애국주의」. ≪철학연구≫, 제1호.
김일성. 1984. 「우리 당의 주체사상과 공화국정부의 대내외정책의 몇가지 문제에 대하여」(1972년 9월 17일). 『김일성 저작집』 제27권. 평양: 조선로동당출판사, 390~420쪽.
김재호. 2000. 『김정일 강성대국 건설전략』. 평양: 평양출판사.
김정은. 2012a. “위대한 김정일동지를 우리 당의 영원한 총비서로 높이 모시고 주체혁명위업을 빛나게 완성해나가자”(2012년 4월 6일 담화). ≪로동신문≫, 4월 19일.
_____. 2012b. “우리의 사회과학은 온 사회의 김일성-김정일주의화 위업수행에 적극 이바지하여야 한다”(2012년 12월 1일 서한). ≪로동신문≫, 12월 2일.
_____. 2012c. “김정일애국주의를 구현하여 부강조국건설을 다그치자”(2012년 7월 26일 담화). ≪로동신문≫, 8월 3일.
김정일. 1992. 「주체사상에 대하여」. 『친애하는 지도자 김정일동지의 문헌집』. 평양: 조선로동당출판사, 8~81쪽.
_____. 1997. 「우리는 지금 식량 때문에 무정부상태가 되고 있다」(1996년 12월 7일). ≪월간조선≫, 4월호, 307~312쪽.
_____. 1998. 「위대한 수령님을 영원히 높이 모시고 수령님의 위업을 끝까지 완성하자」(1994년 10월 16일). 『김정일선집』, 제13권. 평양: 조선로동당출판사.
_____. 2004a. 「일군들은 고난의 행군 정신으로 살며 일해야 한다」(1996년 10월 14

일).『김정일선집』, 제14권. 평양: 조선로동당출판사.

_____. 2004b.「올해에 당 사업에서 혁명적 전환을 일으킬 데 대하여」(1997년 1월 1일).『김정일선집』, 제14권. 평양: 조선로동당출판사.

_____. 2004c.「혁명적 군인정신을 따라 배울 데 대하여」(1997년 3월 17일).『김정일선집』, 제14권. 평양: 조선로동당출판사.

_____. 2004d.『김정일선집』, 제14권. 평양: 조선로동당출판사.

_____. 2005a.「선군혁명로선은 우리 시대의 위대한 혁명로선이며 우리 혁명의 백전백승의 기치이다」(2003년 1월 29일).『김정일선집』, 제15권. 평양: 조선로동당출판사, 352~370쪽.

_____. 2005b.「올해를 새 세기의 진격로를 열어 나가는 데서 전환의 해로 되게 하자」(2001년 1월 3일).『김정일선집』, 제15권. 평양: 조선로동당출판사.

_____. 2005c.「기자 언론인들은 우리의 사상 우리의 제도 우리의 위업을 견결히 옹호고수하는 사상적 기수이다」(2001년 11월 18일).『김정일선집』, 제15권. 평양: 조선로동당출판사, 211~213쪽.

_____. 2005d.「오늘을 위한 오늘에 살지 말고 래일을 위한 오늘에 살자」(조선로동당 중앙위원회 책임일군들과 한 담화, 1996년 1월 14일).『김정일선집』, 제15권. 평양: 조선로동당출판사.

_____. 2005e.『김정일선집』, 제15권. 평양: 조선로동당출판사.

김철우. 2000.『김정일 장군의 선군정치』. 평양: 평양출판사.

로현석. 2013.「자기 땅에 발을 붙일 데 대한 사상의 본질」. ≪철학연구≫, 제3호.

리영섭. 2004.「선군시대에 새롭게 밝혀진 주체혁명위업 완성의 주력군에 관한 사상」. ≪철학연구≫, 제1호.

리원철. 2013.「김정일애국주의는 부강조국건설의 힘있는 원동력」. ≪철학연구≫, 제1호.

박혁철 외. 2010.『우리당의 선군사상』. 조선사회과학학술집 35: 철학편. 평양: 사회과학출판사.

손영수. 2012.「온사회의 김일성-김정일주의화는 온 사회의 김일성주의화의 혁명적 계승이며 새로운 높은 단계로의 심화발전」. ≪철학연구≫, 제4호.
엄춘봉. 2013. 「애국주의와 사회주의의 호상관계에 관한 선행리론과 그 제한성」. ≪철학연구≫, 제1호.
오천일. 2012. 「김일성-김정일주의는 주체시대를 대표하는 위대한 혁명사상」. ≪철학연구≫, 제4호.
조선로동당 중앙위원회 당력사연구소. 2004. 『조선로동당력사』. 평양: 조선로동당출판사.
_____. 2006a. 『조선로동당력사』. 평양: 조선로동당출판사.
_____. 2006b. 『우리당의 선군정치』. 평양: 조선로동당출판사.
조선민주주의인민공화국 외국문출판사. 2012. 『위인 김정일』. 평양.
필자 불명. 2004. 「선군정치는 시대와 혁명의 요구를 가장 정확히 반영한 과학적인 정치방식」. ≪철학연구≫, 제2호.
최성학. 2002. 「선군의 원리는 주체사상을 바탕으로 하고 있는 원리」. ≪철학연구≫, 제4호.
탁성일 엮음. 2012. 『선군-김정일정치』. 평양: 조선민주주의인민공화국 외국문출판사.
≪로동신문≫. 1996. 1. 9. "붉은기는 조선혁명의 백전백승의 기치이다".
_____. 1998. 4. 25. "우리 혁명 무력은 총대로 주체위업을 끝까지 완성해 나갈 것이다".
_____. 2002. 4. 25. "위대한 선군사상의 기치따라 백전백승 떨치자".
_____. 2005. 8. 24. "우리 최고사령관 동지".
_____. 2012. 5. 12. "절세위인의 한생의 리념".
_____. 2012. 6. 21. "위대한 김정일애국주의는 백전백승의 기치이다".
_____. 2013. 1. 1. "김정은 신년사".
_____. 2013. 1. 15. "당 사업을 1970년대처럼 화선식으로 전환시키자".
_____. 2001. 12. 21. "선군의 기치를 높이 들고 주체의 사회주의 위업을 힘있게 다그치자".
≪로동신문≫·≪근로자≫. 1999. 6. 16. "우리 당의 선군정치는 필승불패이다".
조선중앙방송. 2012. 5. 14. "모두 다 김정일애국주의로 심장을 불태우자".

3. 외국 문헌

Johnson, C. 1970. "Comparing Communist Nations." in Chalmers Johnson(ed.). *Change in Communist Systems*. Stanford: Stanford University Press, pp. 1~32.

Lowenthal, R. 1970. "Development vs. Utopia in Communist Policy." in Chalmers Johnson(ed.). *Change in Communist Systems*. Stanford: Stanford University Press, pp. 33~116.

MacRidis, R. C. and Mark L. Hulliung. 1996. *Contemporary Political Ideologies: Movements and Regimes*. 6th ed. New York: HarperCollins.

Plamenatz, J. 1970. *Ideology*. New York: Praeger.

Schurmann, F. 1968. *Ideology and Organization in Communist China*. Berkeley: University of California Press.

Wallace, A. F. C. 1961. *Culture and Personality*. New York: Random House.

제2장

김정은시대의 정치언어*

_ 상징과 담론을 통해 본 김정은의 정치

전미영 | 이화여자대학교 통일학연구원 연구위원

1. 머리말

김정은체제가 출범한 지 2년여의 시간이 지났다. 김정은 권력승계 초기, 그의 행보를 지켜보면서 우리 언론은 '전례 없는', '아버지와 전혀 다른', '파격적인', '자유분방한' 등의 수식어[1]를 통해 신세대 젊은 지도자의 새로운 이미지에 관심을 집중시켰다. 실제로 김정일 사망 이후 김정은은 제도적 리더십 구축과 함께 다양한 대외 활동을 통해 파격적인 면모를 보이며 신세대 지도자의 이미지를 연출해왔다.

---

* 이 글은 전미영, 「김정은시대의 정치언어: 상징과 담론을 통해 본 김정은의 정치」, ≪북한연구학회보≫, 제17권 제1호(2013)를 수정·보완한 것이다.

1) 김갑식, 「김정은 리더십의 특징과 전망」, ≪한반도포커스≫, 제20호(2012).

짧은 정치 경력과 젊은 나이에 최고권력을 승계 받은 김정은의 리더십은 여전히 미완성인 것으로 보인다. 김정일위원장의 유훈을 기반으로 제도적 리더십의 안착을 이룬 것으로 평가되지만, 지도자로서의 인격적 리더십, 다시 말해 통치 능력과 인민의 존경과 충성을 담보할 카리스마적 권위를 아직은 형성하지 못한 것으로 보인다.

김정은은 2009년 후계자로 내정된 이후 다음해 9월 당군사위부위원장과 당중앙위원, 인민군 대장의 지위를 부여받으면서 후계자로 공식화되었다. 이후 김정일의 갑작스러운 사망 직후인 2011년 12월 북한군 최고사령관에 취임했으며, 2012년 4월 조선로동당 제1비서에 오르면서 최고권력자의 지위에 올랐다. 3년여의 짧은 후계자 기간 동안 그의 지도력은 검증되지 못했으며, 권력승계 2년여를 지나는 현 시점에서도 여전히 김정은체제의 정책 방향은 불투명하다.

권력승계 후 김정은은 인격적 리더십 구축을 위한 다양한 이미지 정치를 시도해왔다. 대중에게 처음 모습을 드러내는 시점에서부터 김정은은 젊은 시절 김일성을 연상시키는 헤어스타일과 몸동작 등을 통해 김일성의 이미지를 재연해냈다. 북한 조선중앙TV는 말을 타고 있는 김정은의 영상을 통해 항일혁명투쟁기 김일성의 이미지를 연출해냈으며, 젊은 아내와 팔짱을 끼고 만경대유희장을 방문해 길에 돋은 풀을 뽑고 놀이기구를 즐기는 영상을 통해 소탈하고 격의 없으며 인민을 위하는 젊은 지도자상을 그려냈다.

정보 전달력 면에서 간결한 이미지 한 점이 장황한 텍스트를 능가한다는 데는 이견이 없을 것이다. 김정일의 이미지 정치는 북한 내부뿐 아니라 외부 세계에서도 주목을 받기에 충분했다. 북한의 언론에 비춰진 김정일의 파격적이고 자유분방한 이미지에 근거해 해외 유학과 자본주의 사회를 경험한 젊은 지도자의 개혁 가능성이 예견되기도 했다. 또한 그의 '인민생활 향상', '경제강국 건설'에 대한 강조에 근거하여 많은 논자는 '선군'에서 '선경'으로의 정책 전환을 예견한 바 있다.

그러나 북한은 2012년 12월 장거리로켓인 은하3호 발사에 이어 2013년 2월 제3차 핵실험으로 군사적 위기를 극대화시키는 한편, 급기야 정전협정 백지화 선언을 통해 대남·대미위협을 고조시킨 가운데, 같은 해 3월 31일 개최된 당중앙위원회 전원회의에서 '경제·핵 병진노선'을 채택하며, 핵보유를 법적으로 고착화할 것과 핵무력을 확대·강화할 방침을 밝혔다. 이러한 김정은 정권의 벼랑 끝 전술을 지켜보면서 김정은의 통치력과 리더십에 관심이 집중되고 있다.

정치적 의도가 정치적 효과를 발생시키기 위해서는 언어적 경로가 필요하다. 어떤 정치체제에서든 모든 정치행위는 필연적으로 정치언어로 매개되어야 하며, 정치과정에서 언어적 요소는 어떤 경우에도 우연적일 수 없다. 이 글은 김정은체제의 권력승계 시점에서 김정은의 정치언어를 살펴보고자 한다. 아직까지는 김정일 정치언어의 콘텐츠가 제한적이지만 이미지가 아닌 언어를 통해 김정은 정치에 접근해볼 수 있지 않을까 하는 기대감을 갖고 김정은의 정치언어에 주목했다.

정치언어란 현실적으로 이루어지는 정치행위(political actions in operation)에 투입된 텍스트를 구성하는 말(speech, parole)과 글(writing)로서, 정치적인 것을 구현하는 과정에서 생활 세계 전반에서 활성화되는 각종 언어 표현들과 담화 행위를 포함한다.[2] 지난 20세기의 몇몇 언어학자들은 각기 상이한 전제하에서 언어는 객관적 현실을 기술하는 도구가 아니라 사람들이 경험하는 사회적 세계의 중요한 창조자라는 결론에 도달한 바 있다. 사람들이 경험하는 것은 정치 사건이 아니라 정치 사건에 관한 언어다.[3] 정치적 의도가 정치

2) 홍윤기, 「정치언어학의 철학」, ≪철학연구≫, 제95집(2011), 199쪽.

3) 머레이 에델만, 『상징의 정치시대』, 이성현 옮김(고려원, 1996), 203쪽.

적 효과로 귀결되기 위해서는 '언어적인 것으로 이루어지는 경로'가 반드시 필요하며 이 언어적인 것의 경로를 우회하여 정치적인 것이 관철될 대안적 방도는 존재하지 않는다.[4)]

이런 의미에서 볼 때 정치언어가 곧 정치현실이라는 논자들의 주장은 설득력을 갖는다. 행위를 정당화하기 위해 언어를 사용하는 것이 바로 정치가 다른 '가치 분배' 방법과 차이를 보이는 점이다. 언어를 통해 특정 권력 집단은 당장 목표하는 결과를 얻을 뿐 아니라 지속적인 지지를 얻어야 할 사람들의 동의를 얻는다.[5)] 정치언어에 초점을 맞춘 이론가들은 이데올로기, 신비화, 왜곡을 반영할 수 있는 언어 능력에 관심을 기울여왔다. 정치언어의 잠재력은 현실 세계에 대한 기술로부터 나오는 것이 아니라 과거의 재구성, 현재의 비관찰성, 미래의 가능성에 대한 환기 작용으로부터 나오기 때문에 언어적 이용은 전략적이다.[6)]

한편, 인지언어학자들의 주장에 따르면 우리가 세상을 보는 방식을 규정하는 정신적 구조인 프레임은 언어에 의해 형성된다. 즉, 언어가 인지 프레임을 만들고 사람들의 뇌구조를 지배한다는 것이다. 언어가 프레임을 활성화하며 새로운 언어는 새로운 프레임, 다시 말해 새로운 사유 방식을 요구한다.[7)] 존 듀위(John Dewey)와 아서 벤틀리(Arthur F. Bently)가 '이름 붙이기(naming)' 자체를 하나의 직접적 인지의 형태로 볼 필요가 있다고 주장했듯이,[8)] 특정한 용어들은 그 지시적 의미 이상의 역할, 다시 말해서 새로운 개

4) 홍윤기, 「정치언어학의 철학」, 196쪽.

5) M. Edelman, *The Symbolic Uses of Politics*(Urbana and Chicago: University of Illinois Press, 1964), p.114.

6) 머레이 에델만, 『상징의 정치시대』, 202쪽.

7) G. Lakoff, *Don't Think of an Elephant*(Vermont: Chelsea Green Publishing, 2004), p. 15.

8) J. Dewey and A. F. Bentley, *Knowing and Known*(Boston: reprint, 1960), p.147.

념화와 새로운 프레임을 만든다. 새로운 프레임의 구성 또는 프레임의 전환(reframing)은 대중이 세상을 보는 방식을 바꾸는 것이다.

김정은체제가 출범한 지 2년이 지난 시점에서 김정은체제의 정책을 평가하기에는 섣부른 감이 없지 않다. 그러나 김정은의 정치언어는 김정은체제가 스스로를 어떻게 규정하고(identify) 있는지, 특정한 정치언어를 통해 자신의 정책 프레임을 어떻게 구성하고 있는지, 그 방향성과 전망에 실마리를 던져줄 것이다.

이를 위해 이 글은 김정은체제 출범 이후 한 해(2012. 1. 1.~2012. 12. 31.) 동안의 정치언어를 분석대상으로 한다. 김정은체제 출범 시기는 관점에 따라 다소 논란의 여지가 있다. 공식적인 김정은정권의 출범 시기는 2012년 4월 당 대표자대회를 통해 새로 신설된 조선로동당 제1비서에 취임한 시기라고 할 수 있지만, 실질적으로는 김정일 사망 직후 2011년 12월 30일 최고사령관에 취임한 시점을 김정은정권의 시작으로 보는 것이 타당할 것으로 보인다.[9] 따라서 이 글은 김정은 권력승계 1년의 시기를 2012년 1월 1일부터 그해 말까지로 설정한다.

이 연구는 김정일 사망 이후 1년 동안 발표된 9편의 김정은의 담화문과 같은 기간 북한 ≪로동신문≫에 실린 82편의 사설을 그 분석 대상으로 한다. 이와 함께 김정일체제와의 비교를 위해 1980년대와 1990년대 ≪로동신문≫의 관련 기사와 2000년대 신년공동사설을 분석 자료로 활용했다. 이 글은 김정은 권력승계 1년간의 정치언어 사례 연구의 성격을 갖는다.

---

9) 2012년 1월 1일 신년공동사설은 "우리 당과 인민의 최고 령도자 김정은동지는 선군조선의 스리와 영광의 기치"이며 "김정은동지가 곧 김정일동지이시다"라고 선언함으로써 김정은으로의 권력승계를 기정사실화했다. ≪로동신문≫, 2012년 1월 1일 자.

2. 김정은의 권력승계와 담화의 정치

김정은은 권력승계 이후 2012년 12월 말 현재까지 4편의 담화문, 2편의 연설문과 3편의 서한문 등 총 9편의 문건을 발표했다. 김정은의 문헌이 북한 사회에 처음 공개된 것은 2012년 4월 15일 김일성 탄생 100주년 기념행사 경축열병식에서 한 연설 "선군의 기치를 더 높이 추켜들고 최후의 승리를 향하여 힘차게 싸워 나가자"다. 그러나 4월 19일 자 ≪로동신문≫은 이보다 앞선 4월 6일 발표되었다는 담화문 "위대한 김정일동지를 우리 당의 영원한 총비서로 높이 모시고 주체혁명위업을 빛나게 완성해나가자"를 싣고 있어, 이 문건이 최초의 김정은 담화문이라고 할 수 있다. 4월 22일 ≪로동신문≫은 처음으로 김정은의 문건을 '로작'이라고 칭하기 시작했으며,[10] 이후 김정은 '로작'을 선전하는 기사들과 함께 '김정은 로작 학습'이 요구되기 시작했다.[11]

북한에서 '로작'이란 "로동계급의 혁명리론 발전에서 커다란 리론실천적 의의를 가지는 고전적 저서"[12]로 정의되지만, 실질적으로는 김일성과 김정일의 문헌(담화, 교시, 연설)에만 독점적으로 사용되는 용어다. 북한에서 정치지도자의 '로작'의 의미는 정치적으로 중요한 문헌이라는 보편적 의미를 넘어선다. 수령의 '로작'은 "주체사상학습의 유일한 교과서"[13]로서 북한 사회

---

10) "경애하는 김정은동지의 불후의 고전적 로작을 깊이 있게 학습하고 있다", ≪로동신문≫, 2012년 4월 22일 자.

11) "경애하는 김정은 동지의강령적 문헌을 깊이 학습하자", ≪로동신문≫, 2012년 4월 28일 자; "경애하는 김정은동지의 로작을 여러나라 신문이 보도하였다", ≪로동신문≫, 2012년 4월 24일 자; 2012년 5월 1일 자; 2012년 5월 11일 자; 2012년 5월 12일 자; 2012년 5월 13일 자; 2012년 5월 15일 자; 2012년 5월 18일 자.

12) 『조선말대사전』, 제1권(평양: 사회과학출판사, 1992), 972쪽.

13) 김정일, 「직업동맹을 더욱 강화할 데 대하여」(1984년 5월 3일), 『김정일선집』, 제8권, 63쪽.

가 지침으로 삼아야 할 "근본원칙과 전략전술이 전면적으로 밝혀진" 문헌으로 규정되며 북한 당국의 정책 지침서이자, 이론 지식 체계의 준거(準據)로서의 위상을 갖는다. 따라서 김정은의 문헌이 '로작'으로 불린다는 것은 김정은이 명실상부 수령의 지위에 올랐다는 것을 암시한다. 또한 김정은 '로작'의 등장은 김정은의 담화정치가 본격적으로 시작되었다는 것을 의미하는 것이기도 하다.

북한체제에서 담화의 정치는 북한의 정권 수립 초기부터, 즉 김일성의 지도체계 구축 과정에서부터 중요한 역할을 담당해왔다. 김일성은 집권 초기부터 대중 동원과 관련하여 정치언어가 갖는 중요성에 주목하여 혁명과 대중 동원이라는 목적에 부합되게 담화정치를 발전시켜왔다. 1953년부터 김일성의 '로작'들이 출판되면서 지도자의 담화가 인민에게 직접 침투하기 시작했다. 1961년 제4차 당대회를 전후로 김일성의 담화가 본격적으로 학습되기 시작했으며, 1960년대 후반에 이르러서는 김일성 저작의 교양학습이 유일사상체계 확립의 차원에서 전 사회적으로 요구되었다.[14)]

김정일의 경우 담화정치가 본격화된 것은 당 정치국 상무위원과 당중앙군사위원에 선출되면서 후계자로 공식화된 1980년 이후부터라고 볼 수 있다. 김정일의 문헌이 영도자의 담화라는 권위를 갖추고 ≪로동신문≫을 통해 공개되기 시작한 것은 그가 조선로동당 중앙위원회 정치국상무위원과 당중앙위원회 비서의 직함을 갖고 있던 1982년 10월경으로 확인된다.[15)]

---

14) 2002년 북한 조선중앙TV는 김일성이 생전에 발표한 노작의 수는 3,320권, 문건 수로는 1만 800여 건을 집필했다고 보도한 바 있다. 현대의 정치지도자 중 김일성만큼 많은 저술을 남긴 지도자는 찾기 힘들 것이다. 이와 같이 북한 당국이 생산해낸 지도자의 많은 문건은 북한 정권이 담론을 통한 설득 작업에 얼마나 주력했는지를 알게 해주는 하나의 사례가 될 것이다.

15) 1982년 10월 17일 ≪로동신문≫은 김정일의 논문 「조선로동당은 영광스러운 '티근, 디귿'의 전통을 계승한 주체형의 혁명적 당이다」 전문을 게재했다. 이어 같은 달 20일

김정일이 후계자로 공식화된 이후 지속적으로 자신의 문헌을 발표하고 선전해왔음에도 오랜 기간 그의 문헌은 '문헌' 또는 '론문'으로 불렸다. 김정일의 문헌이 '로작'으로 불리기 시작한 시기는 1992년 2월경으로 보인다. 1992년 2월 24일 자 ≪로동신문≫은 "김정일동지의 '로작' 「인민대중중심의 우리식 사회주의는 필승불패이다」를 웽그리아와 벌가리아에서 단행본으로 출판"이라는 제목의 기사를 통해 처음으로 김정일 문헌을 '로작'으로 부르기 시작했다. 1992년은 김정일 탄생 50주년으로 『김정일선집』 제1권이 출판된 시기이기도 하다.[16)]

김일성 사후 3년의 유훈통치를 끝내고 김정일이 공식적으로 권력을 승계한 이후 '선군정치', '선군혁명령도' 등을 설파하며 '선군'이라는 독자적인 언어 프레임을 구축할 수 있었던 것은 주체사상을 발전시킨 '탁월한 이론가'이자 수령의 영도를 계승한 '위대한 지도자'로서의 탄탄한 입지가 뒷받침되었기에 가능한 일이었다. 북한의 후계자론에 따르면 후계자의 역할이란 수령의 혁명위업을 계승·완성해나가는 것이며, 이를 위한 가장 중요한 과제는 "수령의 혁명사상을 고수관철하고 발전풍부화시키는 것"으로 설정되어 있다.[17)] 김정일은 주체사상의 계승·발전이라는 맥락에서 '선군'이라는 새로운 언어 프레임을 고안해냄으로써 수령으로서의 독자적인 위상을 구축하는 한편 군사 우선의 정책을 정당화할 수 있는 이론적 기반을 마련할 수 있었다.

"김정일동지의 론문, 「주체사상에 대하여」를 유고슬라비아 신문, 통신이 보도"라는 기사를 통해 『주체사상에 대하여』의 발간이 소개되었다. 이어 1983년에는 "맑스-레닌주의와 주체사상의 기치를 높이 들고 나아가자"가 발표되어 "세계사적 의의를 가지는 백과전서적 문헌"으로 평가되는 등 김정일의 논문이 발표될 때마다 ≪로동신문≫은 국내외 반응 기사의 형식을 빌려 지도자로서의 김정일의 위상을 제고하고자 했다.

16) ≪로동신문≫ 1992년 2월 14일 자는 『김정일선집』을 소개하면서 "혁명과 건설의 백과전서"라 칭하고 있다.

17) 김재천, 『후계자문제의 이론과 실천』(1989), 31쪽.

담화정치의 측면에서 볼 때 장기간의 후계자 영도체제의 시기를 거친 김정일은 북한 사회에서 '탁월한 이론가', '위대한 지도자'로서의 권위를 바탕으로 실질적 권력으로 작동되는 정치언어들을 구사해온 데 비해 김정은은 권력을 승계받기 전까지 공식적인 담화나 글을 발표한 바가 없다.[18)]

김정은의 담화문이 공개된 시기가 김정은의 공식적인 권력승계 시기, 즉 2012년 조선로동당 제4차 당 대표자대회에서 조선로동당 제1비서직을 통해 수령의 권력을 승계 받은 시점이었다는 점은 시사하는 바가 크다. 김정일 사망 후 4개월의 유훈통치가 끝나고 공식적인 권력승계가 이루어진 시점에서 김정은의 담화가 처음 공개된 것이다. 이후 한 해 동안 김정은은 9편의 담화문을 연속적으로 발표했다. 김정일의 권력승계 과정과 비교해볼 때 김정은의 압축적 권력승계 과정이 정치담론 생산에도 그대로 반영되고 있음을 알 수 있다.

2012년 4월 15일 김일성 탄생 100주년 기념 열병식 연설을 시작으로 김정은의 '로작'으로 불리는 담화문이 공개되었으며, 이들 '로작'에 권위를 부여하기 위한 일련의 사회적 동원이 뒤따랐다. 김정일의 경우 수많은 문헌을 발표한 뒤 1992년에 이르러서야 '로작'으로서 권위를 인정받게 되었던 데 비해 김정은의 경우는 첫 문헌이 영도자의 '로작'으로 인정받은 셈이다.

---

18) 이기동은 김정은의 권력승계 과정을 '후계자 유일지도체계-후계자 유일영도체계-수령 유일영도체계'의 3단계로 구분한 바 있다. 이 기준에 따라 본다 하더라도 후계자 유일영도체계 시기까지 김정은은 공식적인 글을 발표한 바가 없다. 이기동, 「김정은의 권력승계 과정과 권력구조」, ≪북한연구학회보≫, 제16권 제2호(2012), 2쪽.

3. 김정은의 '로작'과 ≪로동신문≫ 분석

1) 김정은의 '로작'

김정은의 첫 담화문은 제4차 당 대표자대회가 열리기 며칠 전인 2012년 4월 6일 발표된 조선로동당 중앙위원회 책임일꾼과의 담화문인 "위대한 김정일동지를 우리 당의 영원한 총비서로 높이 모시고 주체혁명위업을 빛나게 완성해나가자"[19]다. 이 담화에서 김정은은 제4차 당 대표자대회에서 발표하게 될 주요 안건 ― 김정일을 영원한 총비서로 모실 것, 조선로동당이 김일성·김정일의 당임을 내외에 선포할 것, 조선로동당의 지도사상을 '김일성·김정일주의'로 규정할 것 등 ― 을 발표했다.

이 담화에서 김정은은 앞으로 김정일의 유훈을 강령적 지침으로 하여 김정일의 구상을 실현해나갈 것이라고 천명함으로써 김정일의 유훈 관철이 김정은 정책의 기조가 될 것임을 강조했다. 세부 내용으로 선군노선 강화, 인민소비품 문제 해결을 위한 경공업 발전 주력, 과학기술의 강화, 교육의 국가적 투자 확대 등을 강조하는 한편, 경제강국 건설의 혁명적 전환을 일으키기 위해 경제사업에서 모든 문제를 내각에 집중시킬 것과 내각의 통일적 지휘를 받을 것을 지시했다.

김정은의 두 번째 담화문이자 처음으로 대중에게 공개된 담화는 2012년 4월 15일 김일성 탄생 100주년 기념열병식에서 발표된 연설문 "선군의 기치를 더 높이 추겨들고 최후의 승리를 향하여 힘차게 나가자"였다. 이 연설을 통해 김정은은 김일성-김정일주의의 기치를 높이 들고, "수령님식, 장군님식

---

19) "위대한 김정일동지를 우리 당의 영원한 총비서로 높이 모시고 주체혁명위업을 빛나게 완성해나가자", ≪로동신문≫, 2012년 4월 19일 자.

〈표 2-1〉 김정은 권력승계 이후 정치담화(2012년 1월~2012년 12월)

날짜	성격	담화('로작')	공개 방식
2012. 4. 6.	담화문	조선로동당 중앙위 책임일꾼들과 한 담화: "위대한 김정일동지를 우리 당의 영원한 총비서로 높이 모시고 주체혁명위업을 빛나게 완성해나가자"	≪로동신문≫ (2012. 4. 19.)
2012. 4. 15.	연설문	김일성 탄생 100주년 기념열병식 연설: "선군의 기치를 더 높이 추켜들고 최후승리를 향하여 힘차게 싸워나가자"	≪로동신문≫ (2012. 4. 16.)
2012. 4. 20.	논문	김일성 탄생 100돐에 즈음하여 발표한 논문: 「위대한 김일성동지는 우리 당과 인민의 영원한 수령이시다」	≪로동신문≫ (2012. 4. 20.)
2012. 4. 27.	담화문	당 국가 경제기관, 근로단체 책임일꾼들과 한 담화: "사회주의 강성국가 건설의 요구에 맞게 국토관리사업에서 혁명적 전환을 가져올 데 대하여"	≪로동신문≫ (2012. 5. 9.)
2012. 6. 6.	연설문	소년단 창립 66돌 경축 전국연합단체대회에서 한 담화: "소년단 창립 66주년 경축대회 연설"	조선중앙TV (2012. 6. 6.)
2012. 7. 26.	담화문	조선로동당 중앙위 책임일꾼들과 한 담화: "김정일애국주의를 구현하여 부강조국건설을 다그치자"	≪로동신문≫ (2012. 8. 13.)
2012. 10. 12.	서한문	만경대혁명학원과 강반석혁명학원 창립 65돐에즈음하여 학원교직원, 학생들에게 보낸 서한: "혁명가유자녀들은 만경대의 혈통, 백두의 혈통을 굳건히 이어나가는 선구혁명의 믿음직한 골간이 되어야 한다"	≪로동신문≫ (2012. 10. 13.)
2012. 11. 26.	서한문	전국사법검찰일꾼 열성자대회에 보낸 서한: "혁명발전의 요구에 맞게 사법검찰사업에서 새로운 전환을 일으킬 데 대하여"	≪로동신문≫ (2012. 11. 27.)
2012. 12. 2.	서한문	창립60돐을 맞는 사회과학원일꾼들에게 보낸 서한: "우리의 사회과학은 온사회의 김일성-김정일주의화 위업수행에 적극 이바지하여야한다"	≪로동신문≫ (2012. 12. 2.)

주: 이외에도 2012년 6월 28일 조선로동당 중앙위원회 책임일꾼들과 한 담화 "우리식의 새로운 경제관리체계를 확립할 데 대하여"를 발표했다고 알려져 있다. 그러나 이 문건은 북한 언론에서 거론되지도, 그 내용이 공개되지도 않은 문건이기에 목록에서 제외했다.

으로 계승완성"할 것을 강조했다. 특히 이날 연설에서 김정은은 인민이 "다시는 허리띠를 조이지 않게" 할 것임을 천명하며 인민생활 향상을 우선시하려는 새 지도자로서의 의지를 피력했다.

이날 김정은의 연설 내용은 4월 20일 발표되었다는 「위대한 김일성동지는 우리 당과 인민의 영원한 수령이시다」[20]라는 제목의 논문에서 다시 논의되었다. 김일성 탄생 100주년 기념 논문의 성격을 갖는 이 논문에서 김정은은 혁명위업 계승 문제와 후계자 문제를 제기하며 혁명의 계승과 유훈관철의 문제를 다시 한 번 강조했다. 특히 여기서 김정은은 후계자로서 권력을 승계 받은 그의 아버지 김정일의 권력승계의 정당성을 "수령의 혁명사상을 김일성주의로 정식화"하고 주체혁명위업 수행에서 혁명적 전환을 가져왔다는 점에서 높이 평가하면서, 선대 수령들의 사상을 '김일성-김정일주의'로 정식화하는 문제를 자신의 권력승계의 정당성의 한 축으로 제시했다. 4월 27일 김정은은 당, 국가경제기관, 근로단체 책임일꾼들과의 담화문을 발표했다. "사회주의 강성국가 건설의 요구에 맞게 국토관리사업에서 혁명적 전환을 가져올 데 대하여"라는 제목의 담화에서 김정은은 국토관리사업이 김정일의 국토관리 사상과 영도 업적의 계승임을 천명하며, 평양시를 세계적인 도시로 꾸릴 것에 대한 의지를 피력했다. 또한 이 담화에서 김정은은 무절제한 지하자원 개발을 비판하며 지하자원 개발을 엄격히 관리할 것을 지시했다. 특히 국토관리에 관한 정책 방향을 제시한 이 담화에서 김정은은 외국과의 기술 교류, 인터넷의 활용, 외국 전문 기관들과의 공동 연구, 학술 교류의 필요성을 강조하는 등 '세계적인 추세'에 발맞춰갈 것을 요구했다.

2012년 8월 3일 자 ≪로동신문≫은 김정일이 7월 26일 발표했다는 "김정일애국주의를 구현하여 부강조국건설을 다그치자"라는 제목의 담화를 공개했다. 담화의 서두에서 김정은은 사회주의 강성국가 건설 위업을 실현하기 위해서는 '김정일애국주의'를 구현하는 것이 매우 중요하다고 말하며 '김정일애국주의'를 강조하는 이유는 "김정일동지가 보여준 애국주의의 숭고한 모범을 따라 배워 부강조국 건설을 위한 실천활동에 철저히 구현하도록 하

---

20) 북한은 이 문건이 4월 20일 발표되었다고 하나 이 논문이 공개된 것은 6월 12일이었다.

는” 데 그 목적이 있다고 밝히고 있다. 이후 ‘김정일애국주의’ 담론이 북한의 언론지상에 확산되기 시작했으며 “김정일애국주의를 깊이 심어주기 위한”, “김정일애국주의 교양사업”이 사회적으로 요구되었다. 이후 김정은은 두 편의 서한문을 발표했다. 그러나 이 서한문은 전문이 그대로 공개되지 않고, ≪로동신문≫을 통해 발췌 형식으로 공개되었다. 먼저 11월 26일 김정은은 전국 사법검찰 일꾼 열성자대회 참가자들에게 「혁명발전의 요구에 맞게 사법검찰사업에서 새로운 전환을 일으킬 데 대하여」를 발표했다. 이 서한문에서 김정은은 ‘김일성-김정일주의’를 기치로 내걸고 사회주의 강성국가를 건설할 것과 “인민민주주의 독재의 날을 날카롭게” 세우는 데 사법검찰사업에서 혁명적 전환을 일으킬 것을 요구했다. 특히 사법검찰들의 첫 번째 임무는 혁명 수뇌부의 결사 옹위에 있음을 강조했다.

이어 12월 1일 사회과학원 창립 60돌 기념 서한인 「우리의 사회과학은 온 사회의 김일성-김정일주의화 위업 수행에 적극 이바지하여야 한다」는 제목의 담화가 발표되었다. 이 서한문에서 김정은은 사회과학 과목의 교육 내용을 ‘김일성-김정일주의’로 일관시킬 것과 대학생들이 주체사상, 선군사상을 확고한 혁명적 세계관으로 체득할 것을 요구했다.

2) ≪로동신문≫ 사설 내용 분석

김정은 권력승계 1년 동안의 정치언어의 특징을 확인하기 위해 82개 사설의 키워드를 분석했다. 먼저 각각의 사설에서 핵심 키워드 5~6개를 추출한 뒤 전체 사설에서 이 용어들이 언급된 빈도수를 가지고 상위 15개의 핵심어를 추출했다.

〈표 2-2〉에 정리된 핵심어의 빈도를 통해 알 수 있듯이 이 기간 동안 북한 사회에 유포된 정치언어는 김정은정권의 정당성을 구축하기 위한 ‘영도성’,

〈표 2-2〉 ≪로동신문≫ 사설의 주요 핵심 어휘

순위	핵심 어휘	사설 수
1	'김정은영도'	43
2	**'김정일애국주의'**	35
3	'인민생활 향상'	32
4	'김정일유훈'	24
5	**'김일성-김정일주의'**	14
6	'혁명계승'	12
6	'경제강국'	12
6	'강성국가'	12
6	**'1970년대(식)'**	12
6	'선군'	12
11	'애국'	10
12	'과학중시'	5
12	'최첨단'	5
12	'조국통일'	5

주: 고딕으로 진하게 표시된 어휘는 김정은시대에 새로 등장한 용어다.

'유훈', '계승'의 언어가 지배적 위치를 차지하고 있다. 이와 함께 정책적 전망은 '인민생활 향상'[21]을 우선시하는 '경제강국 건설'과 '강성국가'가 목표로 설정되었다. 여전히 김정일시대의 담론인 '선군'이 계승되고 있으며 '과학중시',

21) '인민생활 향상'에 관한 언급은 2000년대 중반부터 신년사를 통해 꾸준히 제기되어왔지만 2010년부터 급격히 증가했다. 2010년 신년공동사설은 「당창건 65돐을 맞는 올해에 다시한번 경공업과 농업에 박차를 가하여 인민생활에서 결정적전환을 이룩하자」라는 제목으로 발표되었는데, 사설은 "우리가 경제강국을 건설하자는것은 결국 인민생활을 획기적으로 향상시키자는데 있다"는 김정일의 교시를 인용하며 인민생활 향상을 핵심적 정책 목표로 제시했다. 이어 2011년 신년공동사설 역시 「올해에 다시한번 경공업에 박차를 가하여 인민생활향상과 강성대국건설에서 결정적 전환을 일으키자」는 제목 하에 "인민생활향상을 최대의 중대사로, 최고의 투쟁목표로 틀어쥐고 끝장을 볼 때까지 밀고나가야 한다"라고 언급하며 인민생활 향상에 대한 당의 입장을 밝힌 바 있다.

'최첨단', '실리' 등 김정일시대의 실용주의적 담론이 반복되고 있다.

김정은 권력승계 1년의 언어가 전반적으로 김정일의 정치언어를 계승하고 있는 가운데 김정은시대를 구별 짓는 새로운 상징과 담론이 등장하고 있다. 이러한 새로운 상징과 담론은 김정은에 의해 명명되고 개념 규정되면서 김정은의 업적으로 선전되고 있다. 김정은시대의 지도사상으로 등장한 '김일성-김정일주의', 김정은에 의해 새롭게 이론화된 동원과 통합의 이데올로기 '김정일애국주의', 그리고 마지막으로 새로운 시대정신인 '1970년대 정신'이 바로 그것이다.

4. 김정은시대의 상징과 담론

1) 김정은시대의 지도사상, '김일성-김정일주의'

북한의 보도 매체에서 '김일성 - 김정일주의'가 처음 언급된 것은 조선로동당 4차 당 대표자대회에서 개정된 당 규약 서문이 ≪로동신문≫에 실리면서였다.[22] 새로 개정된 조선로동당 규약 서문에는 "조선로동당은 위대한 김일성 - 김정일주의를 유일한 지도사상으로 하는 김일성 - 김정일주의당, 주체형의 혁명적당"이라고 선언한다. 그러나 '김일성 - 김정일주의'가 처음 제기된 것은 2012년 4월 6일 발표된 것으로 알려진 김정은의 첫 '로작' 당중앙위원회 책임일꾼들과 한 담화 "위대한 김정일동지를 우리 당의 영원한 총비서로 높이 모시고 주체혁명위업을 빛나게 완성해나가자"에서였다. 4월 11일 개최된 4차 당 대표자대회의 토의 사항을 제기한 이 담화에서 김정은은 "김정일을 영

22) "조선로동당규약 서문", ≪로동신문≫, 2012년 4월 12일 자.

원한 총비서로 모실 것", 조선로동당을 "김일성, 김정일동지의 당으로 선포할 것", "조선로동당의 지도사상은 김일성 - 김정일주의"라는 것을 공표했다.

이 담화에서 김정은은 당의 지도사상이 김일성-김정일주의로 되어야 할 필연성을 다음과 같이 언급했다.

> 장군님께서는 비범한 예지와 비상한 탐구력으로 정력적인 사상활동을 벌리시여 수령님의 혁명사상을 김일성주의로 정식화하시고 김일성주의가 자주시대의 위대한 지도사상으로 더욱 빛을 뿌리게 하시였습니다. (중략) 김일성주의를 시대와 혁명발전의 요구에 맞게 발전풍부화시키신 장군님의 특출한 업적으로 하여 이미 전부터 우리 당원들과 인민들은 수령님의 혁명사상과 장군님의 혁명사상을 김일성-김정일주의로 불러왔으며 김일성-김정일주의를 우리 당의 지도사상으로 인정하여왔습니다. 하지만 한없이 겸허하신 장군님께서는 김정일주의는 아무리 파고들어야 김일성주의 밖에 없다고 하시면서 우리 당의 지도사상을 자신의 존함과 결부시키는 것을 극력 만류하시였습니다. 오늘 우리 당과 혁명은 김일성-김정일주의를 영원한 지도사상으로 확고히 틀어쥐고 나갈 것을 요구하고 있습니다.[23]

인용문은 김정일위원장이 김일성주석의 혁명사상을 김일성주의로 정식화시켰으며, 김일성주의를 발전풍부화시키고 선군사상을 심화·발전시켜 사회주의 강성국가 건설 이론을 제시했다는 점에서 김정일의 사상이 김일성주의와 결부될 수 있다는 것을 말하고 있다. 그렇다면 김일성-김정일주의의 내용 체계는 무엇인가? 김정은은 '김일성-김정일주의'는 "주체의 사상, 리론,

23) 김정은, "위대한 김정일동지를 우리 당의 영원한 총비서로 높이 모시고 주체혁명위업을 빛나게 완성해나가자", ≪로동신문≫, 2012년 4월 19일 자.

방법의 전일적인 체제이며 주체시대를 대표하는 위대한 혁명사상"으로 정의한다. 즉, 기존의 김일성주의의 이론 체계를 반복할 뿐 구체적인 내용을 담아내지 못하고 있다.

이후 '김일성-김정일주의'의 담론화 작업이 언론 매체를 통해 확산되기 시작했으며, "온사회의 김일성-김정일주의화"라는 사상동원 운동으로 전개되었다. ≪로동신문≫은 「온사회의 김일성-김정일주의화를 힘차게 다그쳐나가자」는 제목의 사설에서 '온 사회의 김일성-김정일주의화' 강령의 선포는 수령의 사상과 위업을 끝까지 계승·완성해나가려는 김정은동지의 신념임을 강조하면서 인민을 '김일성-김정일주의'의 신봉자, 옹호관철자로 준비시키기 위해 주체사상, 선군사상 교양을 더욱 심화시킬 것을 요구했다.[24]

김정은의 권력승계와 함께 등장한 '김일성-김정일주의'는 조선민주주의인민공화국의 최고지도자로서의 정통성 구축이라는 전략적 의미를 가진다. 과거 '김일성주의'는 1974년 2월 19일 김정일이 '전국 당 사상사업 부문일꾼 강습회'에서 행한 "온 사회를 김일성주의화하기 위한 당 사상사업이 당면한 몇 가지 문제에 대하여"라는 연설에서 공식적으로 제기되었다.[25] 이어 김정일은 1982년 3월에 발표한 「주체사상에 대하여」라는 논문을 통해 "주체사상을 김일성 주의로 정식화하고, 그 체계와 내용, 원리 및 방법을 전면적으로 집대성했다."[26] 이후 김일성주의 정식화의 업적은 김정일이 수령의 후계자로서의 정통성을 구축하는 데 가장 중요한 요인 중 하나로 작용해왔다. 수령 후계자의 제일 과업은 수령의 혁명위업을 계승·완성하는 것이며, 이를 위해

---

24) "온사회의 김일성-김정일주의화를 힘있게 다그쳐나가자", ≪로동신문≫, 2012년 5월 25일 자.

25) 김정일, 「온 사회를 김일성주의화하기 위한 당 사상사업이 당면한 몇 가지 문제에 대하여」, 『김정일선집』, 제4권, 7~56쪽.

26) ≪로동신문≫, 1982년 4월 1일 자.

가장 우선되어야 하는 것은 수령의 혁명사상을 고수·관철하고 발전·풍부화시키는 일에 있기 때문이다.

김정일은 후계자의 위치에서 김일성주의를 정식화하고, 그것을 사회적으로 확산시킴으로써 김일성의 유일적 영도체제의 사상문화적 기반을 구축하는 데 기여함으로써 후계자로서의 입지를 굳건히 하는 한편, 이 과정에서 뛰어난 지도자로서의 대중적 이미지를 구축할 수 있었다. 그러나 일천한 정치 경험과 3년이라는 짧은 후계자 수련 기간을 거치고 최고권력을 승계한 김정은에게는 권력승계와 함께 이 막중한 과업, 즉 수령의 혁명사상을 발전·풍부화시킴으로써 후계자로서의 자질을 확인받아야 하는 과업이 주어져 있었다.

김정은이 이름붙인 '김일성-김정일주의'는 얼핏 '마르크스레닌주의'의 명명(命名) 방식을 연상시킨다. 소비에트의 이론가들은 마르크스주의와 레닌의 혁명사상을 결합해 사회주의 혁명이론을 구체화함으로써 레닌의 사상을 마르크스주의의 하위사상이 아닌 대등한 혁명사상으로 승격시켰다. 물론 북한의 '김일성-김정일주의'의 경우 김일성 사상과 김정일 사상의 위상이 대등할 수는 없다. 김일성주의를 정식화한 사람이 바로 김정일 자신이고, 김정일의 사상은 이론적으로 주체사상을 벗어나지 않기 때문이다. 또한 김정일의 사상이 존재할 수 있는 것은 김일성 혁명사상의 계승·발전의 맥락을 통해서일 뿐이다. 그런데도 김정은에 의해 '김일성-김정일주의'로 새롭게 규정됨에 따라 이는 김정은시대의 새로운 상징으로서 김정은 리더십의 권력적 효과를 창출해내고 있다.

2) '김정일애국주의'와 국가주의 담론

'김정일애국주의'라는 말이 북한의 공식 담론에 처음 등장한 것은 2012년 5월 12일 자 ≪로동신문≫을 통해서였다. "일군들은 인민에 대한 헌신적 복무정신을 깊이 간직하자"라는 제목의 사설은 인민의 복무자로서 일꾼의 역할을 강조하며 "김정일애국주의의 기치를 높이 들고 나갈 것"을 당부했다. 이날 사설은 '김정일애국주의'는 가장 숭고한 후대관, 인민관으로 일관되어 있다고 그 내용을 설명했다.

이어 며칠 후인 5월 21일 ≪로동신문≫은 "김정일애국주의 교양을 강화하자"라는 제목의 사설에서 '김정일애국주의'란 "우리 인민모두가 따라 배우고 구현해나가야 할 애국주의의 최고귀감"으로 '김정일애국주의' 교양은 온 사회를 '김일성-김정일주의화'하기 위한 사업의 일환이라고 설명했다. 이후 '김정일애국주의'는 ≪로동신문≫ 지상에서 급속히 확산되기 시작했다.

'김정일애국주의'의 내용과 의미가 더 구체적으로 제시된 것은 7월 26일 발표된 김정은의 담화문을 통해서였다. "김정일애국주의를 구현하여 부강조국건설을 다그치자"라는 제목의 담화문에서 김정은은 먼저 '김정일애국주의'를 강조하는 이유가 "일군들과 당원들이 김정일동지가 보여준 애국주의의 숭고한 모범을 따라 배워 부강조국건설을 위한 실천활동에 철저히 구현하도록 하자는데 있다"라고 그 이유를 밝히고 있다. 나아가 김정은은 "김정일애국주의를 불씨로 애국의 불길을 세차게 일으켜 사회주의 강성국가 건설의 새로운 전환적 국면을 열어나가려 한다"라고 밝히며 전 사회적으로 '김정일애국주의' 교양에 박차를 가할 것을 당부했다. 이후 북한의 언론은 '김정일애국주의'에 관한 김정은의 이 담화를 '김정일애국주의'의 본질적 내용과 '김정일애국주의'를 구현하기 위한 과업과 방도들이 전면적으로 밝힌 '로작'으로 높이 평가하며 김정은의 '로작'에 제시된 사상이론을 자자구구 새기며 김정일애국주의 실천을 위한 투쟁에 나가야 한다고 선전했다.[27] 이와 함께 ≪로

27) "온 나라에 김정일애국주의의 열풍을 세차게 일으키자", ≪로동신문≫, 2012년 8월 9일 자.

동신문≫은 "김정일애국주의를 높이 들고 경제강국과 인민생활향상에서 결정적 전환을 일으키자"[28]라는 구호를 지속적으로 유포시켜나갔다.

'김정일애국주의'란 용어의 의미는 김정일이 실천했던 애국주의를 의미하며, 김정일의 애국주의가 바로 사회주의적 애국주의의가 최고로 실현된 모범적 애국주의로서 북한의 모든 인민들이 이것을 본받아 국가의 발전을 위해 헌신해야 한다는 논리체계를 갖고 있다. 기능적 측면에서 볼 때 '김정일애국주의' 담론은 애국자로서의 김정일의 위대성을 칭송하는 담론인 동시에 인민들을 애국심으로 결집시키고자 하는 통합 이데올로기로 활용되고 있다. 또한 이 과정에서 '김정일애국주의'를 이론적으로 체계화한 사람이 김정은으로 제시됨으로써 지도자로서의 권위를 극대화하는 데 일조하고 있다.

'김정일애국주의'와 함께 김정은시대에 들어와 새롭게 부각되고 있는 용어가 '애국', '국가', '조국' 등 국가주의를 연상시키는 용어들이다. 조선로동당 창건일인 2012년 10월 10일 ≪로동신문≫은 "우리 당을 위대한 김일성, 김정일동지의 당으로 영원히 빛내여 나가자"는 사설에서 당 사업을 개선하기 위한 중요한 고리로 애국심을 강조하고 있다. 이날 사설은 "모든 당 사업이 인민들의 마음속에 자리 잡고 있는 애국심을 적극 발양시키는 사업으로 전환"되도록 해야 한다고 강조하며 "애국이 뜬소리, 빈소리가 아니라 실천에 구현하도록" 애국의 열풍을 고조시켜나갈 것을 호소했다.[29]

2012년은 북한 사회가 오랫동안 소망해온 '강성대국'의 원년이었다. 그러나 2012년 북한의 신년공동사설은 '강성대국' 대신에 '강성국가' 건설을 얘기하기 시작했다. 이후 북한의 정치담론에서 '강성대국'은 '강성국가'로 대체되

28) "선군의 길에 백두산대국의 영원한 승리와 번영이 있다", ≪로동신문≫, 2012년 8월 25일 자.

29) "우리 당을 위대한 김일성 김정일동지의 당으로 영원히 빛내여나가자", ≪로동신문≫, 2012년 10월 10일 자.

었다. 당시 많은 논평가가 언급했듯이 경제문제를 해결하지 못한 상태에서 사상강국, 정치강국, 군사강국, 경제강국을 의미하는 강성대국을 내세우기 어려웠을 것이라는 점은 예측 가능하다. 그러나 좀 더 치밀하게 이 용어의 변화를 본다면 '뜬소리', '빈 구호'처럼 느껴지는 추상성이 높은 '강성대국'이라는 용어에서 더 구체적이고 실천성이 인지되는 '강성국가'라는 용어로 전환이었다고 보는 것이 타당할 것이다. 특히 북한에서 '대국'이란 용어는 부정적인 의미로 사용되어온 용어로서 국가 건설의 목표로는 그 실천성을 담보하기가 어려운 것이었다고 할 수 있다.[30] 다시 말해, 김정은시대에 접어들어 강성대국을 강성국가로 바꾸어 부르기 시작한 이유가 대국이 못 된 빈국의 겸연쩍음 때문이 아니라 정치언어의 전략적 힘을 활용하기 위한 것으로 보아야 한다는 것이다. 그리고 그 한 축에는 국가주의적 경향이 감지된다.

북한은 전통적으로 민족주의담론을 사회통합 및 동원 이데올로기로 활용해왔다. 특히 김정일은 '조선민족제일주의'라는 민족주의담론을 제시한 것을 비롯해서 민족주의를 전면화시킴으로써 사회주의체제의 이념적 위기를 극복해나가고자 했다. 또한 이 과정에서 김정일은 민족담론을 통일 정책과 결부시켜 '우리민족끼리', '민족공조' 등 민족 우위의 통일담론을 생산해냄으로써 남북관계에서의 민족적 이니셔티브를 구축하고자 했다. 그 결과 민족주의담론은 선군담론과 함께 김정일체제를 상징하는 또 하나의 이데올로기로 작용해왔다.

김정은정권 출범 이후 민족담론이 급감한 대신 이를 국가담론이 대체하고 있다. 〈표 2-2〉에서 볼 수 있듯이 김정은체제 1년 동안의 ≪로동신문≫ 핵심

30) 특히 북한 사회에서 '대국'이란 용어는 사대주의와 함께 부정적인 의미로 사용되어온 용어이다. 북한 사전은 "대국주의의 본질은 다른나라의 자주권을 침해하고 그 자주적 발전을 억제하며 그 나라를 자기에게 예속시키는데 있다"라고 정의하고 있다. 『조선말대사전』, 제1권, 867쪽.

어휘 중 '김정일애국주의'(35)를 비롯해 '강성국가'(12), '경제강국'(12), '애국'(10) 등의 국가담론이 높은 비중을 차지한다.

국가주의는 개인 및 사회에 대해 국가의 힘의 우위성과 주도성이 전제된 가운데 국가가 최우선 가치와 규범으로 강조되는 이데올로기 또는 그 경향을 지칭한다.[31] 현실정치의 과정에서 이데올로기로서의 국가주의는 사회 구성원을 규율하는 한편, 그들을 동원하는 강력한 기제로 작동해왔다. 국민들에 대한 동원과 통합의 이데올로기로서 민족주의와 국가주의는 동일한 기능을 수행한다. 근대 국가의 형성이 주로 민족을 단위로 하여 구성된다는 점에서 국가주의와 민족주의는 서로 배치되지 않는다. 즉, 국가주의는 국민 주권을 매개로 한 민족주의의 영토적 표현이라고 할 수 있기 때문이다.[32] 그러나 분단국의 경우 민족과 국가의 불일치성으로 인해 국가주의와 민족주의는 미묘한 차이를 발생시킨다. 국가의 존재 이유 중 하나인 국민으로부터 위임받은 주권의 보존이라는 현상 유지적 목표와 민족의 통합이라는 현상 변경적 목표 사이에 긴장이 존재하기 때문이다.[33] 민족주의적 입장에서는 통일된 민족국가의 수립이 최고 목표인 반면, 국가주의적 입장에서는 영토적, 주권적 결사체인 국가의 번영이 최고의 목표로 설정된다.

따라서 민족성 우위의 담론을 동원하느냐, 국가성 우위의 담론을 동원하느냐의 선택적 차이는 정책 프레임의 변화에 중요한 변수로 작용한다. 김정일정권은 철저히 민족성 우위의 담론을 자신의 정치적 윤리성의 한 축으로

31) 전재호, 「세계화시대 한국과 일본의 민족주의: 지속성과 변화」, ≪한국정치외교사논총≫, 제24권 제2호(2002), 50쪽.

32) 이광일, 「동아시아 국가주의, 민족주의와 진보좌파의 대응」, ≪문학과학≫, 통권52호(2007), 171쪽.

33) 김주환, 「이명박 정부의 대북정책: 민족주의의 거세와 공세적 국가주의로의 전환」, ≪동향과 전망≫, 제79호(2010), 320쪽.

활용해왔으며 민족 지도자로서의 위상 구축을 통해 리더십을 공고히 해왔다. 그러나 김정일정권 후반기부터 심화된 남북관계의 악화로 민족우위론이 위축된 조건에서 정권을 승계 받은 김정은에게 민족주의담론의 이데올로기적 효용성이 약화된 것만은 확실하다. 어려운 조건 속에서 최고권력자의 지위에 오른 김정은에게 그의 통치력의 실험대와도 같은 경제문제 해결이 당면 과제로 주어짐에 따라 자연스럽게 국가성 우위의 담론에 의존하지 않을 수 없었던 것으로 보인다.

국가가 정치적 공동체의 법적·기능적 기반이라면 민족은 심리적·정서적 기반이다. 따라서 민족주의담론이나 국가주의담론 모두 사회통합 및 대중동원의 이데올로기로 기능하지만 민족주의담론이 다분히 명분론적이며 정치논리와 친화력이 있는 데 반해 국가주의담론은 더 현실적이며 경제논리와 친화력이 강하다. 따라서 경제건설에 대중을 동원하고 강제하는 데는 국가담론이 더 효과적으로 이용된다. 김정은체제에 강화되고 있는 국가주의담론들은 북한 지도부가 설정한 인민생활 향상과 경제강국 건설을 위한 대중 동원에 박차를 가하는 한편, 인민들에 대한 강제와 규율을 통해 북한 최고지도자로서의 리더십을 구축하기 위한 전략적 구사라고 보인다.

3) 김정은의 시대정신, '1970년대 정신'

2012년 10월에 접어들면서 ≪로동신문≫은 '1970년대'를 추억하기 시작했다. 10월 6일 자 ≪로동신문≫은 "당의 기초축성시기 일군들의 일본새를 따라 배우자"라는 제목의 사설을 통해 "1970년대처럼 온 나라에 혁명적 열정과 전투적 기백이 약동하고 창조와 비약의 기상이 나래치게" 하겠다는 의지를 피력했다. 이후 신문은 '1970년대', '1970년대처럼', '1970년대 정신', '1970년대 투쟁 정신' 등 1970년대를 본받아야 할 모델 또는 발전과 번영의 상징으로 설정한다.

≪로동신문≫에 따르면 시대정신이란 "사회와 혁명발전의 요구와 인민대중의 지향과 염원을 반영하여 나오게 되는 것"으로 정의되며 북한의 혁명역사에 출현했던 시대정신의 흐름을 "김일성의 영도 밑에 발양된 백두의 혁명정신, 천리마의 정신 – 김정일의 영도 밑에 1970년대 당의 기초축성시기의 속도전의 혁명정신 – 1990년대의 고난의 행군정신, 혁명적 군인정신"으로 제시하고 있다.[34]

그렇다면 이러한 세 단계의 시대정신 중 '1970년대'를 언급하는 이유는 무엇일까? ≪로동신문≫에 따르면 1970년대는 당의 혁명역사에서 주체혁명위업의 계승의 시기로서 그 당시 인민들은 김정일과 하나의 사상과 뜻, 혈연의 정으로 일심동체를 이루고 혁명적인 시대정신을 창조했다는 데 그 의의를 평가하고 있다. 즉, 혁명계승의 시기, 김정일의 후계체제가 구축된 시기였다는 데 가장 큰 의미를 부여하는 것이다.

따라서 1970년대의 시대정신은 "부강조국건설을 위한 오늘의 총 돌격전에서 김정일애국주의를 빛나게 구현해나가는 무기가 되어야한다"라고 강조한다. 오늘의 시대가 요구하는 시대정신은 마땅히 1970년대 투쟁정신의 계승과 그 심화·발전이어야 한다는 것이다. 그런데 여기서 주목해야 할 것은 1970년대의 시대정신을 창조한 영도력의 주체는 김일성주석이 아니라 당시의 후계자 김정일이라는 사실이다.

또한 북한의 공식담론은 1970년대 시대정신의 근본 핵은 '자기 영도자에 대한 절대적인 충실성, 수령의 사상과 위업을 계승하는, 절세위인을 믿고 따르는 정신'에 있다고 강조하고 있다. 즉, 1970년대의 일꾼들과 근로자들은

---

34) "생눈길을 헤치는 정신으로 창조하며 승리해나가자", ≪로동신문≫, 2012년 10월 16일 자.

자기 영도자를 진심으로 받들고 어떤 조건에서도 당의 지시를 무조건 관철하였으며, 따라서 지금 전체 일꾼들과 당원, 근로자들도 영도자 김정은을 높이 받들고 강성국가 건설에 매진해야 한다는 것이다.

> 위대한 김정일동지를 높이 모시고 로동당시대의 일대전성기를 펀친 1970년대의 시대정신은 김일성민족의 정신력발전에서 분수령을 이루는 고귀한 사상정신적재보이다. (중략) 당의 기초축성시기의 일군들과 근로자들은 자기 영도자를 진심으로 받들고 어떤 어려운 조건에서도 당의 지시를 무조건 끝가지 관철하였다. (중략) 전체 일군들과 당원들과 근로자들은 경애하는 김정은동지의 령도를 높이 받들고 1970년대의 시대정신으로 심장을 불태우며 강성국가건설에서 대혁신, 대비약을 이룩하여야 한다.[35)]

즉, '1970년대 정신'이란 1970년대 당시의 수령의 후계자였던 김정일에 대한 절대적 충실성과 수령의 위업을 계승한 그의 정책을 믿고 따르는 정신을 의미한다. 시대정신이란 한 시대에 지배적인 지적·정치적·사회적 동향을 나타내는 정신적 경향을 의미한다. 북한 당국은 이 시대정신을 사회와 혁명발전의 요구와 인민대중의 지향과 염원을 반영하여 형성되는 것으로 규정하면서도 현재 김정은체제의 북한이 지향해나가야 할 시대정신으로 40년 전 김정일 후계체제 구축기를 모델로 하여 그 시대의 정책담론들을 반복하고 있는 것이다.

결국 '1970년대' 담론은 당원, 근로자 등 전체 인민을 동원하기 위한 독자적인 논리가 부재한 가운데, 후계체제를 성공적으로 구축했던 김정일의 리더십과 대중 동원전략을 차용하려는 것으로 볼 수 있다. '1970년대' 담론은

---

35) "1970년대의 시대정신이 온 나라에 차넘치게 하자", ≪로동신문≫, 2012년 10월 25일 자.

독자적인 정책담론을 제시하지 못하는 김정은 리더십의 취약성을 보여주는 하나의 증거라고 할 수 있다.

5. 김정은의 정치언어: '계승'의 언어, '전환'의 언어

김정은 권력승계 1년의 정치언어는 기본적으로 선대의 언어, 즉 '주체'와 '선군'의 언어 패러다임의 연장선에 있다. 김정은 권력승계 1년 동안 발표된 김정은의 '로작'과 ≪로동신문≫의 사설에 나타난 정치언어적 특징은 유훈 관철과 영도의 계승에 부합되는 '계승'과 '답습'의 언어를 그 특징으로 하고 있다. 조선로동당 제1비서로 권력을 승계하기까지 김정은은 독자적인 정치적 업적을 이룬 바가 없으며 독자적인 정치언어를 구사한 바가 없다.

그 선대 권력이었던 김정일은 20여 년간의 후계자의 시기를 통해 북한 사회에 '주체'의 언어 패러다임을 구축하는 데 핵심적인 역할을 수행해왔으며, '주체' 언어의 계승·발전의 맥락에 근거해 그의 독자적인 정치언어, 즉 '선군'의 언어를 구조화할 수 있었다. 일찍이 후계자의 위치에서 김정일은 주체사상의 이론체계화 과정에 깊이 개입하고 주체사상을 김일성주의로 격상시키는 결정적 역할을 수행해냈다. 또한 '조선민족제일주의'라는 민족주의담론을 창안하여 사회주의체제 전환기의 이념적 공백을 대체하는 통합 이데올로기를 주조해냈다.

권력승계 이후 김정은이 이미지를 통해 김일성을 재연하고 있었다면, 그의 언어는 철저히 그의 아버지 김정일을 재연하고 있다. 권력승계 이후 짧은 기간 동안 김정은은 많은 담화를 발표하며 그의 정치적 견해를 피력하고자 했다. 그러나 그의 담화에서는 김정일의 정책담론이 '유훈'과 '계승'의 명분하에 반복되고 있으며 '김정일 따라 하기'로 자신의 논리적 공백을 메우고 있다. 아직까지 김정은의 언어에서는 김정일을 넘어서는 혁신과 개혁 의지가 감지되지 않는다.

김정은에 의해 새롭게 '이름 붙여진', 그래서 김정은의 이론으로 선전되기 시작한 새로운 상징과 담론 – '김일성-김정일주의', '김정일애국주의', '1970년대 정신' – 마저도 철저히 김정일 추앙과 김정일 정책의 답습으로 일관되어 있다. 김정은이 그의 아버지 김정일이 아닌 할아버지 김일성을 모델로 한다는 세간의 평가와 달리, 언어로 구사된 정치적 견해들은 철저히 그의 아버지 김정일을 정치지도자의 모델로 설정하고 있다. 김정은에게는 '1970년대'도 김일성의 시대가 아니라 김정일의 시대로 인식되는 것이다.

최근 북한이 마식령스키장 건설 과정을 통해 창조된 것으로 "김정은시대의 진격속도"라고 선전하고 있는 '마식령속도' 또한 김일성, 김정일의 "대고조의 역사와 전통을 계승하고", 발전시키기 위한 투쟁이라고 강조하고 있는 데서 볼 수 있듯이[36] 1970년대 속도전의 연장선상에 머물러 있다.

당분간 김정은은 '유훈'과 '혁명의 계승'을 명분으로 내세워 김정일의 정책을 지속시켜나갈 것으로 보인다. 김정은 권력승계 이후 일각에서는 '선군에서 선경으로의 전환'을 예상한 바 있지만 이후 김정은은 2013년 2월 12일 제3차 핵실험을 감행하는 데 이어 다음달 3월에는 '경제건설과 핵무력건설 병진'이라는 새로운 노선을 제시했다. 김정은의 정치담화에서 나타나고 있듯이 선군노선은 김정일정권에 그대로 계승될 것으로 보인다. 김정은정권에서도 체제 안전은 여전히 최우선의 국가적 과제이며 이는 경제문제 해결을 위해 미루어질 수 있는 사안이 아니다. 체제 안전과 경제문제 해결이라는 양대 목표를 달성하기 위해 김정은은 선군기조를 유지하면서 경제문제를 해결하기 위해 부분적인 변화를 모색할 것으로 보인다.

---

36) "마식령속도 창조투쟁은 새 시대를 여는 대진군", ≪로동신문≫, 2013년 6월 23일 자.

그러나 한편에서 김정일시대와 다른 일련의 변화가 감지된다. 북한 사회의 통합과 동원을 위한 이데올로기와 그 이데올로기를 구성하는 지배적 정치언어에 일련의 변화를 발견할 수 있다. 김정일시대의 지배적 언어였던 민족주의적 언어로부터 국가주의적 언어로의 전환이 그것이다.

북한체제의 사회주의혁명과 건설을 현실화하고 사회주의의 완전승리를 추구했던 김일성이 사회주의적 언어 프레임에 의존했다면, 그를 계승한 김정일은 '조선민족제일주의'와 '우리민족끼리'로 대변되는 민족주의적 언어 프레임을 적극 활용해왔다. 과거 김일성 및 김정일시대에 그랬던 것처럼 사회주의 완전승리나 민족통일 등의 거대담론으로 대중을 동원하기에 김정은이 당면한 현실은 매우 열악하다. 인민생활을 향상시키고 경제를 정상화시키지 않고서는 김정은의 취약한 권력 기반이 안정화되기는 어렵다는 것을 누구보다 그 자신이 잘 알고 있을 것이다. 김정은이 '애국', '애국주의', '조국애' 등을 내세우며 전체 인민을 동원하는 것도 국가주의적 발전전략의 필요성에 기인한 것으로 볼 수 있다. 최근 북한이 마식령스키장 건설과 평양도시건설을 대대적으로 선전하며 '사회주의문명국' 건설과 '세계 일류'의 전망을 강조하는 것도 그 연장선상에 있다고 하겠다.[37)]

민족주의적 프레임에서 국가주의적 프레임으로의 변화는 장기적으로 남북관계의 설정 및 대남정책에도 영향을 미칠 요인으로 작용하게 될 가능성이 크다. 언어가 프레임을 만들고 그것이 사람들의 인지 방식에 영향을 미친다는 점을 고려할 때 국가주의적 언어가 구성하는 국가주의적 프레임은 남북관계를 인지하는 방식 및 관계 맺는 방식에 있어서도 변화를 가져올 수 있다. 국가주의 프레임에 따른다면, 남북경협이나 협력사업 등이 철저히 국가

37) "평양시를 선군문화의 중심지로 훌륭히 꾸리자", ≪로동신문≫, 2013년 8월 22일 자; "사회주의 문명국건설을 힘차게 다그치자", ≪로동신문≫, 2013년 9월 4일 자.

이익 중심으로 접근될 수 있다. 남북관계가 경색되었던 김정일 후반기, 그동안 북한이 발전전략의 민족적 상징으로 활용해왔던 '민족공조론'이 더 이상 운위(云謂)되지 않은 가운데 북한의 대중 경제의존도가 급격히 심화된 현상도 이와 무관하지 않은 것으로 보인다.

참고문헌

1. 국내 문헌

김갑식. 2012. 「김정은 리더십의 특징과 전망」. ≪한반도포커스≫, 제20호.

김주환. 2010. 「이명박 정부의 대북정책: 민족주의의 거세와 공세적 국가주의로의 전환」. ≪동향과 전망≫, 제79호.

김재천. 1989. 『후계자문제의 이론과 실천』. 통일부북한자료센터 소장.

머레이 에델만(Murray Edelman). 1996. 『상징의 정치시대』. 이성현 옮김. 고려원.

이광일. 2007. 「동아시아 국가주의, 민족주의와 진보좌파의 대응」. ≪문학과학≫, 통권 제52호.

이기동. 2012. 「김정은의 권력승계 과정과 권력구조」. ≪북한연구학회보≫, 제16권 제2호.

전미영. 2001. 『김일성의 말, 그 대중설득의 전략』. 책세상.

전재호. 2002. 「세계화시대 한국과 일본의 민족주의: 지속성과 변화」. ≪한국정치외교사논총≫, 제24권 제2호.

정영철. 2012. 「김정은체제의 출범과 과제: 인격적 리더십의 구축과 인민생활 향상」. ≪북한연구학회보≫, 제16권 제1호.

2. 북한 문헌

김룡진. 2004. 「주체사상은 선군정치의 뿌리」. ≪철학연구≫, 제2호. 평양.

김정일. 1998. 「직업동맹을 더욱 강화할 데 대하여」(1984년 5월 3일). 『김정일선집』, 제8권. 평양: 조선로동당출판사.

사회과학출판사 엮음. 1992. 『조선말대사전』 제1권. 평양.

사회과학원 철학연구소. 1985. 『철학사전』. 평양: 사회과학출판사.

최성학. 2002. 「선군의 원리는 주체사상을 바탕으로 하고 있는 원리」. ≪철학연구≫, 제1호. 평양.

홍윤기. 2011. 「정치언어학의 철학」. ≪철학연구≫, 제95호. 평양.

≪로동신문≫. 1982년 1월 1일 자; 1983년 5월 15일 자; 1992년 2월 14일 자; 2006년 1월 1일 자; 2007년 1월 1일 자; 2008년 1월 1일 자; 2009년 1월 1일 자; 2010년 1월 1일 자; 2011년 1월 1일 자; 2012년 1월 1일 자; 2013년 8월 22일 자; 2013년 9월 4일 자; 2012년 1월 1일 자~2012년 12월 31일 자.

조선중앙TV. 2002년 7월 7일; 2012년 6월 6일.

3. 외국 문헌

Lakoff, G. 2004. *Don't Think of an Elephant*. Vermont: Chelsea Green Publishing.

Dewey, J. & A. F. Bentley. 1960. *Knowing and Known*. Boston: Beacon Press

Edelman, M. 1964. *The Symbolic Uses of Politics*. Urbana and Chicago: University of Illinois Press.

제3장

김정은시대의 국가전략*

_ 변화 양상과 전략적 함의

곽승지 | 중국 연변과학기술대학 교양학부 교수

1. 머리말

북한은 김정은 제1위원장이 후계자로 내정된 2009년 이후 대내외 정책에서 적극적인 변화를 추동해왔다. 그런데도 대남 및 대외 공세를 지속함에 따라 남한에서는 북한의 변화에 대한 적절한 평가가 이루어지지 않았다.[1] 이

* 이 글은 곽승지, 「김정은 시대 국가전략: 변화 양상과 전략적 함의」, 서보혁 외 지음, 『김정은에게 북한의 미래를 묻다』(선인, 2014)를 수정·보완한 것이다.

1) 2013년 말 김정은체제의 공식 출범 2주년을 불과 며칠 앞두고 북한이 장성택을 전격 처형함에 따라 김정은체제에 대한 평가에 혼선이 빚어진 바 있다. 그러나 북한은 그런 평가를 아랑곳하지 않고 비교적 안정적으로 변화를 추동하고 있다. 오히려 특정 부문에서는 적극적인 변화 행보가 이어지고 있다. 예상치 못한 정치적 사변으로 말미암아 전문가 평가에 혼선을 빚었지만, 정작 북한은 평온한 가운데 정책 기조를 유지하고 있다는 것이다. 그런 점에서 북한에서의 변화 양상을 통해 전략적 함의를 찾아보려는 시

렇게 된 근본 이유는 북한의 국가전략을 전통적 관점에서 평가하며 내용상 변화가 없는 것으로 인식하는 데 있다. 그러면 북한의 일련의 변화 양상에도 불구하고 전통적인 해석을 좇아 북한의 국가전략이 변하지 않았다고 평가해야 할 것인가?[2] 북한에서 나타나는 일련의 변화 양상을 김정은시대의 새로운 국가전략을 반영한 전략적 변화로 해석할 여지는 없는가?

북한은 국제 정세의 급격한 변화 속에서 지도자 교체에 따른 전환기를 맞이했다. 특히 김정은체제로의 교체는 김정일체제로의 교체 때와 많은 차이가 있으며,[3] 여러 가지 면에서 변화의 필요성이 더 절실하다고 할 수 있다. 그런 점에서 지금 북한에서 나타나는 변화 양상에 주목하고, 이에 대한 적극적인 해석이 필요하다. 북한은 냉전체제 붕괴 이후 국제 정세의 급격한 변화 속에서 체제를 유지하기 위해 적지 않은 정책 변화를 꾀해왔는데, 김정은시

도는 여전히 유효하다고 하겠다.

2) 남한에서는 전통적으로 북한의 국가전략이 레닌의 전략전술 이론에 기초해 추진되고 있다며 이를 엄격하게 해석해왔다. 지금까지도 큰 틀에서는 그러한 해석이 주류를 이루는데, 국제 정세 및 남북 관계의 변화와 북한 사회 내부의 일련의 변화가 있었는데도 이를 제대로 평가하지 않는 것은 이에 기인한다. 북한의 국가전략에 대해서는 정성장 외, 『북한의 국가전략』(한울, 2003)을 참조하라. 레닌에 따르면 전략은 "주어진 혁명 단계에서 프롤레타리아트의 주요 타격 방향을 결정하고 이에 조응하여 혁명 세력의 배치 계획을 작성하여, 주어진 혁명 단계 전 기간을 통해 이 계획을 수행하기 위하여 투쟁하는 것"을 의미한다. 요제프 스탈린, 『레닌주의의 기초·레닌주의의 제 문제』, 윤시인 옮김(두레, 1990), 110쪽. 이에 따라 남한에서는 전통적으로 북한이 남조선혁명 및 세계혁명을 국가목표로 설정하고, 이를 위해 혁명전략을 상위에 둔 대남전략에 초점을 맞춰왔다고 해석해왔다.

3) 김정일체제는 환경적 측면에서 급격한 정세 변화의 와중에 이루어졌기 때문에 변화의 여지가 많았지만, 체제적 측면에서는 20여 년 이상 동안 준비해온 결과라는 점에서 김일성체제와의 연속성이 강했다. 그러나 김정은체제는 환경적 측면에서 변화의 동인이 상대적으로 적었지만 체제적 측면에서는 김정일체제와의 연속성을 강조할 수 있을 만큼 충분한 준비 기간을 갖지 않았다는 점에서 변화 요인이 더 크다고 말할 수 있다.

대 들어 이런 현상이 더 구체화되고 있다. 따라서 일련의 변화 양상이 갖는 전략적 의미를 헤아리는 것은 곧 그것을 어떻게 해석할 것이냐의 문제로 귀결된다.

그런 점에서 이 글은 북한의 국가전략[4]을 체제적 특성에 맞춰 분석하는 전통적 방식에서 벗어나 국가목표와 국가전략의 상관성 속에서 국가목표가 무엇이며 그에 따라 국가전략이 어떻게 변하고 있고, 또 어떻게 변할 것인지에 초점을 맞출 것이다. 기실 북한은 1990년대 들어 사회주의권의 붕괴로 인한 탈냉전적 상황을 맞아 중요한 변화들을 보여주었다. 이후 여러 가지 곡절을 겪는 가운데 진퇴를 거듭하면서도 일정한 변화를 추구했다. 그런데도 남한에서는 변한 것보다 변하지 않은 것에 더 많은 관심을 기울여왔다. 이는 남북 분단으로 인한 대립관계로 초래된 숙명과도 같은 것이다.

그 숙명에서 벗어나기 위해서는 변화 양상에 대한 적극적 해석을 통해 북한의 국가전략을 새롭게 인식해야 한다. 북한의 국가전략에 아무런 변화가 없는데 변한 것으로 보자는 것이 아니다. 변화를 꾀하고 있는데 변하지 않은 것으로 평가하는 우를 범하지 말아야 한다는 것이다. 남조선혁명을 중심으로 하는 북한의 국가전략에 아무런 변화가 없다고 인식한다면 북한과 정상적인 관계를 유지하기 어렵다. 남북관계는 북한의 국가전략은 물론 남한의 북한 국가전략 인식으로부터 절대적인 영향을 받기 때문이다.

따라서 북한에서 나타나고 있는 변화 양상을 더 깊이 들여다보며 새롭게 추론하고 해석함으로써 그 실상을 헤아려야 한다. 어떤 변화들이 나타나고

---

4) 국가전략이란 한 국가가 추구하는 목표를 종합적으로 발전시키고 그것을 효과적으로 운용하기 위해 군사력을 포함한 제반 국력을 사용하기 위한 방책을 말한다. 국가전략은 결국 국가목표와 밀접히 연관되어 있다. 따라서 모든 국가는 그것을 명시적으로 제시하든 그렇지 않든, 또 현실적이든 비현실적이든, 국가가 세운 목표를 달성하기 위해 전략을 수립하고 그에 따라 국정을 운영한다.

있는지, 어떻게 그런 변화들이 가능한지, 그 변화들이 지향하는 것은 무엇인지, 그런 변화들을 통해 북한이 궁극적으로 얻고자 하는 것은 무엇인지 등등. 결국 이 과정을 통해 북한의 국가전략이 변했는지, 변했다면 왜 그리고 어떻게 변했는지, 또 그 의미가 무엇인지 헤아릴 수 있을 것이기 때문이다.

탈냉전 이후 북한은 체제 안보에 대한 위협 속에서 생존을 걱정해왔다.[5] 이것이 북한의 국가목표 및 전략에 가장 중요한 요소로 작용했다. 케네스 왈츠(Kenneth Walts)가 말한 바처럼 다른 나라(남한과 미국)가 가지고 있을 수 있는 야심(?)에 대한 두려움 속에서 안보 투쟁을 해온 것이다. 실제로 일부 북한 전문가들도 북한이 핵무기를 포함한 비대칭무기 개발에 주력해온 것이 체제 안전을 위한 방어적 목적에 따른 것이라는 데 동의한다. 북한은 김일성 사망 이후 김정일에 이어 김정은체제에 이르는 동안 대내외로부터의 체제에 대한 도전에 응전하는 데 주력해왔다고 보아야 한다. 즉, 북한이 변화를 추구하고 있는 것은 대내적 요인과 대외적 요인 간의 상호작용에 따른 결과로 볼 수 있다는 것이다.

북한의 국가전략을 구체적으로 확인할 수 없는 상황에서 이를 헤아리기 위해서는 제한적으로나마 드러난 자료 및 현상들을 살펴 전체를 헤아리는 이른바 환원주의(reductionism)적 관점으로 접근할 수밖에 없다. 김정은체제 출범 이후 나타나고 있는 일련의 변화 양상들을 국제 정세, 남북관계, 그리고 북한체제 내부에서 나타나고 있는 현상들과 결부시켜 이를 국가전략 차원에서 새롭게 해석하는 방법을 차용할 수 있을 것이다. 이 과정에서 과거의 사례나 중국의 경우와 비교하는 것도 필요할 것이다.

---

5) 남한 사회에서의 인식과 달리 북한은 정권 수립 이후 안보 상황이 악화될 경우 나름대로 위기의식을 드러내왔다. 특히 사회주의권이 붕괴된 이후에는 남한의 흡수통일론 등에 자극받아 극도의 체제 불안 속에서 생존을 위한 전략 마련에 부심해왔다. 이에 대해서는 곽승지, 「안보전략」, 정성장 외, 『북한의 국가전략』, 76~145쪽 참조.

2. 김정은시대[6] 북한의 변화 양상에 대한 해석

1) 북한의 변화에 대한 인식 기준

1990년대 이후 북한은 일정한 변화를 꾀해왔음에도 남한을 비롯한 국제사회에서는 북한에서의 변화를 의미 있는 것으로 인식하지 않았다. 북한에서의 변화를 국가 목표 및 전략, 특히 혁명전략 및 대남전략과 무관한 것으로 보았기 때문이다. 현실적으로 북한에서의 변화를 보는 시각은 주관적일 수밖에 없다. 그렇다면 북한의 국가 목표 및 전략에서의 변화에 대한 의미 있는 논의를 위해서는 어떤 수준의 변화를 변화로 인정할 것인가에 대한 공감대를 만들어야 한다.

첫째, 북한에서의 변화 방향과 관련, 남한 사회 일각에서는 체제 변화, 즉 사회주의체제의 포기를 염두에 두고 있는 듯하다.[7] 그러나 현실적으로 북한이 사회주의체제를 포기할 가능성은 거의 없다. 따라서 북한에서의 변화는 체제 내에서의 변화로 인식해야 한다.[8] 사회주의의 핵심은 정치적으로 1당

6) 원론적으로 보면 김정은시대는 2011년 12월 김정일의 사망으로 김정은이 북한의 최고 지도자로 등극한 시점부터라고 보아야 할 것이다. 그러나 소급한다면, 김정은이 권력 전면에 등장한 2010년 9월 조선로동당 제3차 대표자회부터로, 또는 후계자로 내정된 것으로 알려진 2009년 1월부터로 볼 수 있을 것이다. 이 글에서는 북한에서의 변화 현상을 좀 더 확장하여 살펴보기 위해 김정은이 후계자로 내정되어 통치에 영향을 미치기 시작한 2009년 1월부터 김정은시대가 시작된 것으로 규정하고자 한다.

7) 한국 사회에서 북한의 변화를 체제 변화의 관점에서 인식하려는 것은, 북한이 사회주의체제를 유지하는 한 혁명전략과 대남전략을 바꾸지 않을 것이라는 생각 때문이다. 그러나 중국과 베트남의 사례에서 보듯 사회주의체제를 유지하는 가운데도 얼마든지 의미 있는 변화를 꾀할 수 있다.

8) 곽승지, 「개혁·개방 관련 '북한적 현상'에 대한 이해」, 현대북한연구회 엮음, 『김정일의 북한, 어디로 가는가?』(한울, 2009), 16~18쪽.

독재와 경제적으로 사적 소유를 인정하지 않는 것이다. 그런 점에서 현 시점에서 정치적으로 체제 전환을 기대하기는 어렵다. 하지만 조선로동당의 위상과 역할을 강화하고 이를 통해 개혁개방을 추진하는 등 체제 내에서의 변화는 가능할 것이다.

둘째, 변화의 성격과 관련, 이념적 행태에서의 변화, 즉 사상해방의 여부다. 북한은 사회주의체제를 지향하는 가운데 이념적으로 마르크스레닌주의와 주체사상을 통치 이데올로기로 삼아왔다. 탈냉전시대가 도래한 1990년대 이후에도 사회주의체제 고수 입장을 견지하며 사회주의 및 주체사상에 대한 교양에 주력했다. 획일적 사상교양을 통해 북한 주민들을 이른바 '공산주의적 인간'으로 주조해온 것이다. 이에 따라 북한은 스스로 사상강국이 완성되었다고 주장해왔다. 그러나 중국이 개혁개방 정책을 추진하면서 먼저 사상해방의 기치를 내걸었던 데서 보듯 인간의 사고를 통제한 가운데 변화를 추구하는 것은 불가능하다.

셋째, 변화를 위한 법적·제도적 뒷받침이 이루어지고 있느냐 하는 점이다. 전체주의 국가는 물리적 강제력을 동원해 주민들을 억압함으로써 체제를 유지한다. 북한 역시 전형적인 전체주의 국가로서 체제 유지를 위한 중층적 억압 구조를 유지하며 물리적 강제력을 통해 주민들을 통제해왔다. 주민들을 국가가 원하는 방향으로 움직이도록 하기 위해 국가 권력을 과도하게 사용해온 것이다. 이 과정에서 법치가 아니라 수령의 교시나 권력 기관의 판단이 중시되는 인치(人治)가 일반화되었다. 주민을 억압해온 비정상적인 이러한 통치 수단들이 법적·제도적으로 정상화되느냐의 여부는 북한 변화를 가늠하는 중요한 기준이 될 것이다.

넷째, 정책적 측면에서의 변화 내용 또한 주목해야 한다. 국가사회주의 논리에 따라 목적 지향적 정책을 추진해온 북한은 정책 수립 및 수행에서 전통적으로 주민보다 체제를 앞세워왔다. 따라서 북한 주민들은 엄격한 통제하에서 경직된 생활을 할 수밖에 없었다. 북한이 추구하는 정책이 주민 생활을 향상시키기보다는 체제를 유지·발전시키는 데 초점을 두면서 엄격한 규율이 강조되고 노력 경쟁이 일상화되었다. 이러한 행태는 비교적 적극적인 변화를 추구해온 2000년대 이후에도 크게 변하지 않았다. 따라서 북한에서의 변화는 경제적 측면에서 자본주의 시장경제 요소를 얼마나 적극적으로 수용할 것인지에 따라 가늠되겠지만 주민들의 삶의 질과 관련된 부분에서의 변화도 함께 살펴보아야 한다.

또한 북한에서의 변화를 이해하기 위해 나무를 볼 것이냐 아니면 숲을 중시할 것이냐의 문제도 중요하다. 즉, 큰 틀에서 변화를 지향하고 있다고 하더라도 세세한 문제에서는 기존의 관행과 관성 때문에 변화의 면면을 제대로 보여주지 못하는 측면도 있을 수 있다. 북한이 대남 또는 대외 부문에서 과거와 같은 행태를 보인다고 해서 이를 근거로 성급한 판단을 해서는 안 된다는 것이다. 국가전략에서의 변화 현상이 정책 전반에 투영되기까지는 상당한 시간이 걸릴 것이기 때문이다.

2) 유형별 변화 양상에 대한 해석

(1) 변화의 방향: 사회주의체제 안에서의 변화

북한은 2010년 이후 헌법과 당 규약에 이어 유일사상 10대 원칙에서조차 공산주의 용어를 삭제함으로써 공산주의 이념을 배제한 가운데 사회주의를 고수하는 입장을 견지한다. 이는 북한이 탈냉전적 상황에서 사회주의권이 붕괴된 직후부터 사회주의 고수 입장을 분명히 해왔다는 점에서 새삼스러운 것은 아니다. 주목되는 것은 당 규약에서 당의 최종 목적으로 명시해온 '공산주의사회 건설'마저 삭제한 점이다.

이는 북한이 추구하는 국가목표의 이념적 지표가 공산주의가 아니라 사회주의임을 분명히 하려는 것으로 이해된다. 이는 개정 당 규약에서 당의 최종 목적을 '인민대중의 완전한 자주성의 실현'이라는 추상적인 내용을 담고 있는 반면 당면 목적을 '공화국 북반부에서 사회주의 완전승리'에서 '사회주의 강성국가 건설'로 언급한 데서 유추해볼 수 있다. 즉, 최종 목적은 추상적인 이상 사회를 그린 것이라면 당면 목적은 현실적으로 추구하는 국가 비전으로 볼 수 있는데 그 비전으로 사회주의를 명시했다는 것이다.

북한이 김정은시대 들어 조선로동당의 위상과 역할을 강화하는 등 사회주의 통치 기제를 정상화하는 가운데 변화를 추구하고 있는 것도 사회주의체제 안에서 변화를 꾀하려는 움직임으로 평가된다. 김정은 제1위원장은 후계자로 공식 데뷔한 2010년 9월 조선로동당 제3차 대표자회에 당중앙군사위원회 부위원장 자격으로 대중 앞에 첫 모습을 드러낸 이래 조선로동당을 정치적 기반으로 삼았다. 1993년 12월 조선로동당 제6기 제21차 전원회의 이후 17여년 만에 처음으로 당 관련 행사를 개최한 이후 조선로동당은 북한 권력의 중심으로 확고하게 자리 잡았다.[9]

북한이 조선로동당 중심으로 통치되고 있음은 권력 내부의 역학관계 등 여러 측면에서 확인된다. 우선 군에 대한 당의 영도를 확고히 한 것이다. 김정일시대에는 선군정치를 내세워 군의 역할을 강조하고 군에 의존하는 정치 행태를 보였지만, 김정은시대가 시작된 후 북한은 분명하게 당 우위의 통치 체제를 구축하고 있다. '유일사상체계 10대 원칙' 개정도 당의 영도를 반영한다. 북한은 이 원칙을 발표 39년 만에 개정하면서 명칭을 '당의 유일적 영도체계 확립의 10대 원칙'으로 수정했다.

---

9) 윤상현 의원은 조선로동당에 대한 분석 자료를 통해 북한의 권력 핵심 30인 중 25인이 당 출신이라며 조선로동당이 북한 권력의 중심으로 자리 잡았다고 평가했다. ≪중앙일보≫, 2013년 10월 2일 자.

(2) 변화의 성격: 사상해방의 한계

김정은시대 들어 북한은 사회주의체제를 견지하는 가운데 상당한 정도의 변화를 추구하고 있지만 사상해방으로 해석할 만한 움직임은 눈에 띄지 않는다. 그러나 북한에서도 일견 중국에서의 사상해방을 모방한 움직임이 시도(?)된 적은 있다. 역사적인 남북정상회담 직후인 2000년 7월 4일 당 기관지인 ≪로동신문≫과 ≪근로자≫에 공동으로 실은 논설에서 북한은 과학중시사상을 제시하며 사상의 자유로움을 설파한 바 있다.[10] 주목을 끈 것은 과학중시사상이 체제 고수 및 강화를 위한 이념이 아니라 개방을 통한 실리 추구에 초점을 맞춘 전혀 새로운 이데올로기였다는 점이다. 즉, 이념 대신 실리를 강조하면서 북한이 안고 있는 문제를 적극적으로 해소하려는 의지를 담고 있었다는 점에서 우(右) 편향적인 것이었다.

북한의 이러한 입장은 공동논설에 앞서 비공식 중국 방문과 남북정상회담 시 김정일 국방위원장이 보여준 언행에서도 확인된다. 김 위원장은 특히 중국 측 지도자들을 만나 "등소평이 옳았다"라고 하면서 중국에서의 사회주의 시장경제체제에 대해 적극적인 지지를 보냈다. 그리고 2001년 들어 이른바 북한 판 '신사고'를 주창하며 더 적극적인 변화를 추동했다. 2001년 신년공동사설은 21세기를 "거창한 전변의 세기, 창조의 세기"로 규정하고 김정일이 "먼 앞날을 내다보며 통이 크게 작전하고 대담하게 변혁을 이룩해나가고 있다"라고 주장했다.[11]

---

10) "과학중시사상을 틀어쥐고 강성대국을 건설하자", ≪로동신문≫, 2000년 7월 4일 자.

11) 공동사설 발표 이후 북한은 더욱 적극적으로 신사고를 강조했다. "새 세기는 혁신적인 안목과 기발한 착상, 진취적인 사업 기풍을 요구한다." "시대가 달라졌다. 우리는 21세기의 사람들이다. (중략) 낡고 뒤떨어진 것들을 깨끗이 털어버리고 사상관점과 사고방식도, 일본새와 생활기풍도 근본적으로 일신하고 모든 것을 새롭게 사색하고 새롭게 실천해야 한다." ≪로동신문≫(정론), 2001년 1월 9일 자.

그러나 신사고 주창은 북한에서의 변화에 대한 기대감만 높여놓고 별다른 진전을 보이지 못한 채 수면 아래로 잠복했다. 과학기술 발전을 통한 '단번도약'을 추구하고 사업 방식에서 혁신적인 안목과 기발한 착상을 하는 '실력가'를 강조하는 선에 머물렀다. 북한의 의지 문제가 주된 이유지만 그 무렵 출범한 미국의 부시행정부가 대북 강경정책을 취하며 북한을 압박한 것도 북한판 신사고가 정착하지 못한 이유의 하나로 분석된다.

그러나 김정은시대 들어 북한에서 주민들의 사고와 활동의 폭을 넓히고 있는 점은 주목할 만하다. 주민들의 외국인 접촉 기회를 확대하고 있고 주민들의 태도도 이전보다 유연해지고 있는 것으로 나타나고 있다. 최근 북한에서 김정일 위원장의 '친필명제'를 인용해 "자기 땅에 발을 붙이고 눈은 세계를 보라!"는 표현을 흔히 사용하는 것이나 신기술·국제적 기준 등 새로운 용어가 자주 등장하는 것이 주목되는 이유다.

(3) 법적·제도적 조치: 정상 국가를 향한 움직임

북한의 통치 체제를 가리켜 흔히 '비정상적'이라는 표현을 써왔다. 자유민주주의체제의 기준에 비추어볼 때는 물론 사회주의체제의 속성을 감안하더라도 통치 기제가 정상적으로 작동하지 않고 있음을 뜻하는 것이다. 지금까지의 북한은 실제 그러한 주장에서 크게 벗어나지 않았던 것 같다. 그 핵심은 규범과 제도에 의한 통치, 즉 법치가 아니라 수령 또는 최고지도자의 권능에 의한 인치가 일반화되었기 때문이다. 이와 함께 사회 작동 시스템이 국제적 기준에서 벗어난 것도 중요한 이유다.

그러나 김정은체제가 자리를 잡아가면서 법치를 위한 규범과 제도를 손질하는가 하면 국제적 기준을 중시하려는 움직임이 두드러지게 나타나고 있다. 이러한 움직임이 북한의 통치 체제에 구체적으로 어떻게 반영될지는 두고 보아야 하지만 적어도 이전에는 볼 수 없었던 새로운 현상인 것만은 분명하다.

주목되는 것은 김정은체제 출범 이후 이러한 현상이 광범위하게 나타나고 있다는 점이다. 주요 규범과 원칙을 개정해 현실에 부합시키는가 하면 주민들을 의식해 대주민 관련 법규의 적용을 새롭게 하고 있다. 연좌제를 완화하고 정책을 준비하면서 주민을 의식하는가 하면 국가중심의 일방적인 정책 추진 대신 주민들의 삶에 관심을 두려하고 있다.[12] 물론 여전히 주민들에 대한 감시체제가 엄격하게 작동하고 있고 공개 총살형이 이루어지는 등의 현실을 감안하면 몇몇 법규의 제정과 정책 변화만으로 북한이 달라졌다고 말하기는 성급한 면이 있다. 그럼에도 불구하고 이를 간과하는 것 역시 적절치 못하다.

최근 북한이 국제적 규격 및 기준을 준수하는 데 많은 관심을 두고 있는 것도 눈여겨보아야 한다. 국제적 규격 및 기준을 정확히 알고 이를 실천하는 것이 경제적 실리를 보장하는 것임을 인식한 데 따른 것으로 보인다. 이러한 움직임은 김정은이 '세계적 추세'를 강조하며 개방적 면모를 과시하고 있는 것과 무관하지 않을 것이다. 적극적으로 해석한다면 국제 사회로 나아가기 위한 기반을 정비하려는 것으로도 해석할 수 있다.

(4) 변화의 내용

① 탈이념화를 통한 우민화

김정은체제 출범 이후 북한의 대주민 정책에서 두드러진 특징은 주민을 대상으로 한 체육 문화 활동을 강화하는 가운데 내용적으로 이전과 다른 양

12) 2014년 5월 평양의 아파트 붕괴 사고와 관련해 고위 책임자들이 대주민 사과를 한 것은 특히 이례적인 일이다. 노재현·홍지인, "평양서 23층 아파트 공사장 붕괴 ⋯⋯ '상당한 인명 피해'", 연합뉴스, 2014. 5. 18.

상을 보이고 있는 점이다. 이는 통제 사회의 일반적 속성인 국가가 일방적으로 주민을 몰아세우던 데서 벗어나 주민의 욕구를 일정하게 수용함으로써 잠재적 불만을 해소하려는 조치로 보인다. 즉, 강요가 아닌 자발적 참여를 유도함으로써 새로운 사회 분위기를 만들려는 고육책이라고 할 수 있다.

주목되는 것은 대주민 친화적 정책을 추진하는 방식이 매우 파격적이라는 점이다. 예컨대 2012년 7월 모란봉악단 시범 공연에서 보인 파격이나 주민 놀이시설의 대대적인 확충, 승마·스키장 등 일부 스포츠의 적극적인 도입, 그리고 교육 분야의 개혁 움직임 등이 그것이다. 모란봉악단은 시범 공연 당시의 파격이 부담스러웠는지 이후 자제하는 분위기지만 이 악단은 군부대 위문 공연까지 하는 등 전 방위적으로 활동을 강화하고 있다. 북한 전역에 놀이시설을 확충하고 이를 통해 주민들의 여가 활동을 장려하고 있기도 하다. 교육 개혁과 관련해서는 학생들에 의한 교사평가제 등 교육 방법에까지 확대되었다.[13)]

이러한 움직임은 북한이 최근 대주민 교양에서 이념보다 주민들의 마음을 움직이는 데 용이한 방식을 적극 활용하고 있는 것과 밀접히 연관된다. 이념 중심의 대주민 교양의 한계를 인식하고 주민들에게 쉽게 다가설 수 있는 새로운 방법을 모색하고 있는 것이다. 2013년 9월 이후 북한 매체들이 새 노래 「조국찬가」를 대대적으로 소개하며 애국심 고취에 적극 활용하고 있지만 가사에 최고지도자를 연상케 하는 표현이 들어 있지 않은 것도 한 예다. 주민 친화적 정책을 통해 주민과의 관계를 새롭게 정립하려 한다는 해석이 가능하다.

이런 점을 감안할 때 북한의 일련의 행태는 1980년대 남한에서 주민들의 정치적 무관심을 조장하기 위해 취한 이른바 '3S정책'을 연상시킨다. 즉, 모

---

13) ≪로동신문≫, 2014년 8월 7일 자.

란봉악단 단원들의 선정적인 옷차림이나 체육 경기를 적극 개최하고 놀이시설을 확대해 주민들의 여가 활동을 장려함으로써 정치적 무관심을 조장하는 등 우민화를 시도하고 있다는 것이다.

② 인민생활 향상을 위한 개혁개방의 지속

북한은 김정은시대 들어 더욱 적극적인 개혁개방의 의지를 보이고 있다. 용어에 대한 불편함 때문에 개혁개방이라는 표현을 사용하지 않지만 경제부문에서 북한이 추구하고 있는 변화는 곧 개혁개방이다. 현재까지는 개혁개방 조치의 가시적 성과가 나오지 않았지만 알려진 바에 의하면 상당한 정도의 변화를 추진하고 있는 것으로 보인다. 최근의 개혁개방 움직임은 2002년의 7·1경제개선조치에 비견될 만큼 획기적인 것으로 평가되기도 한다. 7·1경제개선조치를 진두지휘했던 박봉주를 다시 내각 총리로 임명해 경제부문을 총괄 지휘하게 하는 가운데 잇따른 관련 조치들을 취하고 있다. 인민생활 향상을 핵심 슬로건으로 제시하며 경제건설의 지향점이 북한 주민들의 생활을 개선하는 데 있음을 분명히 한 것도 주목된다. 북한은 또 적극적인 해외 노무 송출을 통해 부족한 자본을 확충하고 있다.

북한은 2013년 3월 31일 조선로동당 전원회의에서 새로운 전략 노선으로 '경제·핵 병진노선'을 채택하며 경제건설을 중요한 전략 목표로 제시한 바 있다. 북한은 '경제·핵 병진노선'을 통해 양자를 동시에 추진한다는 입장을 밝혔지만 내용적으로 보면 경제건설이 우선시되고 있다. 이를 적극적으로 해석하면 핵무기건설은 경제건설을 위한 수단인 셈이다. 핵무기 보유국임을 자처하고 있는 북한으로서는 핵무기건설을 강조함으로써 그 지위를 통해 당면한 경제문제를 풀어가려 하고 있는 것이다.

김정은시대 출범 후 북한이 경제건설을 위한 실험을 지속하는 가운데 특구 지정 등 구체적인 개혁 방안들을 잇달아 제시하고 있는 것은 향후 경제건설에 더욱 박차를 가할 것임을 예고한다.[14] 따라서 지금 당장은 경제건설을 위한 개혁개방 조치가 불확실해 보이고 또 온전히 가늠하기 어렵지만 일부 언론이 보도한 바처럼 북한은 일련의 실험을 토대로 조만간 더 구체적이고 적극적인 조치를 취할 것이며 그럴 경우 그 의미는 더 분명해질 것이다.

③ 대남 및 대미 관계에서의 불확실성

김정은체제 출범 이후에도 남북 및 북·미관계는 여전히 살얼음판을 걷는 형국이다. 롤러코스트를 타듯 공세와 대화를 오가는 북한의 구태의연한 행태도 그대로고 이를 바라보는 남한과 미국의 시선도 변하지 않았다. 북한의 이러한 태도는 남한은 물론 국제 사회로부터 북한의 혁명-대남전략이 바뀌지 않았다는 의심을 사기에 충분하다. 실제 남한에서도 공공연히 북한의 호전성을 거론한다. 더욱이 북한이 새롭게 제시한 '경제·핵 병진노선'에 대해서는 경제보다 핵무기건설에 무게를 두고 핵무장국인 북한의 의도를 헤아리는 데 주력했다.

북한의 공세적 태도에도 불구하고 몇몇 부문에서는 의미 있는 변화를 보이기도 했다. 개성공단을 국제화하고 국제 규범을 적용하는 데 합의한 것, 평양에서 열린 국제 역도 시합에서 남한의 태극기 게양 및 애국가 연주에 이어 북한 조선중앙TV가 이를 방영한 것, 남한인 방북 시 휴대폰 휴대를 허용한 것, 미국과의 접촉 빈도를 높여가고 있는 것, 인천아시안게임에 참여하는 등 2014년 들어 남한과의 접촉을 늘려가고 있는 것 등이 구체적 사례다.

이러한 일련의 변화는 본질적인 것이 아니라고 말할 수 있다. 그럼에도 불

---

14) 김정은체제로 들어서면서 대대적인 건설 공사를 진행한 북한은 2014년 9월 3일 평양에서 10년 만에 '건축가동맹 대표자회'를 열고 건설 분야의 성과를 독려했다. 윤일건, "북, 10년만에 건축가대회 …… '대 번영기 열자' ", ≪로동신문≫, 2014년 9월 4일 자.

구하고 이는 결코 가볍게 생각할 것도 아니다. 북한 국방위 정책국 대변인이 담화를 통해 “여러 가지 건설적이며 과감한 평화적 조치들을 구상”하고 있다고 언급한 데서 알 수 있듯이 북한의 변화 양상이 이전과 다른 것으로 보아야 할 개연성은 충분하다는 것이다. 이와 관련해서 ≪조선신보≫가 “그동안 평화 대화의 시작에 이러저러한 전제 조건을 달면서 대결 노선에 집요하게 매달려온 미국과 남조선 당국이 더 이상 시비할 수 없는 대범한 행동 계획, 통이 큰 문제타결안이 구상됐을 수 있다”라고 언급[15]한 것은 북한의 변화가 이전과 다른 것일 수 있음을 시사한다.

3. 김정은시대 북한의 국가목표 및 국가전략

1) 북한의 국가목표: 사회주의 강성국가

(1) 사회주의 강성국가의 정립 과정

김정일시대 북한의 국가목표는 강성대국이었다. 1998년 9월 이를 공식화한 북한은 2012년 4월 김일성 100회 생일을 강성대국 원년으로 맞이하겠다는 계획을 추진했다. 그러나 그 전도가 무망한 가운데 2011년 12월 김정일이 사망하자 이 주장은 슬그머니 자취를 감추었다. 지도자가 바뀐 현실과 강성대국이라는 용어 및 목표의 비현실성을 감안했기 때문인 것으로 해석할 수 있다.

김정은시대 북한은 대신 강성국가라는 용어를 사용했다. 김정은시대 북한이 국가목표로 강성국가를 차용할 것임은 김정일 사망 직후인 2012년 신

15) 이영재, “북, 한반도평화 ‘통큰 해법’ 구상”, 연합뉴스, 2013. 8. 31.

년공동사설에서 암시되었다. 김정일 사망 후 불과 보름도 지나지 않아 발표된 공동사설에서 북한은 강성대국이란 용어를 현저히 줄여서 사용하는 가운데 강성국가를 간간이 사용함으로써 변화를 예고했다.[16] 강성대국이라는 표현은 대체로 2012년 하반기에 이르러 북한 매체에서 거의 사라졌다.[17]

그리고 불과 4개월도 채 지나지 않은 2012년 4월 11일 개최된 조선로동당 제4차대표자회에서 당 규약을 개정하고 서문에 당의 당면 목적으로 사회주의 강성국가 건설을 적시했다. 강성국가가 강성대국의 자리를 대체해 북한의 새로운 국가목표로 자리 잡게 된 것이다. 김정은은 2013년 첫 육성 신년사에서 북한의 국가목표(비전)로서 강성국가의 의미를 더 분명히 했다. 그는 "새해 2013년은 김일성, 김정일 조선의 새로운 100년대의 진군길에서 '사회주의 강성국가' 건설의 전환적 국면을 열어나갈 거창한 창조와 변혁의 해"라고 주장했다.

(2) 사회주의 강성국가의 전략적 의미

김정일시대의 북한은 강성대국을 국가목표로 내세우고 이것이 정치사상강국, 군사강국, 경제강국 등 세 부분으로 구성되어 있음을 밝혔다. 이 중에서 정치사상강국과 군사강국은 이미 달성되었다며 경제강국 건설의 절박함을 강조했었다. 그러나 김정은시대에 들어 새로운 국가목표로 사회주의 강성국가를 제시하였지만 강성대국의 경우처럼 아직 그 구성 요소들을 구체적으로 적시하지는 않았다. 다만 경제강국, 체육강국 등을 언급하면서 이들이 강성국가의 주된 내용을 구성하고 있음을 시사했다.[18]

---

16) 통일연구원이 발표한 2012년 신년공동사설 분석 자료에 따르면 강성대국이란 용어가 사용된 횟수는 고작 5번으로 2010년 16회, 2011년 19회에 비해 현저히 줄어들었다.

17) 대남 매체인 우리민족끼리가 2012년 9월 25일 선군을 강조하는 가운데 "강성대국 건설의 최후 승리를 위한 총공격전" 등으로 표현한 것이 눈에 띄는 마지막 사례다.

북한이 2010년 9월과 2012년 4월 당 규약을 개정하면서 수정한 당의 당면 목적을 살펴보면 북한의 의도를 엿볼 수 있다. 즉, 2010년 이전의 당 규약이 김일성시대의 국가목표를 담고 있다면 2010년에 수정된 당 규약은, 비록 뒤늦게 반영했지만, 김정일시대에 추구한 국가목표를 담고 있다고 볼 수 있다. 그리고 김정일이 사망한 직후 북한은 당 규약을 개정해 김정은시대의 국가목표를 제시했다. 결국 북한 최고지도자들이 추구했던 당면 국가목표는 사회주의완전승리(김일성) → 사회주의 강성대국(김정일) → 사회주의 강성국가(김정은)로 변해왔다. 각 시대별 목표는 형식상 큰 차이가 없어 보이지만 내용 면에서 적지 않은 차이가 있다.

김일성시대의 국가목표로서 사회주의완전승리는 사회주의 발전 단계 속에서 하나의 단계를 설정한 것이었다. 이른바 중과도기론을 견지했던 북한이 과도적 단계에 초점을 맞춰 국가목표를 설정한 것이다. 따라서 사회주의 완전승리라는 표현 자체는 북한이 추구하는 구체적 목표라기보다는 사회주의 발전 도정에서의 위치를 지칭한 셈이다. 이는 김일성이 1986년 말 시정연설에서 북한이 곧 사회주의완전승리 단계에 도달하게 되는 점을 강조한 것에서도 유추할 수 있다. 다만 북한이 "이밥에 고깃국 먹고 기와집에 사는" 지상낙원 건설을 말하며 주민들의 노력을 부추겨온 점에 비추어 보면 그 목표가 지향하는 모습을 미루어 짐작할 수 있다.

김정일시대의 국가목표로서 강성대국은 북한이 건설하고자 했던 이상적

18) 전미영은 김정은시대에 들어 북한이 국가목표에 대한 명칭을 바꾼 것은 단순히 대국이 못 된 빈국의 겸연쩍음 때문이 아니라 정치 언어의 전략적 힘을 활용하기 위한 것이라고 말한다. 그리고 이러한 변화 속에 국가주의적 경향이 내포되어 있는 것으로 파악한다. 실제로 당 규약 내에서 강성대국과 강성국가란 용어 둘 사이의 위상과 의미는 차이가 없다. 다만 그 내용 면에서 적지 않은 의미 변화를 읽을 수 있다. 전미영, 「김정일시대의 정치언어: 상징과 담론을 통해 본 김정은의 정치」, ≪북한연구학회보≫, 제17권 제1호(2013년 여름), 20쪽.

인 국가의 모습을 그리고 있다. 정치사상강국 및 군사강국을 이미 달성했다고 언급한 것에서 보듯, 경제강국 건설을 통해 강성대국을 완성하자고 말해온 점으로 미루어 볼 때, 말 그대로 모든 면에서 완전한 형태의 국가상을 그리고 있다는 것이다. 즉, 국가목표로서 강성대국의 의미는 정치사상, 군사, 경제 부문에서 충분히 성공한 상태의 국가를 의미한다. 강성대국이라는 국가목표는 비록 추상적이고 비현실적이지만 김일성시대와 달리 역사 발전 단계에서의 위치를 설정하고 있지 않다.

김정은시대의 국가목표로서 강성국가는, 김정일시대의 국가목표인 강성대국이 목적 지향적인 의미를 내포하고 있었던 데 비해, 북한이 추구하고자 하는 국가의 이미지에 초점을 맞춘 더 유연한 의미를 담고 있는 것으로 해석된다. 즉, 구체적으로 어떤 국가를 건설하겠다고 말하기보다는 이러이러한 국가를 향해 나아가자는 추동의 의미가 담겨 있다. 강성국가 역시 강성대국과 마찬가지로 역사 발전 단계에서 북한이 처한 위치를 나타내지는 않고 있다.

따라서 사회주의 강성국가에 내포되어 있는 의미는 대략 다음과 같은 세 가지로 정리할 수 있다. 첫째, 사회주의체제 견지의 의미다. 사회주의라는 표현을 구체적으로 명시함으로써 김정은체제하에서도 기본적으로 사회주의 체제를 견지해나갈 것임을 분명히 했다. 이는 북한에서의 변화 방향을 가늠하는 핵심 사안이라고 할 수 있다. 둘째, 과도기론의 수정이다. 중국은 기존의 과도기론을 과감하게 수정함으로써 개혁개방의 근거를 마련했다. 그러나 북한은 과도기론의 한계를 인식하면서도 중국과 같이 명료하게 과도기론을 수정하지 않았다. 그러나 김정일시대 이후 새롭게 정립한 국가목표에는 북한이 처한 현실을 인정하는 가운데 변화를 모색했다. 따라서 북한은 향후 사회주의를 견지하는 데 따른 문제를 개선하기 위해 어떤 형태로든 과도기문제를 재정립할 것으로 보인다. 셋째, 국가주의를 지향하는 가운데 현실을 직시하고 있다는 점이다. 사회주의 강성국가를 주장하면서 무엇보다 인민생활의 향상을 강조하며, 이를 위해 경제강국·문명(강)국 등을 제시한다.

(3) 사회주의 강성국가의 논리체계

사회주의 강성국가라는 용어가 김정일 사망 직후인 2012년 1월 1일 공동사설에서 처음으로 제기되고, 곧 이어 조선로동당의 당면 목적으로 언급되는 등 김정은시대의 국가목표로 자리 잡았는데도, 이에 대한 체계적이고 구체적인 설명은 없었다. 따라서 북한의 새로운 국가목표로서 사회주의 강성국가의 논리체계를 살펴보기 위해서는 그동안 북한에서 제기된 여러 가지 주장들을 종합해 정리할 수밖에 없다. 북한의 주장은 때로는 모호하고 중첩된 표현도 있어 주관적 해석을 더할 수밖에 없다.

북한의 국가목표로서 사회주의 강성국가는 경제강국과 문명(강)국 건설을 핵심 내용으로 하고 있다.[19] 여기서 양자는 경제강국을 상위에 둔 것으로 보인다. 주 대상이 경제강국이고 문명(강)국이 이를 보완하는 형식을 취하고 있다는 것이다. 북한이 강성국가 또는 경제강국 건설을 강조하면서 인민생활 향상을 등치시키고 있는 데서 추론할 수 있다. 즉, 북한은 인민생활 향상을 강성국가 건설을 위한 슬로건으로 내세우고 강성국가 및 경제강국 건설에 모두 적용하고 있다. 따라서 강성국가 건설은 경제강국 건설을 토대로 하여 문명(강)국 건설을 도모하고자 하며 이는 곧 인민생활 향상을 목적으로 한다는 추론이 가능하다.

경제강국과 문명(강)국은 각각 지식경제강국과 체육강국을 중점 부문으로 설정하고 있다. 경제강국 건설을 위한 과제로는 경제발전을, 문명(강)국 건

---

19) 강성국가 건설의 목표에는 김정일시대의 강성대국 건설에서 제기한 사상강국과 군사강국 건설 목표도 포함되는 것으로 보아야 한다. 다만 강성국가 건설은 경제 및 문화에 방점을 찍고 있다고 볼 수 있다.

〈그림 3-1〉 사회주의 강성국가 체계도

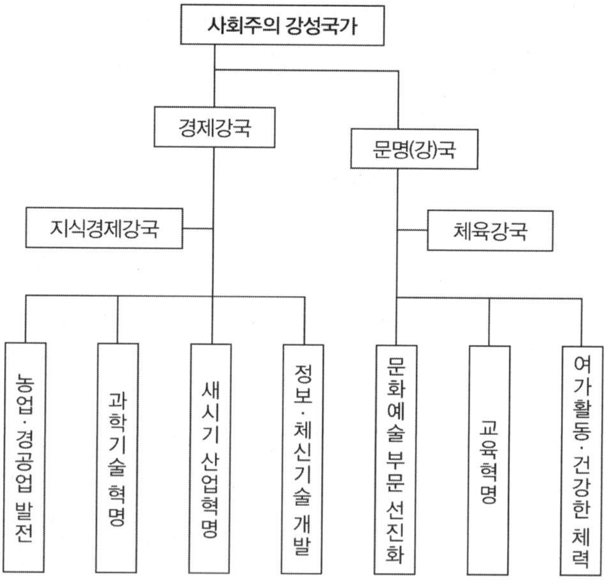

설을 위한 과제로는 문화적 선진화를 각각 제시했다. 즉, 인민생활 향상을 위한 조건으로 경제적 측면뿐 아니라 문화적 측면을 함께 고려한다.

북한이 경제강국 건설을 위한 중점 부문으로 지식경제강국 건설을 설정한 것은 낙후된 경제를 일거에 발전시키기 위해 지식·정보를 토대로 한 첨단 과학기술 개발에 주력할 계획을 추진하고 있음을 시사한다. 즉, 지식·정보를 토대로 한 첨단 과학기술을 개발해 이를 경제에 접목시켜 경제강국을 건설하겠다는 것이다. 이는 북한이 2000년대 초 개혁개방을 추진하면서 이른바 '단번도약'을 통해 낙후된 경제를 일거에 발전시키려는 계획을 추진한 것의 변형인 셈이다. 이를 위해 북한은 과학기술자들을 우대하는 정책을 과감하게 추진하는 가운데 공장의 자동화 및 무인화를 독려하고 있다. 또한 체신·통신 분야에서의 개발에도 많은 관심을 쏟고 있다.

북한은 경제강국 건설을 위한 당면 과제인 경제건설을 강조하면서 인민생활 향상과 직접적인 관계가 있는 농업과 경공업에 정책을 집중하고 있다. 이는 경제건설에서 특히 농업과 경공업 발전을 통해 주민생활 향상을 꾀하겠다는 의지를 담은 것으로 보인다. 이는 앞서 북한이 강성대국을 위한 군사강국 건설을 위해 국방공업을 중시했던 것과 비교된다. 김정은은 2013년 신년사에서 "경제건설의 성과는 인민생활에서 나타나야 한다"라며 농업과 경공업을 2013년 경제건설의 주공 전선으로 제시한 바 있다. 2013년 3월 18일 평양서 개최된 전국 경공업대회에 참석한 김정은은 다시 "경공업전선은 농업전선과 함께 현 시기 경제강국 건설과 인민생활 향상을 위한 투쟁에서 화력을 집중해야 할 주 타격 방향"이라고 말했다.

북한이 문명(강)국 건설을 사회주의 강성국가의 주된 목표의 하나로 내세운 것은 주목된다.[20] 이러한 목표 설정은 저발전된 북한 사회와 낙후된 주민생활에 대한 현실을 인정한 데서 비롯된 것으로 보이기 때문이다. 실제 이를 주요 목표로 내세운 이후 북한은 북한 사회의 후진적 제도를 개선하고 주민들의 삶의 질을 향상시키려는 일련의 조치를 취하고 있다.[21]

북한이 문명(강)국 건설의 중점 부문으로 체육강국 건설을 제시한 것은 일부 종목의 경우 국제무대에서 통할 수 있고 북한 주민들로부터도 관심을 끌 수 있는 유용한 수단이라는 점이 작용한 것 같다. 즉, 북한으로서는 체육 입국을 통해 국내외에서 북한 사회의 변화를 드러냄으로써 이미지 쇄신을 꾀

20) 김정은은 2013년 신년사에서 "우리가 건설하는 사회주의 강성국가는 전체 인민이 높은 문화지식과 건강한 체력, 고상한 도덕품성을 지니고 가장 문명한 조건과 환경에서 사회주의문화생활을 마음껏 누리며 온 사회에 아름답고 건전한 생활기풍이 차넘치는 사회주의문명국"이라고 주장했다. 또 "교육, 보건, 문학예술, 체육, 도덕을 비롯한 모든 문화분야를 선진적인 문명강국의 높이에 올려세워야 한다"라고 말했다.

21) 북한에서 문명(강)국 건설에 대한 담론이 처음 제기된 것은 2012년 1월 1일 발표된 신년공동사설에서다. 그리고 김정은이 2013년 신년사에서 되풀이했다.

하는 한편, 북한 주민들의 관심을 비정치 분야로 돌려 현실적 불만을 잠재울 수 있다는 계산을 한 것으로 추론된다. 북한은 최근 국제 경기에 선수들을 적극적으로 파견하는 가운데 북한에서도 국내 경기는 물론 국제 경기를 빈번하게 개최하고 있다. 또 체육인들의 사기 진작을 위해 포상과 함께 수시로 연회를 개최하고 있으며 전용 아파트를 건설해 체육인들에게 제공하고 있다. 별다른 오락거리가 없는 주민들을 위해 TV 방송 시간을 늘리고 주요 경기를 중계하고 있다.

북한이 문명(강)국 건설을 당면 과제로 내세운 것은 문화 부문에서의 선진화를 통해 비정상국가로 낙인찍혀 있는 북한의 국가 품격을 높이고 나아가서 주민들의 생활의 질을 높이겠다는 이중 포석으로 보인다. 두 가지 모두를 해결해야 하는 북한으로서는 이를 위해 최근 무모하리만큼 과감한 정책을 추진하고 있다. 이러한 움직임은 향후 북한 주민들의 의식 변화에도 지대한 영향을 미칠 것이다.

2) 김정은시대 북한의 국가전략: 변화를 위한 새판 짜기

(1) 북한의 국가전략 틀

북한이 2010년 9월 당 규약을 개정하면서 최종 목적에서 '공산주의사회 건설' 부분을 삭제한 것은 북한의 국가전략에서 중요한 변화라고 할 수 있다. 당면 목적에 사회주의 강성국가 건설과 함께 "전국적 범위에서 민족해방 민주주의혁명의 과업을 수행"한다는 구절이 들어 있지만 이 역시 앞서 "전국적 범위에서 민족해방과 인민민주주의 혁명과업을 완수"한다고 표현했던 데 비해 내용은 완화되었으며 무게중심도 바뀌었다. 당 규약에서 국가목표가 바뀐 것은 북한에서의 일련의 변화 양상과 밀접히 연계되어 있는 것으로서 이는 곧 북한의 국가전략을 과거와는 다르게 해석해야 할 당위성을 제공한다.

앞서 살펴본 바와 같이 북한의 국가목표인 사회주의 강성국가를 토대로 할 경우 북한의 국가전략은 발전전략에 초점이 맞추어져 있으며 그런 점에서 해석 또한 이 방향에서 이루어져야 한다. 그러나 북한이 당의 최종 목적에서 공산주의사회 건설을 삭제한 것을 미루어두고 전국적 범위에서의 민족해방 문제를 거론하고 있는 것을 중시한다면 여전히 혁명-대남전략에 관심을 둘 수 있을 것이다. 역시 북한을 어떻게 인식할 것이냐 하는 문제와 함께 드러난 상황을 어떻게 해석할 것이냐의 문제인 것이다.

현실적으로 남북이 대치하고 있고 군사적 충돌의 가능성이 상존하는 상황에서 북한의 국가전략을 발전전략 차원에서만 논하는 데는 한계가 있다. 그러나 중요한 것은 북한이 보이는 호전적·공세적 태도가 남조선혁명을 위한 혁명-대남전략인지, 체제 안전에 대한 두려움에서 비롯된 안보전략인지를 신중하게 살펴야 한다는 점이다.

남한 사회에는 여전히 북한의 태도를 혁명-대남전략 차원에서 바라보는 시각이 적지 않다. 남한 내 종북 세력이나 간첩의 존재 및 활동에 민감한 것이나 롤러코스트를 타듯 주기적으로 되풀이되는 북한의 호전적 언동에 관심을 기울이는 것은 그러한 시각을 반영한 것으로 보인다.[22] 또한 북한이 핵무기를 개발하는 것을 공세적 혁명-대남전략과 연계하는 경우도 흔하다. 그러나 호전적 언동이나 불확실성이 있더라도, 북한이 변화를 준비하고 이를 구체화하기 위해 나름 다양한 시도를 하는 것 또한 객관적 사실이라는 점을 고려해 북한의 국가전략을 살펴보아야 한다.

중국의 경우 발전 지향적인 새로운 국가목표를 세운 후 이를 위해 발전전략 차원의 국가전략을 수립해 추진해왔다.[23] 중국의 경우를 차용하면 북한

22) 일부 남한 언론은 북한이 남한을 공격하기 위해 땅굴을 파고 있다거나 생물학전을 연구한다는 등의 확인되지 않은 추측성 보도를 한다.

〈그림 3-2〉 북한의 국가전략 개념도

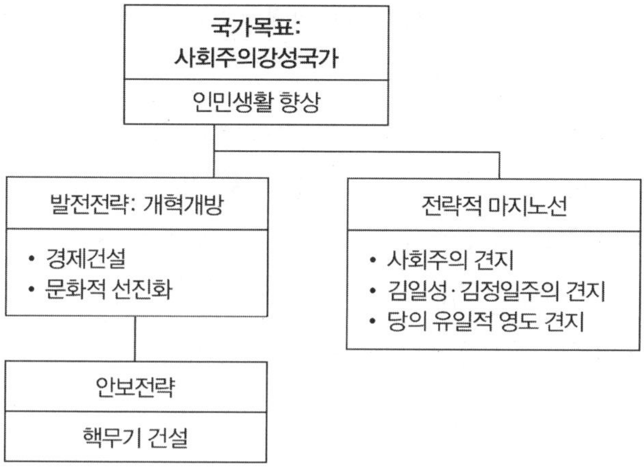

의 국가전략에서 발전전략을 핵심적인 것으로, 혁명-대남전략을 부수적인 것으로 해석하는 것이 가능할 것이다. 북한은 서해 북방한계선(NLL)과 인접한 황해남도 강령군 일대를 경제특구로 개발하기 위한 계획을 수립했다.[24] 이와 같은 동향은 호전성을 드러내는 북한의 모습과 분명히 다른 것이다.

김정은시대 들어 북한이 제시한 핵심 전략인 '경제·핵 병진노선'도 핵무기 건설을 언급함에 따라 공세적인 것으로 보이지만 방점이 경제건설에 두어져 있다는 점에서 달리 해석할 필요가 있다. 즉, 경제건설과 핵무기건설을 병진하겠다고 했지만 경제건설이 먼저이고 핵무기건설은 경제건설을 뒷받침하기 위한 것으로 해석할 수 있다. 실제 북한은 2013년 3월 병진노선을 제시하

---

23) 혹자는 중국의 경우와 북한의 경우가 다르다고 말할 것이고, 실제로도 다른 점은 많을 것이다. 하지만 북한 역시 생존을 위해 전력을 다해왔다는 점에서, 또 사회주의권이 붕괴된 이후 생존 전략을 모색하는 가운데 부단히 변화를 추구해왔다는 점에서 중국의 경우와 크게 다르지 않아 보인다.

24) 연합뉴스, 2013. 7. 18.

면서 핵보유국 지위를 재차 천명하며 핵보유국으로서 체제 안전을 보장받게 되었음을 강조했다. 체제 안전이 확보됨에 따라 경제건설에 매진하겠다는 것이다.

국가전략은 국가목표에 수렴한다. 이렇게 보면 북한의 핵심 국가전략은 경제강국 및 문명(강)국 건설을 겨냥한 발전전략에 있다. 그리고 핵보유 및 핵동력 개발을 통해 체제 안전을 확보하려는 것은 안보전략으로서의 하위 국가전략으로 해석할 수 있다. 북한 핵은 남조선혁명을 위한 혁명-대남전략 차원의 움직임과 구별해야 한다. 김정은시대 출범 이후 북한이 선군에서 선경으로 무게중심을 이동하는 것 역시 같은 맥락에서 이해할 수 있다.

(2) 국가전략을 위한 논리 변화

중국은 개혁개방 정책을 추진하며 이를 정당화하기 위해 '하나의 중심, 두 개의 기본점'을 제시하고 이를 지속적으로 견지해왔다. 아울러 이론적으로 이를 뒷받침하기 위해 모택동시기의 대과도기론을 소과도기론으로 수정하고 이른바 초급단계론을 제시했다. 이어 상품경제론 등 자본주의 시장경제를 수용하기 위한 일련의 조치를 취했다. 여기서 주목되는 것은 중국이 이른바 중국 특색적 사회주의 건설을 위해 자본주의 시장경제를 받아들이면서 취한 전략으로서 '하나의 중심과 두 개의 기본점'이다. 하나의 중심은 '경제건설'이고 두 개의 기본점은 개혁개방과 체제 유지를 위해 견지할 가치를 지칭하는 '4항 견지노선'을 말한다.[25] 하나의 중심인 경제건설은 국가전략의 핵심적 가치를 말하는 것이라면 두 개의 기본점인 개혁개방과 4항 견지노선은 이를 추동하기 위한 구체적인 방법이라고 할 수 있다. 또 개혁개방이 경

25) 중국의 4항 견지노선은 마르크스레닌주의와 마오쩌둥(毛澤東) 사상, 공산당 영도, 인민민주주의 독재, 사회주의 노선을 말한다.

제건설을 추진하기 위한 실천적 지침인 핵심 국가전략을 반영한 것이라면, 4항 견지노선은 변화에 대한 저항 세력을 다독이고 사회주의체제를 유지하기 위해 설정한 전략적 마지노선이라고 할 수 있다.

그러면 북한은 어떨까? 북한은 아직 이를 명시적으로 밝히지 않고 있다. 따라서 단언하기에는 변수가 많지만 해석 여하에 따라서는 중국의 경우와 비교할 만하다. 북한을 중국의 경우에 대입하면 하나의 중심에 해당하는 것은 사회주의 강성국가의 모토로 제시한 인민생활 향상을 들 수 있다.[26] 두 개의 기본점과 관련해서 우선 강성국가의 주된 목표인 경제강국 건설을 위한 경제건설 및 문명(강)국 건설을 위한 문화적 선진화를 들 수 있다. 그런데 경제강국과 문명(강)국 건설의 성패는 북한이 얼마나 적극적인 변화를 추진하느냐에 달려 있다는 점에서 개혁개방으로 치환할 수 있을 것이다. 현실적으로 북한이 개혁개방을 하지 않고는 경제발전과 문화적 선진화를 이룰 수 없기 때문이다. 북한은 개혁개방이라는 표현을 사용하지는 않지만 경제 관리 개선 등의 표현을 통해 사실상 개혁개방을 추진하고 있다.

사회주의체제를 견지하며 변화에 대한 저항을 누그러뜨리기 위한 전략적 마지노선과 관련, 북한은 변화의 입장을 적극적으로 추동했던 중국의 경우와 달리 선대의 노선을 이어가는 가운데 소극적으로 변화를 추진함에 따라 고도의 수사적 표현을 사용해왔다. 따라서 상당한 모호성을 보여 분명하게 정리하기 어렵다. 그동안 발표된 김정은 국방위 제1위원장의 담화 등을 중국의 4항 견지노선에 견주어보면 북한의 전략적 마지노선은 사회주의 견지,[27] 김일성-김정일주의 견지, 당의 유일적 영도 견지 등을 생각할 수 있다.

---

26) 사회주의 강성국가의 모토로 제시한 '인민생활 향상'을 북한의 '하나의 중심'으로 인정한다면, 이는 중국의 하나의 중심인 경제 건설보다 더 포괄적 의미를 담고 있는 것이다.

27) 김정은은 "자주의 길, 선군의 길, 사회주의의 길"이라며 자주·선군·사회주의를 동시에 강조하지만 그 무게중심은 사회주의에 있다.

사회주의 견지와 관련해서는 북한이 헌법에 이어 당 규약에서 최고의 이념적 가치를 공산주의가 아니라 사회주의임을 천명함으로써 분명히 했다. 김정은은 선대 수령인 김일성과 김정일의 사상을 핵심적 이데올로기로 제시한다. 즉, 북한이 견지하려는 중요한 가치의 하나가 이제는 주체사상이 아닌 김일성-김정일주의라는 것이다. 김정은시대 들어 북한이 당의 위상을 정상화하는 가운데 당을 중심으로 변화를 추구한다는 점에서 변화의 주체로서 당의 유일적 영도 또한 핵심적 가치라고 할 수 있다.

4. 맺음말

김정은시대가 시작된 이후 북한이 보인 변화 양상은 변화의 범위는 물론 내용에서도 이전과 비교할 수 없을 만큼 전향적이다. 이러한 움직임 때문에 세인은 북한의 변화 가능성에 주목해왔다. 실제로 이에 대한 다양한 형태의 보도가 뒤따르면서 성급한 관측이 쏟아지기도 했다. 하지만 다른 측면에서는 북한의 변화 움직임보다 기존의 공세적 태도를 들추어내며 본질적으로 변하지 않았음을 강조하기도 했다. 특히 2013년 말 장성택 숙청 사건이 발생하면서 이런 분위기는 더욱 팽배했다.

그러나 북한은 냉전체제가 해체된 이후 체제 안보를 위한 안보전략을 강화해왔으며 김정은시대 들어서는 적극적인 변화를 추구해왔다. 비록 변화의 몸짓과 함께 핵무장을 다그치며 전쟁 불사 발언을 내뱉지만 일정한 범위에서 변화를 보여주었다. 따라서 북한의 변화 양상에 대한 상반된 평가는 불가피한 측면이 있지만 국가목표와 국가전략의 상호 연관성에 주목하면 앞에서 살펴본 바와 같이 북한의 국가전략에서도 변화가 있음을 헤아릴 수 있다.

북한의 국가목표로서 사회주의 강성국가 건설은 주민들의 삶의 질을 향상시키는 데 중점을 두고 경제강국 및 문명(강)국 건설을 위한 경제건설과 문화적 선진화를 추진하는 데 초점을 맞추고 있다. 경제발전뿐 아니라 문화 부문에서의 발전을 동시에 추진함으로써 인민생활 향상이 단순히 경제적 문제를 해결하는 데 국한하는 것이 아님을 천명한 것이다. 이는 기존의 관행과 접근 방식을 뛰어 넘는 새로운 형태의 발전전략을 통해서만 가능하다.

그런 점에서 북한의 새로운 국가전략은 사실상 개혁개방을 핵심적 내용으로 하는 발전전략을 상위전략으로 하고 있는 것으로 해석할 수 있다. 북한이 용어 사용을 달리하고 있지만 그 내용은 곧 개혁개방을 의미한다는 것이다. 이러한 변화 속에서 북한은 변화를 추동하는 데 따른 부작용을 최소화하고 변화에 대한 저항을 차단하기 위한 전략적 마지노선으로 사회주의, 김일성-김정일주의, 조선로동당 영도 등을 견지할 것으로 관측된다. 이는 내용적으로 중국이 경제발전을 꾀하기 위해 '한 개의 중심, 두 개의 기본점'을 제시한 것과 비교된다.

김정은시대 북한의 변화 양상을 이와 같이 전략적 변화의 측면에서 해석하고 이해하는 것은 최근의 움직임이 이전과 확연히 다른 특징을 보이기 때문이다. 첫째, 김정은이 최고지도자로 등장하면서 진두에서 변화를 이끌고 있다(변화 주체). 둘째, 북한이 처한 현실을 인정하는 바탕 위에서 변화를 추진하고 있다(변화 배경). 셋째, 민심을 의식하며 주민들의 마음을 얻는 데 관심을 기울이며 주민 친화적인 정책을 추진하고 주민위무정책을 펴는 것은 다분히 주민들의 의식 변화를 염두에 둔 새로운 접근이다(변화 내용). 넷째, 경제개혁과 함께 규범적 제도적 측면을 포함한 여러 부문에서 새로운 조치들이 제시되고 있다(변화 내용).

북한은 그동안 명분과 현실, 통일과 평화, 민족과 국제의 갈래에서 명분 통일 민족을 전면에 내세우며 그들의 전략 목표를 세워왔다. 즉, 마르크스레닌주의 또는 주체사상이라는 이념을 좇아 현실보다 명분을 앞세우고, 하나의 조선임을 주장하며 무력 통일마저 불사하겠다고 나섰으며, '우리 민족끼리'를 외치며 국제 사회의 일반 논리보다 민족의 가치를 크게 평가했다.

그러나 국제 정세의 변화 속에서 북한은 체제 안전을 위협받는 상황을 맞았고 이에 따라 인식이 바뀌었다.[28] 이는 1990년대 이후의 국제 환경의 변화에 따른 북한의 태도 변화를 통해 가늠할 수 있다. 즉, 현실을 직시하면서 체제 안전을 위해 혁명이라는 명분보다는 평화를 내세우고, 통일은 미래의 문제로 제쳐놓고 공존을 우선시했으며, 민족 대신 국제 사회로부터 체제를 보장받고자 노력해왔다. 이렇게 보면 북한 핵은 체제 안전을 위협받는 상황에서 평화를 담보로 국제 사회에 말을 거는 수단으로 평가할 수 있다. 또 여전히 민족과 통일을 강조하는 것은 북한체제의 기존 논리를 정당화하기 위한 필요를 반영한 것으로 해석할 수 있다.

28) 1990년대 이후 북한은 명분보다 현실을 중시하는 가운데 대남 및 대외 정책에서 이를 구체적으로 드러내곤 했다. 김형기, 『남북관계변천사』(연세대학교출판부, 2010), 410쪽.

참고문헌

1. 국내 문헌

곽승지. 2003. 「안보전략」. 정성장 외. 『북한의 국가전략』. 한울.

_____. 2009. 「개혁·개방 관련 '북한적 현상'에 대한 이해」. 현대북한연구회 엮음. 『김정일의 북한, 어디로 가는가?』. 한울.

김형기. 2010. 『남북관계변천사』. 연세대학교출판부.

노재현·홍지인. 2014. "평양서 23층 아파트 공사장 붕괴 …… '상당한 인명 피해'". 연합뉴스, 2014. 5. 18.

요제프 스탈린(Joseph Stalin). 1990. 『레닌주의의 기초·레닌주의의 제문제』. 윤시인 옮김. 두레.

이영재. 2013. 8. 31. "북, 한반도평화 '통큰 해법' 구상". 연합뉴스.

전미영. 2013. 「김정일시대의 정치언어: 상징과 담론을 통해 본 김정은의 정치」. ≪북한연구학회보≫, 제17권 제1호(여름).

정성장 외. 2003. 『북한의 국가전략』. 한울.

연합뉴스. 2013년 7월 18일 자.

≪중앙일보≫. 2013년 10월 2일 자.

2. 북한 문헌

≪로동신문≫. 2000. 7. 4. "과학중시사상을 틀어쥐고 강성대국을 건설하자".

_____. 2001. 1. 9. 정론.

_____. 2014년 8월 7일 자; 2014년 9월 4일 자.

≪조선신보≫, 2013년 8월 31일 자.

제2부

3대 세습과 권력의 향배

제4장

김정은 권력승계 과정과 과도기 권력구조* _ 장성택 숙청 이전을 중심으로

이기동 | 국가안보전략연구원 책임연구위원

1. 머리말

북한은 2013년 3월 31일 당중앙위원회 전원회의를 개최하고 '경제·핵 병진노선'을 새로운 혁명노선으로 채택했다. 이를 두고 1990년대 후반 선군시대가 개막되면서 줄곧 견지해온 국방공업 우선발전 노선으로부터 탈피한 경제건설에 방점을 둔 노선이라는 평가와 이름만 바뀌었을 뿐 기존 노선과 다름없다는 평가가 엇갈리고 있다. 이처럼 평가에 차이가 있는데도 병진노선의 성공 가능성에 대해서는 대체로 부정적인 평가가 지배적이다. 경제건설

* 이 글은 이기동, 「김정은 권력승계 과정과 권력구조」, ≪북한연구학회보≫, 12월호(2012)와 이기동, 「김정은체제의 권력구조와 향후 전망」, ≪KDI 북한경제리뷰≫, 10월호(2013)를 재구성한 것이다.

과 핵무력 건설에 자원을 분산시킬 여력이 없고, 핵무력 건설을 유지하는 가운데 외부로부터 경제발전을 위한 자원을 유입하기 쉽지 않기 때문이다. 북한도 병진노선 수행이 쉽지 않은 길이라는 점을 인정한다.[1)]

이와 같이 경제건설 및 인민생활 향상에만 주력해도 성공을 장담할 수 없는 조건하에서 북한이 병진노선을 채택한 배경은 무엇일까? 필자는 김정은체제의 국내 정치적 상황에 착목하면서 주어진 권력구조에서 그 해답을 찾아보고자 한다. 북한의 새로운 지도자 김정은은 선군혁명영도와 선군사상의 계승자로서의 정당성을 확보해야 하는 '경로 의존적(path-dependent)' 제약과 동시에 새로운 시대의 개막과 더불어 인민들에게 경제발전과 인민생활 향상이라는 희망을 부여해야 하는 '경로 규정적(path-shaping)' 제약하에서 양자를 모두 고려한 병행전략을 선택했다는 해석이다.

그리고 이와 같이 경제와 선군을 병행해야 하는 조건이 권력구조의 형성에 반영되었고, 그러한 구조적 제약의 결과 병진노선이 등장했다는 것이 필자의 주장이다. 따라서 이 글은 김정은체제의 전략과 노선, 그리고 정책을 제대로 파악하고 이해하기 위해서는 권력구조에 대한 연구가 선행되어야 한다는 관점에서 착안되었다.

---

1) "핵무력 건설과 함께 경제건설을 동시에 밀고 나가는 것은 간단치 않지만 신심이 확고한 투쟁이다," ≪로동신문≫, 2013년 4월 5일 자.

2. 김정은의 권력승계 과정

1) 후계자 유일지도체계 단계: 당중앙군사위원회 중심

김정은 후계자 유일지도체계 또는 후계자 유일관리제의 시기는 2009년 1월 8일 김정일이 리제강 조선로동당 중앙위원회 조직지도부 제1부부장에게 김정은 후계자 지명을 지시·하달한 시점부터 김정일이 사망한 2011년 12월 17일까지의 시점이다. 이는 수령이 존재하는 가운데 후계자가 수령의 사상과 영도를 받들어 당·정·군의 주요 사업을 관장하는 시기를 말한다. 흔히 이 시기를 수령과 후계자의 공동(2중)정권기라고도 한다.[2] 포스트 김일성 후계체제 구축 과정의 경우 1974년 조선로동당 중앙위원회 5기 제8차 전원회의에서 김정일이 후계자로 비공식 지명된 직후부터 1994년 7월 8일 김일성이 사망한 시점까지 약 20년의 기간에 걸쳐 후계자 유일지도체계가 가동되었다. 김정일은 이러한 장기간에 걸친 후계자 유일지도체계 가동을 통해 일반적인 예상과 달리 김일성 사후 김정일 유일영도체계가 빠르게 확립될 수 있었다. 이와 비교해서, 김정은의 경우 불과 3년 남짓한 후계자 유일지도체계를 거침에 따라 그것이 김정은체제 조기 안착의 최대 불안정 요인으로 지적되어왔다.

김정은 후계자 유일지도체계 기간에 나타난 주요 특징은 다음과 같다. 첫째, 김정은의 후계자 지명 사실을 기정사실화하는 가운데 후계자의 자질과 품성을 내부적으로 선전했다. 김정은은 후계자로 지명된 이후 김정일의 현지지도를 본격적으로 수행했고, 현지지도 단위에서는 김정은의 현지지도를

2) 황장엽이 최초로 사용했으며 그는 1974~1985년을 김일성-김정일 2중정권기, 1986~1994년을 김정일-김일성 2중정권기로 설정했다. 황장엽, 『어둠의 편이 된 햇볕은 어둠을 밝힐 수 없다』(월간조선사, 2001), 89쪽.

기념하기 시작했다.[3] 그와 동시에 북한은 김정은에 관한 기록영화를 제작해 선군사상과 선군혁명영도의 계승자로서의 자질과 면모를 선전했다.[4] 이외에도 북한은 2009년 5월경부터 김정은을 선전하는 「발걸음」이라는 노래를 제작해 전국적으로 보급하고, 식량배급소 주변에 '수령복, 장군복, 대장복'이라는 표어를 부착했다.

둘째, 김정은 후계자 유일지도체계 기간 동안 북한은 제도적 정비를 단행해 김정은시대의 공식 출범에 대비했다. 우선 북한은 2009년 4월 9일 최고인민회의 12기 제1차 회의를 개최하여 국방위원장의 권능을 강화하는 방향으로 헌법을 개정(수정·보충)했다. 동 헌법은 국방위원장 조항을 신설하여 국방위원장을 조선민주주의인민공화국의 '최고령도자'로 명시하고, 국방위원장이 '전반적 무력의 최고사령관'이며 '국가의 일체 무력을 지휘통솔'하도록 규정했다. 그리고 2010년 9월 28일 개최된 제3차 조선로동당 대표자회에서는 조선로동당 중앙군사위원회 부위원장직을 신설하고, 김정은에게 부여해 후계자 유일관리제 시행을 제도적으로 뒷받침했다. 이는 당중앙군사위원회가 당과 군을 동시에 아우를 수 있는 조직의 성격을 갖는다는 점을 활용해 후계자 유일관리제 시행을 용이하게 하려는 김정일의 구상이었던 것으로 분석되

---

3) 원산농업대학 입구 느티나무 옆에는 '청년대장 김정은동지께서 보아주신 느티나무, 주체98(2009)년 4월 26일'이라는 문구가 새겨진 기념비석이 세워져 있으며, 온실 입구에 걸린 현판에도 '존경하는 김정은 동지께서 다녀가신 선물 온실, 주체 98년(2009)년 4월 26일'이라고 적혀 있다. 민족21 특별취재팀, 「김정은체제 2010년 당 대표자회때 사실상 확립됐다」, ≪민족21≫, 2월호(2012), 18쪽.

4) 북한이 2012년 1월 8일 조선중앙텔레비전을 통해 공개한 기록영화 〈백두의 선군혁명 위업을 계승하시어〉를 보면 2010년 1월 김정은이 근위서울 류경수 제105 탱크사단을 방문해 직접 탱크를 운전하여 포사격을 실시했다는 내용이 나오고, 2009년 4월 5일 장거리미사일 발사 지휘관제소를 방문해 '광명성 2호 위성' 발사 장면을 참관하는 모습이 나오며, 김정은이 김일성군사종합대학 재학 시절 매일 3~4시간만 자면서 공부했다는 내용이 등장한다.

었다.[5] 이른바 '당중앙군사위원회를 중심으로 한 후계자 유일지도체계'를 확립하고자 한 것이다. 또한 제3차 조선로동당 대표자회에서는 1980년 6차 당대회 이후 30년 만에 당 규약을 개정하여 당 총비서가 당중앙군사위원장직을 당연 겸직하도록 하고 당 대표자회의 권능을 강화하여 신속한 권력승계를 보장하도록 조치했다.

셋째, 김정은 유일지도체계 기간 동안 북한은 후계자 유일관리제를 시행하고 김정은 유일영도체계를 확립하기 위한 후견그룹을 형성하는 등 인적 정비를 단행했다. 북한은 2009년 2월 김영춘 국방위원회 부위원장의 인민무력부장 보임, 리영호 평양방어사령관의 총참모장 기용, 그리고 오극렬 조선로동당 작전부장의 국방위원회 부위원장 임명에 이어, 2009년 4월 개최된 최고인민회의 12기 제1차 회의에서 국방위원회를 대폭 보강했다. 부위원장을 2명에서 3명으로 늘리고 국방위원을 4명에서 8명으로 증원했다.[6] 이때 당료출신 장성택 당 행정부장이 국방위원으로 진출하였고, 그는 2010년 6월 개최된 최고인민회의 제12기 제3차 회의에서 국방위원회 부위원장으로 승진함에 따라 핵심 후견자임이 확인되었다. 그리고 2011년 4월 7일 개최된 최고인민회의 제12기 제4차 회의에서는 리명수 국방위원회 행정국장을 주상성을 대신해 인민보안부장에 임명하고, 군수산업을 전담해온 고령의 전병호 국방위원을 해임하고 후임에 박도춘 당 비서를 보임했다. 무엇보다 주목할 만한 인사 조치는 2010년 9월 개최된 3차 당 대표자회의 중간에 개최된 것으로 보이는 '9월 전원회의'의 인사결과다. 동 회의에서 리영호 총참모장은 당 정치국 상무위원, 김정은과 함께 당중앙군사위원회 부위원장직에 임명되어

---

5) 이기동, 「제3차 노동당 대표자회 이후 북한 권력구조 확립의 쟁점 및 과제」, ≪한국과 국제정치≫, 제26권 제4호(2010년 겨울호), 222쪽.

6) 장성택 당 행정부장과 함께 주상성 인민보안상, 우동측 국가안전보위부 제1부부장, 김정각 총정치국 제1부국장이 새로 국방위원에 보임되었다.

공식지위상 최고실세의 일인으로 전격 부상했다. 그리고 최룡해는 당 정치국 위원, 비서국 비서, 중앙군사위원회 위원직에 임명되어 당의 3대 핵심기구의 직책을 모두 차지하여 '떠오르는 실세'로서의 세를 과시했다. 반면, 최고실세로 알려진 장성택 당 행정부장이 정치국 후보위원에 그침에 따라 김정일의 '견제와 균형의 권력구조' 구상이 가시화되었다. 한편, 김정은 유일지도체계 확립 기간 동안 후견그룹이 조직되는 가운데 어떤 연유든 핵심권력엘리트들이 권력구조에서 퇴장하는 현상도 보였다. 대표적으로 당 조직지도부 제1부부장 이용철(2010. 4.)·리제강(2010. 6.), 국가안전보위부 부부장(2011. 1.), 인민무력부장 김일철(2010. 5.), 박남기 당 계획재정부장(2010. 3.), 인민보안부장 주상성(2011. 3.), 당 비서 홍석형(2011. 6.) 등이다.[7]

2) 후계자 유일영도체계 단계: 최고사령관 중심

김정은 후계자 유일영도체계의 시기는 2011년 12월 17일 김정일 사망 직후부터 2012년 4월 13일 조선로동당 제4차 당 대표자회에서 김정은이 조선로동당 제1비서직을 승계함으로써 김정은이 제도적·공식적으로 권력승계를 완료하는 시점까지다. 후계자가 수령이 부재하는 가운데 수령의 사상과 영도를 받들어 당·정·군의 주요 사업과 인사를 관장하되 수령의 3대 영도체계 — 총비서직 중심의 당 영도체계, 국방위원장 중심의 국가 영도체계, 최고사령관 중심의 군 영도체계 — 를 공식 승계하지 않은 단계를 말한다. 따라서 이 시기를 유훈통치기로 규정할 수 있다. 포스트김일성 후계체제 구축 과정의 경우 1994년 7월 8일 김일성이 사망한 직후부터 김정일이 1997년 조선로동당 총

---

7) 이와 관련해서는 한기범, 「김정은체제의 새로운 권력 구도의 특징 평가」, 『국가안보전략연구소 학술회의 발표자료집』(2012. 10. 4.), 13쪽 참조.

비서 승계 또는 1998년 국방위원장 추대 시점까지 약 3~4년에 걸쳐 후계자 유일영도체계가 가동되었다. 김정일은 이 기간 동안 김일성의 유훈통치를 적극 활용하여 '고난의 행군'으로 상징되는 정치적 위기를 극복하고 자신의 권력을 실질적으로 강화했다.

후계자 유일영도체계의 단계는 후계자 유일지도체계에서 수령 유일영도체계로 이행하는 과도기로서 권력승계 과정에서 가장 불안정한 시기이자 권력 공백과 누수를 방지하는 데 가장 중요한 시기이기도 하다. 이런 맥락에서 필자는 이 시기를 국가의 주요 기간시설에 설비된 '비상전력가동시스템'에 비유한다. 포스트 김일성 후계체제 구축 과정에서는 20년이라는 후계자 유일지도체계의 확립 덕분에 수령의 부재로 인한 비상의 정도가 크지 않았다. 반면, 후계자 유일지도체계의 기간이 단축적·압축적이었던 포스트 김정일 후계체제 구축 과정에서는 비상의 정도가 클 것으로 예상되었던 단계이기도 하다. 그러나 북한은 불과 4개월 만에 후계자 유일영도체계의 단계를 신속하게 종료하고, 외견상 수령 유일영도체계의 단계에 성공적으로 진입했다.

그것이 성공할 수 있었던 요인은 다음과 같다. 첫째, 후계자 유일지도체계의 기간은 단기적이었으나 수령이 주도적으로 후계시대를 준비하고 예상되는 장애물을 제거했다. 앞서 설명한 바와 같이 김정일은 2008년 와병 이후 김정은 후계체제 구축을 본격화했다. 자신의 후계체제 구축 과정에서 획득한 경험과 그것을 토대로 만들어놓은 후계자론이 단축적·압축적인 후계체제 구축에 주효했던 것으로 판단된다. 둘째, 북한 지도부는 김정일의 '현지지도 강행군에 따른 사망'을 인민에 대한 헌신성으로 발현시키고 이를 김정은에 대한 북한 주민과 권력엘리트의 충성심으로 승화시킬 수 있었다. 이를 계기로 북한 지도부는 김정일의 '10·8 유훈'을 권위 있게 작동시킬 수 있었던 것이다. 셋째, 북한 지도부는 이미 예정되어 있던 2012년 4월 15일 김일성 출생 100주년 행사를 김정일의 미완의 과제로 설정하고, 이를 주민을 독려할 수 있는 목표 기제로 활용할 수 있었다. 북한은 김정일 사망 이후 강성국가 건설 목표 달성을 더욱 강력한 논조로 부각시켰다. 이러한 내적 필요성을 충족시키기 위해 북한은 국제 사회의 적극적 반대와 만류가 있었음에도 내부의 필요성 때문에 2012년 4월 13일 '광명성 3-1호' 발사를 강행했다.[8)]

이 단계의 특징은 다음과 같다. 첫째, 김정일의 유훈관철과 김정은 유일영도체계 수립을 결부시키는 선전 작업에 박차를 가했다. 북한 매체들은 김정일 사망 직후 김정일의 '현지지도 강행군 중 헌신적 사망'을 강조하다가 점차 김정은에게 충성하는 길이 이에 보답하는 길이라는 논조를 전개했다.[9)] 특히 김정은에게로의 맹목적 충성을 강요하기보다는 김정은이 누구보다도 김정일에 대한 충성심이 높았다는 점을 강조해 김정은의 후계자로서의 품성을 부각시키는 논조 기법도 활용했다.[10)] 또한 이 시기에 북한 매체들은 '위대한 령도자,' '위대한 계승자,' '당중앙위원회 수반' 등과 같이 김정은의 후계자 유일영도체계를 기정사실화하는 표현들을 대거 토해냈다.

둘째, 김정은은 수령의 3대 영도체계 중 군 영도체계로서의 최고사령관직을 제일 먼저 승계했다. 여기에는 다음의 두 가지 이유가 작용한 것으로 보인다. 우선, 불안정한 후계자 유일영도체계하에서 군을 장악하는 것이 급선무였을 것이다. 다음으로 선군혁명영도의 계승자로서 선군원리에 부합하기 위해서다. 김일성의 군 창건(1932년)에 의한 당(1945년)과 국가(1948년)의

---

8) 북한 매체들은 '광명성 3호' 발사 시점을 발표한 이후부터 '최첨단 과학기술의 결정체' '순수 자체의 기술로 제작' 등 북한 주민들의 사기를 진작하고 자부심을 고무하는 어조들을 적극적으로 표현했다.

9) 김정일 사망 사실이 공식 발표된 직후 나온 정론 "영원한 우리의 김정일동지"(≪로동신문≫, 2011년 12월 20일 자)에서는 김정은에 대한 언급이 전혀 없다가 사설, "위대한 김정일동지는 우리 군대와 인민의 심장속에 영생하실 것이다"(≪로동신문≫, 2011년 12월 22일 자)에서 '김정은동지의 영도'라는 표현을 사용하기 시작했다.

10) "(정론) 위대한 눈보라 한생", ≪로동신문≫, 2011년 12월 22일 자.

수립, 김정일의 최고사령관직 최우선 승계(1991년)와 선군정치 창시라는 혁명적 전통에 구애받을 수밖에 없었을 것이다. 이런 두 가지 측면에서 김정은은 2012년 1월 1일부터 4월 15일까지 군사 부문에 대한 현지지도를 월등히 많이 수행한 것으로 분석된다.[11] 또한 김정은은 2012년 2월 15일 '군사칭호를 올릴데 대한 최고사령관 명령(3호)'을 하달했다.[12]

3) 수령 유일영도체계 단계: 당중앙위원회 중심

수령 유일영도체계의 시기는 김정은이 제4차 당 대표자회(2012. 4. 11.)에서 조선로동당 제1비서직에 올라 당중앙군사위원장직을 당연 겸직하고, 최고인민회의 제12기 제5차 회의(2012. 4. 13.)에서 국방위원회 제1위원장직에 추대된 시점에서 출발하여 현재 진행 중이다. 김정은이 수령이 부재한 가운데 수령의 3대 영도체계를 제도적으로 승계하여 권력승계를 제도적으로 완료한 이후의 시기를 말한다. 이 시기에 후대 수령은 전대 수령들의 사상과 영도를 계승하여 당·정·군의 주요 사업과 인사를 관장하되 변화된 현실과 정세에 맞춰 자신의 체계를 확립해나가는 단계이기도 하다. 따라서 이 시기를 후대수령의 독자체계 확립기로 규정할 수 있다. 여기서 독자성이란 후계자의 '혁명위업 계승·발전' 임무 중 양자택일이 아닌 계승성을 유지하되 발전성을 모색하고 개발하는 것을 의미한다. 예컨대 김정일이 김일성의 주체혁명위업을 계승하면서 이를 선군혁명위업으로 발전시키고, 1998년 헌법 개정

11) 조선중앙통신에 게시된 김정은의 공식 활동을 보면 군 시찰과 군 관련 활동이 19건, 경제 활동이 2건, 기타 활동이 10건으로 나타나 있다.

12) 명령에서 박도춘, 김영철에게 대장의 군사 칭호를, 주규창, 백세봉, 김송철에게 상장의 군사 칭호를, 김여식, 현순학을 비롯한 18명에게 중장의 군사 칭호를 부여했다. 조선중앙통신, 2012. 2. 15.

을 통해 '중앙인민위원회 중심의 국가영도체계'를 폐지하고, '국방위원회를 중추로 하는 국가영도체계'를 새로 만든 것과 같은 이치다. 그리고 후계자 유일영도체계 단계에서 '나에게서 0.001mm의 변화도 기대하지 말라'던 김정일이 수령 유일영도체계에 와서 '주어진 정세와 변화된 환경에 맞게 새로운 ○○○' 또는 '현실 발전의 요구에 맞게'라는 표현을 자주 제기했던 것과 유사한 맥락으로 이해하면 된다.

이 단계에서 현재까지 진행된 전개 과정의 특징은 다음과 같다. 첫째, 북한은 제4차 당 대표자회와 최고인민회의 제12기 제5차 회의에서 각각 김정일을 '영원한 총비서'와 '영원한 국방위원장'으로 추대했다. 이는 전대 수령의 혁명역사화가 아닌 '수령 영생론'에 입각한 현재화를 추구한 것으로서 사자(死者)와의 공동 정권을 수립한 것으로 볼 수 있다. 압축적이고 단축적으로 추진할 수밖에 없었던 후계자 유일지도체계와 후계자 유일영도체계의 한계와 문제점을 보완하여 이것을 김정은의 수령 유일영도체계를 안정적으로 조기에 확립하는 데 활용하려는 의도로 풀이된다.[13]

둘째, 북한은 김정은의 인격적 리더십의 한계를 보완하는 차원에서 친민적 이미지 연출에 몰두하고 있다. 대표적 사례로는 군부대 현지지도 시 군인들과의 '팔짱끼기' 행보, 만경대 유희장 현지지도 시 '잡풀 뽑기' 행보, 소년절 기념 전국규모의 소년단대표 평양 초청, 다양한 위락시설 개보수 및 신설 등을 꼽을 수 있다. 그리고 이러한 친민적 행보는 약관의 나이를 보완하고 어버이 수령으로서의 이미지와 권위를 연출하는 행보와 연동되어 시현되고 있다. 부인 리설주의 전격 공개가 대표적이다.

셋째, 시기상조적 예단일 수 있으나, 김정은의 통치스타일에서 김정일과

13) 이기동, 「북한유일영도체계의 이행 가능성에 관한 시론적 연구」, ≪한국과 국제정치≫, 제28권 제2호(2012년 여름), 60쪽.

그것과 달리 상대적으로 공개성과 절차준수성이 증가하고 있다. 이는 대내외적으로 정상국가의 이미지를 부각시키는 한편, 김정은체제의 안정성을 과시하려는 의도로 해석된다. 부인 리설주의 공식석상 등장 및 현지지도 동행, 리영호 해임을 비롯한 간부의 해임과 교체 사실 신속히 공개, 정치국회의 개최 사실 공개, 정치국회의를 통한 리영호 해임, 그리고 최고인민회의 연간 2회 개최 등이 대표적 사례다.

넷째, 인민경제 향상을 위한 경제발전 의지와 이를 달성하기 위한 노선이 더욱 구체화되고 있는 추세다. 우선 김정은은 "우리인민이 다시는 허리띠를 조이지 않게 하며 사회주의부귀영화를 마음껏 누리게 하자는 것이 우리 당의 확고한 결심"이라고 공언했다.[14] 기실 '허리띠 졸라매기'는 선군노선의 주요 담론 중 하나였다. 제국주의의 제재와 압박 속에서 자주권을 지키기 위해서는 국방경제우선노선이 선행되어야 하고 이를 위해서는 인민들의 자력갱생에 기초한 허리띠 졸라매기가 불가피하다는 것이 선군시대의 지배적 논리이자 원칙이었다. 이런 측면에서 김정은의 상기 발언은 탈(脫)선군의 함축적 의미로 해석할 여지도 있다. 다시 말해 선군사상은 계승하되 정치 방식은 선군정치에서 선당정치 또는 선경정치로 전환하는 것이다. 실제로 북한은 농업과 경공업의 생산성을 증대시키기 위한 새로운 경제관리개선조치로 이른바 '우리식 경제 관리방법(6·28방침)'을 시범 운용 중인 것으로 알려져 있다.[15] 또한 김정은은 경제에서 내각책임제를 강화할 것을 교시화했다.[16] 그

14) 김정은, "김일성 주석 탄생 100돐 경축 열병식 연설", 조선중앙통신, 2012. 4. 15.

15) 김정은은 2012년 6월 28일 당중앙위원회 책임일꾼들과 한 담화 "우리식의 새로운 경제관리체계를 확립할 데 대하여"를 발표한 것으로 알려졌으나, 구체적인 내용은 아직 밝혀지지 않고 있다.

16) 북한은 김정은의 4·6 로작 「위대한 김정일동지를 우리 당의 영원한 총비서로 높이 모시고 주체혁명위업을 빛나게 완성해 나가자」에서 "모든 부문, 모든 단위들에서는 당

리고 군대의 외화벌이사업을 내각으로 이관하는 조치를 전격적으로 단행했다. 아울러 북한은 라진·선봉 경제특구와 황금평 경제특구 개발사업을 촉진하기 위해 장성택 국방위원회 부위원장을 단장으로 하는 대규모 대표단을 베이징에 파견했다. 또한 고위급 경제대표단을 동남아 국가에 보내 자본주의 경제학습을 위한 현장학습을 진행하고 있다. 이와 같이 김정은의 인민생활 향상과 경제발전을 위한 의지는 확실해 보인다. 그러나 이러한 현상을 두고 김정은이 선군노선에서 선경노선 또는 선민노선으로 선회에 했다고 판단하는 것은 시기상조다. 아직까지는 체제 유지와 안전을 담보하는 선군노선이 뒷받침되지 않는 경제발전노선을 기대하기 어렵기 때문이다. 김정은시대에 들어와서도 북한은 여전히 "일심단결과 불패의 군력에 새세기 산업혁명을 더하면 그것이 곧 사회주의 강성대국"이라고 하여 선경노선이 주체노선과 선군노선의 종속개념임을 분명히 하고 있다.[17] 마지막으로 권력구조와 관련한 내용은 다음 장에서 구체적으로 살펴보기로 한다.

3. 과도기 권력구조의 변화 과정

1) 권력구조의 동태적 분석을 위한 권력엘리트 분류

권력구조란 권력체계를 구성하는 하위 요소 간 관계의 유형이다. 권력구조를 행위자적 관점에서 접근하면 권력체계를 구성하는 하위 요소들은 권력

의 경제정책관철에서 내각의 결정, 지시를 어김없이 집행할 것"과 "내각책임제, 내각중심제를 강화하는 데 지장을 주는 현상들과의 투쟁"을 교시화했다.

17) 김정은, 「김일성 주석 탄생 100돐 경축 열병식 연설」.

엘리트들이고, 권력구조는 권력엘리트 간 관계의 유형으로 정의할 수 있다. 그리고 이를 북한의 수령유일권력체계에 적용하면 권력구조는 수령(최고지도자)과 권력엘리트 간, 권력엘리트와 권력엘리트 간 관계 유형으로 재정의할 수 있다. 따라서 북한의 권력구조를 이해하고 분석하는 데 권력엘리트를 어떻게 분류하는가에 따라 분석을 위한 접근 방법(정태적 접근과 동태적 접근)이 달라질 수 있다.

기존의 권력엘리트 분류 방식은 당·정·군 엘리트로 기계적으로 구분하여 권력구조를 동태적으로 파악하는 데 한계가 있다. 특히, 당과 군의 엘리트를 식별하는 데 문제가 발생한다. 우선, 인민군 총정치국은 군대 내 당 조직이지만 간부들이 군 정체성과 당 정체성으로 이원화되어 있어 통합적으로 분류하기가 모호하다.[18] 다음으로 '대장 계급장을 부착한 군복을 입고 나타난 국방위원회 부위원장 겸 당 행정부장 장성택'을 당 엘리트로 분류할지 군 엘리트로 분류할지도 불분명하다. 이런 현상은 2000년대 초반 북한이 당군일체화사업을 본격 추진하여 고위 당 간부들에게 군사 칭호를 부여하면서 분류와 획정이 어려워졌다. 끝으로, 군부를 구군부와 신군부로 나눌 경우 그 획정선이 무엇이며, 신군부로 분류되는 리영호 해임을 신군부에 대한 당의 반격으로 설명할 경우 같은 신군부로 분류되는 김영철 정찰국장의 건재를 설명하기 쉽지 않다.

따라서 이 글은 북한의 권력구조를 동태적으로 접근·분석하기 위해 왕조국가의 엘리트 분류법을 도입하고자 한다. 이를 위해 필자는 북한의 수령유일영도체계를 유사 왕조국가로 전제한다.[19] 특히, 적절한 엘리트 분류 방식

18) 최주활 전 북한군 상좌 증언, 2004년 8월 20일.

19) 북한체제를 유사 왕조 국가 차원에서 접근한 연구로는 박형중, 『북한의 개혁·개방과 체제 전환』(해남, 2004)을 참조. 박형중은 북한체제를 '왕권적 전체주의'로 규정하고 그 특징들로 ① 공과 사가 혼합된 권력의 족벌화 경향, ② 최고 권력의 친족 승계 경

으로는 엘리트 충원 시 군왕(수령)과의 관계를 고려한 분류 방식을 따르기로 한다. 이 분류 방식은 완전하지는 않지만 북한의 권력구조의 동태적 파악에 적절해 보인다.

이러한 분류법에 따르면 조선 왕조의 권력엘리트는 세 가지 부류로 대별할 수 있다.[20] 첫째는 공신세력 또는 훈구세력으로 개국공신과 그 후손들이 여기에 속한다. 둘째는 척신세력으로 군왕의 3족 출신들이 이에 해당한다. 셋째는 사신세력으로 등과나 천거에 의해 등용된 인물들로 구성된 세력이다. 이를 북한의 엘리트 분류에 적용하면, 공신세력은 빨치산 1세대와 그 후손들이며 대표적인 인물로는 최룡해를 식별할 수 있다. 척신세력은 김정은의 3족 친·인척들이며 대표적인 인물로는 고모 김경희, 고모부 장성택, 처 리설주, 계모 김옥, 친형 김정철 등이 해당된다. 사신세력은 공신세력과 척신세력을 제외한 인물들 중에서 김일성종합대학 등을 졸업하고 당과 국가기관에 소속되어 정상적 승진 절차를 거친 테크노크라트들이 여기에 해당된다고 할 수 있다. 그러나 사신세력은 북한의 권력구조에서 차지하는 그들의 위상을 고려할 때 주요 행위자에서 배제하고자 한다. 그리고 공신세력과 척신세력은 군왕과의 사적인 연고가 환로(宦路) 접근의 주된 계기가 되고, 공식적 지배 수단보다는 비공식적 지배 수단을 중시하며, 실리보다는 이념을 중시하는 가치 추구 성향을 보이는 공통점을 갖고 있다. 따라서 양자를 결합하여 훈척세력으로 호칭한다. 실제로 조선조의 역사는 공신세력과 척신세력이 연

향이 존재, ③ 국가 공직 복무와 통치자에 대한 개인적 봉사 간에 구별이 부재, ④ 합리적이고 비인물적인 이데올로기의 부재, ⑤ 사회정치적 성공은 통치자와의 인적 관계에 의해서 결정, ⑥ 통치자는 상위의 일반 목적에 구애됨이 없이 자의적으로 제한받지 않고 행동하는 것을 들고 있다.

20) 강광식, 「붕당정치와 조선조 유교정치체제의 지배구조 변동 양상」, *OUGHTOPIA: The Journal of Social Paradigm Studies*, 제24권 제1호(2009), 112~113쪽.

대·제휴한 훈척세력이 지배 연합을 주도하는 양상을 자주 시현했다.[21]

2) 과도기 권력구조의 변화 과정

(1) 김정일의 구상: 견제와 균형의 권력구조 확립

김정일은 2008년 와병에서 재기한 이후 후계체제 구축 작업을 본격화하기 시작했다. 김정일은 후계체제의 안정을 위해 최고지도자와 권력엘리트 간의 비대칭적 권력구조(최고지도자의 압도적 우월성)와 정치원로 우대라는 북한 정치체제의 오래된 전통과 관행을 유지하면서도 김정은의 핸디캡(어린 나이와 경험 부족)을 보완할 수 있는 권력구조를 구상한 것으로 추정할 수 있다. 이런 차원에서 김정일은 견제와 균형의 권력구조를 확립하고자 했다. 견제와 균형의 권력구조는 최고지도자를 정점으로 권력엘리트 간 또는 권력기구 간에 권력의 대칭을 이루는 관계의 유형으로 정의할 수 있다. 그리고 이러한 관계의 유형은 기능적으로는 견제의 양상으로, 구성적으로는 균형의 양상으로 표면화된다.

그리고 김정일은 후계체제의 안정과 지속을 위협할지도 모르는 권력 2인자의 출현을 허용하지 않고, 권력엘리트 간의 충돌 방지 차원에서 역할 분담을 장려하는 가운데 그들 간의 상호 침해를 방지하며, 권력엘리트 간의 충성경쟁을 유도하기 위한 목적에서 견제와 균형의 권력구조를 구상한 것으로 판단된다. 이러한 김정일의 구상은 당을 중심으로 한 당적 기축과 군을 중심으로 한 군적 기축이 양대 축을 형성하고, 이들을 대표하는 핵심 권력엘리트들이 상호 견제하고 균형을 이루는 권력구조로 발현된다.

김정일의 권력구조 구상은 2010년 9월 조선로동당 제3차 대표자대회와

---

21) 강광식, 「붕당정치와 조선조 유교정치체제의 지배구조 변동 양상」, 114쪽.

당중앙위원회 전원회의(9월 전원회의)를 계기로 현실화되었다. 김경희와 장성택이 대표하는 척신세력은 김정일 와병 이후 위기 국면을 성공적으로 관리하고 후계체제 구축의 초기 국면을 주도해왔다. 척신세력은 이 과정을 공고한 정치적 기반을 다지는 데 활용했다. 이 결과 척신세력의 측근들이 상기 두 회의를 통해 당의 핵심 지위에 대거 포진했다. 대표적으로 문경덕 평양시당 책임비서가 조선로동당 비서로 기용되고 박정순이 조선로동당 조직지도부 제1부부장에 임명되었다. 그 대신 장성택은 당 정치국 후보위원직과 당 행정부장직을 유임하는 데 그쳤다. 장성택은 자타가 공인하는 명실상부한 실세로서 대내외적으로 2인자로 낙인되는 부담을 감수하면서까지 권력의 전면에 등장할 필요가 없다고 판단한 것으로 추정된다. 그럼에도 불구하고 척신세력에게로의 권력 편중은 두드러진 정치적 현상으로 부상했다.

김정일은 위기관리와 후계체제 구축에 기여한 척신세력에게로 권력이 편중되는 현상이 자신의 사후에 후계체제를 위협할 정도로 구조화되는 것을 우려한 것으로 보인다. 이런 상황에서 김정일은 자신의 권력구조 구상을 현실화하는 인사 조치를 단행했다. 김정일은 당적 기축을 주도하는 척신세력을 견제하고 세력균형을 이루기 위해 군적 기축을 대표하는 리영호 총참모장을 정치국 상무위원과 당중앙군사위원회 부위원장직에 기용했다. 리영호의 약진은 예상되었지만, 김정일과 함께 정치국 상무위원직을 맡고 김정은과 함께 당중앙군사위원회 부위원장직을 맡은 것은 파격적인 인사 조치로 받아들여졌다. 이러한 파격은 척신세력을 견제하고 그들과 균형을 이루려면 적어도 이 정도의 지위를 가져야 가능할 것이라는 김정일의 구상이 관철된 것으로밖에 해석되지 않는다. 특히, 리영호 총참모장은 정치군인 출신이 아니라 포병사령관과 평양방어사령관을 거친 야전사령관 출신으로 정치적 기반이 취약하다는 점에서 이러한 해석이 더 설득력을 얻는다.

아울러 김정일은 최룡해에게 권력구조의 완충 장치이자 균형자로서의 역할을 부여한 것으로 보인다. 혁명 1세대 최현 전 인민무력부장의 아들이자, 소싯적부터 김정일과 친밀한 관계를 유지해온 최룡해는 당중앙군사위원회 정치국 위원, 비서국 비서, 그리고 당중앙군사위원회 위원으로 당의 3대 핵심 기구의 요직을 맡았다. 이로써 김정일은 김정은 후계체제 구축의 일환으로 척신세력을 중심으로 한 당적 기축, 이를 견제하기 위한 리영호를 중심으로 한 군적 기축, 이들 간의 균형자로서 최룡해의 역할 증대라는 견제와 균형의 권력구조를 확립했다.

끝으로 김정일이 구상하고 확립한 견제와 균형의 권력구조는 김정은이 수령으로서의 제도적·인격적 리더십을 갖추어 유일적 영도체계를 구축할 때까지 운용하려는 과도적 권력구조라는 점을 강조하고자 한다. 공식적 지위에 기초한 하드웨어로서의 제도적 리더십을 계승하더라도 이것이 효과적으로 운용·발휘되기 위해서는 소프트웨어로서의 인격적 리더십이 뒷받침되어야 한다. 그런데 양자가 선순환하는 단계로 발전하기 위해서는 상당한 시간이 걸린다. 따라서 김정은이 제도적 리더십과 인격적 리더십을 모두 갖추고, 양자 간의 선순환관계가 작동하는 유일적 영도체계가 완성될 때까지 견제와 균형의 권력구조를 운용할 필요가 있었다.[22]

(2) 김정일 구상의 좌초: 리영호 숙청과 훈척세력의 주도권 장악

2011년 12월 17일 김정일의 급사는 김정일이 구축한 견제와 균형의 권력구조가 좌절의 운명을 맞이하는 단초였다. 김정일의 존재 자체는 리영호의 최대 정치 기반이었고, 김정일의 부재는 그 기반의 상실이자 척신세력에게 리영호를 궁지로 몰 수 있는 절호의 기회를 제공했다. 리영호는 야전사령관

22) 실제로 김정은은 조선로동당 제1비서와 국방위원회 제1위원장직을 승계한 후 친민적 이미지를 확보하기 위해 노력하는 등 인격적 리더십 구축에 주력하는 행보를 연출했다.

출신답게 직설적이고 비타협적인 성격을 보유하고 있었던 것으로 널리 알려져 있다. 이러한 성격과 함께 김정일의 적극적 후견이 맞물린 탓에 리영호는 군 인사 단행 시 당 조직과 잦은 반목과 마찰을 일으켰으며, 2012년 4월 강성국가 진입 실패와 관련하여 당 간부들의 무능과 사업 태도를 공공연하게 비판하는 등 당 책임론을 피력했다는 후문이다. 이러한 행태에 비추어 볼 때, 당의 주도하에 실시된 군 외화벌이사업의 내각 이관 조치에 대해 리영호가 군을 대표하여 불만스런 입장을 개진했을 개연성이 높다고 관측할 수 있다. 이러한 후문과 관측들이 사실이라면, 리영호가 당적 기축을 대표하는 척신세력의 반발로 반당·반혁명분자 혐의로 숙청되었다는 설을 뒷받침하기에 부족함이 없다.

2012년 4월 11일 개최된 조선로동당 제4차 당 대표자회를 계기로 견제와 균형의 권력구조가 균열을 일으키는 조짐이 보이기 시작했다. 그것은 리영호의 정치적 위상 약화와 군에 대한 당적 통제의 양상으로 나타났다. 당 정치국 상무위원직에 임명된 최룡해가 선임자인 리영호보다 앞 서열에서 호명되는 이변이 연출되었다. 그리고 김정은의 각종 연설 및 노작, ≪로동신문≫과 같은 매체들에서 군에 대한 당적 영도의 정당성과 필요성을 강조하는 표현들이 빈번하게 등장했다. 무엇보다도 군사 운용 경험이 없는 순수 당료 출신 최룡해가 군부 내 2인자 격인 인민군 총정치국장직에 오르는 이례적 현상이 주목할 만한 조짐이었다.

아마도 김정일 사망과 제4차 당 대표자회 개최 시점 사이에 척신세력과, 당료 출신이자 공신세력의 하나인 최룡해 간에 리영호 숙청을 둘러싼 모종의 공감대가 형성되었던 것으로 추정할 수 있다. 척신세력은 공신세력의 대표 주자이자 균형자 역할을 담당하는 최룡해를 반리영호 전선으로 유인할 필요가 있었고, 최룡해는 김정일이 부재한 상태에서 군이 균형자로서의 역할을 수행하기보다는 장성택과의 오랜 친분, 당에 대한 정체성, 리영호 숙청 이후의 논공행상에 대한 기대감에 기초하여 반 리영호 훈척연대(척신세력과 공신세력의 연대)에 동참한 것으로 보인다. 그 결과, 훈척연대는 군에 대한 당적 영도의 필요성에 공감하고, 그 막중한 역할을 최룡해가 담당하기로 하는 사전 논공행상에 합의한 것으로 판단된다. 군부의 불만과 거부감이 충분히 예상됨에도 불구하고, 당료 출신을 인민군 총정치국장에 이례적으로 임명한 배경에 이러한 정치적 홍정이 있을 것이라는 추측이 가능한 대목이다. 눈치가 빠르고 이해타산적이라는 최룡해에 대한 인물평을 추가적으로 고려하면, 이러한 정치적 홍정이 실재하였을 가능성이 높다고 하겠다.

실제로 2012년 7월 15일 당 정치국회의는 리영호를 '모든 직무에서 해임'하기로 결정했다. 리영호의 실각은 김정일이 과도적 권력구조로 구상했던 견제와 균형의 권력구조의 와해를 의미한다.

(3) 김정은의 권력구조 구상: 새로운 견제와 균형의 권력구조 모색

리영호 숙청 이후 견제와 균형의 권력구조가 와해되면서 훈척연대세력에 권력이 편중되는 현상이 재현되었다. 이러한 권력 편중 현상은 이미 2012년 4월 조선로동당 제4차 대표자회와 최고인민회의 12기 제5차 회의를 기점으로 예고되었다. 양대 회의와 그 이후 장성택은 기존의 당 행정부장과 국방위원회 부위원장직을 유지하면서 정치국 후보위원에서 정위원으로 승진하고, 당·정·군의 핵심 엘리트들이 망라된 국가체육지도위원회 위원장직을 맡았다. 김경희는 당 경공업부장에서 당 비서로 승진하는 데 그쳤지만, 김정은의 유일한 혈육으로서 최대 후견자의 역할을 수행하고 있다. 최룡해는 당 정치국 상무위원, 당중앙군사위원회 부위원장, 인민군 총정치국장, 국방위원회 위원직을 맡으면서 공식적 지위로는 2인자로 평가해도 부족함이 없다. 따라서 훈척연대세력의 공식적 지위와 비공식적 권력을 종합하면 엄청나다.

북한 권력구조의 속성으로 볼 때, 훈척연대세력에게로의 권력 편중은 김정은에게 잠재적인 도전 요소로 인식될 소지가 크다. 김정은의 입장에서 보면, 새로운 견제와 균형의 권력구조를 구축함으로써 자신의 권력을 강화할 필요성이 제기된 것이다. 이미 공식 지위상으로는 견제와 균형의 권력구조를 새로이 확립할 수 있는 준비가 되었다. 리영호가 맡고 있던 정치국 상무위원직과 중앙군사위원회 부위원장직을 최룡해가 맡았기 때문이다. 따라서 김정은은 리영호라는 공동의 적이 소멸된 이후 훈척연대세력의 균열 가능성을 염두에 두고, 훈척연대세력에 대한 분할지배(divide and rule)를 시도하여 척신세력을 대표하는 장성택 중심의 당적 기축과 공신세력을 대표하는 최룡해 중심의 군적 기축이라는 김정은시대의 새로운 견제와 균형의 권력구조 구축을 모색하고 있는 것으로 판단된다.

이러한 견제와 균형의 권력구조 구축과 관련하여 몇 가지 특징들을 찾을 수 있다. 첫째, 김정은은 훈척연대세력에 대한 분할 지배 차원에서 최룡해의 위상과 역할을 강화하고 있다. 김정은은 중국과의 인적 네트워크가 공고한 장성택이나 김양건 대신 최룡해를 중국 특사로 파견했다. 그리고 최룡해는 2013년 6월 기준으로 가장 많은 현지지도 수행 빈도(85회)를 보이고 있을 뿐 아니라, 내각 총리와 더불어 현지요해사업을 수행하고 있다. 둘째, 핵심 권력엘리트 간의 파워 게임이 영합(zero-sum) 게임이 되지 않도록 한다는 것이다. 최룡해의 부상에도 불구하고, 당적 기축을 책임지고 있는 장성택은 당 행정부장으로서 공안 기구들에 대한 당적 지도를 책임지고, 국방위원회 부위원장으로서 중국과의 경제협력을 주도하며, 국가체육지도위원회 위원장으로서 김정은시대의 새로운 모토인 '체육강국' 실현을 주관함으로써 명실상부한 핵심 실세로 자리매김하고 있다. 셋째, 장성택과 최룡해의 역할 분담을 확실히 하고 상호 침식을 차단하는 방식으로 진행되고 있다. 이는 두 사람 간의 역할 분담이 중첩되거나 애매모호할 경우에 발생할 수 있는 갈등과 충돌을 미연에 방지하려는 목적이다. 이런 맥락에서 김정은은 장성택의 군사업무 관여를 최소화하면서 최룡해로 하여금 군사 업무에 전념토록 함으로써 양자 간에 균형을 취하도록 시도하고 있는 것으로 분석된다. 실제로 2013년 들어 장성택의 군부대 현지지도 수행 빈도가 현저히 감소했다.

참고문헌

1. 국내 문헌

강광식. 2009. 「붕당정치와 조선조 유교정치체제의 지배구조 변동양상」. *OUGHTOPIA: The Journal of Social Paradigm Studies*, 제24권 제1호.

김갑식. 2012. 「김정은정권의 공식 출범 분석」. ≪국회입법조사처 이슈와 논점≫, 제433호.

김연수. 2012. 「북한의 최근 대내외 정세와 우리의 안보」. ≪안보현안분석≫, 제70호.

민족21 특별취재팀. 2012. 「김정은체제 2010년 당 대표자회때 사실상 확립됐다」. ≪민족21≫, 2월호.

박형중. 2004. 『북한의 개혁·개방과 체제전환』. 해남.

_____. 2012. 「4월 중순 당 대표자회 개최: 김정은 시대 지도자-엘리트 권력분점 프로젝트」. 통일연구원 온라인 시리즈 12-14.

쉬원지(徐文吉). 2012. 「한중수교 20주년 기념 국제세미나 토론문」. 『화정재단 21세기 평화연구소 주최 세미나 발표자료집』(서울, 5월 21일).

이기동. 2005. 『화해·협력과 평화번영, 그리고 통일』. 한울.

_____. 2009. 「전략적 선택론의 관점에서 본 북한의 권력구조 변화」. ≪북한연구학회보≫, 제13권 제2호.

_____. 2010. 「제3차 노동당 대표자회 이후 북한 권력구조 확립의 쟁점 및 과제」. ≪한국과 국제정치≫, 제26권 제4호.

_____. 2011. 「김정은시대 정치체제 전망」. 『경남대학교 극동문제연구소 세미나 발표자료집』(서울, 2월 28일).

_____. 2012. 「북한유일영도체계의 이행가능성에 관한 시론적 연구」. ≪한국과 국제정치≫, 제28권 제2호.

이종석. 1995.『조선로동당 연구』. 역사비평사.

정성장. 2012.「'선군'에서 '선경'으로 변화 조짐」. ≪통일시대≫, 제85호.

한기범. 2012.「김정은체제의 새로운 권력 구도의 특징 평가」.『국가안보전략연구소 학술회의 발표자료집』(2012년 10월 4일).

황장엽. 2001.『어둠의 편이 된 햇볕은 어둠을 밝힐 수 없다』. 월간조선사.

2. 북한 문헌

김인옥. 2003.『김정일장군 선군정치리론』. 평양: 평양출판사.

김철우. 2002.『김정일장군의 선군정치: 군사선행, 군을 주력군으로하는 정치』. 평양: 평양출판사.

리철·심승권. 2002.『령도자 김정일동지께서 밝히신 선군혁명령도에 관한 독창적 사상』. 평양: 사회과학출판사.

≪로동신문≫(사설). 2004년 2월 9일 자; 2012년 5월 12일 자; 2012년 5월 21일 자; 2012년 5월 25일 자; 2012년 6월 6일 자; 2012년 9월 27일 자; 2012년 10월 6일 자. 평양.

_____(정론). 2011년 12월 20일 자; 2011년 12월 22일 자; 2012년 5월 30일 자; 2012년 10월 1일 자. 평양.

조선중앙통신. 2012. 2. 15.; 2012. 4. 15.; 2012. 4. 17. 평양.

제5장

김정은정권의 수령제와 당·정·군 관계*

김갑식 | 통일연구원 연구위원

1. 머리말

이 글은 수령제와 당·정·군 관계를 중심으로 김정은정권의 권력구조의 특징을 살펴보고자 한다. 현재 북한의 수령제는 북한 변화의 최대 제약 요인이다. 북한체제의 특성상 변화를 이끌어내기 위해서는 무엇보다도 수령제를 기반으로 하는 권력구조가 바뀌어야 한다. 즉, 북한의 수령제와 당·정·군 관계의 특징과 변화를 분석해야 그와 연계되어 있는 북한 변화를 전망할 수 있는 것이다. 사실 김정은이 김정일로부터 물려받은 수령제와 수령제 정치문화는 김정은이 수령으로서의 절대적인 권위와 결정적인 역할을 수행하는 데

* 이 글은 김갑식, 「김정은 정권의 수령제와 당·정·군 관계」, ≪한국과 국제정치≫, 제30권 제1호(2014)를 수정·보완한 것이다.

큰 도움을 줄 것이다.[1] 그럼에도 최고지도자의 교체는 어떠한 수준 권력구조의 재편을 가져올 수밖에 없다.[2]

김정은의 이른바 '4·6 담화'[3]를 보면 북한은 당(중앙)의 유일적 영도체계 확립, 수령과 당과 최고사령관의 군대 구축, 내각책임제의 강화 등을 추진하고 있다. 이에 대해 전문가들은 김정은 유일영도체계는 구축 중이며 북한은 앞으로 이 방향으로 계속 갈 것이지만, 권력 운용 방식에서는 김정일시대와 차이를 나타낼 것으로 바라본다. 김정일시대 권력의 핵심은 군부 중심의 국방위원회였는데, 이제는 당이며 군에 대한 당적 통제도 강화되고 있다는 것이다.[4] 그러나 이러한 분석은 안타깝게도 김정은시대 들어 수령제와 당·정·군 관계의 변화 모습을 구체적으로 그려내지 못하고 있다. 총론적인 차원에서 당 중심만을 강조하는 것이다. 이 글에서는 기존 연구의 성과를 이어받아 김정은정권의 수령제와 당·정·군 관계의 작동 기제를 수령-당 관계와 당정·당군 관계를 중심으로 개념적으로 접근하고자 한다.

---

1) 백학순, 「김정은 제1비서의 통치 8개월: 평가와 전망」, ≪정세와 정책≫, 9월호(2012).

2) 한기범, 「김정은체제의 새로운 권력구도의 특징 평가」, 『국가안보전략연구소 학술회의 발표자료집』(2012. 10. 4.), 5쪽.

3) "우리 당을 강화발전시키는데서 중요한 것은 당의 유일적 령도체계를 더욱 철저히 세우는 것입니다. (중략) 전군에 당의 령도체계, 최고사령관의 령군체계와 혁명적 군풍을 철저히 세워 인민군대를 수령의 군대, 당의 군대, 최고사령관의 군대로 만들어야 합니다. (중략) 경제사업에서 제기되는 모든 문제를 내각에 집중시키고 내각의 통일적인 지휘에 따라 풀어나가는 규률과 질서를 철저히 세워야 합니다." 이 담화에서 김정은정권이 모색하고 있는 권력구조의 대강을 읽을 수 있다. 김정은, "위대한 김정일동지를 우리 당의 영원한 총비서로 모시고 주체혁명위업을 빛나게 완성해 나가자", ≪로동신문≫, 2012년 4월 19일 자.

4) 정성임, 「김정은정권의 제도적 기반: 당과 국가기구를 중심으로」, ≪통일정책연구≫, 제21권 제2호(2012); 양무진, 「이영호 해임과 김정은 권력체제」, ≪한반도포커스≫, 제20호(2012); 고유환, 「새로운 권력구도 개편이 북한체제에 미치는 영향」, 『국가안보전략연구소 학술회의 발표자료집』(2012. 10. 4.).

2. 수령제의 재구성: 수령-당 관계와 당정·당군 관계

1960년대 프란츠 서먼(Franz Schurmann)은 중국의 정치체제를 세 가지 위계 조직(중국공산당, 인민해방군, 정부)을 중심으로 분석했다.[5] 사회주의 국가의 권력구조가 당·정·군의 삼위일체로 구성되어 있고, 이 삼각관계에서 당 주도가 지배 형식이었기 때문이다. 그는 이를 통해 최고권력의 소재와 그 관계를 알아보고자 했다. 북한도 해방 이후 건당, 건국, 건군의 3대 방침을 내세웠고, 정치사상진지, 군사진지, 경제진지 등 사회주의 3대 진지론과 사상중시, 총대중시, 과학기술중시 등 강성대국 건설의 3대 기둥론을 제시했다. 이는 북한 역시 권력구조 분석에서 당·정·군 관계가 중요하다는 것을 보여준다.

그러나 북한의 권력구조는 여타 사회주의 국가의 권력구조와 비교해 본질적인 차이가 있다. 바로 수령제 때문이다. 일반적으로 사회주의 국가에서는 당 정치국이 정책의 최고결정권을 가지는 집단지도체제다. 비서국의 당총서기(당총비서)가 정치국원을 겸직하며 실권을 장악하고 있으나, 그의 지도는 '수령'이 아니라 정치국원 중 첫 번째(First among them)에 불과하다. 중국의 경우 정치국 상무위원회(7명)가 국가와 당에 관계되는 모든 정책을 최종 결정하는 최고의사결정기구다. 상무위원은 회의에서 동등한 한 표의 표결권을 행사한다. 그리고 당을 운영하는 핵심이며 당을 대표하는 총서기는 정치국 상무위원 중에서 선출한다. 1978년 당주석제를 폐지하고 총서기제를 다시 도입할 때, 총서기가 중앙서기처와 중앙위원회를 대표하되 당주석 때처럼 정치국 상무위원회를 능가하지 않도록 했다. 중앙서기처의 위상도 중앙위원

---

5) F. Schurmann, *Ideology and Organization in Communist China*, 2nd enl. ed.(Berkeley and Los Angeles: University of California Press, 1968).

회 집행기구에서 정치국과 정치국 상무위원회의 집행기구임을 명시해 그 위상을 낮추었다.[6] 따라서 중국의 권력구조에서는 당·정·군 관계를 분석함으로써 최고권력의 소재와 그 관계를 파악할 수 있다.

하지만 수령 중심의 당 국가체제인 북한에서는 최고결정권이 오직 수령에게만 있다. 이러한 점에서 거칠게 표현하면 당 조직, 국가기관, 인민군대 등은 수령이 활용할 수 있는 하나의 기관에 불과하며 독자적으로 정책의 최고결정권을 갖지 못한다.[7] 종합하면 수령 중심의 당 국가체제의 권력구조상 특징은 ① 수령의 유일적 최고결정권, 수령의 직할 통치, ② 당 조직의 여타 사회정치적 조직에 대한 우위, ③ 당(정치사상진지), 군(군사진지), 정(경제진지) 역할 분담 등으로 정리할 수 있다.[8]

그런데 이 특징은 최고지도자가 교체되고 국내외적 상황 변화에 따라 재구성된다. 각각의 요소의 강도가 변화하거나 또는 각 요소 간 관계가 재조정될 수 있다. 일반적으로 ①과 ③은 상호 친화적이고, ①과 ② 그리고 ②와 ③은 상호 배타적이다. 즉, 수령의 유일적 최고결정권이 강해지면 당 조직의 여타 사회정치적 조직에 대한 우위가 약화되고, 당 조직의 여타 사회정치적 조직에 대한 우위가 강화되면 역할 분담은 약화될 가능성이 있다. 또한 수령의 직할 통치가 강화될수록 당 조직의 지배는 약화되고 역할 분담은 상대적으로 강화될 가능성이 있다.

먼저, 수령의 유일적 최고결정권은 ㉠ 정책재량권, ㉡ 정책조율능력, ㉢ 인사권, ㉣ 대중적 기반 등으로 개념화할 수 있다. 첫째, 정책재량권은 국가

---

6) 서진영, 「중국공산당의 조직과 구성변화: 1921~1987」, ≪아세아연구≫, 제80호(1988), 74쪽.

7) 김갑식, 「권력구조와 엘리트」, 『현대북한학강의』(사회평론, 2013), 57~58쪽.

8) Kap-sik Kim, "Suryong's Direct Rule and the Political Regime in North Korea under Kim Jong Il", *Asian Perspective*, Vol.32, No.3(2008).

정책에 대한 최고지도자의 (당·정·군에 대한) 행동 범위와 (정책 결정 과정에서의) 영향력이다. 둘째, 정책조율능력은 당·정·군의 기관 본위주의를 극복하고 합리적 타협안을 이끌어내는 능력이다. 셋째, 인사권은 정책 결정 과정에 참여하는 엘리트에 대한 자의적인 임면권이다. 넷째, 대중적 기반은 최고지도자의 권력과 권위에 대한 대중적 지지다.

또한 수령의 유일적 최고결정권과 당 조직의 우위가 상호 배타적이라고 말했듯이 수령의 유일적 결정권을 파악하는 데 수령-당 관계도 중요하다. 북한은 '당은 수령을 중심으로 하는 당 조직의 결합체'라 주장한다. 그러나 북한 권력구조 분석에서 당과 당 조직을 구분하기란 쉽지 않다. 일반적으로 수령제와 관련하여 북한의 권력구조를 분석할 경우 당은 당 조직을 의미한다. 이러한 맥락에서 당 개념은 수령을 포함한 '넓은 의미의 당'과 당 조직을 의미하는 '좁은 의미의 당'으로 구분할 수 있는데, 이 글에서는 후자의 의미로 한정해 사용한다.

이러한 논의를 종합하면 수령의 능력과 수령-당(조직)의 결합 형태를 유형화할 수 있다. 수령 중심의 당 국가체제에서 수령의 능력은 타 조직에 비해 우위에 있는 것은 분명하나 그것이 강한(절대적) 우위일 수도 있고 약한(상대적) 우위일 수도 있다. 그리고 수령-당의 결합 형태도 수령과 당이 통합된 형태(당 안에 수령이 있는 경우)일 수도 있고 수령과 당이 분리된 형태(각각 독자적 형태)일 수도 있으며 수령과 당이 밀착된 형태(서로 붙어 있는 형태)일 수도 있다.

당 조직의 우위는 어떻게 개념화할 수 있을까. 사회주의 국가의 당정·당군 관계를 보면 공산당은 지배(rules)하고 국가기관(군대)은 관리(governs)한다.[9] 이는 당의 노선과 정책을 결정하는 지배가 그것을 집행하는 관리보다

9) Darrell D. Hammer, *USSR: The Politics of Oligarchy*(Hinsdale, Ill: The Dryden Press,

우위에 있음을 보여준다. 북한에서도 당이 당 정책을 장악하고 정치사업을 강화해 당원과 당 조직을 움직이며 행정경제기관(군대)이 당의 정책을 정확히 관철하도록 올바른 방향으로 이끌어주고 도와주어야 한다고 주장한다.[10)]

이러한 맥락에서 북한은 당과 정부(군대)의 관계가 당의 영도활동과 국가기관(군대)의 집행(지휘)활동으로 나누어져 있다고 본다. 북한이 이해하는 영도는 사회를 통일적으로 조직하고 지휘하는 기능의 성격과 방향을 결정하는 활동이다. 이때 영도는 정책을 작성·제시하고 간부를 파견하며 정치실천을 통일적으로 장악·통제하는 활동을 통해 이루어지기 때문에 정치활동의 핵이 된다. 이러한 영도활동은 오직 영도적 정치기구인 노동계급의 당(조선로동당)에 의해서만 이루어진다. 반면 북한에서는 집행(지휘)적 활동을 사회의 모든 구성원들을 직접 관리하는 것으로 바라보고, 사회주의 국가의 정부와 군대는 힘 있는 권력기관으로서 모든 행정적·물질적 수단들을 동원하여 정치와 무력을 직접 실현하는 정치적 기구로 이해된다.[11)]

그런데 북한은 어떠한 정책 결정도 당의 동의 없이 국가기관(인민군대)에 의해 내려질 수가 없지만 또한 당이 국가기관(인민군대)을 대신하여 행정대행(行政代行)을 해서도 안 된다고 덧붙인다. 이것은 당이 국가기관(인민군대)에게 지도 방향은 제시하지만 국가기관(인민군대)의 업무 수행의 독립성을 제한하지는 않는다는 것을 의미한다. 그러나 현실에서는 당이 최종 결론을

1974), p. 257.

10) 한용선, 「행정경제사업에 대한 정치적 지도는 당적 령도의 기본요구」, ≪근로자≫, 제7호(1977), 16~17쪽.

11) 리혜정, 「당의 령도는 사회주의정권이 인민의 정권으로서의 사명과 역할을 다하기 위한 근본담보」, 『친애하는 지도자 김정일 동지의 고전적로작 『사회주의건설의 력사적 교훈과 우리 당의 총로선』에 대한 해설론문집』(평양: 사회과학출판사, 1993), 204~205쪽.

〈그림 5-1〉 수령제의 재구성도

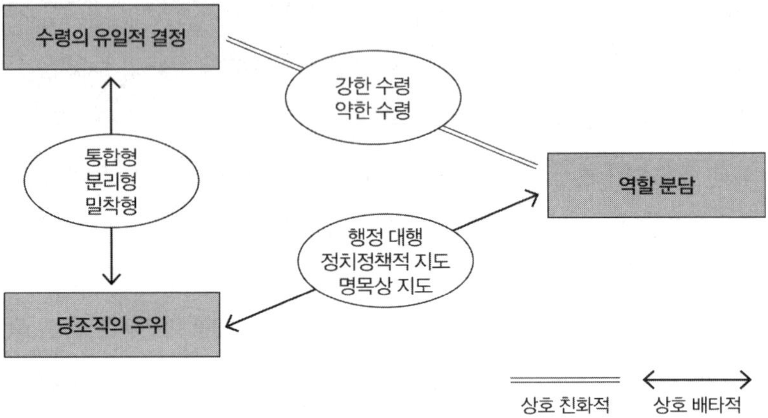

내리고 국가기관(인민군대)은 당의 대행 기관으로 당의 결정을 수행하는 경우가 빈번했다. 당이 국가기관(인민군대) 요직의 임명을 독점하고 국가기관(인민군대)의 업무 수행을 감시하기 때문이다.[12] 그리고 당이 행정대행(정치정책적 지도 + 행정지휘적 지도)에 나설 경우 국가기관과 인민군대의 역할 분담의 가능성은 그만큼 작아질 수밖에 없다. 지금까지의 논의를 도식화하면 〈그림 5-1〉과 같다.

12) 김갑식, 『김정일정권의 권력구조』(파주: 한국학술정보, 2005), 165~171쪽.

3. 김일성시대와 김정일시대의 권력구조

1) 김일성시대의 권력구조

수령은 본질적으로 '노동계급의 당'의 수령이기 때문에 조선로동당에서의 수령의 지위는 가장 중요한 의미를 갖는다. 총비서는 수령으로서의 지위를 나타내는 최종 심급에 해당한다.[13] 1966년 10월에 열린 당중앙위원회 제4기 제14차 전원회의에서는 당 및 국가사업에서 제기되는 문제들을 일상적으로 협의하기 위해 김일성을 수반으로 하는 당중앙위원회 정치위원회 상무위원회를 구성했다. 또한 당중앙위원회 위원장, 부위원장직제를 총비서, 비서직제로 개편하고 비서국을 설치하기로 결정했다.[14] 이전에는 중앙위원회라는 집체적 지도기관을 정점으로 정치위원회, 상무위원회, 조직위원회 등 여러 개의 지도기관이 권력을 분점 하는 방식이었는데, 이제는 정치위원회로 권력이 모아졌고 실질적인 당 사업은 비서국이 맡았다. 즉, 집단적 의사결정 대신 총비서(비서국)가 당을 실질적으로 장악한 것이다. 당시 비서국의 역할은 "당의 노선과 정책, 결정들을 집행하기 위한 사업과 일상적인 당 사업을 조직"하는 것이었는데, 1970년 제5차 당대회에서 기존의 정책 집행기능에서 "간부문제, 대내 문제 및 그 밖의 당면문제를 정기적으로 토의 결정"하는 것으로 더 확대되었다. 결국 제도적으로 총비서의 유일지도성이 강화된 것이었다.

또한 북한은 1972년 헌법 개정을 통해 국가주석(중앙인민위원회) 중심의 국가영도체계를 구축했다. 당시 북한은 '새로운 국가기관체계는 국가기관들

13) 이종석, 『조선로동당연구』(역사비평사, 1995), 125쪽.

14) 『정치사전』(평양: 사회과학출판사, 1973), 830쪽.

의 조직과 활동에서 수령의 유일적 영도를 확고히 보장하게 하는 가장 혁명적이고 우월한 국가정치지도체계'[15]라고 주장했고, 또한 새로운 사회주의헌법은 '주석제를 기본으로 하는 강력한 국가기구체계가 마련됨으로써 인민은 국가사업과 국가활동 전반에 대한 수령의 유일적 영도를 가장 철저히 보장하는 기구적 담보를 가질 수 있게 되었다'[16]라고 주장했다.

인민군대 내에서의 당적 지도는 1968년 말 당시 민족보위상이었던 김창봉과 대남총책 허봉학 등의 숙청 과정을 거치면서 더욱 강화되었다. 김정일은 이들이 인민군대 안에서 당 조직과 정치기관의 기능을 마비시키고 인민군대에 대한 당의 영도를 약화시켰다고 비판했다.[17] 이 숙청을 계기로 정치기관들의 권위를 높이고 연대에까지 정치위원제를 설치했으며 군 간부를 당비서국이 관장하고 정치 간부들은 당중앙위원회 조직지도부에서 관장하도록 했다. 그리고 1970년 제5차 당대회에서 당 규약을 개정해 당중앙위원회 군사위원회가 모든 무력을 지도한다고 명시했다. 이는 직업군인의 독자적 행동이나 군 지휘관의 단독지휘권 행사를 불허한 것이었다.

북한에서 수령제는 사실상 1974년 '당의 유일사상체계 확립의 10대 원칙'의 발표로 완성된다. 이 원칙은 수령에 대한 충실성의 대헌장이고, 따라서 김일성의 교시가 당 규약이나 헌법보다 상위에 있음을 확인해준 것이기 때문이다. 그러나 김일성시기에 수령과 당의 국가기관과 인민군대에 대한 지도는 정치정책적 지도에만 국한되었던 것이 아니라 행정지휘적 지도까지 함

15) 「새사회주의헌법은 불멸의 주체사상을 구현하고 있는 가장 선진적인 헌법」, ≪근로자≫, 제1호(1973), 62쪽.

16) 홍극표·박원필, 『사회주의국가기구에 관한 위대한 수령 김일성동지의 리론』(평양: 사회과학출판사, 1976), 116쪽.

17) 김정일, 「인민군대 당 조직과 정치기관들의 역할을 높일 데 대하여」(1969년 1월 19일), 『김정일선집』, 제1권(평양: 조선로동당출판사, 1992), 416쪽.

께했다. 이른바 행정대행이 벌어진 것이었다.[18)]

2) 김정일시대의 권력구조

1987년 김정일이 발표한 '주체의 혁명관'은 수령과 당의 관계를 명확히 보여주었다. 주체의 혁명관은 수령관, 조직관, 군중관, 도덕관 등으로 구성되어 있는데, 여기서 특이한 것은 당관이라 하지 않고 조직관이라 한 점이다.

> 북한에서 당은 수령을 중심으로 하는 당 조직들의 결합체이기 때문에, 당에 대한 관점과 입장은 수령에 대한 관점과 입장, 당 조직에 대한 관점과 입장을 다 같이 포괄한다. 수령관을 혁명관의 독자적인 구성부분으로 보는 조건에서 당 조직에 대한 관점과 입장을 독자적인 구성부분으로 할 수 없고, 그럴 경우 수령-당 조직의 위계적 체계인 사회정치적 생명체론과도 충돌할 여지가 있다. 그 해결책이 당 조직뿐만 아니라 당의 영도 밑에 수령과 대중을 연결시키는 모든 사회정치적 조직들에 대한 관점과 입장인 조직관인 것이다. 물론 당 조직은 사회정치적 집단에서 중추적 기능을 수행하는 정치조직이라는 점에서 다른 모든 사회정치적 조직들과 구별된다.[19)]

1997년 김정일의 당총비서 추대 과정 역시 당 규약의 절차와 달랐다. 당시

---

18) 1980년대까지만 해도 당 간부들은 자기의 본신 사업인 당 사업을 잘해나가는 동시에 행정경제 사업도 완전히 책임지는 입장에서 잘되어나가도록 지도해야 한다는 입장이었다. 대표적으로 강정윤, 「당 일군들은 행정경제사업을 당적 방법으로 밀어주어야 한다」, ≪근로자≫, 제7호(1990) 참조.

19) 김갑식, 「권력구조와 엘리트」, 64쪽.

당 규약 24조는 당중앙위원회 전원회의가 '당중앙위원회 총비서'를 선거하도록 규정하고 있었다. 그런데 김정일은 '당중앙위원회 총비서'가 아닌 '당총비서'로 추대되었다. 당 규약에 없는 직제였다. 이는 1982년 당중앙위원회 군사위원회가 당중앙군사위원회로 승격되어 당중앙위원회와 (준)동급이 된 상황에서 김정일을 당중앙위원회와 당중앙군사위원회 두 기구 위의 '당총비서'로 추대한 것으로 추정된다. 또한 예전에는 당대회가 개최되고 여기서 당중앙위원회가 구성되어 이들이 당중앙위원회 총비서를 선거했다. 그러나 1997년에는 '조선로동당 조선인민군대표회, 도(직할시)대표회, 성, 중앙 및 도당 기능을 수행하는 당 조직들의 대표회'에서 김정일을 당총비서로 추대했다. 이는 수령은 '선거'되는 것이 아니라 인민대중의 절대적인 지지와 신뢰에 기초하여 인민대중 스스로 '추대'해야 한다는 수령론과도 연결되는 대목이다.[20] 2010년에도 당 대표자회에서 김정일은 '당의 수반으로서 당을 대표하고 전당을 영도'하는 당 총비서로 추대되었고, 그 하위직인 '당중앙군사위원장'을 겸직했다.

1998년 헌법 개정을 통해 북한은 중앙인민위원회 중심의 국가영도체계를 국방위원회를 중추로 하는 국가영도체계로 개편했다. 이에 김정일은 당총비서, 국방위원장, 최고사령관이라는 직위를 가지고 당, 인민군대, 국가기관 등을 직할 통치할 수 있게 되었고 당·정·군은 정책 집행의 차원에서 정치사상적 진지, 경제적 진지, 군사적 진지를 맡으면서 각각 기능적으로 역할 분담을 강화할 수 있게 되었다. 특히, 중앙인민위원회의 폐지는 당의 타 기관과의 협의 통로를 없앰으로써 당·정·군 관계에서 배타성이 두드러지게 했고, 그 결과 당은 정치의 중심에서 멀어졌다.[21]

---

20) 김갑식, 「권력구조와 엘리트」, 76쪽.

21) 고유환, 「새로운 권력구도 개편이 북한체제에 미치는 영향」, 27쪽.

김정일은 당의 집체적 지도와 협의체계보다는 당중앙위원회 비서나 전문부서 부장들이 올리는 문건과 여러 부문들이 충분히 협의·합의하여 작성한 문건에 비준하는 방식으로 지시를 하달하는 정책 결정 과정을 선호했다. 1993년 12월을 마지막으로 김정은 후계체제가 구축되기 전까지 당대회는 물론이거니와 당중앙위원회 전원회의도 개최되지 않았다. 그 대신 비서국과 그 산하의 전문부서들, 지방 및 하급 당 조직의 비서처와 그 산하의 전문부서들 등 상설조직체계는 강화되었다.[22)]

또한 1998년 이후 김정일은 군에 대한 직할 통치를 강화하기 위해 조직지도부의 권력을 분산시켰다. 당의 조직지도부·간부부·군사부의 군에 대한 직접적인 지휘와 통제의 기능은 약화되고, 오히려 당의 통제를 받아왔던 총정치국이 김정일의 군내 직할 통치 체제를 보좌하는 역할을 수행하게 된 것이다. 이에 군대 내 당 조직의 최고지도·통제기관인 총정치국의 중요성은 상대적으로 높아졌다.[23)]

김정일의 권력은 김일성의 권력보다 조금도 약하지 않았다. 그의 권력 운용의 특징 중 하나는 뛰어난 용인술이라 할 수 있다. 김일성이 사망한 직후에 노·장·청 균형정책을 취했고 측근들을 배려함으로써 그들을 안정적으로 관리했다. 그리고 선군연합을 구성함에 있어 군부에 우선권을 부여하고 후보집단(selectorate)의 규모를 줄여 인사 운용을 용이하게 했다.[24)] 또한 자신의 권력 운용 중추기구를 당·정·군 중 어느 하나로 특정하지 않고 필요에 따

22) 현성일, 「북한노동당의 조직구조와 사회통제체계에 관한 연구」(한국외국어대학교 석사학위논문, 1999), 29~32쪽.

23) 이승열, 「북한 '수령체제'의 변화와 '수령승계방식'의 한계에 관한 연구」(북한대학원대학교 박사학위논문, 2009), 157~159쪽.

24) 한병진, 「북한정권의 내구성에 대한 이론적 고찰」, ≪국가전략≫, 제15권 제1호(2009), 133쪽.

라 선택함으로써 자신은 '균형자' 또는 '통합자'로서 위치하고 기관이나 개인끼리 권한의 중복, 견제와 균형, 감시와 통제의 체제를 구성해 어느 한 기관, 또는 어느 한 인물에 권력이 지나치게 집중하는 것을 방지하는 한편, 몇 개의 중요한 기관 또는 개인끼리 경합하는 체계를 수립했다.[25]

4. 김정은정권의 '재구성된 수령제'

1) 수령의 리더십: 저발전된 카리스마를 시스템으로 보완

김정은의 수령으로서의 리더십을 정책재량권, 정책조율능력, 인사권, 대중적 기반 등 네 가지 측면에서 살펴보자.

첫째, 김정은의 정책재량권 정도다. 김정은은 왕성한 공개 활동을 하고 있다. 김정일의 공개 활동은 연 150회 정도였는데, 김정은은 2012년에는 151회, 2013년에는 209회의 공개 활동을 했다. 김정은의 공개 활동 모습을 보면 부하들은 김정은의 언동에 집중하고 현장 상황을 김정은이 주도하는 것처럼 보인다. 현상적으로도 김정은은 수령으로서의 일정한 역할, 즉 연설, 담화·논문 발표, 정책 지시 하달, 현지지도, 외빈 접견 등을 수행한다. 김정일 사망 이후 원로들을 포함해 간부들은 경쟁적으로 김정은에게 충성을 맹세하기도 했다.[26]

김정은은 다양한 방식으로 최고지도자의 위상을 드러내고 있다. 2012년 8월 18일 호위 함정도 없이 27마력의 작은 목선을 타고 연평도와 불과 9km

25) 박형중 외, 『김정일시대 북한의 정치체제』(통일연구원, 2004), 155~157쪽.

26) 한기범, 「김정은체제의 새로운 권력구도의 특징 평가」, 17쪽.

떨어져 있는 섬을 사전 예고 없이 현지지도했다. 최고지도자의 안녕을 최우선시하는 북한의 특수성을 감안하면 매우 이례적이라 할 수 있다. 또한 2012년 4월 국제 사회의 반대가 있었음에도 '광명성 3-1호' 발사를 강행했고, 발사를 앞두고 외국 언론사를 초청하여 발사 시설을 공개했으며, 발사 실패 이후 곧바로 실패를 인정했다. 그리고 반미주의를 국기처럼 여기는 북한에서 김정은은 모란봉악단 공연에 미키마우스 캐릭터와 미국 영화 〈록키〉 주제가를 등장시켰다. 그동안 퍼스트레이디를 철저히 비밀에 부쳤던 과거와 달리 리설주를 공개한 것도 김정은의 힘을 보여주는 것이다.

그런데 김정은이 현지지도에서 당·정·군 간부들을 공개적으로 질책하거나 해당 기관 또는 간부들에게 긴급 조치를 명령하는 사례들이 빈번하게 나타나고 있다. 현지지도에서 권력층에 대한 공개적 질타가 일상화되었다. 2012년 5월 김정은이 만경대유희장을 방문하여 보도블록에 난 잡초를 뽑으면서 간부들을 질타한 사실은 우리 언론에 잘 알려져 있는 내용이다. 이외에도 2013년 5월 6일 미림승마클럽 건설장에서 간부들에게 "연구가 부족하며 내가 지시한 설계안과 다르다"라고 말했고, 2013년 5월 6일 동해함대 소속 해군부대 시찰 시 "함정 위장 상태가 엉망이다. 빨리 개선하라"라고 꾸짖었으며, 2013년 6월 18일 평안남도 소재 기계 공장 시찰 중 "혁명사적 교양실 건설이 부진하여 한심해서 말이 안 나온다"라고 책망했다고 한다. 또한 간부들을 즉흥적으로 해임하는 경우가 다반사인데, 은하과학자거리 건설 등 김정은에게 약속했던 완공 기일을 못 지킨 건설 책임자를 '불성실하다'며 2013년 해임했고, 미림승마클럽 공사 현장을 방문하지 않았다는 이유로 후방총국장 전창복을 임명 4개월 만에 전격 해임했으며, 지방 방문 중 거리에 쓰레기가 많다는 이유로 해당 지역 시당 책임비서를 현지에서 해임했다고 한다.[27] 리영호와 장성택 등 잠재적 반대 또는 위협을 선제적으로 제거한 것도 김정은의 최고지도자로서의 위상을 보여준다.

둘째, 김정은 정책조율능력이다. 김일성과 김정일의 강한 수령으로서의 모습은 강경정책 카드와 출구전략 카드를 동시에 갖고 있었고 이는 정책조율능력이 있었기 때문에 가능했다. 특정 현안이 발생하면 군부, 내각, 당은 각각 최고지도자에게 제의서를 올렸다. 이때 김일성과 김정일은 세 개의 제의서를 종합하여 출구전략 등을 포함한 최선의 대책을 강구하는 정책조율능력을 발휘했다. 그러나 정책조율 및 종합능력이 취약한 김정은은 그들 중의 하나를 선택해야 하는 상황에 직면하면서, 출구전략을 고려하지 않은 채 강경정책 일변도의 유혹에 빠지는 경우가 많아지고 있다.[28]

김정일 사후 2012년 들어 북한의 '2·29 합의'로부터의 역진(逆進) 선택은 사실 '김정일 유훈'으로부터의 일탈이었다는 점에서 김정은정권의 정책 조율의 서투름을 보여주는 대표적인 사례다. 2012년 12월 세 번째 장거리로켓 발사, 2013년 2월 제3차 핵실험 단행, 이어진 대외·대미 위협 공세, 그리고 미국에 6자회담 재개 가능성을 타진하면서 추가적인 핵·미사일 실험 징후 노출 등은 북한의 지그재그식 정책 전개를 드러낸 것이었다. 또한 북한은 2013년 신년사에서 남북 합의 이행을 촉구하면서 정전협정과 남북불가침 합의 그리고 비핵화선언의 무효화를 선언하였고, 한미합동군사훈련 및 최고존엄 모독 등을 구실로 전면 대결전을 불사하겠다고 위협했다. 나아가 개성공단의 북한 근로자의 전면 철수 및 공단 가동 중단에 이어 잠정 폐쇄를 단행했다가, 북한이 남북대화를 제의하고 우리 정부가 이를 수용함으로써 개성공단 가동이 정상화되었고 이산가족 상봉 및 금강산 관광 재개 회담도 합의했다. 그러나 북한은 얼마 뒤 이산가족 상봉 회담을 파기했다.[29] 이러한 정책

27) 고영환, 「김정은정권 2년 평가와 북한체제 변화 가능성」, 『국가안보전략연구소 학술회의 발표자료집』(2013.12.5), 12~13쪽.

28) 이기동, 「김정은체제 공식출범 1년, 김정은 리더십과 지배연합의 안정성」, ≪한반도 포커스≫, 제23호(2013a), 3쪽.

모순이 일견 내부의 정치적 문제를 해소하기 위한 정치적 차원의 합리적 선택의 결과로 해석될 수도 있으나, 한편으로는 김정은정권의 대외·대남 정세 인식의 한계에서 비롯되었다는 해석도 가능하다.

반면, 최근에는 북한 대남정책의 일관성을 보여주는 사례도 발견되었다. 2014년 1월 16일 북한은 국방위원회 명의로 1월 30일부터 “서로를 자극하고 비방중상하는 모든 행위부터 전면중지”하자고 제안하는 등 세 가지 중대제안을 전격 발표했다. 이에 남한이 비방중상 중지 합의를 어긴 측은 북한이라며 북측의 제안을 거부하자 북한은 1월 18일 자 ≪로동신문≫을 통해 “중대제안을 실현하려는 우리의 의지는 확고부동하다”라며 중대제안 수용을 촉구했다. 결국, 북한 국방위원회와 남한 청와대 간 고위급 접촉을 통해 이산가족 상봉이 이루어지기도 했다.

셋째, 김정은의 인사권이다. 김정은 등장 이후 북한의 권력 지도가 요동치고 있다. 당·정·군 인사가 자주 단행되기 때문이다. 권력의 2인자라 할 수 있는 리영호와 장성택이 하루아침에 평양 정치에서 사라졌다. 잦은 인사 교체는 이권 개입과 부패에 연루된 그 하부조직에 연쇄적인 파장을 초래하고, 관료 사회를 흔들어버렸다. 이는 권력이행기에 불가피한 현상이나, 눈치 보기와 보신주의의 팽배를 가져오고, 새 지도자는 엘리트들의 담합 구조를 약화시키고, 신진 인사를 충원함으로써 자신의 권력 기반을 강화한다.[30] 이미 ‘김정일 운구차 7인방’은 권력의 핵심에서 사실상 물러나고 ‘김정은의 사람들’이 그 자리를 메우고 있다. 김정은은 2012년 권력층의 31%(68명)를 교체한 데 이어 2013년에는 13%(29명)를 교체했다. 당의 경우 부부장급 이상 간

---

29) 채규철 외, 『2013년도 정세 평가와 2014년도 전망』(국가안보전략연구소, 2013), 61~62쪽.

30) 한기범, 「김정은체제의 새로운 권력구도의 특징 평가」, 14쪽.

부 40여 명, 내각에서는 30여 명, 군에서는 군단장급 이상 20여 명을 새로 충원했다.[31)]

무엇보다도 김정은은 김정일시대의 군부 권력 비대화로 군부의 독자세력화를 염려하여 당료 출신인 최룡해를 총정치국장에 임명해 군부 장악에 나섰다. 이는 군부 상층부의 빈번한 교체로 나타났다. 2012년 최룡해가 총정치국장에 부임한 이후 총참모장은 리영호 → 현영철 → 김격식 → 리영길로, 인민무력부장도 김영춘 → 김정각 → 김격식 → 장정남으로, 작전국장도 김영국 →최부일 → 리영길 → 변인선으로 교체되었다. 또한 김정은은 군 핵심인물의 계급을 강등시켰는데, 최룡해(대장 강등, 차수 복권), 최부일(상장 강등, 대장 복권), 김영철(중장 강등, 대장 복권), 김명식(소장 강등, 중장 복권) 등은 복권시켰지만, 현영철(대장 강등, 상장 강등) 등 일부 인사는 복권시키지 않았다. 그리고 인민군의 각 군단의 군단장을 대장에서 상장으로 한 등급 격하하는 한편, 군단장을 40~ 50대의 젊은 세대로 바꿨다. 이를 통해 김정은은 군부에 대한 직할체제를 확고히 하고자 했다.

당은 최근 40대 후반~50대 초반의 소장층들이 당중앙위 부부장으로 속속 승진한 것으로 전해진다. 2010년 9월 전후로 도 및 직할시 책임비서를 전면 교체하였는데, 이후 이들이 주도하여 지방의 중·하급 당 간부에 대한 검열과 인사를 단행했다고 한다. 2010년 11월 말에 열린 도당책임비서회의에서는 60세 이상 노세대 당원들과 장애인 당원들을 '명예당원'으로 이전시킬 것을 결정했다. 이에 60세 이상 당원 100만 명을 명예당원으로 전환하고 그 자리에 20~30대 신진 당원들로 채우는 과정이 진행된 것으로 보인다. 또한 김정은이 "조선로동당 과장급 이상 간부를 새로 임명할 때 50세 이상은 배제하라"라고 지시했다고 한다.

---

31) 국정원 국회정보위 보고, 2013년 12월 6일.

김정은은 군 및 당과는 달리 내각에 있어서는 거의 모든 성원을 교체하는 대대적인 인사 조치를 비정기적으로 단행하고 있다. 내각 사업의 성격상 그 성과와 과오가 객관적으로 평가된다는 점에서 내각 부문에 대한 김정은의 권력 장악이 당과 군대에 비해 상대적으로 안정적으로 진행되고 있는 것이다. 최근 내각 구성을 보면 70대의 박봉주 총리와 강석주 부총리를 제외하고는 상대적으로 젊은 로두철 부총리를 비롯하여 상급에 40~50대가 다수 기용되었다.

이처럼 김정은정권 들어 권력의 핵심이 3·4세대로 이행 중이다. 향후 10년 이상 김정은과 함께할 인물들로 교체되고 있는 것이다.[32] 이에 권력엘리트의 평균 연령이 76세에서 62세로 14년 정도 젊어졌고, 충원 방식도 출신이나 학연보다는 김정은이 현지지도를 통해 직접 발탁하는 경우가 많아졌다고 한다.[33] 그러나 김정은의 엘리트 충원 방식은 김정일의 그것과 비교하면 파격적이라고 할 수 있다. 종신보직제, 승진 확대 등 시혜 조치가 흔들리고 있고 노장청 배합정책에 반하고 있으며, 잦은 인사 교체 때문에 간부들이 전시성·일회성 성과에 매몰될 우려가 있다. 이는 북한 권력구조의 불안정성을 불러올 수 있으며 그 결과 균열과 갈등을 심화시키는 계기로 작용할 수도 있다.

넷째, 김정은의 대중적 기반 확보다. 먼저, 김정은은 '인민과 함께 하는 최고지도자상' 이미지화에 매진하고 있다. 김정은은 2012년 세대별 행사를 성대히 개최하면서 그들을 위무하고 그들의 충성을 맹세 받았다. 6월 소년단 행사, 7월 전승절 행사, 8월 청년절 행사, 10월 군대 내 청년동맹 행사, 11월 어머니날 행사 등에 수만 명의 어린이·청소년, 노병, 청년, 여성, 군인을 참석시켜 보고대회, 축포야회, 연회, 음악회, 무도회, 기념사진 등 다양한 행사

32) 민족 21 편집부, ≪민족21≫, 12월호(2013).

33) 이영종, "북 파워엘리트 31명 퇴장 51명 진입", ≪중앙일보≫, 2013년 12월 19일 자.

를 성대히 개최했다.

다음으로 김정은은 상층 엘리트를 전격 교체하면서도 이에 대한 대중적 지지를 확보하기 위해 근로단체의 정치적 행사를 연이어 개최했다. 대표적으로 2012년 7월 15일 당 정치국회의에서 리영호를 직무 해임한 때였다. 바로 다음날인 16일 당중앙군사위원회와 국방위원회는 현영철을 총참모장에 임명하였고, 17일에는 당중앙위원회, 당중앙군사위원회, 국방위원회, 최고인민회의 상임위원회에서 김정은에게 원수 칭호를 수여했다. 이러한 정치 일정이 다소 어수선할 수도 있고 정권에 대한 불안정성이 노출될 수도 있다는 우려하에 김정은은 7월 12일 김일성사회주의청년동맹, 7월 17일 조선직업총동맹, 7월 18일 조선농업근로자동맹, 7월 19일 조선민주여성동맹 등 근로단체 대표자회를 연이어 개최하여 이들의 충성 결의를 이끌어냈다.[34]

그러나 이러한 세대, 성별, 직책 등을 고려한 대중 동원 및 우대·환대 조치가 있었음에도 김정은의 체제와 구체적인 정책에 대한 주민들의 반응은 기대감과 함께 부정적인 평가도 있다. 즉, 김정은과 당에 대한 충성을 기계적으로 강요하는 조치가 시행되고, 이에 대한 주민의 반발 또한 적지 않은 것으로 보인다. 북한 지도부는 숭배사업, 조직생활, 유훈 통치, 가정 혁명화의 네 가지 항목으로 과거 생활을 총괄한 내용의 반성문을 전 주민에게 자필로 제출할 것으로 요구했는데, 생업에 바쁜 주민들이 다른 사람의 '모범 반성문'을 베껴 당국에 제출하고, 당국도 같은 내용의 반성문이 여러 개 발견되자 다시 고쳐 쓸 것을 지시했다고 알려졌다.[35] 이러한 분위기를 반영한 듯 북한은 인민보안성과 사법검찰기관의 역할과 기능 확대를 강조하고, 주민 통제

---

34) 김갑식, 「강제된 속전속결의 북한 3대 세습」, 『민주화·탈냉전시대, 평화와 통일의 사건사』(소명출판, 2014), 229쪽.

35) 노컷뉴스, 2013. 9. 21.

와 관련 법규를 개정하거나 제정했다. 2009년 4월 28일 형법을 개정한 이후 7월 21일과 10월 19일에 또 개정했고, 2011년 10월 16일에는 행정처벌법을 개정했으며, 2010년 7월 8일에는 주민행정법을 제정했다. 이에 주민 통제와 관련된 북한 법규가 기존의 형법, 형법부칙(일반범죄), 행정처벌법, 인민보안단속법 등에서 양적으로 확대되었다.[36]

이상의 논의를 종합하면 수령으로서의 능력면에서 김정은은 김정일에 비해 정책재량권, 정책조율능력, 인사권, 대중적 기반 등 네 가지 측면 모두에서 (분야별 차이는 있지만) 뒤떨어져 있는 것은 확실하다. 이에 김정은과 북한 지도부는 '수령 개인의 카리스마에 의존하던 정치'에서 '정치시스템에 의한 정치'로의 전환에 합의한 듯하다. 즉, 카리스마적 리더십의 약화를 제도적 리더십의 강화로 보완하고자 한 것으로 보인다.

이를 위해 김정일시대에 분리되었던 수령과 당을 서로 밀착시키고 당의 영도를 더 강조하면서 이를 통해 수령의 영도를 관철하려 한다. 무엇보다도 당의 집단적 정책결정기구를 활성화하고 당의 권위를 높이는 조치를 단행했다. 당 대표자회, 당중앙위원회 전원회의, 정치국회의, 당중앙군사위원회 확대회의 등 김정일시대에 유명무실했던 당 시스템을 정상화해 주요 정책을 결정한다. 취약한 김정은의 지도력을 보완하기 위한 나름의 영도체계를 재구성한 것이다.

2012년 개정된 '전시세칙'과 2013년 개정된 '유일영도체계 10대 원칙'에서도 수령과 당의 밀착이 엿보이고 당의 집체적 지도가 강조되었다. 전시세칙에서는 도 전시 상태 선포 권한을 '최고사령관' 단독 결정에서 '당중앙위, 당중앙군사위, 국방위, 최고사령부 공동명령'으로 바꿨고, 10대 원칙에서는 수

36) 이규창, 「북한의 주민통제 법제 정비와 체제 유지」, 통일연구원 Online Series, CO12-45(2012. 12. 31.), 1쪽.

령뿐 아니라 당에 대한 충실성을 강조했다. 즉, '김일성 교시'를 대부분 '당의 노선과 정책' 또는 '당'으로 변경했고, 김일성-김정일 권위와 함께 당의 권위를 절대화했다. 다시 말해 김일성-김정일의 혁명사상과 함께 그 구현인 "당의 노선과 정책으로 철저히 무장"하고, 김일성-김정일의 유훈과 함께 "당의 노선과 방침 관철에서 무조건성의 원칙을 철저히 지켜야" 하며, 당의 신임과 배려에 보답해야 하고 당의 유일적 영도 아래 전당, 전국, 전군이 하나와 같이 움직이는 강한 조직 규율을 세워야 한다고 요구했다.

2) 당·정·군 관계: 당적 지도와 역할 분담의 절충

김정은은 당을 통한 통치, 즉 당의 제도화에 적극적이다. 김정은정권 출범 이후 당대회, 전원회의, 정치국회의가 수차례 개최되었다. 우선 상층 차원에서 당 대표자회의(2회, 2010년 9월 포함), 당중앙위원회 전원회의(2회, 2010년 9월 포함), 당 정치국(확대)회의(5회), 당중앙군사위원회 확대회의(2회)를 개최해 당 핵심 조직을 정비하고 기능 정상화를 시도했다. 리영호와 장성택의 숙청도 당 정치국회의를 통해 정당화되었다. 하층 차원에서는 하급당·지방당 간부 교체 및 세포비서대회, 3대혁명소조열성자회의, 청년동맹을 비롯한 외곽 단체 회의를 연이어 개최했다.

당의 위상 강화는 2010년 당 규약 개정에서도 나타난다. 당에 대한 규정을 "인민대중의 정치조직 중에서 가장 높은 형태의 정치조직이며 정치·군사·경제·문화를 비롯한 모든 분야를 통일적으로 이끌어나가는 사회의 영도적 정치조직이며 혁명의 참모부"로 더욱 구체적으로 정의했다. 그리고 당의 임무를 '혁명대오를 정치사상적으로 튼튼히 꾸리고 인민대중 중심의 사회주의제도를 공고·발전시키며 인민군대를 강화하고 나라의 방위력을 철벽으로 다지며 사회주의 자립적 민족경제와 사회주의 문화를 발전시켜'나가는 것으로 일신했다. 특히, 당은 수정주의·교조주의·기회주의·비사회주의 현상에 반대하고 전당의 사상의지적 통일단결을 강화해야 한다고 주장했으며, 인민정권·청년동맹·인민군대 등에 대한 당의 영도를 추가했다.

김정은정권 들어 당 정치국의 활동이 눈에 띈다. 일단 정치국 구성에 무게가 느껴진다. 정권의 핵심 인사로 구성된 당 정치국의 2/3 정도가 당과 내각의 실세들이다. 그리고 이전 시기 정치국회의와 관련된 공시 내용을 보면 의전(儀典), 형식적인 제목이 주 내용이지만 김정은시대 들어와서는 당의 주요 행사, 주요 인사의 보직 변경 등도 함께 공시되고 있다. 이러한 현상은 당기관의 정치적 위상 증대, 운영의 투명성 제고 효과가 있으며, 대내외적으로는 김정은정권의 정당성을 선전할 수 있는 계기라 할 수 있다. 물론 당 정치국 활동 강화를 실질적 위상 강화로 볼 수 있느냐에 대해서는 부정적인 의견도 있다. 당 정치국 활동이 정책노선 논의보다는 인사문제, 정치적 통제, 선전선동 기능에 국한되어 있다는 것이다. 다시 말해 당 정치국은 실질적으로 의사결정을 하는 기관이 아니라 이데올로기 정당화를 위한 의례적인 발표 기구일 가능성이 크다는 것이다.[37)]

당 정치국의 활성화를 계기로 당 비서국의 역할 조정이 당 규약에서 드러났다. 제6차 당대회에서 개정된 당 규약에서는 비서국의 역할이 "필요시 당인사 및 당면 문제 등 당내 문제를 토의 결정하며 그 결정의 집행을 조직지도"하는 것이었는데, 2010년 개정된 당 규약에서는 "당 내부사업에서 나서는 문제와 그 밖의 실무적 문제들을 주로 토의결정하고 그 집행을 조직지도"하는 것으로 변경된 것이다. 김정일시대의 비서국이 정치국의 결정 기능을 일부 대신하는 역할을 했다면, 김정은시대를 맞이하여 비서국의 기능이 실무

37) 박형중, 「김정은 통치연합의 출범과 특징」, 통일연구원 Online Series, CO12-18(2012. 4. 23.).

문제의 집행 부분에 초점을 맞춘 것이다. 당 운영에서 정치국 활동이 강화되면서 비서국은 본연의 임무로 돌아간 것이라는 해석도 가능하다.[38]

수령 중심의 당 국가체제의 원리상 당 조직의 우위와 정·군의 역할 분담은 상호 배타적이다. 그러나 김정은정권 들어 당 운영이 활성화되었지만 역할 분담도 강화되는 절충적인 현상이 발생한다. 물론 당적 지도가 김일성시대보다 강하지 않기 때문에, 즉 행정대행 현상을 경계하고 있기 때문에 가능한 조합이다.

이러한 맥락에서 김정은정권 들어 경제사업에서의 내각책임제가 연일 강조되고 있다. 머리말에서 밝힌 바와 같이 김정은은 '4·6 담화'에서 내각책임제의 강화와 당위원회의 내각책임제 지원을 지시했다. 김영호 내각 사무국장도 2012년 ≪근로자≫에 기고한 글에서 "내각책임제, 내각중심제를 강화하여야 모든 부문, 모든 단위들에서 기관본위주의를 없애고 내각의 결정, 지시에 절대 복종하는 강한 규률을 세워 당의 경제정책이 철저히 집행되도록 할 수 있다"라고 선전했다. 즉, 당과 군에서 대외무력을 통해 얻은 수익을 독자적으로 운영하던 관행에서 탈피해 국가 재정을 내각에 집중시키고, 경제사령부로서 경제 운영에서 내각책임제를 확고하게 정착시킨다는 구상을 가지고 있는 것이다.[39]

2011년부터 내각 총리가 독자적으로 경제 현장에 대한 현지요해[40]를 다니는 것도 이와 같은 구상의 일환이다. 현지지도는 김정은의 현지지도 전후

38) 정성임, 「김정은정권의 제도적 기반: 당과 국가기구를 중심으로」, 36~37쪽.

39) 민족 21 편집부, ≪민족21≫, 12월호(2013).

40) '현지지도'는 김일성·김정일·김정은에게만 사용하며, 내각 총리 등의 경제 부문 단독 활동에 대해서는 '현지요해'란 용어를 사용한다. 2011년에는 최영림 내각 총리에 대해서만 사용했으나, 2012년에는 최룡해 총정치국장에 대해서도 사용했으며, 2013년에는 김영남 최고인민회의 상임위원장에 대해서도 사용한 바 있다.

에 지시사항 이행 점검 및 주요 산업 부문에 대한 경제성과를 독려하기 위한 것으로 보인다. 김정은의 현지지도와 내각 총리의 현지요해가 결합되면서 최고지도자로서의 현지지도 정통성과 리더십을 보완하는 효과도 있다. 내각 총리는 현지요해를 실시하면서 현지에서 '일꾼협의회'를 수시로 개최하기도 한다. 내각책임제를 강화하고 총리의 현지요해가 실시되면서 총리의 위상이 강화된 것도 역할 분담에 정(正)의 효과가 있다. 2013년 정치국 위원과 총리에 오른 박봉주는 김정은 곁에서 그를 보좌하고, 물러난 최영림은 원로 대우를 받는 것이다.

한편, 당군관계에서도 미묘한 변화가 감지되고 있다. 2013년 8월 25일 선군절을 맞아 김정은은 "당의 영도를 떠나서는 인민군대의 위력에 대하여 말할 수 없다"라고 하며 "인민군대의 총적 방향은 오직 하나 우리 당이 가리키는 한 방향으로 총구를 내대고 곧바로 나가는 것"이라고 강조했다. 이는 김정은이 선군체제 15년 동안 군의 비대화 현상을 우려하고 통제 가능한 군의 위상과 역할 재정립, 경제발전에 방점을 둔 병진노선에로의 군력 동원 등 이 두 가지에 역점을 두고 군에 대한 당적 영도와 통제의 필요성을 느꼈기 때문일 것이다. 군에 대한 당적 통제는 조직적 통제, 물적 통제, 인적 통제 등 다양한 차원에서 진행되고 있다.[41]

먼저, 당의 조직적 통제가 강화되었다. 당중앙위원회는 정치사상적 영도와 통제를, 당중앙군사위원회는 군과 관련한 사업의 영도와 통제를 담당하게 되었다. 2010년 당 규약 개정으로 당중앙군사위원회는 당대회와 당대회 사이에 군사 분야에서 나서는 모든 사업(국방사업 전반)을 당적으로 지도할 수 있는 권한을 부여받은 것이다. 1980년 당 규약과 비교하면, 당중앙군사위

41) 이기동, 「김정은체제의 권력구조와 향후 전망」, ≪KDI 북한경제리뷰≫, 10월호(2013b), 10~11쪽.

원회의 권한이 군사에서 국방으로 확대되었고, 당적 지도가 명문화되었다. 또한 당 규약 46조에 과거에는 없었던 "조선인민군은 모든 정치활동을 당의 령도 밑에 진행한다"라는 문구가 추가되었다. 이에 당중앙군사위원회 → 총정치국, 최고사령관 → 총참모장 → 각 군사령부, 국방위원회 → 인민무력부로 명령 및 지시를 하달함으로써 김정은과 당이 군의 각급 조직을 통솔할 수 있는 체계를 제도적으로 구축했다.[42]

다음으로 당의 물적 통제가 강화되었다. 김정일시대에는 군이 외화벌이 사업을 매우 활발히 벌였는데 이제는 그 사업의 독점권 일정 부분이 당과 내각으로 이관되었다. 선군체제하에서는 군이 외화벌이 독점권을 통해 자금을 확보하였으며, 이 자금은 군의 강력한 물적 기반이었다. 물적 기반 약화는 군의 위상 및 결속력 약화로 이어질 가능성이 있다.

마지막으로 당의 인적 통제가 강화되었다. 북한은 당의 인적 통제를 강화하기 위해 당 규약을 개정했는데, 그 핵심이 총정치국의 위상이었다. 예전에는 총정치국이 당중앙위원회 직속이며 그 지도하에 사업을 수행했는데, 이제는 당중앙위원회 부서와 같은 권능을 가지고 당 규약과 군·당 정치사업 지도서에 따라 사업을 하게끔 했다. 이러한 총정치국의 위상 강화와 더불어 민간 당료 출신인 최룡해를 총정치국장에 임명한 것은 군에 대한 당의 통제를 강화하려는 의도로 풀이된다. 이외에도 중앙당에서 군 간부 출신들의 수가 줄어들고 있으며, 군 간부 직책에 대등한 당 서열이 하락하는 경향이 나타나고 있다. 군 출신들이 당 정치국 구성원으로 충원되고 있는 현상을 볼 때, 절대적인 수적 감소로 판단하기는 어렵지만, 이전과 비교하여 군 출신 간부들의 정치적 지위가 상대적으로 하락하고 있음을 의미한다.

---

42) 정창현, 「김정은 시대 북한의 권력구조와 정책 전망」, *EAI Issue Briefing*, No.MASI 2012-03(2012), 2쪽.

3) 북한 권력구조의 비교

지금까지 '수령제의 재구성'이라는 관점에서 김일성·김정일·김정은의 권력구조를 살펴보았다. 1967년 유일적 지배체제를 확립한 이후, 북한의 권력구조는 수령제(수령 중심의 당 국가체제)의 기본 틀을 유지하고 있다. 다만, 시대와 사람의 교체에 따라 수령제의 구성 요소 간 관계가 재구성되고 있다.

수령의 유일적 최고결정권은 김일성·김정일시대에 비해 김정은시대에서는 그 힘이 약화된 상태다. 이는 김정은의 연소함에 따른 경륜의 부족에 기인할 것이다. 김일성은 수령의 유일성을 당의 틀 안에서 확보하고자 했지만, 김정일은 수령과 당을 분리해 당조차도 수령이 자유로이 통제할 수 있는 하나의 기구로 그 위상을 축소시켰다. 반면, 김정은은 김일성과 김정일의 중간 형태로, 분리된 수령과 당을 밀착시키고 있다.

당 조직의 정·군에 대한 우위성은 김일성시대에는 강력했으나 김정일시대에는 약화되었고, 김정은시대에 들어 다시 회복 중이다. 김일성시대에는 당적 지도가 정치정책적 지도에 머문 것이 아니라 행정지휘적 지도까지 담당함으로써 행정대행이라는 폐해를 양산했다. 김정일시대에는 당의 공식적 의사결정체계가 무력화되고 대신 당 비서국이 당을 운영함으로써 당의 사당화가 강화되었다. 김정은시대에 당의 공식적 의사결정체계가 부활되고 있지만 그것은 정치정책적 지도에 한정지으려 노력하고 있다.

역할 분담에서 김일성시대에는 행정대행의 여파로 정과 군의 독자적인 역할이 부족했지만, 김정일시대에 강조되기 시작한 내각책임제와 선군정치로 역할 분담은 강화되었다. 반면, 김정은시대에는 당적 지도가 복원되고 있지만 아직까지는 그 수준이 높지 않고 경제발전이 긴요하기 때문에 역할 분담도 나름대로 유지·강화되고 있다.

이상의 논의를 종합하여 각 시대의 수령-당 관계와 당정·당군 관계를 개

〈그림 5-2〉 북한의 권력구조 변화도

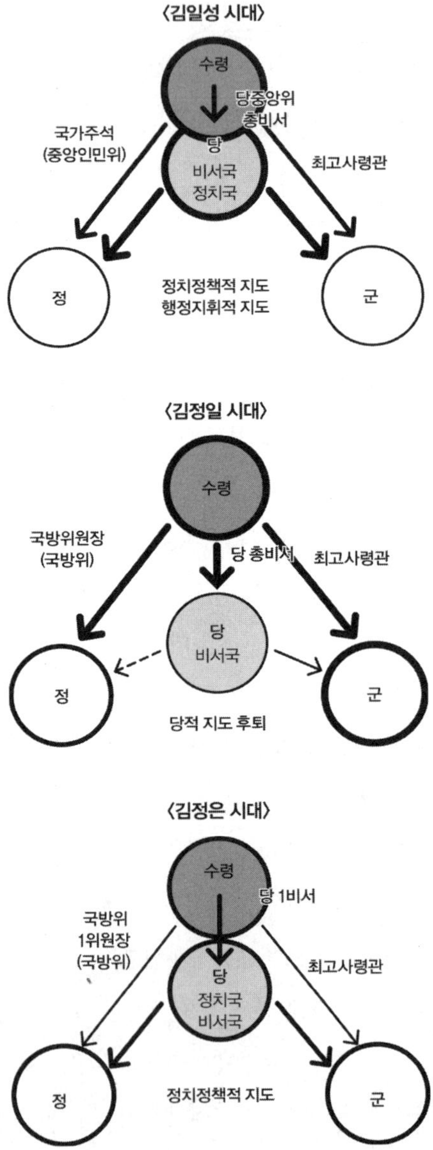

주: 원테두리와 화살표의 굵기는 각 기구의 상대적 영향력 강도를 의미한다.

념화하면 다음과 같이 정리할 수 있다. 김일성시대의 권력구조는 '수령 절대적 우위의 통합형'과 '당적 지도와 역할 분담의 저발전(당의 행정대행화)', 김정일시대의 권력구조는 '수령 절대적 우위의 분리형'과 '수령의 직할 통치와 역할 분담(당적 지도 후퇴)', 그리고 김정은시대의 권력구조는 '수령 상대적 우위의 밀착형'과 '당적 지도와 역할 분담의 절충(당의 정치정책적 지도)'이다. 이를 도식화한 것이 〈그림 5-2〉다.

5. 맺음말

김정은시대의 권력구조의 특징은 다음과 같이 정리할 수 있다. 김정은은 김일성·김정일에 비해 수령으로서의 능력이 떨어지기 때문에 '수령 개인의 카리스마에 의존하던 정치'에서 '정치 시스템에 의한 정치'로의 전환을 추진하고 있다. 또한 김정일시대에 약화된 당을 북한 정치의 중심으로 복귀시키고 있다. 그리고 경제발전과 체제보위를 위해 내각과 군대의 독자적 역할을 보장하려 한다.

향후 김정은정권의 권력구조를 수령제와 당·정·군 관계를 중심으로 전망할 때 관전 포인트는 세 가지다. 첫째, 수령으로서의 김정은의 능력 여부다. 김정은이 김정일에 비견하는 수령의 위상을 가지려면 정책재량권, 정책조율능력, 인사권, 대중적 기반 등에서 더욱 분발해야 할 것이다. 엘리트 구조를 자신에게 충성할 젊은 세대로 구성해야 하고, 자신과 핵심엘리트 간 일대일 거래관계를 구축해야 한다. 그래야 엘리트의 분할지배(divide and rule)를 용이하게 할 수 있고, 자신과 엘리트 간 관계를 허브와 부챗살(hub and spoke) 관계로 만들어 엘리트 간 담합을 저지하고 자신에 대한 충성을 강제할 수 있을 것이다.

둘째, 당의 공식적 의사결정체계(당 정치국, 전원회의 등)의 작동이 얼마나 실질적이고, 이것이 수령제 강화에 어떠한 영향을 주느냐 하는 문제다. 정치국은 비상설기구이고, '진짜 실세들'의 집합체가 아니며 단지 정당성 제고의 의례적 장치라는 지적이 있다. 사회주의 정치사를 돌아보더라도 최고지도자의 독단적 정책결정과 당 정치국의 집단적 정책결정의 관계는 상충적(trade-off)이었다. 북한의 유일체계 관행과 이를 물려받은 김정은의 정치 행태 등을 감안하면 당 정치국의 과감한 집체적 정책결정이 가능할지는 좀 더 시간을 두고 판단해야 할 것이다.

셋째, 내각책임제의 실질화를 보장하기 위한 당 비서국(경제부서)의 축소 여부다. 행정대행이 심각했던 1950년대에는 경제기관을 지도하는 부서가 상당히 많았는데, 그 이후 축소·폐지 또는 복원 등을 거친 후 1990년대 후반에 들어서는 크게 줄었다. 경제 관련 당 전문부서의 수가 줄어든다는 것은 내각의 경제사업에 대한 당적 지도가 약화됨을 의미하기도 한다. 2014년 현재 알려진 부서는 경공업부, 근로단체부, 계획재정부, 기계공업부, 과학교육부 등이다. 부서의 수가 많다고 할 수는 없지만, 더 중요한 것은 이들 부서의 내각에 대한 간여 정도일 것이다.

참고문헌

1. 국내 문헌

고영환. 2013.「김정은정권 2년 평가와 북한체제 변화 가능성」.『국가안보전략연구소 학술회의 발표자료집』(2013년 12월 5일).

고유환. 2012.「새로운 권력구도 개편이 북한체제에 미치는 영향」.『국가안보전략연구소 학술회의 발표자료집』(2012년 10월 4일).

김갑식. 2005.『김정일정권의 권력구조』. 한국학술정보.

_____. 2013.「권력구조와 엘리트」.『현대북한학강의』. 사회평론.

_____. 2014.「강제된 속전속결의 북한 3대 세습」.『민주화·탈냉전시대, 평화와 통일의 사건사』. 소명출판.

박형중. 2012.「김정은 통치연합의 출범과 특징」. 통일연구원 Online Series, CO12-18(2012. 4. 23.).

박형중 외. 2004.『김정일시대 북한의 정치체제』. 통일연구원.

백학순. 2012.「김정은 제1비서의 통치 8개월: 평가와 전망」. ≪정세와 정책≫, 9월호.

서진영. 1988.「중국공산당의 조직과 구성변화: 1921~1987」. ≪아세아연구≫, 제80호.

양무진. 2012.「이영호 해임과 김정은 권력체제」. ≪한반도포커스≫, 제20호

이규창. 2012.「북한의 주민통제 법제 정비와 체제 유지」. 통일연구원 Online Series, CO12-45(2012. 12. 31.).

이기동. 2013a.「김정은체제 공식출범 1년, 김정은 리더십과 지배연합의 안정성」. ≪한반도포커스≫, 제23호.

_____. 2013b.「김정은체제의 권력구조와 향후 전망」. ≪KDI 북한경제리뷰≫, 10월호.

이승열. 2009.「북한 '수령체제'의 변화와 '수령승계방식'의 한계에 관한 연구」. 북한대학원대학교 박사학위논문.

이영종. 2013. “북 파워엘리트 31명 퇴장 51명 진입”. ≪중앙일보≫, 2013년 12월 19일 자.
이종석. 1995.『조선로동당연구』. 역사비평사.
정성임. 2012.「김정은정권의 제도적 기반: 당과 국가기구를 중심으로」. ≪통일정책연구≫, 제21권 제2호.
정창현. 2012.「김정은 시대 북한의 권력구조와 정책 전망」. EAI Issue Briefing, No.MASI 2012-03.
채규철 외. 2013.『2013년도 정세 평가와 2014년도 전망』. 국가안보전략연구소.
민족 21 편집부. 2013. ≪민족21≫, 12월호.
한기범. 2012.「김정은체제의 새로운 권력구도의 특징 평가」.『국가안보전략연구소 학술회의 발표자료집』(2012년 10월 4일).
한병진. 2009.「북한정권의 내구성에 대한 이론적 고찰」. ≪국가전략≫, 제15권 제1호.
현성일. 1999.「북한노동당의 조직구조와 사회통제체계에 관한 연구」. 한국외국어대학교 석사학위논문.
노컷뉴스. 2013. 9. 21.
국정원 국회정보위 보고(2013년 12월 6일).

2. 북한 문헌

강정윤. 1990.「당 일군들은 행정경제사업을 당적 방법으로 밀어주어야 한다」. ≪근로자≫, 제7호. 평양.
김정은. 2012. “위대한 김정일동지를 우리 당의 영원한 총비서로 모시고 주체혁명위업을 빛나게 완성해 나가자”. ≪로동신문≫, 2012년 4월 19일 자. 평양.
김정일. 1992.「인민군대 당 조직과 정치기관들의 역할을 높일 데 대하여」(1969년 1월 19일).『김정일선집』, 제1권. 평양: 조선로동당출판사.
리혜정. 1993.「당의 령도는 사회주의정권이 인민의 정권으로서의 사명과 역할을 다하기 위한 근본담보」.『친애하는 지도자 김정일 동지의 고전적로작 ‘사회주의건설의 력사적 교훈과 우리 당의 총로선'에 대한 해설론문집』. 평양: 사회과학출판사.
사회과학출판사. 1973. 『정치사전』. 평양.
편집부. 1973. 「새사회주의헌법은 불멸의 주체사상을 구현하고 있는 가장 선진적인 헌법」. ≪근로자≫, 제1호. 평양.
한용선. 1977. 「행정경제사업에 대한 정치적 지도는 당적 령도의 기본요구」. ≪근로자≫, 7호. 평양.
홍극표·박원필. 1976. 『사회주의국가기구에 관한 위대한 수령 김일성동지의 리론』. 평양: 사회과학출판사.

3. 외국 문헌

Hammer, D. D. 1974. *USSR: The Politics of Oligarchy*. Hinsdale, III.: The Dryden Press.
Kim, Kap-sik. 2008. "Suryong's Direct Rule and the Political Regime in North Korea under Kim Jong Il." *Asian Perspective*, Vol.32, No.3.
Schurmann, F. 1968. *Ideology and Organization in Communist China*(2nd enl. ed.). Berkeley and Los Angeles: University of California Press.

제6장

김정은시대 북한 최고인민회의 상임위원회의 역할과 엘리트*

정성장 | 세종연구소 수석연구위원

1. 머리말

북한의 ≪로동신문≫을 보면 한국의 의회와 외형상 유사한 기구인 '최고인민회의'보다 '최고인민회의 상임위원회'와 관련된 보도가 훨씬 더 많다. 그런데 한국 사회는 북한 최고인민회의에는 관심을 가져도 최고인민회의 상임위원회에는 관심을 거의 보이지 않는다. 북한에서 최고인민회의 대의원 선거가 있거나 최고인민회의 회의가 개최되면 대부분의 한국 언론은 북한 최고인민회의를 우리의 국회에 해당하는 조직으로 소개한다. 그리고 북한에서

* 이 글은 정성장, 「김정은시대 북한의 입법 및 국가대표기구 연구: 최고인민회의 상임위원회의 역할과 엘리트를 중심으로」, ≪KDI 북한경제리뷰≫, 5월호(2014), 3~26쪽을 수정·보완한 것이다.

최고인민회의보다 더 중요한 조직인 최고인민회의 상임위원회의 위상이나 역할에 대해서는 언급을 회피한다. 북한에서 1년에 최고인민회의가 개최되는 기간은 보통 1~2일이기 때문에 그 나머지 기간인 363일 또는 364일 동안 입법 활동을 하는 기구가 최고인민회의 상임위원회임에도 말이다.

북한 최고인민회의 상임위원회는 남한의 국회와는 다르게 입법 활동만 하는 것이 아니라 대외적으로 북한이라는 국가를 대표하는 역할도 맡고 있다. 그래서 북한의 김영남 최고인민회의 상임위원장은 조선로동당 중앙위원회(이하 '당중앙위원회'로 약칭) 정치국에서 김정은 제1비서와 같은 '상무위원' 지위를 가지고 있고, 각종 공식 행사에서도 김 제1비서 바로 다음에 호명되는 높은 지위를 차지한다.

북한에서는 중요한 정책이나 결정을 조선로동당과 국가기구의 주요 권력기관이 공동으로 발표한다. 2011년 12월 김정일 사망 부고는 당시 '당중앙위원회, 당중앙군사위원회, 국방위원회, 최고인민회의 상임위원회, 내각'의 5대 핵심 권력기관[1] 공동 명의로 발표되었다. 김정일에게 대원수 칭호를 수여하는 결정과 김일성과 김정일의 시신이 안치된 '금수산기념궁전'을 '금수산태양궁전'으로 개칭하는 결정도 이들 5대 핵심 권력기관 공동 명의로 발표되었다. 그런데 이처럼 중요한 결정에 '최고인민회의 상임위원회'는 들어가지만 한국 언론이 대한민국 국회에 해당하는 조직이라고 소개하는 '최고인민회의'는 들어가지 않는다.

북한에서 현재 최고인민회의 의장인 최태복은 당중앙위원회에서 정치국 위원인 데 비해, 최고인민회의 상임위원회 위원장인 김영남은 당중앙위원회 정치국에서 최태복보다 더 높은 상무위원이다. 각종 공식 행사에서도 김영

---

1) 북한의 5대 핵심 권력 기관에 대해서는 정성장, 『현대 북한의 정치: 역사·이념·권력체계』(한울, 2011), 60~62쪽 및 245~248쪽 참조.

남 최고인민회의 상임위원장이 항상 최태복 최고인민회의 의장보다 먼저 호명된다. 양형섭 최고인민회의 상임위원회 부위원장도 당중앙위원회에서 최태복과 같은 정치국 위원인 데 비해, 최고인민회의 부의장 중에는 당중앙위원회 정치국 위원은커녕 후보위원도 없다. 북한이 2013년 4월 최영림을 내각 총리직에서 해임하면서 그에게 최고인민회의가 아니라 최고인민회의 상임위원회의 명예부위원장이라는 직함을 준 것도 최고인민회의 상임위원회의 높은 위상을 보여주는 것이다.

북한의 5대 핵심 권력기관 중 앞의 두 개(당중앙위원회와 당중앙군사위원회)는 당의 최고지도기관들이고, 뒤의 세 개(국방위원회, 최고인민회의 상임위원회, 내각)는 국가 최고지도기관들이다. 당이 국가를 지도하는 사회주의 당·국가체제에서 국가기구의 위상은 당에 훨씬 못 미친다. 그런데 당이 주민을 직접 통제하는 것이 아니라 "당과 대중을 연결시키는 가장 포괄적인 인전대(引傳帶)"이며 "당의 노선과 정책의 집행자"인 국가정권(또는 국가기구)[2)]을 통해 행정적으로 통제하므로 국가기구의 역할을 결코 무시할 수 없다.

최고인민회의 상임위원회는 5대 핵심 권력기관 중 내각보다 먼저 호명된다. 또한 현재 내각 총리인 박봉주는 당중앙위원회 정치국에서 '위원'인 데 비해 김영남은 그보다 더 높은 '상무위원'이다. 이는 최고인민회의 상임위원장이 대외적으로 국가를 대표하는 역할을 수행하는 것과 밀접한 관련이 있다.

이처럼 북한에서 최고인민회의 상임위원회는 '최고인민회의'와 '내각'보다 더 높은 위상을 차지하지만, 국내에서 북한 최고인민회의 상임위원회에 대한 연구는 드문 실정이다. 그런데 남북의 체제 통합 과정은 의회와 국가기구의 통합을 수반할 수밖에 없으므로 북한의 의회 및 국가 대표기구가 어떠한 구조를 가지고 있는지 정확하게 파악하지 못하면 체제 통합에 대한 논의도

---

2) 김민·한봉서, 『령도체계』(평양: 사회과학출판사, 1985), 161~162쪽 참조.

그만큼 깊이 있게 진행되기 어려울 것이다. 따라서 북한 최고인민회의 상임위원회에 대한 연구는 통일 준비 차원에서, 그리고 남북 국회회담 추진을 위해서도 중요한 의의를 갖는다.

2. 북한 최고인민회의와 최고인민회의 상임위원회의 역할 비교

현재 북한에는 입법과 관련해서 최고인민회의와 최고인민회의 상임위원회라는 두 형태의 조직이 있다. 북한이 이처럼 두 형태의 조직을 운영하는 것은 외관상 민주주의체제의 의회와 비슷한 최고인민회의를 설치해 북한도 민주주의적으로 운영되는 것처럼 선전하면서, 최고인민회의 상임위원회라는 소수의 핵심 엘리트로 구성된 상설기구를 설치해 조선로동당의 노선과 정책을 입법화하기 위한 것이라고 해석할 수 있다.

180쪽 〈표 6-1〉에서 확인할 수 있는 것처럼 북한 최고인민회의는 헌법 개정, 법령의 채택 및 개정, 국가기구의 엘리트 선출 및 소환, 내각의 전년도 활동 및 당해 연도 사업 방향 보고, 전년도 예산 집행 결산 및 당해 연도 예산 발표와 같은 중요한 권한을 가지고 있다. 그런데 북한에서 최고인민회의 대의원은 명예적인 성격이 강한 직책이고, 최고인민회의 상임위원회 구성원을 제외한 최고인민회의 대의원의 대부분이 입법 활동에서 배제되어 있다. 그러므로 헌법이 최고인민회의에 부여한 권한은 어디까지나 명목적인 것이고 최고인민회의는 조선로동당이 미리 결정한 것을 승인하는 '거수기'의 역할만을 수행할 뿐이다.

앞에서도 지적한 바와 같이 최고인민회의 회의가 소집되는 기간은 1년에 1~2일 정도에 불과하다. 물론 최고인민회의 상임위원회도 조선로동당의 노선을 입법화하고 집행하는 역할을 맡고 있다. 하지만 1년 중 363일 또는 364

〈표 6-1〉 헌법상의 최고인민회의와 최고인민회의 상임위원회의 권한

최고인민회의	최고인민회의 상임위원회
1. 헌법을 수정, 보충 2. 부문법을 제정 또는 수정, 보충 3. 최고인민회의 휴회 중에 최고인민회의 상임위원회가 채택한 중요 부문법을 승인 4. 국가 대내외 정책의 기본 원칙 수립 5. 국방위원회 제1위원장을 선거 또는 소환 6. 최고인민회의 상임위원회 위원장을 선거 또는 소환 7. 조선민주주의인민공화국 국방위원회 제1위원장의 제의에 의하여 국방위원회 부위원장, 위원들을 선거 또는 소환 8. 최고인민회의 상임위원회 부위원장, 명예부위원장, 서기장, 위원들을 선거 또는 소환 9. 내각 총리를 선거 또는 소환 10. 내각 총리의 제의에 의하여 내각 부총리, 위원장, 상(相)* 그 밖의 내각 성원 임명 11. 최고검찰소 소장을 임명 또는 해임 12. 최고재판소 소장을 선거 또는 소환 13. 최고인민회의 부문위원회 위원장, 부위원장, 위원들을 선거 또는 소환 14. 국가의 인민경제발전계획과 그 실행 정형에 관한 보고를 심의하고 승인 15. 국가예산과 그 집행정형에 관한 보고를 심의하고 승인 16. 필요에 따라 내각과 중앙기관들의 사업정형을 보고받고 대책을 수립 17. 최고인민회의에 제기되는 조약의 비준, 폐기를 결정	1. 최고인민회의 소집 2. 최고인민회의 휴회 중 제기된 새로운 부문법안과 규정안, 현행 부문법과 규정의 수정, 보충안을 심의채택하며 채택실시하는 중요 부문법을 다음번 최고인민회의의 승인을 받음 3. 불가피한 사정으로 최고인민회의 휴회기간에 제기되는 국가의 인민경제발전계획, 국가예산과 그 조절안을 심의하고 승인 4. 헌법과 현행 부문법, 규정을 해석 5. 국가기관의 법 준수 집행을 감독하고 대책 수립 6. 헌법, 최고인민회의 법령, 결정, 국방위원회 제1위원장 명령, 국방위원회 결정, 지시, 최고인민회의 상임위원회 정령, 결정, 지시에 어긋나는 국가기관의 결정, 지시를 폐지하며 지방인민회의의 그릇된 결정 집행을 정지시킴 7. 최고인민회의 대의원 선거를 위한 사업을 하며 지방인민회의 대의원 선거사업을 조직 8. 최고인민회의 대의원들과의 사업 9. 최고인민회의 부문 위원회와의 사업 10. 내각 위원회, 성(省)을 내오거나 폐지 11. 최고인민회의 휴회 중 내각 총리의 제의에 의하여 부총리, 위원장, 상, 그 밖의 내각 성원들을 임명 또는 해임 12. 최고인민회의 상임위원회 부문위원회 성원들을 임명 또는 해임 13. 최고재판소 판사, 인민참심원을 선거 또는 소환 14. 다른 나라와 맺은 조약을 비준 또는 폐기 15. 다른 나라에 주재하는 외교대표의 임명 또는 소환을 결정하고 발표 16. 훈장과 메달, 명예칭호, 외교직급을 제정하며 훈장과 메달, 명예칭호를 수여 17. 대사권을 행사 18. 행정단위와 행정구역을 내오거나 개편 19. 다른 나라 국회, 국제의회기구들과의 사업을 비롯한 대외사업

* 한국의 장관에 해당.
자료: 2012년 4월 13일 개정된 북한 헌법.

일에 해당하는 최고인민회의 휴회 중에는 최고인민회의 상임위원회 구성원들이 실질적으로 입법 활동에 참여한다. 그러므로 최고인민회의 상임위원회

가 최고인민회의보다 실질적으로 더 중요한 입법 기구라고 할 수 있다.

또한 최고인민회의 상임위원회는 북한을 대외적으로 대표하고, 의회 외교 및 체제에 대한 주민들의 충성심을 유도하기 위한 각종 상, 훈장, 칭호의 제정 및 수여 등과 관련해 중요한 기능을 수행하고 있다. 그래서 최고인민회의 상임위원회는 5대 핵심 권력기관에 포함되어 있지만 최고인민회의는 포함되지 않는다.

2012년 개정 헌법 제120조는 "최고인민회의 상임위원회가 정령, 결정, 지시를 낸다"라고 규정하고 있는데, 특히 '정령'은 최고인민회의 상임위원회가 국가와 사회에 영향력을 행사하는 가장 중요한 수단이다. 1948년 정권 수립 이후 북한에서는 '최고인민회의 휴회 중의 최고주권기관'인 최고인민회의 상임위원회가 정령을 채택했다. 1972년 12월 사회주의헌법 채택 이후부터 1998년 9월 헌법 개정 이전까지는 중앙인민위원회가 정령을 채택했지만, 이후 다시 최고인민회의 상임위원회가 정령을 채택한다.

'정령'이 자본주의사회에서는 "헌법이나 법률상의 규정을 실행하기 위하여 정부가 제정하는 법령"[3]이라면 북한에서는 "최고주권기관의 상무기관이 자기의 임무를 수행하기 위하여 내는 법문건"[4]으로 정의된다. 또한 북한은 "정령은 당의 노선과 정책을 관철하며 대내외적으로 제기되는 국가사회생활의 중요한 문제들을 해결하기 위하여 채택된다"[5]라고 설명한다. 이는 최고인민회의 상임위원회가 독자적인 판단에 의해서가 아니라 조선로동당의 노선과 정책 관철을 위해 정령을 채택하고 있음을 보여주는 것이다. 정령의 내용에는 외교 대표의 임명과 소환, 훈장과 메달, 명예칭호의 제정과 수여, 대

3) 『조선말대사전』, 제2권(평양: 사회과학출판사, 1992), 193쪽.

4) 『조선대백과사전』, 제17권(평양: 백과사전출판사, 2000), 330쪽.

5) 같은 책, 330쪽.

〈그림 6-1〉 최고인민회의 상임위원장 정령에 의한 대사면 실시 보도

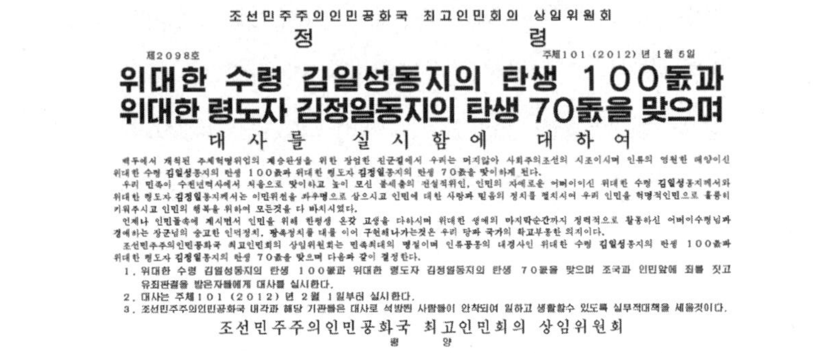

조선민주주의인민공화국 최고인민회의 상임위원회

정 령

제2098호 주체101 (2012)년 1월 5일

위대한 수령 김일성동지의 탄생 100돐과 위대한 령도자 김정일동지의 탄생 70돐을 맞으며

대사를 실시함에 대하여

백두에서 개척된 주체혁명위업의 계승완성을 위한 장엄한 진군길에서 우리는 머지않아 사회주의조선의 시조이시며 인류의 영원한 태양이신 위대한 수령 김일성동지의 탄생 100돐과 위대한 령도자 김정일동지의 탄생 70돐을 맞이하게 된다.

우리 민족이 수천년력사에서 처음으로 맞이하고 높이 모신 불세출의 전설적위인, 인민의 자애로운 어버이이신 위대한 수령 김일성동지께서와 위대한 령도자 김정일동지께서는 이민위천을 좌우명으로 삼으시고 인민에 대한 사랑과 믿음의 정치를 펼치시여 우리 인민을 혁명적인민으로 훌륭히 키워주시고 인민의 행복을 위하여 모든것을 다 바치시였다.

언제나 인민들속에 계시면서 인민을 위해 한평생 온갖 고생을 다하시며 위대한 생애의 마지막순간까지 정력적으로 활동하신 어버이수령님과 경애하는 장군님의 숭고한 인덕정치, 광폭정치를 대를 이어 구현해나가는것은 우리 당과 국가의 확고부동한 의지이다.

조선민주주의인민공화국 최고인민회의 상임위원회는 민족최대의 명절이며 인류공동의 대경사인 위대한 수령 김일성동지의 탄생 100돐과 위대한 령도자 김정일동지의 탄생 70돐을 맞으며 다음과 같이 결정한다.

1. 위대한 수령 김일성동지의 탄생 100돐과 위대한 령도자 김정일동지의 탄생 70돐을 맞으며 조국과 인민앞에 죄를 짓고 유죄판결을 받은자들에게 대사를 실시한다.
2. 대사는 주체101 (2012)년 2월 1일부터 실시한다.
3. 조선민주주의인민공화국 내각과 해당 기관들은 대사로 석방된 사람들이 안착되여 일하고 생활할수 있도록 실무적대책을 세울것이다.

조선민주주의인민공화국 최고인민회의 상임위원회

평 양

자료: ≪로동신문≫, 2012년 1월 1일 자, 1쪽.

사와 특사의 실시, 행정 단위와 행정 구역을 창설하거나 개편하는 것 등이 포함된다. 정령은 그 효력이 미치는 범위에 따라 전 국가적 성격을 띠는 것과 경제의 어느 한 분야 또는 개별적 국가기관, 기업소 및 사회협동단체, 공민이나 일정 지역에 국한되는 것으로 구분된다. 정령의 집행은 모든 기관, 기업소, 단체 및 공민들에게 의무적이다.

북한은 2012년 2월 1일의 대사면,[6] 동년 2월 김정일 탄생 70주년 기념주화 발행,[7] 동년 8월 18일 전승훈 내각 부총리 임명,[8] 2014년 4월 30일 김덕훈 내각 부총리 임명[9] 등을 모두 최고인민회의 상임위원회 정령의 형태로 발표했다. 이처럼 최고인민회의 상임위원회 정령이 적용되는 분야는 매우 광범위하다.

김정은시대 들어 북한은 과거 어느 때보다 많은 정령을 발표해 각종 상과 명예칭호 등을 제정하고 수여했다. 이는 이를 통해 과거 김정일에게 충성심

6) 조선중앙통신, 2012. 2. 10.

7) 조선중앙통신, 2012. 2. 14.

8) 조선중앙통신, 2012. 8. 18.

9) ≪로동신문≫, 2014년 5월 1일 자, 1쪽.

〈그림 6-2〉 최고인민회의 상임위원장 정령에 의한 내각 부총리 임명

조선민주주의인민공화국 최고인민회의 상임위원회

정 령

제19호 주체103(2014)년 4월 30일

조선민주주의인민공화국 내각 부총리를 임명함에 대하여

조선민주주의인민공화국 최고인민회의 상임위원회는 다음과 같이 결정한다.

김덕훈동지를 조선민주주의인민공화국 내각 부총리로 임명한다.

조 선 민 주 주 의 인 민 공 화 국
최 고 인 민 회 의 상 임 위 원 회

평 양

자료: ≪로동신문≫, 2014년 5월 1일 자, 1쪽.

을 보였고, 체제 유지 및 국가 발전에 기여했던 엘리트와 주민의 공로를 높이 치하하고, 이들이 김정은과 현재의 체제에 대해서도 동일한 충성심을 보이도록 유도하기 위한 것으로 판단된다.

3. 김정은시대 북한 최고인민회의 상임위원회의 역할

1) 입법권 행사

북한 최고인민회의 상임위원회는 정령을 통해 새로운 법을 채택하거나 기존 법률을 개정하는 방식으로 입법권을 행사한다. 예를 들어, 1984년 이후 북한이 채택한 외국인 투자 관련 법령 전부가 2011년 11월과 12월 최고인민회의 상임위원회 정령으로 최종 수정되었다. 그리고 2011년 12월 3일 최고인민회의 상임위원회의 정령으로 「황금평·위화도경제지대법」이 채택되었다. 184쪽 〈표 6-2〉는 이를 정리한 것이다.

북한의 외국인 투자 관련 법령 정비와 관련해 특히 관심을 끄는 부분은

〈표 6-2〉 최고인민회의 상임위원회 정령에 의한 법령의 개정 또는 채택(2011~2013년)

개정일 또는 채택일	법령
2011. 11. 29. 개정	「합영법」
2011. 11. 29. 개정	「외국인투자법」
2011. 11. 29. 개정	「합작법」
2011. 11. 29. 개정	「외국인기업법」
2011. 11. 29. 개정	「토지임대법」
2011. 12. 3. 개정	「라선경제무역지대법」
2011. 12. 3. 채택	「황금평·위화도경제지대법」
2011. 12. 14. 채택	「고등교육법」
2011. 12. 21. 개정	「외국투자기업 및 외국인 세금법」
2011. 12. 21. 개정	「외국투자은행법」
2011. 12. 21. 개정	「외국인투자기업파산법」
2011. 12. 21. 개정	「외국투자기업등록법」
2011. 12. 21. 개정	「외국인투자기업재정관리법」
2011. 12. 21. 개정	「외국인투자기업회계법」
2011. 12. 21. 개정	「외국인투자기업로동법」
2012. 8. 13. 채택	「대기오염방지법과 무역화물검수법」
2013. 5. 29. 채택	「경제개발구법」

자료: 박희진, 「김정일체제의 경제적 유산과 북한경제 전망: 거점개방과 반개혁의 이중주」, ≪KDI 북한경제리뷰≫, 5월호(2012), 35~53쪽; 유현정 박사 제공 북한 투자 법령 원문; 조선중앙통신 등을 토대로 필자 작성.

2011년 12월 21일, 즉 김정일이 사망한 후 4일밖에 지나지 않은 북한의 '국상(國喪)' 기간에 「외국투자기업 및 외국인 세금법」, 「외국투자은행법」, 「외국인투자기업파산법」, 「외국투자기업등록법」, 「외국인투자기업재정관리법」, 「외국인투자기업회계법」, 「외국인투자기업노동법」 등 무려 7개의 법령이 개정되었다는 사실이다. 이는 김정일이 사망했음에도 김정은이 외국인 투자 유치 정책을 변함없이 추진하겠다는 의지를 보여준 것으로 해석된다.[10]

10) 정성장, 「김정은체제의 경제 개혁·개방 전망과 과제」, ≪국가전략≫, 제18권 제4호

북한 최고인민회의 상임위원회는 이외에도 정령으로 2011년 12월 14일에 「고등교육법」을 채택했고,[11] 2012년 8월 13일 「대기오염방지법」과 「무역화물검수법」을 채택했으며,[12] 2013년 5월 29일에는 경제개방정책을 뒷받침할 「경제개발구법」[13]을 정령으로 채택하는 등 입법 권한을 적극적으로 행사하고 있다.

2) 국가 대표 및 외교 활동

김영남은 최고인민회의 상임위원장으로서 대외적으로 "국가를 대표하며 다른 나라 사신의 신임장, 소환장을 접수"하고 외국의 국가원수에게 수시로 축전과 조전을 보내는 등 친선외교와 공식적인 외교 활동의 중요한 부분을 담당한다. 김영남은 특히 현재 북한의 최고지도자인 김정은이 직접 나서기를 꺼리는 제3세계 국가와의 정상 외교도 수행한다.

김영남 최고인민회의 상임위원장의 국가 대표활동 중 가장 많은 비중을 차지하는 것은 해외 국가원수들에게 축전과 위문 전문을 보내는 것이다. 축전은 주로 관련 국가의 독립기념일 등 국경절을 축하하기 위해 보내거나 특정 정치인의 대통령직이나 수상직 또는 아프리카동맹 의장직 선출 등을 축하하기 위해 보낸다. 위문 전문은 관련 국가에 지진 등 자연재해나 화재사고 등으로 대규모 인명 피해가 발생할 때 보낸다. 김영남의 이와 같은 축전 또는 위문 전문 발송 및 외국 국가원수로부터의 답신 전문 기사는 주로 ≪로동

(2012), 76~77쪽.

11) 조선중앙통신, 2012. 1. 18.

12) 조선중앙통신, 2012. 8. 13.

13) 「조선민주주의인민공화국 경제개발구법(2013)」, 북한법연구회 월례발표회 참고 자료(2013년 10월 31일).

〈그림 6-3〉 최고인민회의 상임위원장 명의의 축전과 위문 전문 보도

김영남 최고인민회의 상임위원회 위원장
스위스련방 대통령에게 축전을 보내였다

베른

스위스련방 대통령
디디어 부르크할레르각하

나는 당신이 스위스련방 대통령으로 선거된것과 관련하여 축하를 보내면서 나라의 번영을 위한 당신의 책임적인 사업에서 성과가 있기를 바랍니다.

조선민주주의인민공화국
최고인민회의 상임위원회 위원장
김영남

주체102(2013)년 12월 6일 평양

김영남 최고인민회의 상임위원회 위원장
니까라과공화국 대통령에게
위문전문을 보내였다

마나과

니까라과공화국 대통령
다니엘 오르떼가 싸베드라각하

나는 최근 귀국에서 지진으로 인한 인명피해와 물질적손실을 입었다는 불행한 소식에 접하여 당신과 그리고 당신을 통하여 귀국정부와 인민, 피해자유가족들에게 깊은 동정과 위문을 표시합니다.

나는 당신의 령도밑에 귀국정부가 이번 자연재해의 후과를 가시고 하루빨리 피해지역 주민들의 생활을 안착시키게 되기를 바랍니다.

조선민주주의인민공화국 최고인민회의 상임위원회 위원장
김영남

주체103(2014)년 4월 14일 평양

자료: ≪로동신문≫, 2013년 12월 11일 자; 2014년 4월 17일 자.

신문≫ 2면에 자주 소개된다. 김정은의 공개 활동이 주로 ≪로동신문≫ 1면에 소개되는 것에 비해 대외적으로 북한을 대표하는 김영남의 활동은 해외 방문 외교를 제외하고 주로 ≪로동신문≫ 2면에 소개되는 것이다.

김영남의 국가 대표활동 중 두 번째로 많은 비중을 차지하는 것은 북한 주재 외국 대사의 신임장 및 소환장을 접수하고, 해외 파견 북한 대사를 임명하는 것이다. 북한 대사가 외국에 파견되어 관련국의 국가수반에게 신임장을 봉정할 때에는 김정은 제1비서가 해당 국가수반에게 전달하는 인사를 먼저 전달하고, 그다음에 김영남 최고인민회의 상임위원장의 인사를 전달한다. 김영남이 대외적으로 북한을 대표하는 역할을 맡고 있지만, 북한의 실질적인 최고지도자는 김정은임을 분명히 하는 것이다.[14]

김영남 최고인민회의 상임위원장의 해외 방문 외교는 북한의 대외관계에

〈그림 6-4〉 최고인민회의 상임위원회 정령에 의한 해외 주재 북한 대사 임명 보도

꾸바공화국주재 우리 나라 특명전권대사 임명

꾸바공화국주재 우리 나라 특명전권대사가 임명되였다.

최고인민회의 상임위원회 정령에 의하면 꾸바공화국주재 우리 나라 특명전권대사로 박창율동지가 임명되였다.

자료: ≪로동신문≫, 2014년 5월 19일 자, 2쪽.

서 축전과 위문 전문 발송이나 외국 사신의 신임장 및 소환장 접수보다 더 중요한 의미를 가진다. 〈표 6-3〉에서 확인할 수 있는 것처럼 김영남 최고인민회의 상임위원장은 2012년에만 해도 싱가포르, 인도네시아, 베트남, 라오스, 이란을 방문하고 비동맹운동정상회의에도 참석했으며, 2013년에도 테헤란을 다시 방문해 이란 대통령 취임식에 참석했다. 당중앙위원회 국제 비서나 외무상이 커버하지 못하는 제3세계국가들과 비동맹운동에 대한 정상 외교를 담당한 것이다.

2014년 2월 김영남은 러시아 소치에서 개최된 동계올림픽경기대회 개막행사에 명예 손님으로 참가해 푸틴 러시아 대통령을 만났다. 행사에 참가한 시진핑 중국 국가주석을 만나 김정은의 인사를 전달하고, 몽골 대통령 및 반기문 유엔사무총장을 만나는 등 친선외교 활동을 전개하기도 했다.[15]

2013년 10월에는 28~31일 김영남 최고인민회의 상임위원장의 초청으로 몽골 대통령이 방북해 북한과 몽골 간 “공업 및 농업 분야에서의 협조에 관한 협정과 문화, 체육 및 관광 분야에서의 협조에 관한 협정”에 조인했다.[16] 몽골 대통령은 방북 기간 동안 김정은 제1비서를 만나지는 못했지만 김영남

14) “뽀르뚜갈대통령에게 우리 나라 특명전권대사 신임장 봉정”, ≪로동신문≫, 2013년 1월 20일 자; “쿠웨이트추장에게 우리 나라 특명전권대사 신임장 봉정”, ≪로동신문≫, 2013년 1월 21일 자 참조.

15) ≪로동신문≫, 2014년 2월 9일 자.

16) ≪로동신문≫, 2013년 10월 29일 자.

〈표 6-3〉 김영남 최고인민회의 상임위원장의 주요 해외 방문 외교(2012~2014년)

일자	활동 내용
2012. 5. 11.~12.	싱가포르 방문. 싱가포르 국회의장과 담화. 싱가포르 대통령과 회담. 싱가포르 식료품생산기지 티이쟈 식료공장 방문
2012. 5. 14.~15.	인도네시아 방문. 자카르타시 민족 영웅묘에 화환 증정. 자카르타시 민족기념비 참관. 인도네시아 대통령과 회담. 인도네시아 부대통령, 인민협상회의 의장, 인민대표회의 의장과 만남. 인도네시아 대통령이 마련한 연회 참석
2012. 8. 5.~7.	베트남 방문. 하노이박물관 참관. 베트남의 김영남 환영의식 참석. 베트남공산당 중앙위원회 총비서 응우옌 푸 쫑(Nguyen Phu Trong)과 면담. 베트남 국가주석 쯔엉 떤 상(Truong Tan Sang)과 회담. 호치민의 묘에 화환 증정. 베트남 정부수상 응우 옌 떤 중(Nguyen Tan Dung)과 담화. 쯔엉 떤 상이 마련한 연회 참석
2012. 8. 7.~10.	라오스 방문. 라오스 국가주석 쭘말리 싸이나쏜(Choummaly Sayasone)과 회담. 라오스 정부 수상 통씽 탐마웡(Thongsing Thammavong)과 담화. 북한과 라오스 사이의 협정조인식 참석. 라오스의 김영남 환영의식 참석. 라오스민족회의 부의장 및 라오스조선친선협회 위원장과 담화. 라오스 주석 쭘말리 싸이나쏜이 마련한 연회참석. 비엔티엔시에 있는 탓루앙탑 참관. 무명전사기념비에 화환 증정. 썸싸왓 랭싸왓(Somsavat Lengsavad) 라오스 정부 상임부수상과 담화. 라오스 국가주석 쭘말리 싸이나쏜과 담화
2012. 8. 29.~9. 1.	제16차 비동맹운동정상회의 참석차 이란 방문. 비동맹운동정상회의에서 연설. 비동맹운동정상회의 참가 국가수반들과 담화. 이란 대통령이 마련한 연회 참석, 이란 방문한 김영남을 환영하는 의식에 참석. 이란 제1부통령, 국회의장과 담화. 이란 이슬람교혁명지도자를 의례방문. 이란 대통령 의례방문
2013. 8. 3.~4.	테헤란 도착 후 이란 대통령 의례방문. 이란 대통령 취임식 참가. 시리아 내각 수상, 이란 국가복리이사회 위원장, 쿠바 내각 부수상과 담화
2014. 2. 5.~10.	제22차 소치 동계올림픽경기대회 개막 행사에 명예손님으로 참가하기 위해 러시아를 방문해 러시아연방 연해변강 행정장관, 러시아연방평의회 의장, 블라디미르 푸틴(Vladimir Putin) 러시아 대통령, 시진핑(習近平) 중국 국가주석, 몽골 대통령, 카자흐스탄 대통령, 아르메니아 대통령, 반기문 유엔사무총장 등을 만남

자료: 통일부, 『북한 주요인사 인물정보 2013』(통일부, 2013), 103~105쪽; 조선중앙통신; ≪로동신문≫ 등을 토대로 필자 작성.

최고인민회의 상임위원장과 회담하고, 박봉주 내각 총리 및 최태복 최고인민회의 의장과는 회견했으므로[17] 김영남 최고인민회의 상임위원장이 김 제1비서를 대신해 몽골 대통령과 정상회담을 진행한 셈이다.

〈그림 6-5〉 김영남 최고인민회의 상임위원장의 푸틴 러시아 대통령과의 회견 보도

김영남 최고인민회의 상임위원회 위원장 울라지미르 울라지미로비치 뿌찐 로씨야련방 대통령을 만났다

【쏘치 2월 7일발 조선중앙통신】제22차 겨울철올림픽경기대회 개막행사에 명예손님으로 참가하고있는 김영남 조선민주주의인민공화국 최고인민회의 상임위원회 위원장은 7일 쏘치에서 울라지미르 울라지미로비치 뿌찐 로씨야련방 대통령을 만났다.

우리 당과 인민의 최고령도자이신 경애하는 김정은동지께서 울라지미르 울라지미로비치 뿌찐대통령에게 보내시는 인사를 김영남위원장이 정중히 전하였다.

대통령은 이에 깊은 사의를 표하고 경애하는 김정은동지께 자신의 충심으로 되는 인사를 전하여드릴것을 부탁하였다.

김영남위원장은 뿌찐대통령과 친선적인 분위기속에서 전통적인 조로협조관계를 발전시킬데 대한 담화를 하였다.

자료: ≪로동신문≫, 2014년 2월 9일 자, 1쪽.

김영남 최고인민회의 상임위원장의 이와 같은 외교 활동은 북한 주민들에게 자국이 국제 사회에서 고립되어 있지 않고, 미국과 일본을 제외한 대부분의 해외 국가수반들과 긴밀한 관계를 유지하고 있는 인상을 주어 체제에 대한 주민들의 충성심을 유도하는 데 적극적으로 이용된다.

양형섭 최고인민회의 상임위원회 부위원장의 외교 활동은 김영남만큼 활발하지는 않다. 그는 주로 북한 주재 외국 대사가 주최하는 각종 연회에 참석하거나 북한 주재 외국 대사나 북한 방문 외국 인사들에게 '공화국훈장' 등을 수여하는 행사 등에 참석하고, 특히 외국 의회 대표단의 방북 시 접견하는 등의 활동을 한다. 이는 최고인민회의 상임위원회가 대외적으로 북한을 대표하고 외국의 국회, 국제의회기구를 대상으로 하는 외교 활동을 담당하고 있는 것과 밀접한 관련이 있다.

양형섭은 2012년 1월 16일 AP통신과의 인터뷰를 통해 김정은이 지식기반

17) ≪로동신문≫, 2013년 10월 29일 자; 2013년 10월 31일 자.

〈그림 6-6〉 스웨덴 연립집권정당 국회의원 대표단과 기념 촬영하는 양형섭

자료: 조선중앙통신, 2012. 7. 2.

경제를 만드는 데 집중하고 중국을 포함한 다른 국가의 경제개혁 사례를 연구하고 있다고 밝힌 바 있다.[18] 양형섭이 이와 같이 파격적인 발언을 할 수 있는 것은 그가 김정은의 상당한 신임을 받고 있음을 시사하는 것이다.

김영대 조선사회민주당 중앙위원회 위원장이 최고인민회의 상임위원회 부위원장을, 류미영 조선천도교청우당 중앙위원회 위원장이 최고인민회의 상임위원회 위원을 맡고 있는 것도 대외적으로 북한이 다른 민주주의 국가들처럼 복수정당제와 종교의 자유를 채택하고 있는 것처럼 선전하고 해외 및 남한의 정당들 그리고 종교단체들과 실리 및 대남 통일전선 차원의 교류를 추진하기 위한 것이다.

18) 연합뉴스, 2012. 1. 17.

3) 훈장, 메달, 명예칭호의 제정 및 수여를 통한 주민의 충성 유도

2009년과 2012년 개정 헌법 제116조는 최고인민회의 상임위원회에 "훈장과 메달, 명예칭호, 외교직급을 제정하며 훈장과 메달, 명예칭호를 수여"하는 권한을 부여했다. 훈장과 메달, 각종 명예칭호 수여는 어느 국가에나 존재하지만, 특히 경제적 보상을 제공할 예산이 부족한 사회주의체제에서 많이 사용되어온 방법이다.

2012년 2월에만 해도 북한은 최고인민회의 상임위원회 정령을 통해 '김정일훈장'을 제정해 김영남 최고인민회의 상임위원장, 최영림 내각 총리, 리영호 총참모장, 김정일의 매제 장성택, 김정일의 마지막 부인 김옥 등 총 132명의 간부들, 항일혁명투사들, 군인들, 근로자들에게 수여했다. 2012년 10월에는 김일성군사종합대학에 김정일훈장을 수여했고, 2013년 2월에는 국방력 강화와 경제강국 건설에 크게 기여한 단체와 일꾼, 군인, 근로자들에게 김정일훈장을 수여했다. 북한은 이외에도 2012년 1월 "조선로동당의 주체적 문예사상과 이론을 철저히 구현하여 사상성, 정론성이 강하고 인식교양적 의의가 큰 작품들을 많이 창작한 시인" 차영도에게 김일성훈장[19]을 수여했고, 동년 2월에는 사망한 김정일에게도 김일성훈장을 수여했다. 2013년 4월에는

---

19) 북한은 1972년 3월 20일 최고인민회의 상임위원회 정령으로 '김일성훈장'을 제정 공포했다. 이 훈장은 김일성 회갑을 기념하기 위해 새로 제정한 것으로, 정령에서 "김일성훈장은 우리나라 최고 훈장이다"라고 규정한다. 김일성훈장에 관한 규정에 의하면 ① 김일성의 혁명사상·주체사상으로 무장하고, ② 김일성의 사상과 의지대로 사고하고 행동하며, ③ 김일성을 목숨으로 옹호(擁護) 보위하며, ④ 당 정책을 관철하기 위한 투쟁에서 빛나는 위훈을 세운 일꾼들에게 수여한다고 되어 있다. 김일성훈장은 이상과 같은 이른바 탁월한 인물 또는 직장, 군부대에 주어지는데, 매년 김일성의 생일인 4월 15일 전후해 수여하기로 규정한다. 북한대사전편찬위원회 편, 『(증보개정판) 북한대사전』(공산권문제연구소, 1979), 294쪽.

〈그림 6-7〉 김일성 및 김정일 관련 훈장과 상 메달 및 휘장

김일성훈장	김정일훈장

김일성상 금메달	김정일상 금메달

김일성청년영예상 메달	김정일청년영예상 메달

김일성소년영예상 휘장(배지)	김정일소년영예상 휘장(배지)

자료: 조선중앙통신, 2012. 2. 4, 2012. 6. 21.

'조국해방전쟁승리 60돐 기념훈장'을 제정해 동년 7월 김일성, 김정일, '조국해방전쟁에서 위훈을 세운 항일 노투사들과 전쟁노병들, 전시공로자들'과 '중국인민지원군 노병들과 러시아조선전쟁노병대표단 성원들'에게 수여했다.

또한 북한은 2012년 2월에 최고인민회의 상임위원회 정령을 통해 '김정일상', '김정일청년영예상', '김정일소년영예상'이라는 새로운 상을 제정했다. 그리고 같은 달 "주체적인 사회주의 문화건설 위업수행에 크게 공헌한" 24명에게 김정일상을, "청년동맹조직을 선군청년전위대오로 강화발전시키고 조국보위와 사회주의 강성국가 건설에서 위훈을 세우고 학습과 동맹조직생활에서 모범을 보인 104명의 청년동맹일꾼들과 청년동맹원들"에게 김정일청년영예상을, "소년단조직생활, 사회정치활동과 좋은일하기운동에서 특출한 모범을 보인 101명의 소년단원들"에게 김정일소년영예상을 수여했다. 또한 동년 5월 만수대창작사의 창작가, 종업원, 일꾼들 4명에게 김정일상을, 6명에게 김정일청년영예상을 수여하고, 2013년 2월 '사회주의문명국건설에 크게 기여한 대상들'에 김정일상을 수여했다.

북한은 또한 2012년에 최고인민회의 상임위원회 정령에 의해 김원균명칭 평양음악대학 강좌장을 맡고 있는 성악가 리향숙에게 '인민배우 칭호'[20]를, 만수대예술극장, 인민대학습당, 향산호텔, 평양교예극장, 빙상관 등을 설계한 평양도시설계연구소 기사장 고부웅에게 '노력영웅 칭호'[21]를, "당과 수령, 조국과 인민을 보위하는데 특출한 공로를 세운" 남승제에게 '공화국영웅' 칭

---

20) 1952년 9월 4일 최고인민회의 상임위원회 정령으로 정해졌으며, 연극·영화·음악·무용 등 각 예술 분야의 작품 창조가 및 무대 예술인들에게 주는 최고 영예 칭호다. 북한대사전편찬위원회 편, 『(증보개정판) 북한대사전』, 879쪽.

21) 1951년 7월 17일 최고인민회의 상임위원회 정령으로 정해졌으며, 경제건설·행정사업 각 분야에서 가장 특출한 공훈을 세운 자에게 수여하는데 군인에게는 수여하지 않는다. 금메달과 국기훈장 1급을 수여하며 공화국 영웅 칭호와 동급이다. 북한대사전편찬위원회 편, 『(증보개정판) 북한대사전』, 619쪽.

〈그림 6-8〉 최고인민회의 상임위원회 정령에 의한 공훈배우 칭호 수여 보도

조선민주주의인민공화국 최고인민회의 상임위원회

정 령

제33호 주체103(2014)년 5월 17일

라유미동지에게 조선민주주의인민공화국 공훈배우칭호를 수여함에 대하여

조선민주주의인민공화국 최고인민회의 상임위원회는 우리 당의 주체적인 음악예술사상으로 튼튼히 무장하고 불타는 창조적열정과 전투적기백으로 영광스러운 김정은시대의 정신이 맥박치는 노래들을 훌륭히 형상함으로써 우리 군대와 인민을 당의 사상관철전, 당정책옹위전에로 힘있게 불러일으키는데 적극 이바지한 모란봉악단 배우 라유미동지에게 조선민주주의인민공화국 공훈배우칭호를 수여한다.

조선민주주의인민공화국 최고인민회의 상임위원회

평 양

자료: ≪로동신문≫, 2014년 5월 18일 자, 1쪽.

호[22]를 수여했다.[23] 그리고 2014년에는 최고인민회의 상임위원회 정령으로 "김정은시대의 정신이 맥박 치는 노래들을 훌륭히 형상함으로써 우리[북한] 군대와 인민을 당의 사상관철전, 당정책옹위전에로 힘 있게 불러일으키는데 적극 이바지한" 모란봉악단 배우 라유미에게 '공훈배우 칭호'[24]를 수여했다.

북한은 이외에도 최고인민회의 상임위원회 정령으로 엘리트와 주민들에게 각종 메달과 표창을 수여함으로써 김정은체제에 대한 주민들의 자발적인 충성을 유도하고 있다. 김일성·김정일시대에도 명예칭호와 표창 등이 체제에 대한 주민들의 충성을 유도하는 중요한 하나의 수단이었지만, 이와 같은 수단이 김정은시대에 들어와 더욱 적극적으로 활용되고 있는 것으로 판단된다.

---

22) 6·25전쟁 발발 직후인 1950년 6월 30일 최고인민회의 상임위원회 정령으로 제정되었고 군사와 각 분야 건설에서 가장 특출한 공훈을 세운 자에게 수여한다. 김일성상과 김일성훈장 제정 이전에는 최고 칭호였으며, 금메달과 국기훈장 1급을 수여한다. 북한대사전편찬위원회 편, 『(증보개정판) 북한대사전』, 619쪽 참조.

23) ≪로동신문≫, 2012년 1월 11일 자; 2012년 7월 29일 자; 2014년 1월 6일 자; 연합뉴스, 2012. 1. 6.

24) 북한에서 공훈 배우는 "예술 활동에서 특출한 공훈을 세운 배우"를 뜻하며, 이 칭호를 받은 배우는 표창장과 국기훈장 1급 또는 노력훈장을 함께 수상한다. 연합뉴스, 2014. 5. 18.

4. 북한 최고인민회의 상임위원회 엘리트

2014년 3월 9일 최고인민회의 대의원 선거 실시 후 동년 4월 9일 최고인민회의 제13기 제1차 회의가 개최되어 최고인민회의 상임위원회 구성원이 새롭게 선출되었다. 최고인민회의 제13기 제1차 회의 개최 전 일부 전문가들은 김정은이 최고인민회의 상임위원장직을 폐지하고, 과거 김일성처럼 명실상부한 국가수반으로서 외교의 전면에 나서거나 최고인민회의 상임위원장이 더 젊은 인물로 교체될 것으로 예상했다. 그런데 김정은이 최고인민회의 상임위원장직을 폐지하지 않고 86세의 김영남에게 다시 이 기구의 위원장직을 맡긴 것은 그가 아직 젊은 나이와 경험 부족으로 외교의 전면에 나설 준비가 되지 않았기 때문인 것으로 판단된다.

과거 김일성이 만 60세가 되었을 때 최고인민회의 상임위원장직을 폐지하고, 대외적으로 북한을 대표하는 국가주석직을 새로 만들어 외교의 전면에 나선 점을 고려하면 30대 초반의 김정은이 외교의 전면에 나서기에는 부담스러웠을 것이라는 추정도 가능하다. 그리고 북한 지도부가 김영남을 최고인민회의 상임위원장직에 재선출한 것은 그가 오랫동안 외교 엘리트로 일하면서 특히 제3세계에서 구축한 폭넓은 외교 인맥을 활용하기 위한 것으로 판단된다.

최고인민회의 제13기 제1차 회의에서 최고인민회의 상임위원회 구성원들이 대폭 늘어난 것은 주목할 만한 점이다. 제12기 최고인민회의 상임위원회 위원 중 홍인범 평안남도당위원회 책임비서, 로성실 전 여맹 위원장, 심상진 전 조선불교도연맹 중앙위원회 위원장은 재선되지 못했다. 그 대신 제13기 최고인민회의 상임위원회 위원으로 태종수 함경남도당위원회 책임비서, 김정순 조선민주여성동맹 중앙위원회 위원장, 김완수 6·15 공동선언실천 북측준비위원회 위원장, 강명철 조선그리스도연맹 중앙위원회 위원장, 강수린

〈그림 6-9〉 제13기 최고인민회의 상임위원회 구성원 명단

자료: 통일부 운영 북한정보포털 사이트(http://nkinfo.unikorea.go.kr/nkp/main/portalMain.do, 검색일: 2014년 5월 22일).

조선불교도연맹 위원장 겸 조선적십자사 중앙위원회 위원장, 전경남 인민경제대학 총장이 선출되었다. 이처럼 6·15 공동선언실천 북측 준비위원회 위원장과 조선그리스도연맹 중앙위원회 위원장이 새로 최고인민회의 상임위원에 선출된 것을 고려할 때 향후 북한이 남북 국회 및 종교단체 교류에 더욱 적극적으로 나올 가능성이 있다. 인민경제대학 총장이 새로 최고인민회의 상임위원에 선출된 것은 경제 개혁 및 개방 관련 입법을 뒷받침하기 위한 것으로 판단된다.

제13기 최고인민회의 상임위원회 구성원들의 면면을 보면 김영남이 위원장을, 양형섭과 김영대가 부위원장을, 홍선옥 전 최고인민회의 부의장이 서기장을 맡고 있다. 그리고 김일성의 동생인 김영주 전 조선로동당 중앙위원회 조직지도부장과 최영림 전 내각 총리가 명예부위원장을 맡고 있다. 최고인민회의 상임위원회 위원들로는 김양건 당중앙위원회 통일전선부장, 태종수 함경남도당위원회 책임비서, 전용남 김일성사회주의청년동맹 중앙위원

〈표 6-4〉 최고인민회의 상임위원회 명단(2014년 9월)

이름 (출생연도)	상임위원회 직책	겸직(비고)
김영남 (1928)	위원장 (1998. 9.~)	당중앙위원회 정치국 상무위원(2010. 9.~), 전 당중앙위원회 국제부장, 전 정무원 부총리 겸 외교부 부장
양형섭 (1925)	부위원장 (1998. 9.~)	당중앙위원회 정치국 위원(2010. 9.~), 조국전선 중앙위 공동의장(1979. 11.~), 조평통 부위원장(1984. 2.~), 전 최고인민회의 상설회의 의장, 전 사회과학원 원장
김영대 (1937)	부위원장 (1998. 9.~)	조선사회민주당 중앙위 위원장(1998. 8.~), 민족화해협의회 회장(1998. 6.~), 범민련 북측본부 부의장(1991. 1.~)
김영주 (1920)	명예부위원장 (1998. 8.~)	김일성의 동생, 전 조선로동당 중앙위원회 조직지도부장.
최영림 (1930)	명예부위원장 (2013. 4.~)	전 당중앙위원회 정치국 상무위원(2010. 9.~2013. 3. 31.), 전 내각총리(2010. 6.~2013. 4. 1.), 전 최고인민회의 상임위원회 서기장
홍선옥 (1950)	서기장 (2013. 4.~)	조선대외문화연락위원회 부위원장, 조선일본군위안부 및 강제연행피해자보상대책위원회 위원장, 일본의 과거 청산을 요구하는 국제연대협의회 조선위원회 위원장, 북-스위스 친선협회 위원장, 북-오스트리아 친선협회 위원장, 북-폴란드 친선협회 부위원장, 6·15 공동선언실천 북측위원
김양건 (1942)	위원	당중앙위원회 통일전선부장(2007. 3.~), 당중앙위원회 비서(2010. 9.~), 당중앙위원회 정치국 후보위원(2010. 9.~), 조선아시아태평양평화위원회 위원장(2009. 8.~)
태종수 (1936)	위원 (2014. 3.~)	함경남도 당위원회 책임비서, 전 당중앙위원회 비서
전용남 (미상)	위원 (2012. 9.~)	김일성사회주의청년동맹 중앙위원회 위원장, 국가체육지도위원회 위원
현상주 (1940)	위원	조선직업총동맹 중앙위원회 위원장, 당중앙위원회 후보위원, 북-인도 친선협회 위원장, 국가체육지도위원회 위원
리명길 (1963)	위원	조선농업근로자동맹 중앙위원회 위원장, 당중앙위원회 후보위원, 조선캄보디아친선협회 위원장, 국가체육지도위원회 위원
김정순 (?)	위원	조선민주여성동맹 중앙위원회 위원장
김완수 (1939)	위원	6·15 공동선언실천 북측 준비위원회 위원장, 조국통일민주주의전선 서기국장, 민족화해협의회 부회장, 전 최고인민회의 부의장
류미영 (1921)	위원	조선천도교청우당 중앙위원회 위원장, 조선천도교회 중앙지도위원회 위원장, 단군민족통일협의회 회장, 조선종교인협회 부회장, 최덕신 전 한국 외무부장관의 부인.
강명철 (?)	위원	조선그리스도연맹 중앙위원회 위원장, 전 강영섭 조선그리스도교연맹 중앙위원회 위원장의 아들
강수린 (1952)	위원	조선불교도연맹 위원장 겸 조선적십자사 중앙위원회 위원장
전경남 (1954)	위원	인민경제대학 총장, 전 최고인민회의 법제위원(보선), 전 북-스웨덴 친선협회 위원장

자료: 통일부 북한자료센터 홈페이지(http://unibook.unikorea.go.kr/?sub_num=116)(검색일: 2014년 4월 22일); 『북한 주요인사 인물정보 2013』(통일부, 2013) 등을 참고하여 필자 작성.

장, 현상주 조선직업총동맹 중앙위원장, 리명길 조선농업근로자동맹 중앙위원장, 김정순 조선민주여성동맹 중앙위원회 위원장, 김완수 6·15 공동선언 실천 북측 준비위원회 위원장, 류미영 조선천도교청우당 위원장, 강명철 조선그리스도연맹 중앙위원회 위원장, 강수린 조선불교도연맹 위원장 겸 조선적십자사 중앙위원회 위원장, 전경남 인민경제대학 총장이 있다.

최고인민회의 상임위원회의 가장 핵심적인 간부들은 김영남 위원장, 양형섭 부위원장, 김영대 부위원장, 홍선옥 서기장이다. 이들은 '최고인민회의 상임위원회 상무회의'의 참석 대상이고, 나머지 다른 구성원들은 정당, 근로 단체, 종교단체 등에서 활동하면서 '최고인민회의 상임위원회 전원회의'가 개최될 때에만 부분적으로 참여하고 있기 때문이다.

최고인민회의 상임위원회에서 위원장직을 15년 이상 맡고 있는 김영남은 과거 당중앙위원회 국제부장과 정무원 외교부장 등을 역임한 전형적인 외교 엘리트다.[25] 그는 1998년 헌법 개정으로 이전에 주로 입법 기능만을 수행하던 최고인민회의 상설회의가 폐지되고, '국가 대표' 기능까지 수행하는 최고인민회의 상임위원회가 부활하면서 현 직책에 임명되었다.

최고인민회의 상임위원회에서 현재 15년 넘게 장기간 부위원장직을 맡고 있는 양형섭은 1977년 중앙인민위원회 법제위원회 위원장을 맡았고, 1983년부터 1998년 헌법 개정 이전까지 약 15년간 최고인민회의 의장과 최고인민회의 상설회의 의장직을 맡았던 입법 분야의 전문 엘리트다. 양형섭은 중국 칭다오중학교와 김일성종합대학을 졸업한 후 소련 모스크바대학교 정치경제학부를 졸업한 유학파다. 그는 1969년에 북한·탄자니아친선협회 위원장을, 1982년에 북한·영국친선협회 위원장을 맡는 등 북한의 친선외교에 부분적으로 참여한 바 있다. 그는 김정은시대에도 최고인민회의 상임위원회 부

25) 통일부, 『북한 주요인사 인물정보 2013』(통일부, 2013), 102~103쪽 참조.

위원장으로서 방북한 해외 인사들을 접견하고는 있지만 김영남에 비해 외교 관련 활동은 활발하지 않은 편이다.[26) 양형섭은 현재 최고인민회의 상임위원회 명의의 정령 발표 등 입법에 주로 관여하는 것으로 판단된다.

최고인민회의 상임위원회의 또 한 명의 부위원장인 김영대는 김영남, 양형섭, 홍선옥이 현재 최고인민회의 상임위원회 직책으로 활동하는 데 비해 주로 조선사회민주당 중앙위원회 위원장이라는 상근 직책과 민족화해협의회 회장과 범민련 북측 본부 부의장이라는 직을 겸임하여 활동한다.[27) 이와 같은 사실에 비추어볼 때 김영대의 최고인민회의 상임위원회 부위원장 임명은 남한의 진보 정당과의 교류 및 대외 접촉을 고려한 측면이 중요하게 작용한 것으로 보인다.

김정은시대에 들어와 최고인민회의 상임위원회와 관련해 주목할 만한 인사는 여성인 홍선옥 조선대외문화연락위원회 부위원장이 2013년 4월 1일 개최된 최고인민회의 제12기 제7차 회의에서 이 권력기관의 '서기장'이라는 핵심 요직에 임명된 것이다.[28) 최영림 현 최고인민회의 상임위원회 명예부위원장이 과거에 '최고인민회의 상임위원회 서기장'을 맡고 있다가 평양시 당위원회 책임비서직에 임명되었고, 다시 내각 총리에 발탁된 사례에 비추어 보더라도 최고인민회의 상임위원회 서기장이 매우 중요한 직책임을 짐작할 수 있다. 북한 헌법의 토대가 된 스탈린헌법에서도 "소련 최고소비에트에 의해 채택된 법령들은 최고소비에트 상임위원회 위원장과 서기의 서명이 있어야 연방구성공화국의 언어로 공포된다"(제40조)[29)]라고 규정할 정도로 최고

26) 통일부, 『북한 주요인사 인물정보 2013』, 357~360쪽 참조.

27) 같은 책, 106~107쪽 참조.

28) ≪로동신문≫, 2013년 4월 2일 자.

29) "1936 CONSTITUTION OF THE USSR", http://www.departments.bucknell.edu/russian/const/1936toc.html(검색일: 2013년 6월 30일) 참조.

소비에트 상임위원회 서기(북한의 경우 '최고인민회의 상임위원회 서기장'이 이에 해당)는 상당한 영향력을 가지고 있었다. 지금까지 김정일의 여동생인 김경희를 제외하고 북한 지도부에서 여성이 고위직을 차지한 적이 드물다는 점을 볼 때 홍선옥의 최고인민회의 상임위원회 서기장직 임명은 관심을 끌 만하다.

김영남과 양형섭 모두 80대 중·후반 그리고 김영대도 70대 중반의 나이인 점을 감안하면 홍선옥은 60대 초반의 나이로 상대적으로 젊은 편이다. 홍선옥의 과거 경력을 보면 조선민주여성동맹 부위원장을 지낸 여성지도자로서 북·스위스 친선협회 위원장, 북·오스트리아 친선협회 위원장, 북·폴란드 친선협회 부위원장을 맡는 등 주로 유럽 국가들과의 친선외교에 많이 관여해 왔다. 김정은이 1990년대 중·후반 스위스에서 4년 반 동안 유학한 경험이 있는 점에 비추어 볼 때 홍선옥의 스위스를 비롯한 유럽 국가들과의 친선외교 활동이 그의 발탁에 중요하게 작용했을 가능성을 생각해볼 수 있다. 홍선옥은 또한 조선일본군위안부 및 강제연행피해자 보상대책위원회 위원장, 일본의 과거 청산을 요구하는 국제연대협의회 조선위원회 위원장과 6·15 공동선언실천 북측 위원도 맡아 일본 및 한국과의 관계에서도 활발히 활동한 경력이 있다.[30)]

최고인민회의 상임위원회에는 청년동맹, 직업총동맹, 농근맹, 여맹의 4대 근로단체 책임자들도 포함되어 있다. 이는 이 기관이 훈장과 메달, 명예칭호를 제정하고 수여함으로써 정권에 대한 엘리트와 주민의 충성심을 유도하는 데 중요한 역할을 수행하는 것과 밀접한 관련이 있다. 따라서 4대 근로단체의 책임자가 바뀌면 그 다음에 소집되는 최고인민회의 회의에서 해임된 근로단체 책임자는 최고인민회의 상임위원직에서 소환되고 새로 임명된 책임

30) 통일부, 『북한 주요인사 인물정보 2013』, 534~536쪽 참조.

〈그림 6-10〉 최고인민회의와 최고인민회의 상임위원회의 기구 및 인적 구성

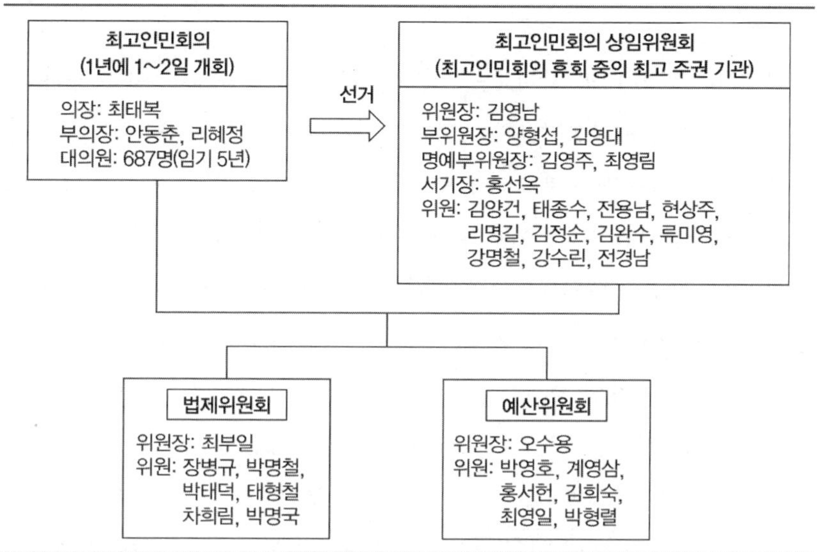

자료: 북한 헌법과 ≪로동신문≫, 2014년 4월 10일 자 등을 토대로 필자 작성.

자가 상임위원에 선출된다.

〈그림 6-10〉에서 알 수 있듯이 북한 최고인민회의는 법제위원회와 예산위원회라는 2개의 '부문위원회'를 가지고 있다. 북한 헌법은 이 법제위원회와 예산위원회가 최고인민회의 휴회 기간 중에는 최고인민회의 상임위원회의 지도하에 사업하도록 규정한다. 따라서 이 두 '부문위원회'는 비록 형식상으로는 최고인민회의에 속해 있지만 실질적으로는 최고인민회의 상임위원회에 속해 있다고 볼 수 있다.

5. 맺음말

앞에서 살펴본 바와 같이 북한 최고인민회의 상임위원회는 1년 중 363~364일에 해당하는 최고인민회의 휴회 기간 중 최고인민회의의 기능을 대행한다. 그러므로 헌법의 채택이나 수정을 제외한 거의 대부분의 입법이 최고인민회의 상임위원회에서 이루어진다고 해도 과언이 아니다.

북한이 687명의 대의원으로 구성된 최고인민회의를 통해서가 아니라 약 10여 명의 엘리트로 구성된 최고인민회의 상임위원회에서 법령을 채택하는 것은 입법기구에 대한 조선로동당의 통제를 효과적으로 보장하기 위해서다. 최고인민회의 상임위원회의 구성을 보면 조선로동당의 정치국 상무위원인 김영남이 위원장을, 정치국 위원인 양형섭이 부위원장을 맡고 있고, 정치국 후보위원 겸 당중앙위원회 비서인 김양건 통일전선부장이 위원으로 참여한다. 물론 최고인민회의 상임위원회에 조선사회민주당과 조선천도교청우당의 위원장이 각기 부위원장과 위원으로 참여하기는 하지만 이들은 모두 조선로동당의 '우당(友黨)'들로서 조선로동당의 노선을 지지하는 명목상의 야당에 불과할 뿐이다. 그리고 조선로동당의 지도하에 일반 주민을 통제하는 4대 근로단체의 위원장들이 모두 위원으로 참여하고 있어 최고인민회의 상임위원회가 조선로동당의 통제를 벗어나 독자적으로 결정을 내릴 수 있는 가능성이 원천적으로 배제되어 있다.

이처럼 북한 최고인민회의 상임위원회는 김정은 제1비서와 조선로동당이 결정한 노선과 정책을 법적·행정적으로 뒷받침하는 역할을 수행한다. 흥미로운 것은 경제의 회복과 개방이 주요 과제인 북한의 외국인 투자 유치 및 경제 개방 관련 법령의 대부분이 최고인민회의보다 이 기구에서 채택된다는 점이다.

김영남은 최고인민회의 상임위원장으로서 대외적으로 "국가를 대표하며 다른 나라 사신의 신임장, 소환장을 접수"하고 외국의 국가원수에게 수시로 축전과 조전을 보내는 등 친선외교와 공식적인 외교 활동의 중요한 한 부분을 담당한다. 김영남은 특히 현재 북한의 최고지도자인 김정은이 직접 나서기를 꺼리는 제3세계 국가와의 정상외교도 수행한다. 김영남 최고인민회의 상임위원장의 활발한 외교 활동은 북한 주민들에게 자국이 국제 사회에서 고립되어 있지 않고, 미국과 일본을 제외한 대부분의 해외 국가수반들과 긴밀한 관계를 유지하고 있다는 인상을 주어 체제에 대한 주민들의 충성심을 유도하는 데 적극적으로 이용된다.

한국의 외교부 장관이 총괄적으로 관장하는 외교 활동을 북한은 여러 명의 파워 엘리트들이 나누어 전문적으로 담당한다. 북한의 체제 생존에 가장 중요한 중국을 비롯한 사회주의체제들과의 외교 및 서구와 제3세계의 정당들을 대상으로 하는 당 대(對) 당 외교는 현재 강석주 당중앙위원회 국제 비서가 관장하고 있다. 강석주가 지난 4월 내각 부총리직에서 해임되고 당중앙위원회 비서로 이동하기는 했지만, 북핵 및 대미 외교는 그와 김계관 외무성 제1부상이 계속 담당할 것으로 판단된다. 김영남 최고인민회의 상임위원장은 주로 이란, 싱가포르, 라오스, 몽골 등 제3세계 국가들과의 정상외교 및 비동맹운동에 대한 외교를 맡고 있다. 북한의 리수용 외무상은 현재 강석주 당중앙위원회 국제 비서와 김계관 외무성 제1부상, 그리고 김영남 최고인민회의 상임위원장이 담당하고 있는 외교 활동을 제외한 나머지 부분을 주로 담당하는 것으로 판단된다.[31] 그런데 리수용 외무상은 취임 후 중동 및 아프리카 그리고 아세안 국가들을 순방해 박의춘 전 외무상보다 활발하게 외교 활동을 벌임으로써 북한의 실리주의적인 경제외교가 강화되고 있는 경향을

31) 그러므로 북한 외무상은 한국의 '외무장관'과 얼핏 보기에 유사한 직책명을 가지고 있지만 외교 분야에서의 영향력은 매우 제한적이다.

보여주었다.

남한의 기준에서 보면 김영남 위원장이 상대하는 국가들이 강석주 당중앙위원회 비서나 김계관 외무성 제1부상이 상대하는 국가들보다 상대적으로 덜 중요하다고 볼 수 있을 것이다. 하지만 북한은 세계에서 약 10위권 안에 들어가는 군사력을 바탕으로 제3세계국가 사이에서 일정한 영향력을 행사해왔고, 이를 바탕으로 북한이 국제무대에서 상당한 영향력이 있는 것처럼 주민들에게 선전해 김영남의 외교 활동은 특히 체제에 대한 주민들의 자부심과 충성심을 이끌어내는 데 매우 중요한 역할을 한다.

북한 최고인민회의 상임위원회는 훈장과 메달, 명예칭호의 제정 및 수여를 통해 엘리트와 주민들의 체제에 대한 충성심을 유도하는데, 이와 같은 사실은 그동안 북한 정치 연구에서 자주 간과되어온 부분이다. 탈냉전 이후 북한이 현재까지 체제를 지탱하고 있는 데는 엘리트와 주민에 대한 당과 군대, 공안기관의 통제력에 의존하는 바가 크지만, 감시와 통제 그리고 물리력만으로 설명하는 데는 한계가 있다. 북한 지도부가 엘리트와 주민 통제를 위해 '사탕'과 '채찍'을 활용한다고 본다면, 북한 최고인민회의 상임위원회는 바로 '사탕'을 주면서 체제에 대한 충성심을 이끌어내는 역할을 한다는 점에 주목할 필요가 있다.

2014년 4월 9일 개최된 최고인민회의 제13기 제1차 회의에서 김정은이 최고인민회의 상임위원장직을 폐지하지 않고 86세의 김영남에게 다시 이 기구의 위원장직을 맡긴 것은 그가 아직 젊은 나이와 경험 부족으로 외교의 전면에 나설 준비가 되지 않았기 때문일 것이다. 북한 지도부가 김영남을 최고인민회의 상임위원장직에 재선출한 것은 그가 오랫동안 외교 엘리트로 일하면서 특히 제3세계에서 구축한 폭넓은 외교 인맥을 활용하기 위한 것으로 판단된다.

최고인민회의 제13기 제1차 회의에서 최고인민회의 상임위원회 구성원이 대폭 늘어난 것은 주목할 만한 점이다. 제13기 최고인민회의 상임위원회 위원으로 태종수 함경남도 당위원회 책임비서, 김정순 여맹 위원장, 김완수 6·15 공동선언실천 북측 준비위원회 위원장, 강명철 조선그리스도연맹 중앙위원장, 강수린 조선불교도연맹 위원장 겸 조선적십자사 중앙위원장, 전경남 인민경제대학 총장이 새로 선출되었다. 이처럼 6·15 공동선언실천 북측 준비 위원장과 조선그리스도연맹 위원장이 새로 최고인민회의 상임위원회 위원에 선출된 것을 고려할 때 향후 북한이 남북 국회 및 종교단체 교류에 더욱 적극적으로 나올 가능성이 있다. 그리고 인민경제대학 총장이 새로 최고인민회의 상임위원회 위원에 선출된 것은 경제 개혁 및 개방 관련 입법을 뒷받침하기 위한 것으로 판단된다.

만약 한국 국회가 남북 국회회담을 추진한다면 비상설기구인 북한의 최고인민회의가 아니라 상설기구인 최고인민회의 상임위원회를 상대해야 할 것이다. 그런데 북한 최고인민회의 상임위원회는 조선로동당의 철저한 통제하에 있고, 한국 국회는 다양한 정치 세력으로 구성되어 있다. 그러므로 한국 국회가 남북 국회회담을 추진하려면 회담에 참여할 대표단을 먼저 구성하고 북한과 협상할 내용에 대해 대표단 내에서 입장 통일을 이루는 것이 중요하다.

한국의 국회의장이 입법기구의 수장이라면 북한의 김영남 최고인민회의 상임위원장은 입법기구의 수장임과 동시에 북한의 국가를 대표하는 위치에 있다. 그러므로 한국이 남북 국회회담을 추진할 경우 북한은 김영남 최고인민회의 상임위원장의 격이 한국의 국회의장보다 높다고 주장하면서 대신 최태복 최고인민회의 의장을 한국 국회의장의 상대로 내세울 수 있다. 그런데 북한의 최고인민회의는 한국의 국회와는 다른 비상설기구다. 그러므로 우리 측에서는 최고인민회의보다 더 실질적으로 입법 활동을 진행하는 상설기구인 최고인민회의 상임위원회를 상대로 하는 것이 바람직하다.

최고인민회의 상임위원회의 김영남 위원장은 입법 엘리트라기보다는 기본적으로 외교 분야에서 잔뼈가 굵은 엘리트다. 반면 최고인민회의 상임위원회의 양형섭 부위원장은 1983년부터 1998년 헌법 개정 이전까지 약 15년간 최고인민회의 의장과 최고인민회의 상설회의 의장직을 맡았던 입법 분야의 전문 엘리트다. 그리고 최태복 최고인민회의 의장은 과학과 교육 분야의 엘리트다. 그러므로 김영남, 양형섭, 최태복이 북한체제에서 담당하는 역할을 고려할 때 한국의 국회의장에 가장 적합한 상대는 양형섭 최고인민회의 상임위원회 부위원장이라고 할 수 있다.

남북은 기본적으로 매우 상이한 정치체제를 가지고 있기 때문에 동격의 직책이 존재하지 않는 경우가 많다. 그러므로 한국 국회가 남북 국회회담을 추진할 경우 북측 상대방의 공식적인 직책에 너무 얽매이지 말고, 우리가 추구하는 목표에 가장 적합한 인물을 대상으로 대화를 진행하는 유연성을 발휘하는 것이 필요하다.

북한은 남한의 민주주의 정치가 북한에 미칠 영향을 우려해 지금까지 남북 국회회담에 소극적인 입장을 취해왔고, 앞으로도 그와 같은 입장에서 쉽게 벗어나기는 어려울 것으로 전망된다. 하지만 한국 국회가 적극적인 태도를 가지고 남북 당국 간 경색 상태에 돌파구를 마련해 남북교류협력을 활성화하기 위해 남북 국회 차원의 교류 또는 회담을 추진할 필요가 있다.

참고문헌

1. 국내 문헌

박희진. 2012. 「김정일체제의 경제적 유산과 북한경제 전망: 거점개방과 반개혁의 이중주」. ≪KDI 북한경제리뷰≫, 5월호.

북한대사전편찬위원회 엮음. 1979. 『(증보개정판) 북한대사전』. 공산권문제연구소.

정성장. 2011. 『현대 북한의 정치: 역사·이념·권력체계』. 한울.

_____. 2012. 「김정은체제의 경제 개혁·개방 전망과 과제」. ≪국가전략≫, 제18권 제4호.

_____. 2014. 『김정은 시대 북한 최고인민회의 상임위원회의 위상과 역할』. 세종연구소.

통일부. 2013. 『북한 주요인사 인물정보 2013』. 통일부.

통일부 북한자료센터 홈페이지의 북한 권력기구도. http://unibook.unikorea.go.kr/?sub_num=116(검색일: 2013년 10월 11일).

유현정 박사 제공 북한 투자 법령 원문.

연합뉴스.

「조선민주주의인민공화국 경제개발구법」(2013). 북한법연구회 월례발표회 참고 자료(2013.10.31.)

2. 북한 문헌

김민·한봉서. 1985. 『령도체계』. 평양: 사회과학출판사.

백과사전출판사. 2000. 『조선대백과사전』, 제17권. 평양.

북한 헌법(2012년 4월 13일 개정).

사회과학출판사. 1992. 『조선말대사전』, 제2권. 평양.

≪로동신문≫. 평양.

조선중앙통신. 평양.

3. 외국 문헌

"1936 CONSTITUTION OF THE USSR." http://www.departments.bucknell.edu/russian/const/1936toc.html(검색일: 2013년 6월 30일).

제7장

수령독재하 권력과 이권을 둘러싼 갈등, 그리고 장성택 숙청*

박형중·최대석·박영자·장인숙**

1. 머리말

단순화하면 한국에는 장성택 숙청과 관련해 상반되는 두 가지 분석이 존재한다. 첫 번째 분석은 이권 갈등론을 주축으로 한다. 이 논리에 따르면 장성택 숙청은 내부 권력 투쟁 과정에서 발생한 것이 아니라 이권 사업을 둘러싼 갈등이 비화된 사건이다. '이권 갈등론'의 대표 주자는 국정원이다. 이 분석은 2013년 12월 23일 국정원장이 장성택 숙청에 관해 국회 정보위원회에 보고하는 과정에서 등장했다.[1] 두 번째 분석은 '정치적 권력 투쟁론'을 주축

* 이 글은 2013년도 정부재원(교육과학기술부 사회과학연구지원 사업비)으로 한국연구재단의 지원을 받아 연구되었음(NRF-2011-330-B00020).

** 박형중(통일연구원 선임연구위원), 최대석(이화여자대학교 북한학과 교수), 박영자(통일연구원 연구위원), 장인숙(이화여자대학교 통일학연구원 연구위원).

으로 한다. 이 논리에 따르면 장성택은 '반당·종파 행위'를 도모하는 분파를 형성한 것 때문에, 즉 정치적 권력과 관련된 이유 때문에 숙청되었다. 기본적으로 북한 당국의 프레임을 수용하는 이러한 정치적 권력 투쟁론은 정성장에 의해 주장되고 있다.[2] 그런데 이권 갈등론을 중심으로 하는 첫 번째 분석은 권력 갈등에 대해 전혀 언급하지 않는다. 반면 권력 갈등론을 중심으로 하는 두 번째 견해는 이권 갈등의 존재에 대해 거론하지 않는다.

이 글은 장성택 숙청의 배경으로서 수령독재에서 이권 갈등과 권력 갈등이 복합적으로 전개되는 양상을 보여주고자 한다. 2절은 수령독재하에서 이권 갈등과 권력 갈등이 전개되는 기본 모델을 서술한다. 3절은 이러한 기본 모델이 김정일에서 김정은으로의 권력세습 과정에서 구체적으로 어떻게 전개되었으며, 결과적으로 장성택 숙청을 초래했는가를 보여준다. 세습 과정은 새로운 수령을 중심으로 통치연합을 재구성하는 과정, 다시 말해 권력과 이권을 재편하는 과정이었다. 따라서 이 과정에 들어가면 평시보다 권력 및 이권 갈등이 현저히 증가한다. 김정은으로의 세습 과정에서 권력 및 이권 갈등의 핵심 축은 두 가지였다. 그 하나는 권력세습 과정에서 누가 주도적 세력 또는 후견 세력이 되는가였다. 다른 하나는 그동안 팽창한 군부의 무역활동을 억제하고, 수령 경제를 강화시키는가였다. 장성택은 이 두 가지 사안과 관련된 역할을 담당하는 데서 득세했지만, 결과적으로 그 역할 때문에 숙청되었다.

1) 이승우·류형섭·류미나, "장성택 석탄사업 이권 개입 …… 권력 투쟁 아닌 이권갈등", 연합뉴스, 2013. 12. 23. 2012년 7월 총참모장 리영호의 숙청과 관련하여 한기범은 정책·이권 갈등 때문이지 권력 투쟁은 아니라는 분석을 내놓았었다. 한기범, "리영호 숙청, 권력 투쟁·개혁과 거리 있다", ≪조선일보≫, 2012년 7월 24일 자.

2) 정성장, 「장성택 숙청 이후 김정은체제의 안정성 평가」, ≪국방연구≫, 제57권 제1호(2014); 이진서, "장성택 숙청의 배경과 전망", 자유아시아방송, 2013. 12. 12.

2. 수령독재하 권력과 이권을 둘러싼 갈등 동학의 기본 모델

어느 사회에서든지 일반적으로 '권력 배분 = 이권 배분' 그리고 '권력 갈등 = 이권 갈등'이라는 도식이 성립한다. 물론 이러한 등식은 독재국가와 민주국가[3] 또는 제한 접근 질서와 열린 접근 질서[4] 또는 추출적 제도와 포용적 제도[5]에서 다른 방식으로 전개된다. 북한도 예외는 아니며, 장성택 숙청 사건도 이와 관련되어 있다.

'권력 배분 = 이권 배분'인 이유는 이렇다. 어떤 권력 집단이 자신이 보유한 권력의 규모에 상응하는 이권을 향유하지 못하는 경우를 상정해보자. 그러면 이 권력 집단은 권력을 활용해 권력 지분에 부합하게 이권 지분이 변할 때까지 투쟁할 것이다.[6] 따라서 안정된 사회에서는 '권력 배분 = 이권 배분'의 등식이 성립한다. 그런데 어떤 이유로 권력 배분에 변경이 발생하고, 그리하여 권력 배분과 이권 배분이 일치하지 않으면 양자가 다시 균형을 이룰 때까지 정치적 갈등이 벌어질 수밖에 없다. 이러한 균형이 정착하면 해당 사회의 제도를 통해 표현된다. 제도는 정치권력과 자원을 배분하는 기축으로서, 제도가 달라지면 정치권력과 자원의 배분 또는 권력과 이권의 배분과 그

---

3) D. Acemoglu and J. A. Robinson, *Economic Origins of Dictatorship and Democracy* (Cambridge: Cambridge University Press, 2009).

4) D. C. North, J. J. Wallis and B. R. Weingast, *Violence and Social Orders: A Conceptual Framework for Interpreting Recorded Human History*(Cambridge: Cambridge University Press, 2012).

5) 대런 애쓰모글루·제임스 A. 로빈슨, 『국가는 왜 실패하는가』, 최완규 옮김(시공사, 2012).

6) M. H. Khan, "Political Settlements and the Governance of Growth-Enhancing Institutions", 미출간 원고(2010년 7월); D. Acemoglu and J. Robinson, "The Role of Institutions in Growth and Development", *Working Paper*, No.10(Commission on Growth and Development, 2008).

방식이 달라진다.[7)]

이러한 의미에서 북한의 정치체제는 단순하게 좁은 의미의 권력 배분을 보여주는 것이 아니라, 자원 또는 이권 배분의 양태를 보여준다. 그러면 북한과 같은 수령독재 국가의 경우 '권력 배분 = 이권 배분' 균형은 어떻게 이루어질까? 어떤 독재자도 혼자서는 통치할 수 없기 때문에 독재자는 주요 기관과 주요 엘리트를 중심으로 통치연합을 구성한다. 수령독재라는 것은 개념적으로 보면 수령을 제외한 통치연합 내 모든 세력이 공모하여 권력을 합쳐도 수령의 권력을 붕괴시킬 수 없는 상황을 지칭한다.[8)] 이는 이권의 경우도 마찬가지다. 수령독재에서는 수령이 관장하는 이권의 크기는 다른 모든 세력 산하의 이권을 합친 것보다 커야 한다. 그런데 이와 같은 수령의 권력과 이권의 절대성은 자동적으로 고정되거나 보장되는 것은 아니다. 일종의 최상위 독점자인 수령은 수령의 절대성을 보장하는 방식으로 기관과 엘리트 사이의 권력과 이권이 배분되도록 개입한다.[9)] 수령독재를 유지하는 기반이 되는 기관과 엘리트 사이의 권력 및 이권의 배분은 경제적 효율성을 최선으로 유지하기 위해 요구되는 분배 양태와 일치하지 않는다.[10)]

그런데 통치연합 내에서도 개별 기관과 엘리트 간 권력 위계가 존재한다. 예를 들어 정(政)에 대해 당(黨)이 우위이고, 당 내에서는 조직부가 사실상 다른 기관의 상급 기관이 되는 식이다. 그러나 이러한 기관과 엘리트 사이의

---

7) Acemoglu and Robinson, *Economic Origins of Dictatorship and Democracy*.

8) M. Svolik, *The Politics of Authoritarian Rule*(Cambridge: Cambridge University Press, 2012).

9) S. Rose-Ackerman, *Corruption and Government*(Cambridge: Cambridge University Press, 1999).

10) 브루스 부에노 데 메스키타·알라스테어 스미스, 『독재자의 핸드북: 사상 최악의 독재자들이 감춰둔 통치의 원칙』, 이미숙 옮김(웅진지식하우스, 2012); 대런 애쓰모글루·제임스 A. 로빈슨, 『국가는 왜 실패하는가』.

권력 위계는 고정적이지 않다.[11] 예를 들어 '선군정치' 시절 국방위원회의 위상이 증대함에 따라 중앙당의 위상이 상대적으로 낮아졌다. 또한 조직지도부의 일부였고 또한 업무에 중복성이 많은 행정부가 장성택을 통해 득세하면, 조직지도부의 위상은 상대화될 수밖에 없다. 어떤 기관이 권력 위계에서의 서열이 높아지면 그 기관이 관장하는 공적 권한과 관료 조직이 증가하며 이를 통해 통제할 수 있는 이권이 증가한다. 그런데 이는 대부분 상대적으로 약해진 기관의 그것들을 박탈함으로써 조달된다. 예를 들어, 수령이 어느 시기 조직지도부, 보위사령부, 인민보안부, 국가안전보위부 중에서 어느 한 기관에 힘을 실어주면 그 기관은 다른 기관의 업무 영역을 침해하면서 자신의 권한을 넓히거나 아니면 다른 기관에 소속된 산하 조직을 자기 아래로 소속시킨다. '선군정치' 시대에는 보위사령부가 득세하면서 당 기관과 사회기관까지 관장하는 등 다른 기관의 업무 영역을 침해했다. '선군정치' 시절, 군부 무역 회사는 그동안 내각에 소속되어 있던 기업 중에서 이익을 내는 기업을 자기 산하로 편입시켰던 것이 그 예다. 김정은이 등장하고 나서 국가안전보위부의 위상이 높아지고 군부의 위상이 낮아지면서 2012년 국경경비대는 인민무력부에서 국가안전보위부로 소속이 바뀐다.[12] 국경경비대는 도강과 밀수 등 국경 통제 과정에서 막대한 뇌물 수입을 챙기는 조직이었다.

주요 기관과 엘리트에게는 통치연합 내에서 그 권력 위계에 부합하는 차별적인 경제적 특혜가 주어진다. 이러한 특혜는 정치적 충성을 확보하고 권력 보위와 관련된 '더러운' 업무를 수행하는 수고에 대한 보상으로 주어진다. 차별적 경제 특혜는 과거 계획경제 시절에는 차등적 배급과 직책에 따른 각

11) 이와 관련된 더 많은 사례는 박형중 외, 『북한 '변화'의 재평가와 대북정책 방향』(통일연구원, 2009), 76~105쪽 참조.

12) 국경 경비는 원래 보위부 관할이었다가 2008년 4월부터 인민무력부로 이관되었다. 최송민, "김정은, 김원홍 보위부장에게 국경경비 맡겼다", 데일리 NK, 2012. 4. 20.

종 차별적 특전, 그리고 수령의 선물 등을 통해 조절되었다. 그러나 계획경제가 약화되고 기관별 재정 자립 체계가 강화되면서, 차별적 경제 특혜는 기관 자체가 발생시킨 소득 및 부정부패에 의해 조달되는 측면이 강해졌다. 여기서 기관 자체 소득원에서 핵심적인 것은 대개의 경우 수령이 차별적으로 기관별로 배정한 무역특권(와크)을 매개로 형성된다. 북한에서 특권 기관은 수령으로부터 배정받은 와크를 토대로 각자 산하에 무역회사를 설립하고 소득을 올린다.[13] 와크의 배정은 해당 시기 수령독재 통치연합에서의 권력 위계에 부합하게 차등적으로 배정된다. 예를 들어, '선군정치' 시대에는 군부에 배정되는 와크가 현저히 증가했다. 또한 장성택의 권력 지위가 상승하면서 그가 관장하던 행정부의 각급 기관에 대한 와크 배정이 증가했다.

설령 공식적으로 와크가 존재하지 않는 경우에도 어떤 기관과 엘리트 개인이 누리는 권력이 강할수록, 이 기관과 엘리트는 그 공권력과 개인적 권세를 활용하여 다양한 이권적 상업 활동을 창출하고 (친·인척을 통해 간접) 참여하거나 또는 뇌물 수입을 올릴 수 있다.[14] 결국 기관과 엘리트의 권세가 커질수록 그들의 직·간접적 총소득은 증가한다. 예를 들어, 리제강이 조직지도부 제1부부장으로서 최고의 권세를 누리고 있는 동안 북한에서 가장 부자는 차철마라는 사람이었다. 그런데 우연찮게도 그는 리제강의 사위였다.[15] 다시 말해, 조직지도부 제1부부장 리제강은 본인이 직접 이권 사업을 하지는

---

13) 최봉대, 「북한의 지역협력 접근 방식의 특징: 신가산제 사인독재정권의 '혁명자금 관리제도'와 대외경제협력의 제약」, ≪현대북한연구≫, 제14권 제1호(2011); 양문수, 『북한경제의 시장화』(한울, 2010).

14) 장진성, "김씨 일가의 실체: 김정일정권을 위협하는 북한의 시장", 자유아시아방송, 2011. 10. 18.; 이준운, 「김정은, 인민보안부와 국가보위부, 무력부 보위총국 등 안보분야 인사 단행」(북한전략정보서비스센터, 2011년 1월 24일).

15) 김영윤·조봉현·박현선, 『북한이 변하고 있다』(통일연구원, 2007), 80~84쪽.

못하지만 사실상 그가 장악하는 소득 원천을 만들어낼 수 있다는 것이다. 이러한 사례는 또 있다. 장성택은 직접 이권 사업을 하지 못하지만 그가 관장하던 행정부는 수많은 이권 사업에 관여했었다. 또 하나의 예로 국경경비대의 경우를 보자. 이 기관은 공식적으로는 와크를 배정받지 못한다. 그러나 이 기관에 소속된 장교와 병사는 국경에서 발생하는 도강, 밀수 등 다양한 불법 활동을 통제하거나 부분적으로 직접 참여하는 가운데 막대한 뇌물 수입을 올릴 수 있다. 이들이 취득하는 뇌물 소득은 국경경비대라는 공식 조직 내에서 권력 위계에 따라 비공식적이지만 당연하게 재분배된다. 따라서 국경경비대 장교와 병사의 뇌물 수입은 비록 공식적 수입은 아니지만 결국 국경경비대라는 기관이 유지되는 데 필요한 수익이나 다름없다. 다시 말해, 결국 기관과 개인의 '권력의 크기 = 이권과 소득의 크기'라는 등식이 성립한다.

이와 같이 수령독재 통치연합 내의 권력 위계에 따라 경제적 특권과 이권이 차별적으로 배분되는 것 때문에 수령독재에도 권력과 이권을 둘러싼 갈등이 존재한다. 먼저, 존재하지 않는 갈등이 있다. 그것은 수령의 자리를 넘보기 위한 권력 갈등이다. 수령독재라는 것의 개념 정의가 통치연합 내 모든 세력이 공모하고 단결해도 수령의 권력을 이길 수 없다는 것이기 때문이다. 따라서 그 어떤 세력도 수령 자체에 도전하는 권력 투쟁을 시도하지 않는다. 그 대신에 수령독재하에서는 다른 기관이나 엘리트에 대해 권력 지분과 이권 지분을 확장하기 위한 경쟁이 존재한다. 흔히 이러한 경쟁을 이른바 '충성경쟁'이라 표현된다. 즉, 수령독재의 개별 기관 또는 엘리트가 수령에게 (실제적 또는 거짓된) 공훈을 세워 그 대가로 수령으로부터 더 많은 권력을 위임받고자 하는 경쟁이다. 이러한 경쟁에서의 승패를 통해 수령독재 통치연합 내부에서 기관과 엘리트 사이의 권력 위계가 변하며, 그에 따라 이권 배분 상태가 변화한다. 이렇게 보면 '충성경쟁'이란 수령독재라는 조건하에서 기실은 개별 기관이 권력과 이권을 확장하기 위한 이기적인 경쟁이다.

이러한 '충성경쟁'은 기본적으로 수령의 관리 하에 펼쳐지는 제로섬 경쟁이다. '충성경쟁'을 통해 어느 한 기관의 권력과 이권 지분이 증가하고 그 기관의 권력 서열이 높아지면, 다른 기관이 그만큼 박탈당하고 강등당해야 한다는 것을 의미하기 때문이다. 그런데 '충성경쟁'을 통한 권력과 이권 배분이 개별 기관이나 엘리트의 권력과 이권을 과도하게 확장시키는 경우가 등장할 수 있다. 이는 수령독재의 존속에 위협이 될 수 있기 때문에 수령은 주기적 간섭을 통해 이러한 상태가 발생하는 것을 방지해야 한다. 특히 북한의 경우 경제가 정체 상태에 빠져 있기 때문에 이권의 파이의 크기가 변하지 않거나 축소한다. 이와 같이 파이가 축소하는 경우에는 '충성경쟁'을 통해 기관별 엘리트별 권력과 이권을 재분배하는 과정에서 갈등은 다른 경우보다 강력해진다. 따라서 수령은 주기적으로 너무 강해진 세력은 약화시키고 약한 세력은 키우는 방식으로 통치연합 내에서 권력과 이권 배분을 조절해야 한다. 기관과 엘리트의 부침이 수령의 자의에 달려 있는 만큼, 기관과 엘리트는 적어도 표면적으로는 수령에 맹종할 수밖에 없다.

이러한 '충성경쟁'은 권력세습 과정에서 한층 격화된다. 독재국가에서 권력승계 과정은 권력과 이권이 대규모로 재편되는 과정으로 기관과 엘리트의 향후 운명에 불확실성이 높아지기 때문이다. 따라서 탈락하지 않기 위한 또는 득세의 기회를 잡기 위한 경쟁이 격화하고 이에 동반하여 권력과 이권의 재배분을 둘러싼 갈등이 평시에 비해 비상하게 증가할 수밖에 없다. 김정일로부터 김정은으로의 권력세습 과정도 예외는 아니었다. 물론 일반적으로 권력세습은 아버지 대의 권력과 이권의 기득권 체계를 최대한 손상시키지 않으려는 시도, 다시 말해 권력승계가 유발하는 권력과 이권의 재분배로부터 발생하는 갈등을 최소화하는 시도다.[16] 그럼에도 불구하고, 김정일로부

16) J. Brownlee, "Hereditary Succession in Modern Autocracies", *World Politics*, Vol.59(July,

터 김정은으로의 권력세습에서도 불가피하게 통치연합 자체의 재구성이 필요했다.

통치연합 재구성의 핵심은 두 가지였다. 첫째, 김정일시대의 주요 엘리트의 상당수가 일선에서 후퇴하는 대신 상당한 규모의 신진 엘리트가 등장했다. 그런데 이 경우 북한에서 공적 직위를 차지하던 기존 개별 엘리트 교체는 그가 관장하던 '소왕국'의 해체를 의미한다. 이는 경험적으로도 확인된다. 김정은 등장 이후, 주요 간부의 교체는 대체로 그 아래의 많게는 수십 명의 하위직을 동시에 교체하는 현상을 자주 동반한다.[17] 이는 리영호 숙청과[18] 장성택 숙청의 경우에도 마찬가지였다. 아울러 2012년 이후 적극 추진되었던 군부 무역 축소 조치는 총정치국과 총참모부에 무역 이권을 중심으로 결성되었던 내부 '소왕국'의 해체를 수반했다.[19]

둘째, 김정일로부터 김정은으로의 권력세습은 권력 기관 간의 위계를 재편하는 과정이었다. 권력세습 과정은 기본적으로 1990년~2000년대의 김정일 주도의 '선군정치' 체제를 김정은 중심의 새로운 체제로 재편하는 과정이었다. 이 과정에서 중앙당의 각종 기구, 당중앙군사위원회, 국방위원회, 총정치국, 총참모부, 인민무력부, 인민보안부, 국가안전보위부, 보위사령부와 같은 권력 유지 핵심 기관 사이의 권력 위계에 재편성이 있었다. 이러한 재편성 과정은 권력기관 사이에서 평시보다 한층 높아진 수준의 '충성경쟁'을 유발했다. 개별 기관은 기관별 권력 위계 재편 과정에서 더 유리한 지위를 차지하기 위해 새로운 권력자인 김정은에게 해당 기관의 존재감을 과시하

2007), pp. 595~828.

17) 박형중, 「김정은 후계체제와 중앙과 지방의 전면적 간부교체」(통일연구원 Online Series Co 11-32, 2011.11.17).

18) 박성우·문성휘, "북, 평양방어사령부 군관들 대폭 교체", 자유아시아방송, 2012. 7. 30.

19) 정영, "김정은, 군부 족벌·파벌 제거 안간힘", 자유아시아방송, 2013. 2. 27.

고, 김정은체제 구축 과정에서 공훈을 세우거나 상납을 늘리는 경쟁에 빠져 들었기 때문이었다. 예를 들어 김정은 후계 과정에서 각종 공안 기관들은 정권의 사회 장악 강화라는 차원에서 치적을 쌓기 위해 치열하게 경쟁하는 가운데 비사회주의 현상을 근절하기 위한 검열 조직을 각기 하나씩 두었다.[20) 여러 기관이 검열 경쟁을 벌이는 가운데 검열 대상 관할권을 놓고 때로는 상호 과격하게 충돌했고, 또한 간부까지 포함하여 과잉 검열을 벌임으로써 거센 반발을 초래했다. 그런데 이러한 '충성경쟁'은 김정은에게 진짜로 '충성'을 보여주기 위한 측면도 있었을 것이지만, 이와 더불어 아마도 김정은 치하에서 권력 지분을 확보하기 위한 존재감 과시 및 기여 능력 과시 경쟁의 측면도 존재했을 것이다. 아울러 검열 실시의 기회 획득이 뇌물 수입 획득 기회와 밀접한 관련이 있는 것도 기관마다 독자적 검열 조직을 둔 이유가 될 것이다.

이와 같은 '충성경쟁'은 수직적 차원과 수평적 차원의 두 가지 차원으로 이루어져 있었다. 먼저, 수직적 차원을 보자. 이는 해당 기관이 어떤 공훈을 세워 김정은으로부터 '충성'을 인정받는 것이다. 이는 해당 기관이 김정은의 개인 권력 보위에 이바지하고 상납을 늘리는 것을 보여주는 능력을 주축으로 한다. 권력 보위 및 상납과 관련한 능력을 보여줄 수 있는 기관은 그 대가로 수령으로부터 권력과 이권의 확장 기회를 배정받는다. 다음으로 수평적 차원을 보자. 이는 다른 기관의 권력과 이권을 축소시키고 그만큼 자신의 지분을 확장하는 것이다. 북한에서 경험적으로 보면 어떤 시기 어떤 기관의 권력과 이권의 확장은 대부분 다른 기관이 누리고 있던 권력과 이권을 자기 것으

20) 노재완, "북 당국, 권력층까지 검열 강화", 자유아시아방송, 2011. 6. 30;. 문성휘, "북, 일관성 없는 검열·지시로 간부도 반발", 자유아시아방송, 2011. 8. 12.; 문성휘, "북 회령시, 하루만에 4백여명 공개재판", 자유아시아방송, 2011. 8. 25.; 문성휘, "북, 공포의 검열활동 반발 심해 중단", 자유아시아방송, 2011. 8. 30.

로 이전하는 제로섬 방식으로 이루어진다. 권력과 이권 배분의 이러한 성격 때문에 기관들 사이에서 수령에의 '충성경쟁'은 사실상 수령의 권위를 앞장세워 다른 기관의 권력과 이권을 제한하고 자신의 것을 확대하고자 하는 경쟁이다. 수령은 기관들 사이의 권력과 이권의 확장 경쟁을 대체로 거시적인 차원에서 조정한다. 그렇지만 수령이 모든 것에 개입하거나 명확한 지시를 내릴 수는 없다. 이러한 영역에서의 이권 분배는 기관의 (노골적) 힘에 비례해 이루어질 수밖에 없다. 이러한 기관들 사이의 충성경쟁에는 높은 수준의 질시와 알력이 수반될 수밖에 없다.

김정일로부터 김정은으로의 권력승계 과정에서 가장 중요했던 권력 및 이권의 경쟁으로 두 가지를 지적할 수 있다. 첫째, 김정은 후계자에 대한 후견권 경쟁이다. 이는 김정은으로의 권력세습 과정에서 누가 김정은을 주도적으로 보좌하는 세력이 되는가에 관한 경쟁이었다. 수령독재 체제에서는 수령 아래에서 누가 가장 우세한 세력이 될 것인가를 놓고 경쟁을 벌이는 것이 일반적이지만, 평시에는 대체로 세력 간 서열이 정해져 있다. 그러나 권력세습 과정은 세력 간 서열의 재편이 이루어지는 시기이기 때문에 경쟁이 격화되며, 이는 후견권 경쟁 양상으로 나타난다. 이 경쟁에서 누가 승리하는가에 따라 김정은이 집권했을 때 해당 세력의 권세가 보장되기 때문이다. 둘째, 권력세습 과정이 동반하는 기관 간 권력 및 이권의 재배분에 관한 갈등이다. 권력과 이권의 재분배가 진행되는 동안 기득권을 유지하려는 세력과 개편하려는 세력 사이에 경쟁과 갈등이 현저히 첨예해진다. 이러한 재편성과 재배분 갈등은 다양하게 벌어졌지만, 그중에서도 핵심적이었던 것은 군부의 기득권과 이권을 제한하려는 시도, 그리고 군부가 이에 저항하고 기득권과 이권을 지키려는 시도 사이의 갈등이었다.

이와 같은 두 가지 갈등의 한가운데 장성택이 서 있었다. 그는 후계자에 대한 후견권을 장악하는 한편, 군부의 경제 이권을 축소하는 정책을 주도했다. 물론 김정일이 후원했기 때문에 장성택의 이러한 두 가지 역할이 가능했을 것이다. 김정일의 후원 그리고 언급한 두 가지 역할을 기반으로 장성택은 자신의 권력과 이권을 팽창시켰다. 그러나 김정일이 사망한 이후 이러한 성공은 장성택에게 부메랑이 되어 돌아왔다. 장성택의 세력 팽창은 새로이 권력을 잡은 후계자, 그리고 군부를 비롯한 주요 세력의 경계심을 자극했다. 그는 결국 고립되어 숙청당했다.

3. 권력세습 과정에서 권력과 이권 갈등의 전개와 장성택

후계 수령이 혈통에 의해 결정되는 북한식 수령독재의 속성상 수령 아래의 세력들은 수령의 지위를 차지하기 위한 정치적 경쟁을 벌일 수 없다. 그러나 수령 아래에서 권력 배분에 유리한 지위를 차지하기 위한 치열한 '충성 경쟁'을 벌여왔으며, 이러한 경쟁이 상당 기간 진행된 결과 기관 간의 권력 위계와 이권 배분에서 일정한 균형 상태를 이루었다. 그런데 권력세습에 의해 새로운 수령이 등장하고 통치연합이 새로이 결성되면, 현존하는 권력 위계와 이권 배분의 균형에 변동이 생길 수밖에 없다.

새로운 수령을 위한 새로운 통치연합을 결성되는 데는 두 가지 요소가 작용하는 것으로 보인다. 그 하나는 수령의 선택이다. 수령은 수령독재가 처한 대내외 상황을 고려하여 수령독재의 유지와 존속에 가장 필요한 기관과 세력에 우선적으로 권력과 이권을 배분할 것이다. 그 다음으로 수령의 선택과는 상대적으로 독자적 차원의 문제로서, 수령 아래 주요 세력 간 권력 게임이다. 현존 수령 아래의 여러 세력은 새로운 수령이 정착하는 과정에서 주도적 역할을 하고 싶어 한다. 그래야 새로운 수령하에서 권세를 보장받을 수 있기 때문이다. 그런데 새로운 수령체제 정착에 주도 세력으로 등장하려면 공훈을 세워 존재감을 과시해야 할 뿐 아니라 다른 세력의 치열한 견제와 공격을 이겨내야 한다.

김정은으로의 권력세습 과정을 전반적으로 관찰해보면 권력세습의 후견 주도권과 이권 재배분을 놓고 크게 두 세력이 3단계로 경쟁했다는 가설을 세울 수 있다. 한쪽 세력을 형성하는 것이 고영희-조직지도부(리제강, 이용철)-군부라면, 다른 쪽 세력은 장성택-김경희(-최룡해)다. 권력세습을 애초에 시작한 측은 고영희-조직지도부(리제강, 이용철)-군부 측이다. 이것이 첫 번째 단계다. 그런데 2008년 하반기 김정일의 건강이 악화되고, 2009년 초 김정은의 권력세습이 공식화되고 나서부터 2013년 말 장성택 숙청에 이르기까지 장성택-김경희-최룡해가 권력세습 및 김정은 정착 과정, 그리고 군부 견제에서 주요한 역할을 담당한다. 이것이 두 번째 단계다. 그러나 김정은이 새로운 수령이 된 후 점차적으로 과거 고영희-리제강 계열의 인물과 군부가 재득세하고, 결국 장성택이 숙청된다. 이것이 세 번째 단계다. 다음에서 이를 좀 더 자세히 설명한다.

1) 1단계: 장성택의 복귀

장성택은 2004년 직무 정지되었다가 2005년 말 일선에 복귀했다. 이때부터 장성택의 두 가지 역할이 두드러지기 시작했다. 그 하나는 세습 후계 문제에의 관여다. 그 다른 하나는 군부의 세력 팽창에 대한 견제 역할이다. 그중에서도 특히 장성택은 '선군시대'의 시장 확대 과정에서 현격히 증가한 군부의 경제 활동을 억제하는 데 선봉에 서곤 했다. 북한 수령독재의 속성상 이 두 가지 역할 모두 김정일의 승인이 없었으면 불가능했을 것이다.

먼저 후계 문제에의 개입을 보자. 김정일의 권력승계를 권력세습으로 설정하면서 후계자를 세우는 데 기선을 잡았던 것은 군부였다. 2002년 8월 군부는 고영희를 '존경하는 어머니' 또는 '평양의 어머니'라고 칭하면서 인민군 장병을 상대로 비밀리에 사상학습을 진행했다. 선군군부는 고영희, 그리고 조직지도부의 제1부부장들인 리제강(본부당 담당) 및 이용철(군부 담당)과 연합을 이루어 김정은을 후계자로 밀었던 것으로 보이며, 김정일은 이에 찬성하지 않았다고 한다.[21]

장성택은 2004년 중앙당 조직지도부 제1부부장들인 리제강과 이용철의 견제 때문에 직무 정지되었다. 그가 이 두 사람의 견제를 받게 된 가장 중요하고 궁극적 이유는 누구를 후계로 내세울 것인가에 대한 이견 때문이었던 것으로 보인다.[22] 그러는 가운데 2004년 5월 고영희가 사망했다. 2005년 말 김정일은 권력세습 논의와 고영희 관련 우상화 교육을 중단시켰다.[23]

2005년 말 장성택이 권력 일선에 복귀했는데, 2005년은 군부의 무역 활동을 억제하는 것을 골자로 하는 시장 억제 정책이 시작된 시기였다. 이후 장성택과 행정부 산하 인민보안부와 검찰은 시장 억제 및 군부 무역 활동 억제 정책에서 주요한 역할을 했다.

2) 2단계: 장성택의 권력과 이권의 팽창

2단계는 2008년 8월 김정일의 건강 악화, 2009년 초 김정은 후계 공식 선언을 계기로 시작된다. 이로부터 장성택은 김정은 후계 과정을 뒷받침하고 관리하는 데서 핵심적 역할을 담당하게 되었다. 흥미로운 것은 애초에 김정은 후계를 먼저 시작했던 조직지도부(리제강, 이용철)-군부 측 대신 장성택(-

---

21) 최선영, "'김정은과 인연' 북 고위인사들 승승장구", 연합뉴스, 2014. 4. 29.

22) 세종연구소, 「김정일 조선로동당 총비서의 후계 문제: 현황과 향후 전망」(정책보고서 2004-05, 2004. 8. 25.).

23) 최선영·장용훈, "북 김정일, 후계논의 금지 지시", 연합뉴스, 2005. 12. 11.

김경희)이 후계 과정의 후견 역할의 전면에 나섰다는 점이다. 그런데 이 경우 김정일의 개입이 없었다면 장성택이 조직지도부-군부를 제압하고 김정은 후계 구축의 후견 역할에서 주도권을 차지하는 것은 불가능했을 것이다. 2단계의 시기 동안 장성택은 자신의 경쟁자라고 할 수 있는 조직지도부와 군부의 권력과 이권을 위축시키는 한편, 궁극적으로 자신이 관장하는 권력과 이권을 급격히 팽창시켰다. 그런데 장성택의 세력 확대는 주요 권력기관 및 인물과 갈등의 강도를 강화할 수밖에 없는 상황을 만들었고, 궁극적으로 장성택에 대한 다른 권력 그룹의 적대감을 증대시켰던 것으로 보인다. 그렇지만 김정일의 후원을 받았던 장성택의 세습 과정 후견에서 주도적 역할과 권력 및 이권의 확대는 적어도 김정일이 살아 있는 동안에는 장성택의 반대파들이 강력한 반대를 제기할 수 없었던 것으로 보인다. 아래에서 이를 더 자세히 알아본다.

2006년 10월 제1차 핵실험 직후 김정일은 후계 논의를 다시 한 번 금지하면서 앞으로 장기간에 걸쳐 전권을 행사하겠다고 선언했지만,[24] 결국 김정일의 건강에 대한 염려 때문에 2007년 1월경 김정은을 후계자로 선정했다.[25] 김정은의 후계자 선정은 행정부와 총정치국의 상대적 강화와 조직지도부의 상대적 약화를 가져왔다.[26] 장성택은 2007년 12월 조직지도부로부터 분리된 행정부장에 취임했다. 이와 함께 시장 억제 정책이 한층 강화되었다. 장성택은 2008년 초 신의주 등 국경 지역의 검열을 3개월 동안 직접 지휘했다. 여기서 군부의 중소 무역회사가 우선적 타격 대상이 되었다. 장성택이 행정부장으로 취임하면서 행정부는 조직지도부의 일부 기능을 흡수하는 등

---

24) 이재준, "김정일, 핵실험후 장기집권 선언 …… 후계 논의 금지", 뉴시스, 2007. 1. 4.

25) 신주현, "김정은 우상화 2007년 시작 …… 권력 마찰 낭설", 데일리 NK, 2010. 9. 16.; 엄한아, "김정은 날치기 후계자 아냐, 2007년 후계 내정", 열린북한방송, 2010. 10. 4.

26) 엄한아, "김정은 날치기 후계자 아냐, 2007년 후계 내정".

권한을 확장했다.[27] 2013년 12월 숙청 당시에는 행정부의 인적 규모가 조직지도부를 능가했다.[28]

2008년 8월 김정일이 뇌경색을 맞으면서 장성택은 김정은 후계 추진에서 본격적으로 주도적 역할을 하게 되었다.[29] 김정일이 뇌경색으로 무력화된 상황에서 가계의 대표 주자인 김경희와 장성택이 상황을 관리했다.[30] 이러한 가운데 2009년 1월 김정은이 후계자로 공식 내정되었다. 이후 애초에 고영희와 가까웠던 선군군부와 조직지도부의 리제강 및 이용철이 김정은 후계 추진에서 밀려나고, 대신 장성택이 득세하는 상황이 전개되었다.

김정은 후계 구축을 위한 첫 번째 권력 개편이었던 2009년 초 권력 개편으로 신군부를 중심으로 국방위원회가 한층 강화되었다. 리영호 총참모장과 김영철 총정찰국장의 (신)군부가 득세하는 대신, 선군군부 시대의 '3대 마차'로 불렸던 총정치국장 조명록, 인민무력부장 김일철, 총참모장 김영춘은 배제되거나 명목상의 자리만 차지하게 되었다. 아울러 오극렬은 형식상 국방위원회 부위원장으로 승진했지만 실제 권한은 현저히 약화되었다. 오극렬이 1989년부터 거의 20년 동안 관장하던 중앙당 작전부가 김영철이 관장하는 인민무력부 산하(또는 국방위원회 직속) 정찰총국으로 통합되었다. 중앙당 작전부는 위폐, 마약과 무기 거래 등 대외 불법 활동을 통해 막대한 외화를 벌어들이던 마피아적 '소왕국'이었다. 특히 오극렬은 무기 거래 알짜 기업인 청송을 김영철에게 강탈당했다.[31]

27) 박형중 외, 『북한 '변화'의 재평가와 대북정책 방향』, 96~97쪽.

28) 남성욱·안성규, "보위부 문건까지 손대고 우동측·이제강 의문사 배후", ≪중앙일보≫, 2013년 12월 8일 자.

29) 2009년 1월 김정은 후계의 공식 결정이 공표되기 전까지 김경희와 장성택은 한국에서 일반적으로 김정남을 후원한 것으로 알려져 있었다.

30) 문성휘, "장성택, 권력 욕심 없어", 자유아시아방송, 2013. 12. 19.

장성택의 입지는 2010년 전반기에 결정적으로 확고해졌다. 장성택은 2010년 6월 국방위원회 부위원장으로 임명되었는데, 그 전후로 후계 과정에 대한 후견 역할이 한층 커지고 권력과 이권 또한 현저히 확대되는 것을 발견할 수 있다. 이 내용을 구체적으로 살펴보면 아래와 같다.

첫째, 2010년 6월 장성택이 국방위원회 부위원장으로 임명되기 직전 4월 조직지도부 제1부부장인 이용철은 심장마비로, 6월 리제강은 교통사고로 사망했다. 이 두 사람은 조직지도부의 기둥이었으며, 선군군부 및 고영희와 협력했던 인물이었다. 이로써 장성택에 대한 의미 있는 경쟁자는 존재하지 않게 되었다.

둘째, 장성택이 관장하는 경제 이권이 현저히 확대되었다. 여기에서 세 가지를 지적할 수 있다. 첫 번째 사항은 2013년 장성택 숙청 과정에서 이권 갈등의 핵심 대상으로 거명되었던 54부가 2010년 행정부 산하로 편입되었다는 것이다.[32] 54부는 당시 총정치국 산하로 석탄과 수산물 수출을 관장하는 북한 군부의 대표적 외화벌이 업체로서 대외적 명칭은 승리무역합영회사였다. 두 번째로 장성택은 김양건과 함께 오극렬의 외자 유치 활동을 효과적으로 견제할 수 있었다. 오극렬이 2009년 7월 설립한 조선국제상회에 대항하여 장성택은 2010년 1월 조선대풍그룹을 설립하고, 국방위 산하에 국가개발은행의 활동을 보장하도록 했다.[33] 아울러 장성택의 주도로 7월 내각 아래 합영투자위원회가 설립되었다. 이들 두 사람의 알력은 2010년 "9월 28일에 열

---

31) 이영종, "北오극렬이 챙기던 외화벌이 업체 '청송' 김영철이 대들어 강탈", ≪중앙일보≫, 2012년 7월 18일 자.

32) 탈북자 면담, 2014년 1월 17일. 승리회사는 북한 석탄 수출의 70%를 관장한다고도 했다. 이정은·하정민, "張, 측근 對中수출서 거액 빼돌리자 中에 나선개발권 제시", ≪동아일보≫, 2013년 12월 16일 자.

33) 이영종, 『후계자 김정은』(늘품플러스, 2010), 246쪽.

린 조선로동당 대표자회에서 장성택이 김정은의 후견인으로서 자리를 굳히면서 오극렬의 완패로 끝났다."[34] 세 번째로 2010년 4월에는 인민무력부 산하 8총국(군수동원총국, 도로, 교량 관리)과 7총국(공병국, 대피소 등 건설)을 인민경비대와 합쳐서 인민내무군을 조직해 인민보안부 산하로 편제했다.[35] 인민내무군으로 개편되면서 규모도 11만 명 정도에서 20만 명 정도로 확대되었다. 이들은 김정일정권 말기 및 김정은정권 초기 다양한 주요 국책 공사의 핵심 인력으로 활용되었다. 인민내무군 산하 기관 중에서도 8총국을 둘러싸고 인민보안부와 인민무력부는 격렬하게 대립했다. 2011년 초 인민무력부는 김정일에게 군용도로 건설 개보수 필요를 들어 8총국을 흡수했다. 여기에 인민보안부가 강력하게 반발했는데, 김정일 사후 8총국은 인민내무군으로 재흡수되었다.[36]

셋째, 장성택 득세에 맞춰 인민보안성은 2010년 3월 인민보안부로 이름을 바꾸고 국방위원회에 직할되었고, 조직과 권한을 현저히 확장했다.[37] 인민내무군에 대해서는 이미 언급했다. 2009년 3월 결성되었던 기동타격대는 2010년 4월경 규모가 확장되었으며, 시위 진압 장비를 본격적으로 갖추었다.[38] 아울러 보안원과 기동타격대 무력이 통합되어 보안군으로 개편되었다. 한편 인민보안부의 권한이 확대되어, 이제 보안원들 군인의 대민간인 비행을 단속하고 통제할 수 있게 되었다. 그 이전에는 불가능했다.[39] 인민보안

34) 같은 책, 246쪽.

35) 문성휘, "북 인민보안부, 국방위 소속으로 전환", 자유아시아방송, 2010. 8. 25.

36) 탈북자 면담, 2013년 12월 6일.

37) 문성휘, "북 인민보안부, 국방위 소속으로 전환". 2009년부터 김정은이 호위총국, 국가보위부, 인민보안부를 직접 지휘하고 있다는 설도 있다.

38) 문성휘, "북, 주민통제 위해 기동타격대 조직 강화", 자유아시아방송, 2011. 9. 27.

39) 문성휘, "북한군, 각종 불법, 폭력으로 위상 흔들려", 자유아시아방송, 2011. 11. 17.

부 산하 특별기동대는 원래 시위 진압을 위해 조직되었으나, 시위가 존재하지 않자 불법 월경, 장사 행위 단속 등으로 활동 영역을 넓혔고, 이를 통한 돈벌이에 급급한 행태를 보였다. 특별기동대는 이러한 단속 과정에서 군인과 빈번히 마찰을 빚고 있었다.[40]

넷째, 장성택이 평양10만호 건설 사업을 관장했다. 이는 큰 이권을 챙길 수 있는 기회였다.[41] 이 대규모 건설 사업은 2009년 9월부터 본격적으로 시작되었으며, 2012년 4월 15일 완공을 목표로 했다. 평양10만호 건설은 장성택이 자금 조달용 와크를 획득하고 중국으로부터의 건설 자재 조달 등과 관련한 경제적 이권을 챙길 수 있는 큰 기회였다.[42]

다섯째, 장성택은 북한 내 휴대전화 사업도 책임졌던 것으로 보인다.[43] 북한 내 휴대전화 보급은 2009년 11월 화폐 개혁 실패 이후 급격히 확대되었다. 이는 휴대전화 판매를 통한 외화 조달이 목적이었다. 2011년 1월 북한 내 휴대전화 사업자인 오라스콤 회장이 북한을 방문했을 때 그와 김정일 그리고 장성택이 함께 찍은 사진이 이례적으로 조선중앙통신을 통해 외부로 전송되었다.

이와 같은 장성택의 득세와 경제 이권의 현저한 확장은 권력승계의 필요에 따라 북한 내부의 이권 및 경제를 재편하는 과정과 맞물려 있었을 것이다. 그 이유는 김정일이 어떤 목적에서 장성택에게 힘을 실어주지 않고서는

---

40) 탈북자 면담, 2014년 1월 10일.

41) 장성택은 평양 건설과 오랜 인연을 가지고 있었다. 1980년대 후반 평양축전 개최를 위한 평양 건설, 1990년대 초반 통일거리 건설에 관여했다. 이후 2004년 직무 정지에서 2005년 12월에 복귀할 때에도 당중앙위원회 노동단체 및 수도건설 제1부부장으로 복귀했다.

42) 주성하, "김정은, 4년간 '쩐의 전쟁' 끝냈다", ≪동아일보≫, 2013년 12월 11일 자; 문성휘, "평양-신의주 고속도로 건설 무산될 듯", 자유아시아방송, 2010. 7. 9.

43) 이영종, 「손전화 없으면 장시못합네다」, ≪시사저널≫, 통권 1264호(2014년 1월 8일).

장성택이 이처럼 권력과 이권을 팽창시키는 것이 불가능했을 것이기 때문이다. 여러 자료를 종합해볼 때 김정일이 장성택을 후원하면서 추구했던 경제와 이권의 재편을 도모한 의도는 세 가지로 추정할 수 있다. 첫째, 후계 과정에서 이권 및 경제 재편의 핵심 목표는 후계 진척에 필요한 자금을 확보하면서 궁극적으로 수령경제의 재정 능력을 일반적으로 강화하는 것이었다. 둘째, 이를 위해 시장 팽창 과정에서 가장 중요한 경제 세력으로 등장한 군부의 경제력을 약화시키고, 그들이 관장하던 이권을 수령경제 강화 또는 국가재정 강화를 위해 활용해야 한다는 것이었다. 이를 위해 여러 조치가 취해졌는데, 여기에는 군부 산하 무역회사 구조조정과 통폐합, 중앙통제 강화, 외화에 대한 중앙집중 강화, 화폐 교환 조치를 통한 중앙재정 강화 등이 포함되었다. 셋째, 후계 진척 자금의 확보와 군부 무역 능력 제한 등의 조치를 추진하는 데 장성택을 앞장세운다는 것이다. 장성택은 이러한 상황에서 자신이 관장하는 이권을 팽창시켰다.

군부의 무역 활동을 억제하는 정책은 군부의 상당한 반대에 직면했던 것으로 보인다. 이 때문에 장성택이 주도하면서 군부 무역 활동이 억제되는 시기, 그리고 군부의 반발로 군부 무역이 재팽창하는 시기가 번갈아 나타났다. 이는 대체로 4단계로 나누어볼 수 있다.[44] 첫째, 장성택이 본격적인 역할을 한 제1라운드는 2007~2008년에 진행되었다. 2007년 4월 박봉주 총리가 물러남과 동시에 2007년 5월부터 2008년까지 전국적 규모로 '비사투쟁'이 전개되었다. 그 주요 대상은 지역의 토착 거부와 군부 무역회사였다.[45] 둘째 시기는 2009년 11월~2010년 11월이다. 김정은의 통치 자금 마련을 주요 목적 중

44) 박형중, 「김정은 권력정착 과정에서의 군부동향」(통일연구원 Online Series, CO 13-23, 2013. 12. 2.).

45) 박형중 외, 『북한 '변화'의 재평가와 대북정책 방향』, 31~35쪽.

의 하나로 하여, 2009년 11월 30일 화폐교환조치가 시행되었다. 이 조치는 군부의 외화벌이 이권을 대대적으로 박탈하고자 하는 시도와 함께 이루어졌다. 2013년 12월의 국가안전보위부 판결문에 따르면 장성택이 화폐교환조치의 실질적인 주요 책임자였던 것으로 보인다. 세 번째 시기는 2010년 11월~2011년 말인데, 이때는 군부가 외화벌이에 대대적으로 재진입하고 군부 기관 간 경쟁이 격화되었다.

네 번째 시기는 2011년 말~2013년 말 장성택 숙청까지의 기간을 아우른다. 김정일의 사망을 전후로 군부의 무역 활동이 현격히 제한되었으며 동시에 그 상당 부분이 장성택 관할로 넘어왔다. 이 시기 장성택은 나진항 개발 사업, 금광개발권과 대동강 과수농장을 이전받았다.[46] 아울러 2012년 상반기에는 내각 역할 강화와 군부 외화벌이 참여 금지 원칙에 따라 군부의 무역권이 상당 부분 내각으로 이전되었다. 또한 '우리식 경제 관리방법(6·28방침)' 방침 이후 농업 개혁에 따라 협동 농장으로부터 군부 식량 조달이 위태로워졌다.[47] 7월 15일 정치국회의를 통해 리영호 총참모장이 해임된 이유에는 '군부의 외화벌이 사업을 내각으로 이전한 것에 대한 불만 표출 및 개인 비리'도 있었다. 2013년 2월경에는 '당생활지도소조'가 전군에 파견되어, 군 내부의 외화벌이 관련 이권 남용을 핵심 의제로 하는 전면 감찰을 실시했다.[48] 각 지방군뿐 아니라 총참모부, 인민무력부, 총정치국 내부의 외화벌이 관련 파벌과 족벌이 징계를 받았으며, 이에 따라 상당한 폭의 간부 사업이 진행되었다.[49] 특히 현영철 총참모장을 비롯한 주요 장령의 징계 사유로 외화벌이

46) 안의근, "돈 되면 '내가 할래' …… 북 권력층 별별 이권 다툼", ≪중앙일보≫, 2012년 5월 4일 자.

47) 박형중, 「북한의 '새로운 경제관리체계'(6·28 방침)의 내용과 실행 실태」, ≪KDI 북한경제리뷰≫, 10월호(2013).

48) 정영, "김정은, 군부 힘빼기 '특별 조사팀' 가동", 자유아시아방송, 2013. 2. 6.

이권 사업 남용 및 개인 비리에 관한 항목이 주요 역할을 했다.

3) 3단계: 장성택의 고립과 숙청

2009년 김정은 후계체제 건설이 시작되면서 김경희-장성택 연합은 김정일의 후원을 받아 군부-조직지도부 연합을 억누를 수 있었다. 그리고 장성택의 권력과 이권이 현저히 팽창했다. 이와 같은 장성택의 득세에 대한 군부 및 조직지도부의 불만은 김정일이 살아 있는 동안 수면 아래 잠복해야 했다. 그런데 2011년 12월 김정일이 사망하면서부터 장성택에 대한 핵심 후원세력이 사라졌다. 김정일 사망 이후, 그리고 김정은의 동의 또는 후원하에서 군부-조직지도부 세력이 장성택에게 반격을 가하기 위한 동태를 점진적으로 강화시켰다. 이러한 가운데 장성택의 반대파들은 과거 같으면 문제시되지 않았을 '사소한' 사건들을 2013년 '사건화'해 결국 장성택을 처형하는 빌미로 활용한 것으로 볼 수 있다. 김정일 사망 이후 2013년 말 장성택 숙청에 이르기까지 장성택과 김경희 세력에 대한 반대 세력의 동태는 다음과 같이 요약할 수 있다.[50]

첫째, 리제강의 유고『혁명적 대오의 순결성을 강화해 가시는 나날에』가 김정일 사망 직후 2011년 12월에 출간되었다.[51] 이 유고는 김정일의 지시로 정리되었다고 한다. 그렇지만 리제강의 유고가 김정일 사망 직후인 2011년 12월에 출간된 것은 의미심장하다. 이 책은 박남기, 정하철 선전비서, 채문

49) 정영, "김정은, 군부 족벌·파벌 제거 안간힘", 자유아시아방송, 2013. 2. 27.

50) 이와 관련한 내용은 박형중, 「장성택 숙청과 북한 내부의 권력 투쟁」(통일연구원 Online Series CO 14-03, 2014.2.17)에 의거한다.

51) 이용수, "북 화폐개혁 박남기 남 경제 수용 시도, 처형 명목은 간첩죄", ≪조선일보≫, 2012년 11월 27일 자.

덕 사회안전성 정치국장, 리수길 양강도당 책임비서 등 4명의 숙청 비화를 기록했다.

둘째, 고영희 우상화가 시작되었다. 2012년 1월 8일 조선중앙TV는 고영희를 '어머님', 2월 13일에는 '평양의 어머님'이라고 호칭했다.[52] 2012년 4월 미사일 발사 실패 직후인 5월에 북한은 "위대한 선군의 어머님"이라는 85분짜리 고영희에 대한 기록 영화를 최고위 간부들을 대상으로 상영했다.[53] 그리고 고영희의 묘가 7월경 평양 시내 대성산 부근에 설치되었다.[54] 고영희는 2004년 5월에 사망했는데, 그의 묘가 2012년 7월에 평양에 등장한 것이다. 묘비에는 사진과 함께 '선군조선의 어머니'라는 문구가 새겨져 있었다. 고영희 우상화 시도는 그가 단순히 김정은의 친어머니라는 것 외에도 과거 고영희-군부-리제강·이용철(조직지도부) 연합 세력의 이해관계를 반영했을 것으로 보인다.

셋째, 이에 더해 김정일 사망으로 취약해진 김경희-장성택 연합은 김경희의 건강 악화로 더욱 취약해졌다. 7월 리영호 해임, 군부 무역권의 본격적 축소 시도 등 때문에 군부의 불만이 커진 가운데 9월에는 김경희의 건강이 악화되었다. 이는 김경희-장성택 반대파에게 기회를 준 것으로 보인다. 2012년 11월 리제강의 유작 『혁명적 대오의 순결성을 강화해 가시는 나날에』가 조선중앙TV에서 소개되었다. 같은 달 군부의 무역 활동이 재개되었고, 게다가 장성택이 반대했음에도 12월 장거리미사일 실험, 2013년 2월 제3차 핵실험을 감행한다는 결정이 이 시기에 이미 내려졌을 가능성이 크다.

넷째, 2012년 말~2013년 초 군부의 영향력이 현저히 강화된 것을 보여주

---

52) 강미진, "北 고영희에 '평양어머님' 호칭 …… 출신세탁?", 데일리 NK, 2012. 2. 13.
53) 조종익, "고영희 기록영화 첫 공개 …… '조선의 어머니'", 데일리 NK, 2012. 6. 30.
54) 김다슬, "北 고영희 실명공개 …… 우상화 본격화 될듯", 데일리 NK, 2012. 7. 20.

는 양상이 나타났다. 2012년 11월 그간 억제 및 축소되었던 군부의 무역 활동이 재개되었다. 군부의 무역권이 2012년 하반기에 대폭 축소되었었던 것을 고려하면 이는 하나의 반전이었다. 더욱이 장성택은 군부 무역 축소 정책의 주역이었다. 아울러 군부가 주도하는 긴장 고조 국면이 2012년 말부터 2013년 4월까지 지속되었다. 2012년 12월 장거리미사일 발사, 2013년 2월 제3차 핵실험, 3~4월까지 유례없는 수준으로 대남 군사적 긴장 조성, 4월 개성공단 폐쇄 등이 그것이다. 장성택을 중심으로 김경희(조선로동당 제1비서)와 강석주(당시 당 정치국 위원 겸 내각 부총리)는 핵실험에 반대했다고 한다. 반면, 최룡해(총정치국장), 현영철(당시 총참모장), 김영철(정찰총국장)은 찬성했다고 한다. 장성택은 개성공단 폐쇄에도 반대했다고 한다.[55]

다섯째, 장성택의 반대파는 4월까지 긴장 고조를 통한 대남 강경노선을 내세우면서 내부 정치에서 기선을 잡고 5월부터 더 적극적으로 움직이기 시작한 것으로 보인다. 5월 이후부터 장성택의 정적이라 할 수 있었던 고영희, 리제강, 오극렬이 복권되는 징후가 더욱 뚜렷해졌다. 또한 조직지도부와 선전선동부의 발언권이 커졌다는 것을 반영하는 일들이 나타났다. 중요한 사건들을 살펴보면 다음과 같다. 앞서 서술했듯이 2012년 11월 조선중앙TV에 회고록이 등장했던 리제강은 2013년 5월에는 '따라배우기' 대상으로 승격되었다. 5월 김정은 중요 간부회의에서 리제강의 충성을 회고했고, 이에 따라 조선로동당 중앙위는 당원과 간부들에게 "리제강 따라 배우기 운동"을 호소했다고 한다.[56] 2010년 6월 교통사고로 사망했을 당시 장례식도 제대로 치르지 않았었던 데 비하면 너무나도 달라진 상황이었다.[57] '리제강 따라배우

55) 장세정·정원엽, "북 군부 김정일 유훈 내세워 당·내각의 온건파 제압", ≪중앙일보≫, 2013년 3월 14일 자.

56) 문성휘, "북, 국가생산계획 사실상 포기", 자유아시아방송, 2013. 5. 13.

57) 하태경, 「북한 김정은체제의 출범과 동북아 평화」, 『중앙일보 시민사회환경연구소

기'가 등장하던 무렵 오극렬도 지위가 상승해 재등장했다. 정치국 후보위원이었던 그는 5월과 7월 국가행사에 정치국원에 상당하는 지위로 등장했다.[58] 김정은은 6월 19일 조선로동당과 군, 내각 등의 고위간부를 모아놓고 '유일 영도체계 10대 원칙' 확립에 대해 직접 연설했다.[59] 북한은 당의 '유일사상체계 확립의 10대 원칙'을 '유일영도체계 10대 원칙'으로 39년 만에 개정하면서 당원증도 새로 교부했다.[60] 8월에는 고영희 기록영화 상영이 일반 주민 대상으로 확대되었고, 주민들은 이에 대한 감상문을 써야 했다.[61]

여섯째, 김경희가 건강 때문에 러시아로 출국해야 했던 9월 이후 장성택 반대 세력은 본격적으로 행동에 들어가기 시작한 것으로 보인다. 9월 9일 조직지도부 제1부부장이자 정치국 후보위원인 조연준이 참석한 가운데 김정철과 김여정이 참석한 김정은 가족회의가 열려 장성택 숙청을 결정했다고 한다.[62] 이 회의 개최 시기와 맞물려 다른 변화도 나타났다. 5월 이후 모습을 보이지 않던 박도춘 군수담당 비서 등 핵미사일 개발 관련 인물이 9월부터 공개 행사에 자주 등장하기 시작했다. 9월부터 남북관계가 경색 국면으로 전환되었다.

일곱째, 11월부터 장성택 세력에 대한 본격적 공격이 시작되었다. 장성택은 11월 6일 안토니오 이노키와 회담 후 공개 석상에 나타나지 않았으며, 11

제48회 세미나 자료집』(2010).

58) "Political Bureau and NDC Before the 13th SPA & After Jang", *North Korea Leadership Watch,* January 23, 2014. 이 기사는 정치국 후보위원이었던 오극렬이 2013년 어느 시기에 정치국 정위원으로 승진한 것으로 추론했다.

59) 장용훈, "北 김정은, 6월 고위간부에게 '유일영도' 직접 연설", 연합뉴스, 2013. 12. 22.

60) 노정민, "북, 당원증과 공민증 새로 발급", 자유아시아방송, 2013. 9. 13.

61) 정영, "북 주민, 고영희 우상화 의문 확산", 자유아시아방송, 2013. 8. 28.

62) 이영종, "조연준 "내부 표적 만들어 치자" 장성택 숙청 건의설", ≪중앙일보≫, 2013년 12월 12일 자.

월 18일 국가안전보위부 주도로 가택연금되었다고 했다. 11월 21~26일 이용하 제1부부장과 장수길 부부장이 공개 처형되었다. 이 두 사람 외에도 인민보안성 54국 원유국장, 국가계획위원회 원유국장 등도 처형되었다.[63] 이들은 원유를 수입해 북한 내부의 '큰손'들에 넘겨 막대한 이익을 남긴 유류업계 간부들이었다. 12월 8일에는 정치국 확대회의가 열려 장성택을 '반당반혁명종파행위'로 낙인찍었다. 이후 13일에는 국가안전보위부 특별군사재판이 열려 장성택에게 사형을 선고했다. 사형은 곧바로 집행되었다. 장성택의 사망 시기에 오극렬이 재부상했다는 증거도 발견되었다. 오극렬은 12월 13일 사망한 김국태의 장의위원 명단에서도 정치국원인 김원홍의 앞에 거론되었다.[64] 오극렬은 또한 김정은이 참석한 11월 14일 전국과학자기술자대회에서 박봉주 총리와 최태복 조선로동당 비서에 이어 서열 3위로 호칭되었다. 이날 군부에서는 유일하게 오극렬만 참석했다.[65]

4. 맺음말

김정일의 수령독재하에서도 주요 기관과 엘리트 간 권력과 이권의 재배분을 둘러싼 갈등은 존재했다. 권력세습은 통치연합 재구성을 필요로 했는데, 이는 기관과 엘리트 사이에 기존한 권력과 이권의 분배 균형이 대대적으로 재편된다는 것을 의미했다. 따라서 권력세습 과정에서 권력과 이권 관련 갈등이 현저하게 증폭되었다. 권력과 이권을 둘러싼 갈등이 전개되는 데는 두

63) 정영, "북, 내년 4월까지 장성택 측근 발본색원", 자유아시아방송, 2013. 12. 20.

64) "Political Bureau and NDC Before the 13th SPA & After Jang."

65) 이영종, "장성택 몰락할 즈음 돌아온 오극렬", ≪중앙일보≫, 2013년 12월 25일 자.

가지 요소가 핵심적으로 작용한다. 그 하나는 수령의 선택이다. 수령은 대내외 환경과 내부 권력 분배 상황을 종합적으로 수령독재의 존속을 위해 가장 적합한 방식으로 내부 세력을 재편하고자 할 것이다. 다른 하나는 수령의 선택과는 상대적으로 독립해서 전개되는 기관과 엘리트 사이의 권력과 이권을 둘러싼 수평적 갈등이다.

실제로 김정일에서 김정은으로의 세습 과정에서 권력과 이권을 둘러싼 갈등은 두 개의 핵심축을 중심으로 전개되었다. 그 하나는 권력세습 과정에서 누가 주도 세력이 될 것인가에 관한 경쟁 또는 후견권을 둘러싼 경쟁이었다. 이 경쟁은 두 세력 간에 진행되었다. 그 하나는 고영희-조직지도부-군부였고, 다른 하나는 장성택-김경희(-최룡해)였다. 권력세습은 애초에 고영희-조직지도부-군부 쪽이 시도했지만, 2009~2012년에는 장성택 세력이 주도적 역할을 했다. 여기에는 김정일의 의중이 작용했을 것이다. 그러나 2013년 말 장성택 숙청 과정과 그 이후 과거 고영희-리제강 계열의 인물이 득세하는 것을 발견할 수 있다.[66] 이러한 변화가 가능해진 것과 관련해 새로운 수령 김정은의 의중을 배제할 수 없을 것이다.

기관 간 권력과 이권을 둘러싼 갈등에서 핵심은 군부의 정치적·경제적 영향력을 축소하려는 시도와 관련 있다. 여기서 핵심은 군부의 무역 이권을 제한하면서 외화벌이를 중앙집권화하려는 시도였다. 이러한 조치는 군부의 독자적 경제 기반 형성의 저지, 수령경제와 국가경제의 재정 강화의 필요성, 외화벌이를 둘러싼 부정부패의 척결 등을 목표로 했을 것이다. 이러한 정책은 장성택을 주무 책임자로 실행되었으며, 군부의 강력한 반발에 직면했다. 장성택이 이러한 역할을 담당하게 된 데는 김정일 그리고 부분적으로 김정

66) 윤일건, "北 황병서 '서열변화' 주목 …… 총정치국 요직 맡은 듯", 연합뉴스, 2014. 4. 27.; 최선영, "김정은과 인연, 북 고위 인사들 승승장구", 연합뉴스, 2014. 4. 29.

은의 의중이 반영되었던 것으로 보인다. 그런데 장성택은 이러한 역할을 수행하는 가운데, 자신의 권력과 이권의 기반을 확장했다. 장성택 세력의 팽창은 그만큼 다른 기관의 세력이 축소되는 것을 의미했다. 이것이 조직지도부와 군부, 그리고 결국 김정은의 장성택에 대한 반발과 의심을 강화시켰을 것이다.

결론적으로 보면 권력세습 과정에서 증폭하는 권력 및 이권과 관련된 갈등을 관리하는 데서 김정일과 김정은의 선택이 달랐다. 김정일은 장성택을 중심으로 한 세력에게 중요한 역할을 맡긴 것으로 볼 수 있다. 김정일은 장성택을 앞세워 기존 '선군시대'에 득세했던 세력, 다시 말해 군부와 조직지도부를 견제하면서 후계자에게 길을 터주고자 한 것으로 볼 수 있다. 이는 장성택이 행정부의 권한과 이권이 현저히 팽창하는 가운데 조직지도부와 군부가 상대적으로 제약받았던 것을 통해 나타났다. 그런데 장성택의 확대된 권력은 새로운 지도자 김정은에게 부담이 되었을 것이다. 김정은은 그간 장성택의 세력 팽창 과정에서 야기된 장성택 대 조직지도부 및 군부와의 갈등 관계를 활용하고, 그들에게 힘을 실어주어 장성택을 제거할 수 있었다. 이러한 가운데 김정은은 결과적으로 조연준 조직지도부 제1부부장을 포함한 과거 고영희-리제강 계열에 가장 크게 의지한 것으로 보인다. 대표적으로 조연준 조직지도부 제1부부장이다. 그는 장성택 숙청에서 주도적 역할을 한 것으로 알려졌다. 다음으로 황병서는 조직지도부 제1부부장이다. 조직지도부 부부장이던 그는 2014년 3월 조직지도부 제1부부장으로, 4월 26일에는 차수 및 당중앙군사위원회 위원으로 급속하게 승진했고, 사실상 최룡해 총정치국장의 지위를 대신하는 것으로 보인다.

장성택 숙청 이후 그가 관장하던 권력 기구와 경제 이권은 김정은과 조직지도부, 군부 사이에 재분배된 것으로 보인다.[67] 장성택 숙청의 가장 큰 정치적 수혜자는 조직지도부일 것이다. 행정부는 해체되어 조직지도부에 흡수되었으며, 조직지도부 계열 인물이 수령 산하의 핵심 세력으로 등장했다. 권력세습 과정에서 군부는 견제당하고 상당한 수준의 인적 재편을 감수해야 했지만, 김정은 치하에서 새롭게 형성된 군부지도부는 대체로 만족할 것으로 보인다.

그 이유는 장성택 숙청의 가장 큰 경제적 수혜자가 군부이기 때문인데, 세부적으로 두 가지 측면을 살펴볼 수 있다. 첫째, 그간 장성택 주도로 추진되어오던 군부의 무역을 제한하고 외화벌이를 중앙 집권적으로 관리하고자 하던 정책이 적어도 당분간은 폐기된 것으로 보인다. 둘째, 그간 장성택에게 빼앗겼던 경제 이권을 대부분 되찾은 것으로 보인다. 북한의 현실에서 노동력과 조직력, 그리고 자금을 겸비한 군부는 김정은에게도 경제적으로도 불가결한 존재가 될 수밖에 없기 때문이다. 과거 김정일의 정책은 군부에 대한 경제적 의존을 줄이고 장성택의 경제력을 키워서 활용하고자 했던 것이라 할 수 있다. 이제 장성택의 경제적 '소왕국'이 붕괴했기 때문에 김정은은 경제적으로 더욱 군부에 의존할 수밖에 없을 것이다.

67) 이와 관련한 다양한 보도가 있다. "장성택의 황금거위알을 차지하기 위한 북한권력기관들의 각축전", NK 지식인연대, 2013. 12. 26.; "북한 외화금고 완전히 동나, 북한지도부 총 비상", NK 지식인연대, 2014. 1. 10.; "김정은, 북한의 외화벌이 체계를 재정비, 김여정 당외화벌이 총괄", NK 지식인연대, 2014. 1. 10.; 조준형, "북한, 장성택계열 '승리무역' 해산·재편중"(일본 신문), 연합뉴스, 2014. 4. 16.

참고문헌

1. 국내 문헌

김영윤·조봉현·박현선. 2007. 『북한이 변하고 있다』. 통일연구원.

대런 애쓰모글루·제임스 A. 로빈슨(Daron Acemoglu and James A. Robinson). 2012. 『국가는 왜 실패하는가』. 시공사.

박형중. 2011.11.17. "김정은 후계체제와 중앙과 지방의 전면적 간부교체." 통일연구원 Online Series Co 11-32.

_____. 2013. 「북한의 '새로운 경제관리체계'(6·28 방침)의 내용과 실행 실태」. ≪KDI 북한경제리뷰≫, 10월호.

_____. 2013.12.2. "김정은 권력정착 과정에서의 군부 동향." 통일연구원 Online Series Co 13-23.

_____. 2014.2.17. "장성택 숙청과 북한 내부의 권력 투쟁." 통일연구원 Online Series Co 14-03.

박형중 외. 2009. 『북한 '변화'의 재평가와 대북정책 방향』. 통일연구원.

브루스 부에노 데 메스키타·알라스테어 스미스(Bruce Bueno de Mesquita and Alastair Smith). 2012. 『독재자의 핸드북: 사상 최악의 독재자들이 감춰둔 통치의 원칙』. 웅진지식하우스.

세종연구소. 2004.08.25. "김정일 조선로동당 총비서의 후계 문제: 현황과 향후 전망." 정책보고서 2004-05.

양문수. 2010. 『북한경제의 시장화』. 한울.

이영종. 2010. 『후계자 김정은』. 늘품플러스.

_____. 2014. 「손전화 없으면 장사못합네다」. ≪시사저널≫, 통권 1264호.

이준운. 2011. 1. 24. 「김정은, 인민보안부와 국가보위부, 무력부 보위총국 등 안보분야 인사 단행」. 북한전략정보서비스센터.

정성장. 2014.「장성택 숙청 이후 김정은체제의 안정성 평가」. ≪국방연구≫, 제57권 제1호.

최봉대. 2011.「북한의 지역협력 접근 방식의 특징: 신가산제 사인독재정권의 '혁명자금 관리제도'와 대외경제협력의 제약」. ≪현대북한연구≫, 제14권 제1호.

하태경. 2010.「북한 김정은체제의 출범과 동북아 평화」.『중앙일보 시민사회환경연구소 제48회 세미나 자료집』.

≪동아일보≫. 2013년 12월 11일 자; 2013년 12월 16일 자.

≪조선일보≫. 2012년 7월 24일 자; 2012년 11월 27일 자.

≪중앙일보≫. 2012년 5월 4일 자; 2012년 7월 18일 자; 2013년 3월 14일 자; 2013년 12월 8일 자; 2013년 12월 12일 자; 2013년 12월 25일 자.

뉴시스. 2007. 1. 4.

데일리 NK. 2010. 9. 16.; 2012. 2. 13.; 2012. 4. 20.; 2012. 6. 30.; 2012. 7. 20.

연합뉴스. 2005. 12. 11.; 2013. 12. 22.; 2013. 12. 23.; 2014. 4. 16.; 2014. 4. 27.; 2014. 4. 29.

열린북한방송. 2010. 10. 4.

NK 지식인연대. 2013. 12. 26.; 2014. 1. 10.

탈북자 면담. 2014. 1. 10.

2. 외국 문헌

자유아시아방송.

Acemoglu, D. and J. A. Robinson. 2008. "The Role of Institutions in Growth and Development." Commission on Growth and Development, *Working Paper*, No.10.

______. 2009. *Economic Origins of Dictatorship and Democracy*. Cambridge: Cambridge University Press.

Brownlee, J. 2007. "Hereditary Succession in Modern Autocracies." *World Politics*, Vol.59(July).

Khan, M. H. 2010. "Political Settlements and the Governance of Growth-Enhancing Institutions." 미출간 원고(July).

North, D. C, J. J. Wallis and B. R. Weingast. 2012. *Violence and Social Orders: A Conceptual Framework for Interpreting Recorded Human History*. Cambridge: Cambridge University Press.

Rose-Ackerman, S. 1999. *Corruption and Government*. Cambridge: Cambridge University Press.

Svolik, M. 2012. *The Politics of Authoritarian Rule*. Cambridge: Cambridge University Press.

North Korea Leadership Watch. 2014.01.23.

제3부

대외갈등의 지속 또는 대타협의 모색

제8장

김정은시대 북한의 대외전략*

_ 지속과 변화의 '병진노선'

황지환 | 서울시립대학교 국제관계학과 부교수

1. 머리말

북한은 정치적·외교적·경제적 어려움 속에서도 지속적으로 핵능력을 강화시켜왔다.[1] 2013년 2월까지 총 3회의 핵실험을 통해 한반도 안정에 커다란 위협을 불러일으켰을 뿐 아니라 1990년대 초반 이후 국제 비확산체제에도 강하게 도전해왔다. 북핵 위기가 처음 발발한 지 벌써 20여 년이 지난 오늘날 핵무기 위협이 가시화되었지만, 여전히 북한의 핵전략에 대한 이해는 부족한 상황이며 이에 따라 북한의 행동에 적절히 대응하지 못하고 있다. 이

* 이 글은 황지환, 「김정은시대 북한의 대외전략: 지속과 변화의 '병진노선'」, ≪한국과 국제정치≫, 제30권 제1호(통권 84호, 2014)를 수정·보완한 것이다.

1) Hyeongpil Ham and Jaehak Lee, "North Korea's Nuclear Decision-making and Plausible Scenarios", *Korean Journal of Defense Analysis*, Vol.25, No.3(September 2013).

러한 관점에서 한국의 대북정책 수립을 위한 기반 연구로 김정은시대의 대외전략과 핵전략에 대한 더욱 심층적인 분석이 필요하다.

김일성 및 김정일과 비교되는 김정은정권의 대외전략 및 핵전략 자체에 대한 비교 분석도 필요하다.[2] 김정은정권은 집권한 지 몇 년 지나지 않았지만 기존 북한의 대외전략과 핵전략을 지속하는 듯하면서도 새로운 변화의 가능성도 보여준다. 김정은 등장 이후 진행된 2012년 12월 광명성 3-2호 발사 실험과 2013년 2월 제3차 핵실험은 북한 대외전략의 핵심인 핵무기와 미사일 프로그램의 지속성을 잘 보여주었다.[3] 반면, 북한이 2013년 상반기에 보여준 공세적인 위기 조성과 하반기의 갑작스런 긴장 완화는 김정은시대 새로운 대외정책 유형 변화의 가능성을 보여주기도 했다.[4]

이 글은 김정은시대 북한의 대외전략을 '지속과 변화의 병진노선'으로 개념화하고 분석한다.[5] '병진노선'은 과거 김일성시대의 국방-경제 병진노선과 김정일시대 선군정치에서 잘 드러나듯이 북한의 국가전략을 개념화한 대표적인 용어라고 할 수 있다. 김정은 역시 '경제·핵 병진노선'을 제시하며 새로운 국가전략을 표방한 바 있다. 하지만 북한의 '병진노선'은 구조적인 문제가 있는 모순적인 개념이다. 김일성시대의 국방-경제 병진노선은 경제발전

---

2) 황지환, 「전망이론을 통해 본 북한의 핵 정책 변화: 제1, 2차 북한 핵 위기의 분석」, ≪국제정치논총≫, 제46권 제1호(2006); Jihwan Hwang, "Face-Saving, Reference Point, and North Korea's Strategic Assessments", *The Korean Journal of International Relations*, Vol.49, No.6(2009).

3) 유용원·신범철·김진아, 『북한군 시크릿 리포트』(플래닛미디어, 2013), 116~153쪽; 대한민국 국방부, 『국방백서 2012』(2012), 29~30쪽.

4) 이상숙, 「3차 북핵실험과 북한의 위기조성외교」, ≪주요국제문제분석≫, No. 2013-04 (국립외교원, 2013년 5월 13일).

5) 일부에서는 이를 '선택적 병행' 전략이라고 설명한다. 김근식, 「김정은 시대 북한의 대외전략 변화와 대남정책: '선택적 병행' 전략을 중심으로」, ≪한국과 국제정치≫, 제29권 제1호(2013).

에서 일부 제약을 받더라도 국방력을 강화한다는 원칙을 천명했다. 하지만 이는 병진노선이 아니라 사실상 국방력 강화전략으로서 군사적 모험주의를 촉진시켜 당시 북한의 경제를 어렵게 만들었다.[6] 김정일시대 강성대국 건설을 위한 선군정치 역시 국방경제의 바탕 위에 경제를 발전시킨다는 전략을 제시했으나, 실제로는 안보 딜레마와 국내 정치 딜레마를 야기해 실패했다.[7] 이 글에서 김정은시대의 대외전략을 '지속과 변화의 병진노선'으로 개념화하는 것은 북한이 향후 대외전략을 펼쳐나가는 과정에서 기존 전략을 지속하면서도 새로운 변화의 모습을 보일 가능성이 크다는 것을 의미하는 것이다. 또한 그러한 병진노선은 기존의 다른 병진노선이 그러했듯 현실적으로 성공하기 어려운 상당히 모순적인 전략임을 암시하는 것이기도 하다.

2. 신년사를 통해 본 '지속과 변화의 병진노선'

김정은의 신년사는 북한의 최근 대내외 인식과 정책의 변화 과정을 살펴볼 수 있다는 데 의미가 있다. 1994년 김일성 사망 후 김정일은 1995년부터 신년사를 발표하지 않았고, 공동사설 형태로 신년 메시지를 대신했다. 하지만 2013년 1월 1일 김정은은 아버지 김정일과 달리 19년 만에 신년사를 부활시킴으로써 국제 사회를 놀라게 했다.[8] 더구나 김정은은 육성 신년사를 북한 방송매체를 통해 내보냄으로써 북한 주민들이 김일성 주석을 떠올리게

6) 함택영, 『국가안보의 정치경제학: 남북한의 경제력·국가역량·군사력』(법문사, 1998), 163~177쪽.

7) 황지환, 「선군정치와 북한 군사부문의 변환전략」, ≪국제관계연구≫, 제15권 제2호(2010).

8) ≪로동신문≫, 2013년 1월 1일 자.

하고, 김일성-김정일-김정은으로 이어지는 백두혈통에 충성을 강조하는 '김정은식 통치 행태'를 보여주며 효과를 극대화하려 노력했다. 평소 대중 연설을 즐겨하지 않던 김정일과 달리 김정은은 신년사를 대중 연설로 진행하고, 일상생활에서도 북한 주민들과 거리낌 없이 접촉하는 방식으로 김정일과 차별화를 시도하면서 북한 주민들의 지지 기반을 확보하려고 노력하는 모습을 보였다.

1) 김일성-김정일주의의 승계와 지속성

김정은이 2013년 신년사의 첫 부분에서 강조한 것은 2012년의 치적이며, 그중 12월의 광명성 3-2호의 발사 성공을 가장 우선시했다. 김정은은 2011년 12월 김정일의 급서로 갑작스럽게 최고지도자 자리에 올랐지만, 과도기적인 2012년 한 해 동안에도 역사적인 치적이 있음을 설명해 정권세습의 정당성을 강조했다. 이러한 모습은 북한 역사에 "특기할 사변들"이 있었음을 강조하며, 2012년을 "력사적인 승리"를 이룬 "력사적인 해"라고 언급한 것에서도 잘 드러난다.

> 우리는 조국 력사에 특기할 사변들로 빛나게 아로새겨진 2012년을 보내고 원대한 포부와 최후승리에 대한 신심에 넘쳐 새해 2013년을 맞이합니다.
>
> 지난해에 우리 군대와 인민은 위대한 장군님의 구상과 유훈을 실현하기 위한 총공격전을 벌려 조국청사에 찬연히 빛날 력사적 승리를 이룩하였습니다.[9]

9) ≪로동신문≫, 2013년 1월 1일 자.

그중 김정은은 2012년 12월의 광명성 3-2호의 성공적 발사를 가장 중요한 치적으로 내세우면서 '특대 사변'이라고 강조했다. 광명성 3-2호의 발사 이유에 대해 국내외에서 여러 다양한 해석을 내놓았지만,[10] 김정은은 신년사에서 김일성 탄생 100주년과 김정은의 유훈의 실행이라는 국내 정치적 요인을 강조했다. 이러한 모습은 김정은이 신년사의 여러 부분에서 김일성과 김정일에 대한 충성과 감사를 강조한 모습에서도 잘 드러난다. 김정은의 이러한 해석은 김일성과 김정일의 백두혈통을 이어받는 "김일성-김정일주의"로 표현되며, "자주의 길, 선군의 길, 사회주의의 길"로 요약된다.

김일성-김정일주의와 백두혈통의 강조는 김정은의 2014년 신년사에서도 비슷하게 나타난다. 특히 2014년은 김정일이 김일성주의화 강령을 선포한 지 40주년이 되는 해임을 강조하며, 김일성-김정일주의와 김정은의 유일영도체제의 공고화를 꾀했다. "우리는 위대한 장군님께서 온 사회의 김일성주의화 강령을 선포하신 40돐이 되는 뜻깊은 올해에 당을 조직사상적으로 공고히 하고 사회의 모든 성원들을 김일성-김정일주의자로 튼튼히 준비시키며 혁명대오의 일심단결을 더욱 강화하여야 합니다."[11] 특히 2013년 12월의 장성택 숙청 및 처형 사건을 언급함으로써 김정은체제의 권력 강화를 꾀하고 있다.

> 우리 당은 지난해에 강성국가건설을 위한 투쟁의 벅찬 시기에 당안에 배겨있던 종파오물을 제거하는 단호한 조치를 취하였습니다. 우리 당이 적중한 시기에 정확한 결심으로 반당반혁명종파일당을 적발숙청함으로써 당과 혁명대오가 더욱 굳건히 다져지고 우리의 일심단결이 백배로 강

10) "北 장거리 로켓 전격발사 …… '광명성 3호' 발사 성공", 연합뉴스, 2012. 12. 12.

11) "김정은 신년사", ≪로동신문≫, 2014년 1월 1일 자.

화되었습니다.

2) 강성국가 건설과 '경제·핵 병진노선'

김정은은 2013년 신년사에서 강성국가 건설에 대해 여전히 많이 언급하고 있으며 여러 가지 치적을 강조했다. 특히 김정은체제하에서 강성국가 건설의 목표가 경제강국 건설에 집중될 것임을 암시했는데, 이는 3개월 후인 3월 31일 조선로동당 중앙위원회 전원회의에서 새로운 전략적 노선으로 채택된 "경제건설과 핵무력 건설을 병진"시키는 이른바 '경제·핵 병진노선'과 맥락을 같이한다.[12] '경제·핵 병진노선'은 지속과 변화의 병진노선을 가장 뚜렷하게 보여주는 전략이다.

이러한 병진노선의 방향은 다음 날인 4월 1일 최고인민회의 12기 제7차 회의에서 경제통인 박봉주를 내각 총리로 임명함으로써 구체화되는 듯했다.[13] 조선로동당 중앙위원회 전원회의는 '경제·핵 병진노선'이 김일성 주석과 김정일 국방위원장이 추진했던 "독창적인 경제국방 병진노선의 빛나는 계승"이라며, "방위력을 철벽으로 다지면서 경제건설에 더 큰 힘을 넣어 사회주의 강성국가를 건설하기 위한 가장 혁명적이며 인민적인 노선"이라고 강조했다.[14] 물론 김일성이나 김정일시대의 국방경제 병진노선이 사실상 국방력 강화를 위한 국가전략이었음을 고려하면,[15] 김정은의 '경제·핵 병진노선' 역시 핵무력에 방점이 있을 것이다. 하지만 북한은 "새로운 병진노선의 참다운 우월성은 국방비를 추가적으로 늘이지 않고도 전쟁억제력과 방위

---

12) "北 黨중앙위 전원회의, 경제·핵무력 병진노선 채택", 연합뉴스, 2013. 3. 31.

13) 조선중앙통신, 2013. 4. 1.

14) 조선중앙통신, 2013. 3. 31.

15) 함택영, 「국가안보의 정치경제학」, 163~177쪽.

〈표 8-1〉 최근 북한의 경제성장률 추이

단위: %

연도	1997	1998	1999	2000	2001	2002	2003	2004
성장률	-6.5	-0.9	6.1	0.4	3.8	1.2	1.8	2.1
연도	2005	2006	2007	2008	2009	2010	2011	2012
성장률	3.8	-1.0	-1.2	3.1	-0.9	-0.5	0.8	1.3

자료: 한국은행 홈페이지, "북한 경제성장률 추정 결과", 각 연도 자료를 토대로 필자 작성.

력의 효과를 결정적으로 높임으로써 경제건설과 인민생활 향상에 힘을 집중할 수 있게 한다는 데 있다"라고 주장함으로써 인민경제 향상을 통한 경제강국 건설의 중요성을 대외정책에서도 고려할 것임을 암시했다.[16]

병진노선이 채택된 것은 북한의 경제가 여전히 상당한 침체를 벗어나지 못해 북한 주민들이 어려움을 겪고 있기 때문이다. 북한 경제는 1990년대 중후반 '고난의 행군' 시기만큼 어렵지는 않지만, 〈표 8-1〉에서 보듯이 김정은 체제의 등장 이후 첫 해인 2012년 성장률이 1.3%에 그쳤다. 2011년에 이어 마이너스 성장을 탈피하긴 했으나 본격적인 경제발전의 모멘텀을 확보하지는 못한 것이다. 북한 경제의 어려움은 체제 안정성 확보에 커다란 난관으로 작용하기 때문에 김정은체제는 인민경제 활성화에 더욱 커다란 관심을 보이는 것으로 판단된다.[17] 이에 따라 '경제·핵 병진노선'은 김정은시대의 대외전략을 설계하는 과정에서 국내 경제적 상황을 고려하지 않을 수 없었다는 점을 반영하는 것으로 판단된다.

강성국가와 병진노선의 강조는 2014년의 신년사에서도 비슷하게 드러난다. 2013년 신년사에 이어 2014년 신년사에서도 3/4 이상을 인민경제 향상과 강성국가 건설에 할애함으로써 김정은체제의 인식이 대외정책보다는 대

16) 조선중앙통신, 2013. 3. 31.

17) 이석, 「2014년 상반기 북한경제동향: 관찰, 분석, 그리고 해석」, ≪KDI 북한경제리뷰≫, 7월호(2014).

내 권력 공고화와 경제발전에 상당한 강조점을 둘 것임을 암시했다.

> 지난해는 전당, 전군, 전민이 당이 제시한 새로운 병진로선을 받들고 총공격전을 벌려 사회주의 강성국가 건설과 사회주의수호전에서 빛나는 승리를 이룩한 자랑찬 해였습니다.[18)]

3) 대외전략의 '지속과 변화'

김정은은 2013년 신년사에서 통일 문제는 김일성 및 김정일의 유훈이라고 강조하며 매우 강하게 언급했다. 이는 김정일에 대한 조문 문제 등으로 이명박 정부를 신랄하게 비판했던 2012년의 신년공동사설과 비교할 때 상당히 진전된 모습이었다고 평가되었다. 김정은은 김정일시대와 같이 대남 문제에서는 특히 '우리 민족끼리'의 주체성을 강조한다. 이는 역시 김정일시대에 성사시켰던 두 번의 남북정상회담을 통한 남북 간 독자적인 협력관계가 북한에 상당히 유리한 형식이었음을 인식하는 것이었다. 이를 통해 남북이 "자주적으로" 통일문제와 민족문제에 접근함으로써 남한에 대한 북한의 영향력을 높이려는 의도를 보인다.[19)]

김정은은 2014년의 신년사에서도 통일에 관한 김일성 및 김정일의 업적을 언급하며 유훈 달성을 강조했다. 김정일의 '우리 민족끼리'의 정신도 언급하면서 1970년대 김일성시대 이후 강조해온 조국통일 3대 원칙을 강조해 김정은시대에도 북한의 대남 통일정책에 큰 변화는 없을 것임을 암시했다.

---

18) "김정은 신년사", ≪로동신문≫, 2014 년 1월 1일 자.

19) Jihwan Hwang, "Face-Saving, Reference Point, and North Korea's Strategic Assessments."

> 올해는 위대한 수령님께서 조국통일과 관련한 력사적 문건에 생애의 마지막 친필을 남기신 20돐이 되는 해입니다. (중략) 북과 남은 조국통일 3대원칙과 북남공동선언에서 천명된 자주의 원칙을 견지하고 우리 민족끼리의 립장에 확고히 서야 하며 공동선언들을 존중하고 성실히 리행하여야 합니다.

2013년과 비교하여 2014년의 신년사에 나타난 대외정책 관련 특징은 미국 및 남한의 군사적 위협에 대한 비난과 공세적 대응이다. 김정은은 2013년에는 '제국주의'라는 용어를 제외하고 '핵'이나 '미국'이라는 단어를 사용하지 않았으며, 자극적인 용어 선택도 상당히 자제했다. 하지만 2014년의 신년사에서는 미국과 남한이 북침 핵전쟁연습을 통해 위기를 조성한다고 강력하게 비난했다.

> 미국과 남조선 호전광들은 조선반도와 주변에 핵전쟁장비들을 대대적으로 끌어들여 북침핵전쟁연습을 광란적으로 벌리고 있으며 이로 하여 사소한 우발적인 군사적충돌도 전면전쟁으로 번질수 있는 위험한 정세가 조성되고 있습니다.

물론 남북관계 개선을 강조하며 '과거 불문'을 언급함으로써 유화적인 대북정책을 암시하였지만, 대외정책에 대한 전반적인 논조는 2013년보다 더 강화되었다고 평가된다. 핵무력 건설에 대한 직접적인 언급은 피하고 있지만, 한반도의 핵전쟁 가능성을 강조하며 병진노선 속에서 북한의 핵능력의 중요성을 암시하기도 했다.

이처럼 신년사를 통해 본 김정은체제의 대내외 인식은 기본적으로 김정일시대의 연장선상에 있으며, 2013년과 2014년의 신년사 역시 새로운 변화보다는 지속성을 추구한다고 평가된다.[20] 하지만 2013년 상반기 북한의 행보는 신년사의 내용과는 완전히 달랐으며, 2월 핵실험과 이후의 긴장 조성 등 한반도를 위기로 몰아넣는 매우 공세적인 위기조성전략을 구사했다. 이는 김정은체제의 대외전략이 지속성과 변화를 동시에 추구하는 병진노선의 모습을 보이고 있음을 의미한다. 북한은 '경제·핵 병진노선' 속에서 핵전쟁의 위협과 핵억지의 중요성을 암시함으로써 핵무기 포기 가능성을 부정한다. 하지만 북한의 비핵화가 이루어지지 않는 한 대외관계의 개선과 국제 사회의 지원은 불가능하기 때문에 김정은체제의 병진노선이 북한의 국가전략으로 성공할 가능성은 매우 낮다. 이러한 차원에서 '지속과 변화의 병진전략'을 구사하는 김정은체제의 대외전략은 내재적 모순을 가지고 있을 수밖에 없으며, 따라서 김정은시대의 한반도 역시 커다란 변화 없이 위기 고조와 긴장 해소의 반복을 지속할 가능성이 크다.

3. 김정은시대의 대외관계 재검토: 위기 고조와 긴장 완화의 병진

2011년 12월 김정일 사망과 김정은체제의 등장 이후 북한의 대외전략에 대한 분석이 필요해졌고, 이에 따라 김정은체제가 어떤 전략적 계산(strategic assessment)을 하는지에 대한 해석이 필요하다. 이는 김정은체제의 등장 이후 발생한 일련의 대외정책적 사건, 사고를 재해석함으로써 가능할 것이다.

---

20) 북한의 신년사는 그동안 1-1-4-1-1의 구조로 유지되어왔다고 한다. 이는 지난해의 평가, 신년 국정 지침 제시, 북한 사회주의 건설을 위한 국내 혁명 역량 강화, 조국 통일을 위한 남한 혁명 역량 강화, 국제 혁명 역량 강화이다. 이 구조는 2014년의 신년사에서도 그대로 유지되고 있다고 평가된다. 하영선, 「북한 2014 미로 찾기: 신년사의 해석학」, ≪EAI 논평≫, 제32호(2014).

〈표 8-2〉 김정은체제 등장 이후 북한의 대외관계 관련 사건 및 사고

날짜	북한의 대외관계 관련 사건 및 사고
2011. 7.	남북비핵화 회담 및 북·미 접촉(3단계 해법)
2011.12.	김정일 사망
2012. 2.	북·미 간 2·29 합의
2012. 4.	북한, 광명성 3-1호 발사 및 실패
2012. 8.	미국 정부인사 방북(4월 발사 직전에도 방북)
2012. 7.	북한, 핵문제 전면적 재검토 선언
2012. 12.	북한, 광명성 3-2호 발사
2013. 2.	제3차 핵실험
2013. 4.	북한, 개성공단 근로자 철수 선언
2013. 5.	일본, 이지마 이사오(飯島勳) 내각 관리 방북 / 최룡해 방중
2013. 6.	북한, 남북회담 제안 및 결렬 / 북한, 북·미 고위급회담 제안 / 김계관 방중
2013. 7.	김계관 방러
2013. 8.	중국 우다웨이(武大偉) 6자회담 수석대표 방북
2013. 9.	개성공단 재가동
2013.12.	장성택 처형

특히 이러한 작업은 북한이 생산하는 대외 발표문을 통해 일정 부분 이루어질 수 있으며, 이를 통해 북한의 전략적 사고에 대한 퍼즐 맞추기가 가능할 것이다. 김정은체제의 등장을 전후해 발생한 대외정책적 사건 및 사고를 요약하면 〈표 8-2〉와 같다.

이러한 일련의 사건 및 사고를 통해 김정은체제 등장 이후 북한의 대외정책을 살펴보면 대체로 세 시기로 나눌 수 있다. 첫 번째 시기는 2011년 7월부터 2012년 6월까지로 북·미 간 2·29 합의와 북한의 로켓 발사가 병행된 시기다. 두 번째 시기는 2012년 7월부터 2013년 5월까지 북한이 핵정책의 재검토를 선언하고 위기조성전략을 보인 시기다. 세 번째 시기는 2013년 5월 이후의 시기로 이전의 위기조성전략을 끝내고 협상전략으로의 전환 움직임을 보인 시기다.

1) 김정은체제하 대외관계의 재해석

(1) 2011년 7월~2012년 6월: 2·29 합의와 로켓 발사의 병행

2011년 하반기 북한은 로켓 발사와 북·미 간 합의가 병행될 수 있을 것으로 판단한 듯하다. 2011년 12월 김정일 국방위원장이 급서했는데도, 북한은 2012년 2월 말 베이징에서 제3차 북·미 대화를 지속하고 2·29 합의를 이루어냈기 때문이다. 북한 외무성 대변인이 북·미 2·29 합의에 대해 공개한 발표문에는 장거리미사일 발사의 임시 중지에 관한 내용이 명시적으로 포함되어 있었지만, 북한은 합의 자체를 매우 긍정적으로 평가했다.

> 우리는 미국의 요청에 따라 조미고위급회담에 긍정적인 분위기를 유지하기 위하여 결실 있는 회담이 진행되는 기간 핵시험과 장거리미싸일 발사, 녕변우라니움 농축활동을 림시 중지하고 우라니움농축활동림시중지에 대한 국제원자력기구의 감시를 허용하기로 하였다.[21]

하지만 북한은 로켓 발사가 인공위성 발사를 위한 것이지 장거리미사일 발사를 위한 것이 아님을 강조해왔다. 이 부분에서 미국과 북한 사이에 이견이 있었을 것으로 예상된다. 북한은 또한 2012년 12월의 광명성 3-2호 발사가 실제 인공위성 발사였음을 강조함으로써 자신들의 주장을 강화하는 태도를 보였다.[22] 하지만 미국은 로켓 발사가 실제로는 탄도미사일 발사 기술을 사용한 것으로 유엔 안보리 결의안에 대한 명백한 위반이라고 비난했다.[23]

---

21) 조선중앙통신, 2012. 2. 29.

22) 조선중앙통신, 2013. 1. 23.

23) The White House Office of the Press Secretary, "Statement from NSC Spokesman Tommy Vietor on North Korea's Missile Launch", December 11, 2013.

북한은 북·미 간 2·29 합의 이후 비핵화를 위한 사전 조치를 취하는 듯한 제스처를 보였지만, 2012년 3월 중순 들어 돌연 '광명성 3호' 장거리로켓 발사 계획을 발표하면서 국제 사회의 긴장을 고조시켜나갔다.[24] 이러한 북한의 대외전략은 김정일 사후 김정은체제의 국내 정치적 배경이 가장 큰 요인으로 해석되는데, 북·미 접촉과 로켓 발사가 모두 김정일의 유훈이며 김일성 주석 탄생 100주년과 연계되어 있었기 때문이다. 김정은의 2013년 신년사에서 잘 나타나듯이 북한은 '광명성 3호'의 발사에 대해 "위대한 수령 김일성동지의 탄생 100돐을 맞으며 우리 나라에서는 자체의 힘과 기술로 제작한 실용위성을 쏘아올리게 된다"라고 설명했다.

(2) 2012년 7월~2013년 5월: 대외정책의 재검토와 위기조성전략

① 2012년 7월 핵문제의 '전면적 재검토' 선언

김정은체제의 북한은 2012년 7월 20일 북한 외무성 담화와 이후 일련의 담화 및 비망록을 쏟아내며 대외정책에 대한 전면적인 재검토를 선언한다. 특히 북한은 7월 25일 외무성 대변인 담화와 8월 31일 외무성 비망록에서 미국의 대북 적대시 정책을 비판하며, 북·미관계의 '두 가지 길'을 제시한다.[25] 북한이 미국에 요구한 첫 번째 길은 미국이 대북 적대시 정책을 포기하고, 한반도의 평화와 안전에 이바지하라는 요구였다. 북한이 제시한 두 번째 길은 북한이 인식하는 한반도 현실에 기인한 것으로, 미국이 적대시 정책을 계속 유지하는 한 북한은 핵무기 능력을 계속 강화할 수밖에 없다는 것이다.

---

24) 조선중앙통신, 2012. 3. 16.

25) 조선중앙통신, 2012. 7. 25; 2012. 8. 31.

> 미국에는 아직 두 가지 길이 있다. 하나는 랭전사고 방식을 대담하게 근본적으로 바꾸고 시대착오적인 대조선적대시정책을 포기함으로써 조선반도의 평화와 안전에도 이바지하고 자국의 안전도 확보하는 길이다. (중략) 다른 하나의 길은 지금처럼 미국이 적대시정책을 계속 유지하고 그에 대처하여 우리의 핵무기고가 계속 확대 강화되는 것이다.

당시 외무성 비망록을 보면 미국의 대북제재 역사와 전개 과정을 자세히 기술하면서 미국에 대한 원망과 아쉬움이 드러나 있는데, 이는 2·29 합의의 무산으로 인한 미국에 대한 원망으로 해석될 수 있다.[26] 당시 특별한 충돌이나 협상이 없었음에도 미국의 대북제재 전개 과정과 정전협정 내용을 외무성 담화 및 비망록 형태로 발표한 점은 주목할 만하다고 하겠다.

② 북한의 대외정책 전환 및 전략적 판단

이는 북한이 당분간 2011년 이후 진행되던 북·미 접촉 및 2·29 합의에 대한 기대를 접고, 앞으로는 핵능력의 강화 방향으로 나가면서 시간을 벌겠다는 전략을 보여준 것으로 해석된다. 비망록의 주요 내용은 그동안 북한이 미국 및 한국과 핵문제에 관한 평화회담을 해왔는데도 진전이 없었기 때문에[27] 핵무기 등 국방력 강화에 집중하게 되었다는 설명이다. 이는 북한이 향후 있을 북·미 협상에 유리하게 대비하기 위한 포석으로 이해된다.

그렇다면 '핵문제의 전면적 재검토'의 내용은 김정은체제가 2011년 북·미

---

26) "조선외무성 비망록 미국의 적대시정책은 핵문제해결의 기본장애", 조선중앙통신, 2012. 8. 31.

27) 이는 한·미·중이 합의하고 북한이 2011년 7월 이후 추진해온 남북회담-북·미회담-6자회담의 3단계 해법을 의미한다. "한·중, 6자회담 재개 '3단계안' 의견 일치", 연합뉴스, 2011. 4. 26.

접촉 내용 및 합의 내용을 더 이상 염두에 두지 않겠다는 의미로 해석된다. 북한은 2012년 4월의 장거리로켓 발사에도 불구하고 미국이 북한에 다시 접근할 것인지 그동안 상황을 주시했지만 이제 그 기대를 접었으며, 당분간 북·미회담이 재개될 가능성이 없으며 대화할 상황도 아니라고 판단한 듯하다. 따라서 북한은 핵/미사일 프로그램을 당분간 지속적으로 강화하며 시간을 벌겠다는 상황 인식을 보여주는데, 이는 이후 2012년 12월의 광명성 3-2호 발사, 2013년 2월의 제3차 핵실험 및 이후의 군사적 위기조성전략과 연결된다고 하겠다. 또한 대외적인 차원에서는 북한의 미사일 능력과 핵실험의 결합을 암시함으로써 향후 북·미회담 및 6자회담에서 요구 조건을 강화하기 위한 방편으로 해석될 수도 있다.

(3) 2013년 5월 이후: 협상전략으로의 전환

① 2013년 5월 이후 김정은체제의 회담 외교

북한은 2013년 5월 들어 위기조성전략에서 협상전략으로 전환하는 움직임을 보였다. 5월 22일 최룡해 조선인민군 총정치국장이 중국을 방문했고, 6월 6일에는 남북회담을 제안했으며, 6월 16일에는 북·미고위급 회담을 제안하는 등 대외적으로 매우 바쁜 회담 외교에 시동을 걸었다. 또한 김계관 북한 외무성 제1부상은 6월 18일 중국을 방문했으며, 7월에는 러시아를 방문하기도 했다. 또한 8월에는 중국 우다웨이 한반도사무특별대표(6자회담 중국측 수석대표)가 방북하기도 했다.

최룡해의 방중은 북한의 전반적인 국방정책의 측면에서 중국과의 조율을 의미한다. 또한 김계관의 방중 및 방러, 우다웨이의 방북은 핵문제에 대한 북·중 간 논의를 의미하므로 북한이 더 이상 위기조성전략에 집중하지는 않을 것임을 보여주었다. 특히 6월 16일 '국방위원회 대변인의 중대담화'를 통해 북한이 미국에 제안한 고위급 회담은 이러한 정책 변화의 모습을 잘 보여준다.

> 조미당국사이의 고위급회담에서는 군사적 긴장상태의 완화문제, 정전체제를 평화체제로 바꾸는 문제, 미국이 내놓은 '핵없는 세계건설' 문제를 포함하여 쌍방이 원하는 여러 가지 문제를 폭넓고 진지하게 협의할 수 있을 것이다.[28]

② 위기조성전략의 한계 및 협상전략으로의 전환

북한의 전략 수정은 그동안의 위기조성전략으로 이제는 얻을 것이 없다고 판단했기 때문인 것으로 해석된다. 특히 2013년 2월 북한의 핵실험 이후 중국 시진핑(習近平) 정부의 대북정책 변화 가능성을 주시하면서 새로운 대외정책의 방향을 모색했다. 물론 중국의 시진핑 신정부도 북한의 전략적 중요성을 인정하며 정책의 연속성을 추구하겠지만, 중국 내에서 대북정책에 관한 이전과는 다른 다양한 목소리가 분출되었다.[29]

북한의 비핵화 및 대북정책에 대한 미·중 간 조율, 한·미·중 3각 협력 움직임, 중국 내 북한 여론 악화 등으로 지속적인 위기조성전략은 북한에 부담으로 작용할 수 있었다. 이러한 상황에서 북한은 버락 오바마(Barack Obama) 미국 대통령과 시진핑 중국 국가주석의 미·중정상회담 직전 남북회담을 제안해 부정적인 영향을 차단하기 위한 노력을 보이기도 했다. 6월 6일 북한의 조국평화통일위원회 대변인은 특별담화문 형식으로 남북 당국자 간 회담 및 개성공단 정상화를 제안했다.[30] 개성공단 문제는 이후 오랫동안 우여곡절

28) 조선중앙통신, 2013. 6. 16.

29) 정덕구·추수롱 엮음, 『기로에 선 북중관계: 중국의 대북한 정책 딜레마』(중앙북스, 2013).

을 겪었지만, 9월 합의되어 정상화의 길을 걷게 되었다.

북한의 이러한 제안은 차후 북·중회담이나 북·미회담에서 남북회담을 추진했음을 강조함으로써 나름의 노력을 했다는 구실이 될 수 있었다. 특히 북한은 먼저 남북회담을 제안하면서 회담 장소와 일시를 정하는 것을 남한 쪽에 위임하면서 매우 적극적인 모습을 보여주었는데, 이는 당시 2013년 상반기 북한이 대내외적으로 군사적 위기를 조성해나갔던 것을 고려하면 매우 이례적인 사건이었다.

2) 김일성 및 김정일시대의 대외전략과의 비교

북한은 김정은시대에도 핵무기 프로그램을 영원히 보유하겠다고 주장하는 것은 아니다. 북한의 논리는 미국의 대북 핵위협이 사라지고, 남한에 대한 미국이의 핵우산이 제거될 때 더 이상 핵무기가 필요하지 않을 것이라는 주장이다.[31] 김일성 및 김정일시대에는 북한이 핵무기를 개발한 것은 스스로 원해서가 아니라 미국의 대북 적대시 정책과 핵공격 위협 때문에 불가피한 것이라고 정당화해왔다.[32] 이러한 논리는 김정은시대에도 여전히 지속적으로 주장되고 있다. 북한 외무성이 2012년 8월 31일 발표한 비망록에는 이러한 미국의 대북 적대시 정책의 기원을 "미국의 대조선 적대시 정책의 뿌리"라고 지칭하며 미국 책임론을 분명히 하고 있다.[33]

---

30) 조선중앙통신, 2013. 6. 6.

31) L, V. Sigal. *Disarming Strangers: Nuclear Diplomacy with North Korea*(Princeton: Princeton University Press, 1998); S, Harrison. *Korean Endgame: A Strategy for Reunification and U.S. Disengagement*(Princeton: Princeton University Press, 2002).

32) 조선중앙통신, 2009. 1. 13.; 2009. 6. 13.

33) 조선중앙통신, 2012. 8. 31.

이는 한반도에 맨 처음 핵무기를 도입해 핵위협을 가한 것이 북한이 아니라 미국이라는 김일성의 인식과 연결되어 있다.[34] 김일성시대에 북한은 핵문제를 냉전의 연장선상에서 이해해 미국이 냉전기에 한반도에 핵무기를 도입했음을 강조해왔다.[35] 이에 따라 북한은 '북한 핵문제'라는 용어가 아닌 "조선반도 핵문제"라는 표현을 사용하며 미국의 한반도 핵정책을 비판해왔다. 따라서 북한은 핵무기의 보유가 북한의 국가 안보와 김일성 및 김정일의 정권 안보를 보장한다는 차원에서 이해해왔다. 물론 김정은체제도 핵무기는 정권을 보위하는 마지막 수단이라고 인식하지만, 김일성 및 김정일정권은 핵무기를 핵억지력(nuclear deterrence)의 측면에서 정당화했다. 북한이 "조미관계의 정상화 없이는 살 수 있어도, 핵억제력 없이는 살수 없다"라고 언급한 데서 그러한 인식을 확인할 수 있다.[36]

북한은 또한 김일성 및 김정일시대에 북·미 양자협상을 고집해왔다. 김일성은 한반도 핵문제의 기원을 고려할 때 미국과 북한의 양자협상이 불가피하다고 강조했다.[37] 당시 북한은 유엔 안보리는 북한 핵문제를 논의할 적절한 장소가 아니라고 주장하며, 한국과 일본은 북핵문제와 전혀 관련이 없다고 주장했다.[38] 결국 1994년의 1차 북핵 위기는 북한과 미국 양자의 제네바 합의(Geneva Agreed Framework)로 해소되었다.[39]

김정일시대의 2차 북핵 위기 상황에서 북한은 2003년 이후 6자회담이라

34) "김일성 신년사", ≪로동신문≫, 1994년 1월 1일 자.

35) 냉전기 미국의 대 한반도 핵정책에 대해서는 P. Hayes, *Pacific Powderkeg: American Nuclear Dilemmas in Korea*(Lexington: Lexington Books, 1991).

36) 조선중앙통신, 2009. 1. 17.

37) "김일성 신년사", ≪로동신문≫, 1994년 1월 1일 자.

38) 조선중앙통신, 1993. 4. 11.; 1994. 6. 26.

39) 황지환, 「전망이론을 통해 본 북한의 핵 정책 변화」.

는 다자회담에 참여했다. 하지만 당시에도 여전히 북한은 다자회담을 미국과의 양자협상을 위한 무대로 인식했다.[40] 북한은 2003~2008년까지 6자회담에 참여했지만, 다자회담에 매우 비판적이었다. 북한은 6자회담의 5개국이 북한에 대한 유엔 안보리 제재에 참여함으로써 북한의 주권과 권위를 침해하는 수단으로 6자회담을 악용했다고 인식했다.[41] 당시 북한은 6자회담 합의가 한반도 전체의 비핵화에 합의한 것이었다고 주장하면서 다른 국가들이 북한의 비핵화에 합의한 것처럼 호도한다고 비난했다.

하지만 김정일시대 말기 북한은 스스로 핵보유국임을 선언하면서 한반도의 비핵화가 아닌 미국 핵무기 대 북한 핵무기 사이의 협상임을 주장하기 시작했다.[42] 이러한 북한의 주장이 현재 김정은체제의 대외인식 및 핵전략에 맞닿아 있다고 하겠다. 북한은 이제 북·미관계가 정상화되더라도 핵무기를 포기할 수 없다고 주장한다. 이는 북한이 2002년도 2차 북핵 위기가 불거지기 직전만 해도 '미국의 대북 핵 불사용과 정권 보장'을 강조했던 것과 큰 차이를 보인다.[43]

따라서 김정은체제의 핵정책은 이전 김일성 및 김정일시대의 그것과 일정한 차별성을 보인다고 할 수 있다. 김정은체제 역시 미국의 대북 적대시 정책이 종식되어야 한다고 강조하지만, 미국의 대북 정책 변화가 곧바로 북한의 핵무기 포기로 연결되는 것은 아님을 분명히 한다. 북한은 이제 세 번의 핵실험을 통해 스스로 핵무기 보유국으로서의 지위를 주장한다. 또한, 이제 미국과의 협상장에서도 한반도의 비핵화뿐 아니라 핵군축을 요구하는 단계

---

40) C. L. Pritchard, *Failed Diplomacy: The Tragic Story of How North Korea Got the Bomb*(Washington D.C.: Brookings Institution, 2007), pp. 101~102.

41) 조선중앙통신, 2009. 4. 14.

42) 조선중앙통신, 2009. 1. 17.

43) 조선중앙통신, 2002. 10. 26.

에 접어들었다.[44] 김정은시대의 대외전략 및 핵전략과 김일성 및 김정일시대 전략의 가장 큰 차이가 여기에 있다고 하겠다.

4. 김정은시대의 대외전략과 병진노선의 구조적 모순

1) 북한의 국내 정치와 대외정책

국내 정치적인 차원에서 북한의 2013년 초 위기조성전략의 시작은 2012년 12월 광명성 3-2호 발사인데, 이는 2012년 4월의 발사 실패 만회, 김정일 위원장 유훈 및 사망 1주기, 김정은체제의 성과를 보여주기 위한 것으로 이해할 수 있다. 2013년 김정은의 신년사에서는 광명성 3-2호의 성공적 발사를 "새로운 주체 100년대의 첫해를 위대한 승리를 빛내인 것"이라고 언급함으로써, 김일성 탄생 100주년과 김정은의 유훈의 실행이며, '특대사변'이라고 강조하며 국내 정치적 요인을 언급했다.

향후 김정은체제는 김정일이 만들어놓은 기존 제도에 김정은이 안착하는 단계에서 김정은 스스로 새로운 제도를 만들어나가는 단계로 옮겨갈 것이다. 2013년 12월 발생한 장성택 조선로동당 행정부장의 실각 및 처형은 이러한 북한의 국내 정치적 속성을 잘 보여준다.[45] 이 과정에서 북한의 국내 정치적 변화는 김정은체제의 대외정책에 큰 영향을 미칠 것이다. 특히 김정은이 북한 내부의 당·정·군 3자 관계를 어떻게 조율할 것인지에 따라 대외정책이 변화할 수 있다. 북한 내부에서 조선로동당과 정부 내각, 조선인민군의

44) 조선중앙통신, 2013. 1. 24.

45) 조선중앙통신, 2013. 12. 13.

관계 변화에 따라 일정한 대외정책적 변화가 나타날 수도 있기 때문이다.[46)]

김정은체제는 정권 초기에는 김일성과 김정일을 잇는 백두혈통으로의 정통성으로 인해 안정되겠지만, 장기적으로는 김정은체제의 정당성(legitimacy)을 주장할 만한 결과물을 보여주려 할 것이다. 그 대표적인 것은 북한의 경제 상황이 될 것이며, 경제적 어려움을 타개하기 위해 결국은 중국, 미국 및 한국에 접근하기 위해 노력할 것으로 판단된다. 2012년 8월 장성택의 방중은 김정은체제의 첫 노력으로 해석할 수 있으며, 2013년 5월 이후 북한의 협상 국면과 연결되어 있다. 2013년 중반 이후 북한이 위기조성전략에서 협상전략으로 전환하는 모습을 보이는 것도 김정은이 신년사에서 강조한 '인민경제'의 강화를 위한 노력의 일환일 것이다. 이러한 관점에서 김정은시대의 대외전략은 '경제·핵 병진노선'의 틀 속에서 위기 조성과 긴장 완화 전략의 병진일 가능성이 크다고 할 수 있다.

2) 김정은체제의 대미 전략

(1) 대미 핵정책 구상

2013년 5월까지 북한의 시각은 협상을 통해 우호적인 결과물을 얻어낼 수 있는 상황이 아니어서, 당분간 상황을 지켜보며 유리한 상황을 '기다리는 전략'을 구사하는 시기였다고 평가된다. 하지만 5월 이후부터는 그러한 위기조성전략을 마감하고 대화를 제시하며 새로운 국면을 이끌어나가려는 적극적인 모습을 보였다. 당시 북·미 접촉이 단절되어 있었지만, 북한은 오바마 2기 행정부가 결국 대북접촉을 재개할 수밖에 없을 것이라고 인식하고 '위협

46) P. Mceachern, *Inside the Red Box: North Korea's Post-Totalitarian Politics*(New York: Columbia University Press, 2010).

을 하며 기다리는 전략'을 구사하는 것으로 판단된다. 미국이 협상장으로 돌아올 수밖에 없다고 판단하는 근거는 다음의 몇 가지로 생각해볼 수 있다.

첫째, 북한은 2010년 11월 최신 설비의 우라늄 농축 설비를 공개하여 핵능력의 지속적인 강화가 가능함을 국제 사회에 보여주었다.[47] 이는 미국으로 하여금 영변 5MW 원자로가 노후했음에도 북핵문제가 동결될 수 없다는 인식을 갖게 한 것이다. 더구나 북한은 최근 영변 5MW을 재가동했다고 전해진다.[48] 이는 미국 오바마 행정부가 북핵문제에 보여준 이른바 '전략적 인내(strategic patience)'의 구조적 문제점을 노정시키려는 북한의 노력이다.

둘째, 북한은 광명성 3-2호의 발사 성공으로 장거리미사일 능력을 입증함으로써 핵무기 운반체계능력에 대한 새로운 가능성을 미국에 보여주었다. 이는 북한의 핵 및 미사일 위협이 태평양 너머 미국에도 현실적인 위협이 될 수 있음을 보여준 것으로 미국의 안보 우려를 자아내게 하는 것이었다.

셋째, 북한은 자신들의 핵 및 미사일 능력이 이란, 파키스탄, 시리아 및 테러그룹 등과 연계되어 전 세계적으로 확산될 가능성을 미국이 최악의 상황으로 우려한다는 점을 잘 알고 있다. 이는 오바마 대통령이 가장 강조하는 국제비확산체제의 안정성에 커다란 타격을 주어 미국 글로벌 전략의 차질을 가져올 수 있다.[49]

(2) 대미 협상전략

하지만 이른바 '벼랑 끝 전술(brinkmanship)'이라고 불리는 북한의 핵정책

47) S. S. Hecker, "What I found in North Korea: Pyongyang's Plutonium is no longer the only problem", *Foreign Affairs*, Snapshot, Dec. 9th, 2010.

48) "北, '영변 재가동' 카드로 압박 강화", 연합뉴스, 2013. 10. 3.

49) The White House Office of the Press Secretary, *Remarks by President Barack Obama* (Prague, Czech Republic, April 5, 2009).

은 핵무기를 테러그룹과 같이 자살폭탄 테러 형태로 사용할 것이라는 점을 의미하는 것은 아니다. 북한의 '벼랑 끝 전술'은 벼랑에서 떨어지지 않을 때 성공할 수 있다. 어떠한 핵무기 개발국도 핵을 군사적 공격용으로만 사용하려 하지는 않았다. 이들 국가는 오히려 핵무기의 군사적 가치보다는 정치외교적 가치를 더욱 높이 평가하곤 했다. 북한의 경우에도 핵무기를 군사적으로 사용하는 순간 정치외교적 효용을 완전히 상실하게 된다. 북한의 핵무기 공격은 미국 등 국제 사회의 강력한 보복을 가져올 것이기 때문에 북한 정권은 종식을 고할 수밖에 없다. 김정은체제가 이러한 핵무기의 속성을 모를 리 없기 때문에 정권의 생존에 직접적인 타격을 가져올 핵의 군사적 사용은 자제하려 할 것이다. 결국 북한은 핵 및 미사일 프로그램을 통해 위협을 하든, 거래를 하든 협상을 해야 하며 정치적·외교적·경제적 목적을 위해 활용하려 할 것이다.

김정은체제 초기 2년간의 행보는 언젠가는 재개될 북·미 대화와 협상 국면에서 더욱 유리한 위치를 점하려는 의도로 분석된다. 2013년 1월 외무성 성명의 '조선반도 비핵화 논의 폐기' 및 국방위 성명의 '강대국들의 비핵화 실현 총력'에 따르면 북한의 협상전략은 이슈의 중심을 단계적으로 확대 및 변화시켜 협상의 프레임을 공세적으로 변화시키려는 것임을 잘 보여준다.

> 따라서 미국의 비핵화를 포함한 세계의 비핵화를 완전무결하게 선행해나갈 때 조선반도의 비핵화도 있고 우리의 평화와 안전도 담보될 수 있다는 것이 우리 군대와 인민이 찾은 최종결론이다.50)

기존에 북한이 6자회담에서 보여준 전략은 북한의 비핵화가 아니라 한반

50) 조선중앙통신, 2013. 1. 24.

도 전체의 비핵화를 강조함으로써 미국으로부터 양보를 얻어내려 한 것이었다. 하지만 김정은체제의 대미 핵전략은 비핵화 단계를 넘어 미국 등 서방과의 상호 핵군축을 논의하자는 것이다. 이는 핵전략을 통해 한반도 비핵화 등 지역적인 차원에만 머물러 있지 않고, 미국이 글로벌 및 동북아 전략을 수정하게 하려는 북한의 의도가 엿보이는 부분이다. 즉, 북한이 직면한 북·미 적대관계라는 한반도 안보 환경을 글로벌 차원에서부터 변화시키려는 노력으로 풀이된다.

북한은 여전히 북한의 비핵화가 북·미관계 정상화의 전제 조건이 아니라 미국이 대북 적대시 정책을 포기하고, 북·미관계가 정상화되어야 달성될 수 있다는 기존의 입장을 반복한다. 또한 북한의 비핵화가 아닌 한반도 전체의 비핵화를 주장한다. 게다가 북한은 핵 협상의 어젠다를 비핵화에서 핵군축으로 변화시키려는 움직임도 보인다.

3) 김정은체제의 대중 전략

(1) 중국의 대북제재에 대한 김정은체제의 대응

2013년 2월 북한의 핵실험에 대한 중국의 대북제재에 북한은 강경하게 행동하며 위기조성전략을 구사했다. 2013년 1월, 장거리로켓 발사에 대한 유엔 안보리의 제재 결의안이 나오자 북한은 외무성 성명을 발표하며 즉각 반발했다.[51] 북한은 또한 다음날 국방위원회 성명을 통해 "전면대결전에서 우리가 발사하게 될 위성과 장거리로켓도 우리가 진행할 높은 수준의 핵실험도 미국을 겨냥하게 된다"라고 밝혀 앞으로 미국을 위협하는 다양한 군사적 도발을 시도할 것이라고 선언했다.[52] 이는 표면적으로 미국에 대한 반발을

51) 조선중앙통신, 2013. 1. 23.

나타낸 것이었지만, 안보리 제재에 참여한 중국에 대한 간접적인 불만도 표출한 것으로 평가된다. 특히 북한이 '높은 수준의 핵실험'을 언급한 것은 한반도 비핵화와 북한의 핵 포기를 여전히 기본적 입장으로 하는 중국 시진핑의 대북정책에 정면으로 도전하는 것이었다.

중국의 대북정책에 대해 북한은 비핵화 포기, 6자회담 폐기, 정전협정 백지화 등을 차례로 내놓으며 긴장을 고조시켰다. 북한은 2012년 12월 장거리 로켓 발사 이후 중국이 유엔 안보리 결의안 2087호에 전격 동의한 것에 직접적으로 불만을 토로하며 비판함으로써 강경 대응하는 모습을 보이기도 했다. 북한은 안보리 결의안 채택 직후 발표한 외무성 성명에서 중국의 결의안 동의를 강하게 비난했다.

> 잘못되었다는 것을 뻔히 알면서도 그것을 바로잡을 용기나 책임감도 없이 잘못된 행동을 반복하는 것이야말로 자기도 속이고 남도 속이는 겁쟁이들의 비렬한 처사이며 그로 인해 조선반도와 지역의 평화와 안정이 날로 위태로워지고 있다.[53]

북한의 국방위원회 역시 성명에서 대북제재 결의에 찬성표를 던진 중국에 대한 불만을 토로했다.

> 또한 세계의 공정한 질서를 세우는데 앞장에 서야 할 큰 나라들까지 제정신을 차리지 못하고 미국의 전횡과 강권에 눌리워 지켜야 할 초보적인 원칙도 서슴없이 줴 버리고 있다는 것을 말해주고 있다.[54]

52) 조선중앙통신, 2013. 1. 24.

53) 조선중앙통신, 2013. 1. 23.

이러한 언급을 만으로 중국의 대북제재에 북한이 직접적으로 강력하게 반발했다고 보기는 어렵지만, 전반적으로 중국에 대한 섭섭함과 경계 의식이 북·중관계의 긴장을 표출시키기에 충분했다. 중국의 대북제재에 대한 북한의 더 강력한 반발은 북한이 제3차 핵실험을 실제로 강행했다는 사실이다. 중국의 엄중한 경고가 있었음에도 북한이 제3차 핵실험을 감행한 것은 '혈맹관계'라던 북·중관계를 무색하게 만드는 것이었으며, 중국의 대북제재에 직접적으로 도전하는 행동이었다. 이러한 과정에서 북한은 한반도 비핵화를 논의하는 대화는 없을 것이며, 6자회담은 사멸되었다고 선언해 중국을 당황하게 만들었다.

중국의 대북제재에 대해 당시 김정은체제는 핵능력을 강화하기 위한 노력으로 대응했다. 북한은 이미 노후화된 영변의 5MW급 흑연감속로를 재가동하겠다는 방침을 천명했으며 핵보유를 기정사실화하려는 시도도 지속하고 있다. 김정은체제 들어 북한은 이전에 이행한 비핵화 관련 조치들을 이미 많이 되돌려놓은 상태였다. 중국에 대한 북한의 반발은 김정은체제의 대내외 전략에 기초한다. 김정은체제는 '경제·핵 병진노선'을 선언하고 핵보유국 지위를 포기하지 않겠다는 의지를 분명히 했는데,[55] 이는 시진핑 주석이 언급한 한반도 비핵화 원칙과 근본적으로 충돌하는 선언이었다. 이처럼 북한은 중국의 공식적·비공식적 압력이 있음에도 핵문제를 고조시키며 대북제재에 위기조성전략으로 대응하고 있다.

하지만 북한이 중국의 대북제재에 대해 위기조성전략으로만 대응했다고 보기는 어렵다. 북한은 2013년 상반기 공식적으로는 북·중관계의 긴장을 고조시켰지만, 기본적으로 그 중요성을 인식하고 완급 조절을 해왔다. 제3차

54) 조선중앙통신, 2013. 1. 24.

55) 조선중앙통신, 2013. 3. 31.

핵실험 이후 북한의 대남기구인 조국평화통일위원회는 서기국 보도 발표를 통해 '남한이 조중관계에 이간질을 한다'라고 비난함으로써 중국에 대한 불만을 남한으로 돌리기도 했다. "괴뢰패당이 노리는 것은 미국과 결탁하여 이번 기회에 어떻게 하나 조중사이에 불화를 일으키고 그것을 악용하여 날강도적인 유엔 '제재결의'를 조작하며 반공화국 압살망상을 기어이 실현해보려는 것이다."[56]

북한은 외부에서 고조되고 있던 북·중관계 이상설에 압박감을 느꼈는지 북한의 핵실험에 대한 중국 국민의 시위가 남한에 의해 날조된 것이라고 비난하며 적극적으로 대응하는 모습을 보였다. 마침내 북한은 2013년 5월 이후 공세 수위를 낮추면서 북·중관계 개선 의도를 보였다. 고위관리를 중국에 파견해 관계 개선의 의지도 표명했다. 김정은은 2013년 5월 최룡해 총정치국장을 중국에 특사로 파견해 북·중관계 개선의 의도를 표명하며 북한의 대응을 완화시켰다.[57] 최룡해 총정치국장은 시진핑 주석을 만나 북한은 북·중관계를 매우 소중히 여기며 고위층 간 교류와 소통을 강화하고 싶다는 의지를 피력한 것으로 알려져 있다.[58] 북한은 또한 6월에 김계관 외무성 제1부상을 베이징에 파견해 6자회담 복귀 가능성을 언급했다. 김계관이 베이징에 도착한 6월 16일 북한 국방위원회는 북·미 간 고위급회담을 제안하는 중대담화를 발표하기도 했다.[59] 북한은 북·중관계의 중요성과 중국의 대북 영향력 때문에 중국의 대북제재에 강경 대응하면서 위기 조성만 할 수는 없었던 것이다.

56) 조선중앙통신, 2013. 2. 22.
57) 조선중앙통신, 2013. 5. 22.
58) 조선중앙통신, 2013. 5. 24.
59) 조선중앙통신, 2013. 6. 16.

(2) 북·중관계의 현실과 김정은의 대중 정책

북한의 제3차 핵실험 이후 북·중관계의 변화 가능성이 언급되지만 중국의 대북정책이나 북한의 대중 정책 모두 단기간에 크게 바뀌기는 쉽지 않다.[60] 중국 지도부가 북한 지도부에 대한 신뢰가 낮고 대북제재를 이행하더라도 중국은 북한 정권의 붕괴라는 최악을 상황을 상정하지는 않는다. 중국은 대북원조 중 가장 중요한 부분인 원유와 식량 원조를 중단하는 극단적인 조치까지 취하지는 않았다. 이러한 관점에서 중국은 북한 문제의 연착륙(soft landing)을 바라며, 북한 역시 북·중관계의 안정을 중요시한다고 평가된다. 국내외의 일부에서 기대하는 북한붕괴론이나 흡수통일론을 시진핑의 중국이 수용할 가능성은 거의 없다. 시진핑의 관점에서 최악의 경우 김정은정권이 붕괴할(regime collapse) 가능성을 상정할 수는 있겠지만, 북한이라는 국가 자체가 붕괴할(state collapse) 가능성은 배제하려 할 것이다.

김정은체제의 대중 정책 역시 북한 대외전략의 관점에서 이해해야 한다. 북한이 중국의 대북제재를 못마땅하게 생각하겠지만, 중국의 대북 영향력은 인정하지 않을 수 없는 현실이다. 따라서 단기간의 긴장은 있더라도 북한은 북·중관계 안정을 꾀하지 않을 수 없다. 북·중관계의 현실은 북·중무역의 현황을 살펴보면 쉽게 알 수 있다. 〈표 8-3〉과 〈표 8-4〉에 나타난 것처럼 이명박 정부 이후 남북의 교류협력은 경색되었다. 하지만 〈표 8-5〉는 이 시기 북한의 대중 수출과 수입이 급격하게 증가했음을 보여준다. 한국 정부와 국제사회의 대북제재를 북·중무역이 상당 부분 상쇄한 것이다. 북한의 대중 무역의존도는 지난 20여 년간 중국의 부상 자체의 영향 때문에도 지속적으로 증가해왔지만, 최근 10년 내 급격하게 상승했다는 것을 확인할 수 있다. 따라서 중국은 앞으로 북한의 대중 의존도를 더욱 높여가면서 북한을 관리하려

60) 정덕구·추수롱 엮음, 『기로에 선 북중관계: 중국의 대북한 정책 딜레마』.

〈표 8-3〉 북한의 대남 무역량

단위: 100만 달러

연도	2005	2006	2007	2008	2009	2010	2011
수출	340	520	765	932	934	1,044	914
수입	715	830	1,032	888	745	868	800
합계	1,055	1,350	1,798	1,820	1,679	1,912	1,714

자료: 대한무역투자진흥공사, 「북한의 대외무역동향」, 각 연도.

〈표 8-4〉 한국의 대북 경제지원

단위: 10억 원

연도	2005	2006	2007	2008	2009	2010	2011
정부 부문	315	227	349	44	29	20	7
비정부 부문	78	71	91	73	38	20	13
합계	393	298	440	117	67	40	20

자료: 대한민국 통일부 홈페이지(http://www.unikorea.go.kr/content.do?cmsid=1435).

〈표 8-5〉 북한의 대중 무역량

단위: 100만 달러

연도	2005	2006	2007	2008	2009	2010	2011
수출	496	467	581	754	1,887	1,187	2,464
수입	1,084	1,231	1,392	2,033	793	2,277	3,165
합계	1,580	1,699	1,973	2,787	2,680	3,465	5,629

자료: 대한무역투자진흥공사, 「북한의 대외무역동향」, 각 연도.

는 모습을 보일 것으로 예상된다.

중국은 북한에 대한 영향력을 발휘할 능력을 갖고 있지만 실제로 사용하지 않을 뿐이다. 북한 역시 이러한 사실을 잘 인지하면서 대중 정책의 완급을 조절한다. 중국이 북한을 인식하는 것처럼 북한 역시 중국을 전략적 자산임과 동시에 부담으로 인식한다. 북·중관계는 그 사이에서 움직이고 있다. 연루(entrapment)되지 않고 버림(abandonment)받지 않으려는 동맹의 딜레마가 북·중관계에서도 작동하는 것이다.[61] 중국은 북한 때문에 자국의 전략적 이익을 훼손하지 않으려 노력하고, 북한은 중국의 영향력에 압도당하지도 버림받지도 않으려고 노력한다. 중국의 영향력은 최근 점점 더 증가하는 추세이다. 이러한 상황에서 중국은 북한의 대중 의존도를 심화시킴으로써 그것을 한반도 문제에 대한 영향력 강화 기회로 이용하려 할 것이다.[62]

5. 김정은시대 한국의 대북정책

김정은시대 한반도 주변의 대외 환경도 만만치 않다. 최근 미국은 동아시아에 대해 상당히 복합적인 메시지를 전달하고 있는데, 오바마 행정부가 '아시아로의 회귀(Pivot to Asia)'나 '재균형정책(Re-balancing)' 선언을 통해 동아시아 중시 전략을 보이고 있는 것이다.[63] 하지만 한편으로는 글로벌 차원의 축소(retrenchment)전략이 동아시아에도 적용되는 것으로 볼 수 있다.[64] 이는 미국이 아시아에 대한 관여를 확대하면서도 그 부담은 한국과 일본에 전가(buck-passing)하려는 모습으로 나타난다.

이러한 과정에서 미·중관계의 세력 변화는 동아시아 지역 내 안보 환경의 새로운 변화를 야기했으며, 이에 따라 중국의 부상이 한반도에 미치는 영향

61) 북·중관계와 같이 긴장 속에서 동맹 관계를 유지하는 국가의 문제점에 대해서는 J. Pressman, *Warring Friends: Alliance Restraint in International Politics*(Cornell: Cornell University Press, 2008)을 참조.

62) Jihwan Hwang, "The Two Koreas after U.S. Unipolarity: In Search of a New North Korea Policy", *Journal of International and Area Studies*, Vol.20, No.1(2013).

63) The White House Office of the Press Secretary, "Remarks by President Barack Obama At Suntory Hall", November 14, 2009.

64) S. G. Brooks, G. J. Ikenberry and W. C. Wohlforth, "Don't Come Home, America: The Case against Retrenchment", *International Security*, Vol.37, No.3(2012/13).

을 재검토해야 하는 시기에 와 있다.[65] 이러한 상황은 탈냉전시대 미국 우위의 동아시아 안보 환경에서 대북정책을 추구하던 한국 정부에 새로운 도전과제를 던져준다. 탈냉전 시대인 1990년대 이후 한국 정부의 대북정책은 대북포용정책이든 대북압박정책이든 북한 정권의 성격을 변화시키려는 적극적이고 공세적인 모습을 보여주었다. 하지만 중국의 부상으로 야기된 새로운 한반도 주변 질서는 남북관계를 더 이상 과거의 탈냉전 구조로 볼 수 없게 만들었다. 최근의 미·중관계가 신냉전 구도는 아니지만, 김정은체제의 북한을 더 이상 완전히 고립된 국가로 볼 수는 없다. 물론 북한이 중국에 전략적 부담이 되기도 하고, 한중관계의 발전은 북한에 커다란 부담으로 작용한다.[66] 하지만 김정은시대 한반도 안보 환경은 과거 미국 우위의 질서와 달리 미·중관계의 변화가 커다란 변수가 되는 시기로 변화했다고 평가된다. 이러한 관점에서 한국 정부가 직면한 가장 커다란 도전은 북한의 대남의존도는 점점 감소하는 반면, 대중 의존도는 점점 더 증가하고 있다는 사실이다. 북한의 대중 의존도 증가는 중국의 대북 영향력 강화로 이해될 수 있으며 북한의 대남의존도 감소는 한국의 대북 영향력 약화로 해석될 수 있다. 한국의 입장에서 북한의 대남의존도가 감소하고 대중 의존도가 증가하는 상황은 바람직하지 않다. 중국의 대북 영향력 증가는 한중관계 및 한반도 전체에 대한 중국의 영향력 증가로 이어질 수 있기 때문이다. 이는 김정은시대 북한의 대외전략에 대응하는 과정에서 우리가 고민해야 할 부분이다.

65) Jihwan Hwang, "The Two Koreas after U.S. Unipolarity."

66) 정덕구·추수롱 엮음, 『기로에 선 북중관계: 중국의 대북한 정책 딜레마』.

참고문헌

1. 국내 문헌

김근식. 2013. 「김정은 시대 북한의 대외전략 변화와 대남정책: '선택적 병행' 전략을 중심으로」. ≪한국과 국제정치≫, 제29권 제1호.

대한민국 국방부. 2012. 『국방백서 2012』.

양문수. 2013. 「2013년 상반기 북한의 시장동향과 평가」. ≪KDI 북한경제리뷰≫, 7월호.

연합뉴스. 2011. 4. 26. "한·중, 6자회담 재개 '3단계안' 의견 일치".

_____. 2012. 12. 12. "北 장거리 로켓 전격발사 …… "광명성 3호 발사 성공".

_____. 2013. 3. 31. "北 黨중앙위 전원회의, 경제·핵무력 병진노선 채택".

_____. 2013. 10. 3. "北, '영변 재가동' 카드로 압박 강화".

유용원·신범철·김진아. 2013. 『북한군 시크릿 리포트』. 플래닛미디어.

이상숙. 2013. 5. 29. 「3차 북핵실험과 북한의 위기조성외교」(주요국제문제분석). No. 2013-04. 국립외교원. 5월 13일.

이석. 2014. 「2014년 상반기 북한경제동향: 관찰, 분석, 그리고 해석」. ≪KDI 북한경제리뷰≫, 7월호.

정덕구·추수롱 엮음. 2013. 『기로에 선 북중관계: 중국의 대북한 정책 딜레마』. 중앙북스.

하영선. 2014. 「북한 2014 미로 찾기: 신년사의 해석학」. ≪EAI 논평≫, 제32호.

함택영. 1998. 『국가안보의 정치경제학: 남북한의 경제력·국가역량·군사력』. 법문사.

황지환. 2006. 「전망이론을 통해 본 북한의 핵 정책 변화: 제1, 2차 북한 핵 위기의 분석」. ≪국제정치논총≫, 제46권 제1호.

_____. 2010. 「선군정치와 북한 군사부문의 변환 전략」. ≪국제관계연구≫, 제15권

제2호.
한국은행 홈페이지. "북한 경제성장률 추정 결과".

2. 북한 문헌

≪로동신문≫. 1994. 1. 1. "김일성 신년사".
_____. 2013년 1월 1일 자. "김정은 신년사".
_____. 2014. 1. 1. "김정은 신년사".
조선중앙통신. 2012. 8. 31. "조선외무성 비망록 미국의 적대시정책은 핵문제해결의 기본장애".

3. 외국 문헌

Brooks, S. G, G. J. Ikenberry and W. C. Wohlforth. 2012. "Don't Come Home, America: The Case against Retrenchment." *International Security*, Vol.37, No.3.
Ham, Hyeongpil and Jaehak Lee. 2013. "North Korea's Nuclear Decision-making and Plausible Scenarios." *Korean Journal of Defense Analysis*, 25-3(September).
Harrison, S. 2002. *Korean Endgame: A Strategy for Reunification and U.S. Disengagement*. Princeton: Princeton University Press.
Hayes, P. 1991. *Pacific Powderkeg: American Nuclear Dilemmas in Korea*. Lexington: Lexington Books.
Hecker, S. S. 2010. "What I found in North Korea: Pyongyang's Plutonium is no longer the only problem." *Foreign Affairs*, Snapshot, Dec. 9.
Hwang, Jihwan. 2013. "Face-Saving, Reference Point, and North Korea's Strategic Assessments." *The Korean Journal of International Relations*, 49-6.
_____. 2009. "The Two Koreas after U.S. Unipolarity: In Search of a New North Korea Policy." *Journal of International and Area Studies*, 20-1.

Mceachern, P. 2010. *Inside the Red Box: North Korea's Post-Totalitarian Politics*. New York: Columbia University Press.

Pressman, J. 2008. *Warring Friends: Alliance Restraint in International Politics*. Cornell: Cornell University Press.

Pritchard, C. L. 2007. *Failed Diplomacy: The Tragic Story of How North Korea Got the Bomb*. Washington D.C.: Brookings Institution.

Sigal, L. V. 1998. *Disarming Strangers: Nuclear Diplomacy with North Korea*. Princeton: Princeton University Press.

The White House Office of the Press Secretary. 2009a. "Remarks by President Barack Obama At Suntory Hall." November 14.

_____. 2009b. "Remarks by President Barack Obama, Prague, Czech Republic." April 5.

_____. 2013. "Statement from NSC Spokesman Tommy Vietor on North Korea's Missile Launch." December 11.

Wit, J. S, D. B. Poneman and R. L. Gallucci. 2004. *Going Critical: The First North Korean Nuclear Crisis*. Washington D.C.: Brookings InstitutionPress.

제9장

김정은정권의 혼합외교*

_ 갈등과 협력의 조화 혹은 엇박자

서보혁 | 서울대학교 통일평화연구원 HK연구교수

1. 머리말: 김정은정권의 대외정책을 보는 방법

김정은정권이 들어선 지 1년을 넘어선 2013년 2월 12일 북한은 제3차 핵실험을 단행했다. 이는 2006년 10월 9일 제1차 핵실험, 2009년 4월 25일 제2차 핵실험에 이은 것으로서 김정은정권의 첫 핵실험이었다. 제3차 핵실험은 2012년 12월 12일 광명성 3-2호의 발사에 이어 진행된 것이다. 북한은 이를 김정일의 유훈이자 사회주의 강성대국 건설전략의 성과로 선전하면서 김정은정권의 새로운 국가발전전략 수립의 전기로 삼았다. 북한은 3월 31일 당중앙위원회 전원회의를 개최하고, '경제·핵 병진노선'을 채택했다.

* 이 글은 서보혁, 「김정은정권의 대외정책」, 서보혁·김일한·이지순 엮음, 『김정은에게 북한의 미래를 묻다』(선인, 2014), 291~315쪽을 수정한 것이다.

2011년 12월 17일 김정일 국방위원장이 사망한 후 북한은 새로운 지도자 김정은으로의 권력승계 과정에서 미국과 일회성 대화인 베이징회담(2012년 2월 23~24일)을 진행하면서도 일련의 로켓 발사(4월 13일 제1차, 12월 12일 제2차)를 거쳐 핵실험을 단행했다. 이 시기 북한은 중국과의 관계가 원만하지 않은 상태였고, 광명성 3-2호 발사 이후 미국과의 관계도 급속도로 악화되었으며, 남한과도 기존의 대립 상태를 벗어나지 못했다. 모든 주변국과의 대립과 국제 사회의 제재를 감수하면서 북한이 핵실험에 나선 것은 나름의 손익 계산에서 이익이 더 크다고 판단했기 때문일 것이다. 북한은 유엔 안전보장이사회의 제재 결의를 배격한다고 밝히는 데 그치지 않고 안보리 자체를 비난하기에 이른다. 북한은 김정은정권으로의 승계를 거치면서 제3차 핵실험을 단행하는 엄중한 정세를 스스로 조성하고 돌파해나가려는 태도를 보였다. 이 과정에서 일어난 장성택 숙청은 북한의 위기조성전략과 국내 정치 사이에 연계가 있을 것이라는 추정을 불러일으키기도 했다.

이 글은 제3차 핵실험을 전후로 한 북한의 대외정책을 조망해 그 의미를 살펴보고, 그 특징과 과제를 생각해보고자 한다. 논의 범위상 여기서 북한의 대외정책을 모두 다루지는 못하고 주요 대외관계[1]인 미국 및 중국을 향한 외교정책과 평화체제 관련 외교적 공세를 살펴보려 한다. 다만, 논의를 일반적인 외교정책 틀에서 이해하고자 본론에서는 먼저 북한의 당면 대외 인식을 세 가지 차원에서 살펴본 후 북한의 대외정책을 개괄할 것이다. 결론에서는 이상의 논의를 요약하고 가능한 시사점을 생각해볼 것이다. 이 글은 이 주제에 관한 향후의 심화 연구를 위한 기초 연구의 성격을 가진다. 이론적 분석에 앞서 북한의 대외정책에 대한 이해에 중점을 두고, 이를 위해 남한

---

1) 북한의 수교국은 2013년 12월 현재 162개국(남한의 수교국은 190개국)으로 북한 단독 수교국은 쿠바, 시리아, 마케도니아 등 3개국이다. 외교부, 『2014 외교백서』(2014), 368쪽.

등 서방의 2차 자료 인용을 삼가는 대신 북한의 관영 언론인 조선중앙통신을 주 분석 자료로 삼았음을 밝혀둔다.

2. 북한의 대외정책 대강: 인식, 목표, 수단

북한이 대외정세를 인식하는 기본적인 논리 틀은 제국주의론이다. 냉전 해체 이후 북한의 위협 인식은 더욱 높아져 제국주의론에 입각한 대외정세 인식이 더 적합해보였는지도 모른다. 오늘날 북한은 자신의 핵보유도 제국주의자들의 변하지 않는 침략적 본성, 지배주의 정책과 관련된다고 강변한다. 북한은 미국이 자신을 군사적으로 침략하고, 한반도와 아시아태평양지역에서 지배적 지위를 차지하려 하며, 반북 압살 책동이 앞으로도 계속될 것으로 믿는다.[2)]

요즈음의 국제정치 구도에서 북한의 대외정세 인식의 일차 대상은 역시 미국이고 그 핵심에 미국의 외교안보정책이 있다. 김정은정권은 오바마 행정부가 2012년 1월 5일 발표한 미국의 새 국방전략[3)]의 골자를 2020년까지 해외에 주둔하는 미군 무력의 60%를 아시아태평양지역에 배치하는 것으로 파악하면서, 이를 위해 '적의 존재 또는 위협'이라는 명분을 필요로 한다고 인식한다.[4)] 북한은 오바마 정부의 '아시아로의 회귀' 전략이 아시아태평양지역에 미국의 무력을 증강하는 새로운 국방전략에 따른 것이라고 본다. 그에 따라 주한미군의 성격과 역할은 중국과 러시아를 견제하고 지역의 군사

---

2) 조선중앙통신, 2014. 1. 1.; 2013. 4. 12.

3) US Department of Defense, *US 2012 Defense Strategy Review: Sustaining US Global Leadership—Priorities for 21st Century Defense*(January 2012).

4) 조선중앙통신, 2012. 8. 31.

적 패권을 쥐기 위한 미국의 전략을 실현하는 최전방 무력, 곧 전략기동군으로 변화하고 있다는 것이다.[5] 북한의 한반도 정세 인식 역시 미국의 아시아태평양지역에서의 군사 패권 유지 전략의 연장선상에 놓여 있는데, 북한은 이명박 정부 등장 이후 뚜렷해진 남북관계의 경색과 군사적 긴장도 근본적으로는 미국의 대북 강경정책에 기인한 것으로 본다.

북한의 대외정책 이념은 전통적으로 자주를 최우선으로 하여 친선 및 평화를 견지해왔다. 거기에 1990년대 이후 높아진 안보 위협 및 대외적 고립을 타개하기 위해 서방 진영과의 관계 개선, 특히 미국과의 관계 개선을 추진해왔다. 김정은정권은 2012~2013년 신년공동사설 혹은 신년사를 통해 이 새 이념을 바탕으로 북한의 자주권을 존중하는 세계 모든 나라와의 선린우호관계를 확대·발전시켜 나갈 것이라고 밝혔다.

북한의 대외정책 목표는 여느 국가와 마찬가지로 주권 수호 및 국제적 지위 향상을 바탕으로 국가 이익을 극대화하는 것이다. 그렇지만 북한의 경우 안보 위협, 경제적 곤란, 국제적 고립 등 전반적으로 어려운 처지에서 이를 일거에 극복해줄 전략 노선을 수립하는 일이 매우 중요한 과제다. 여기서 대외정책은 안보 위협 해소뿐 아니라 경제발전을 위한 유리한 조건을 조성하는 일을 포함하는데, 이는 김정일 생전에 북한이 천명한 '강성대국 건설' 방침에서도 찾아볼 수 있다.[6] 북한은 '핵억지력'이 있고, 그것을 계속 강화해나갈 수 있는 든든한 군수 공업이 있기에 미국이 적대시정책을 계속해도 끄떡없이 경제강국 건설에 박차를 가할 수 있게 되었다고 주장한다.[7] 북한에게 핵억지력은 안전 보장의 최후 보루이자 안정적 경제건설의 보장 장치로 간

---

5) 조선중앙통신, 2012. 9. 7.

6) 김재호, 『김정일 강성대국 건설전략』(평양: 평양출판사, 2000).

7) 조선중앙통신, 2012. 7. 31.

주된다. 실제 북한 외무성은 제3차 핵실험을 공표하면서 핵억지력은 침략의 본거지를 정밀 타격하여 일거에 소멸시킬 수 있는 능력을 충분히 갖추고 있을 뿐 아니라, 그로 인해 경제건설과 인민생활 향상에 힘을 집중할 수 있게 되었다고 밝힌 바 있다.[8] 제3차 핵실험 이후 북한은 자신감이 생겼는지 힘에 의한 주권 수호 의지를 강조한다. 2014년 김정은은 신년사를 통해 "조선반도에서는 우리 공화국을 압살하기 위한 적대세력들의 핵전쟁 책동으로 말미암아 일촉즉발의 전쟁위험이 조성"되었다고 판단하고, 평화를 구걸하지 않고 "강력한 자위적 힘으로 나라의 자주권과 평화를 수호하고 민족의 존엄을 굳건히 지켜나갈 것"이라고 말했다.[9]

제3차 핵실험 직후 북한은 새로운 국가발전전략을 제시했다. 2013년 3월 31일 조선로동당 중앙위원회 전원회의에서 김정은 조선로동당 제1비서는 '경제·핵 병진노선'을 제시했다. 북한의 관영 언론은 이 노선을 ① 사회주의 강성국가를 건설하기 위한 가장 혁명적이며 인민적인 노선이고, ② 반미대결전을 총결산하며 천하제일 강국, 인민의 낙원을 하루빨리 실현하려는 당의 확고부동한 신념과 의지의 결정체이자, ③ 혁명의 최고 이익으로부터 항구적으로 틀어쥐고나가야 할 전략적 노선이라고 강조한다. 또한 이 '경제·핵 병진노선'은 국방비를 추가적으로 늘리지 않고도 전쟁억제력과 방위력의 효과를 결정적으로 높임으로써 경제건설과 인민생활 향상에 힘을 집중할 수 있게 한다는 데 그 우월성이 있다고 선전되고 있다.[10]

김정은정권하에서도 북한의 대내외정책 기조는 김정일정권 시기와의 연속성이 클 것으로 예상된다. 김정일 사후에도 북한은 선군정치를 북한의 국

---

8) 조선중앙통신, 2013. 2. 12.

9) 조선중앙통신, 2014. 1. 1.

10) 조선중앙통신, 2013. 3. 31.

정운영의 기본 방식, 대내외정책의 토대로 삼았다.[11] 북한은 김정일이 창시·발전시킨 군사 중시의 선군정치를 구현한 결과 나라의 무장력은 고도로 현대화되고, 국방공업의 새로운 토대가 마련되었으며 제국주의자들의 침해로부터 자주권을 수호하기 위한 핵억지력까지 개발·보유할 수 있었다고 자평한다.[12] 2012년 개정된 북한 헌법은 선군사상을 주체사상과 함께 지도사상으로 간주할 정도다.

북한은 대외정책에 임하는 원칙으로 자주권 존중과 평등의 원칙을 강조하는데, 미국과의 대화를 언급하거나 실제 대화에 나설 때 이 원칙을 부각시켜 협상의 우위를 추구하는 경향이 있다. 가령, 북한 외무성 대변인은 미국을 향해 자신은 대화를 반대하지 않지만 '핵몽둥이'를 휘둘러대는 상대와의 굴욕적인 협상 탁자에는 마주 앉을 수 없다고 하면서 대화는 자주권 존중과 평등의 원칙에 기초해야 한다는 것이 시종일관한 입장이라고 말한 바 있다.[13] 이는 객관적으로 불리한 여건에 처한 북한이 대화의 틀을 형성하는 데 대단히 민감하다는 것을 보여준다. 북한은 대외정책, 특히 사활적 이익을 적대세력과 다룰 때는 동시행동원칙에 입각한다. 북한은 1990년대 상반기 제1차 핵위기 때 미국과의 고위급회담에서부터 2000년대 제2차 핵위기에서 도출된 9·19 공동성명까지 '말 대 말, 행동 대 행동'이라는 동시행동원칙이 회담의 기초가 되었다고 평가한다.[14] 동시행동원칙과 그에 따른 병행 접근 전략은 양측 간 불신이 깊고 상호 입장이 크게 대립하는 상태에서 이익 극대화 전략으로 간주될 수 있다. 북한은 미국이 적대시정책을 먼저 포기해야 핵문

---

11) 김인옥, 『김정일장군 선군정치리론』(평양: 평양출판사, 2003); 김철우, 『김정일장군의 선군정치』(평양: 평양출판사, 2000).

12) 조선중앙통신, 2012. 1. 3.

13) 조선중앙통신, 2013. 4. 16.

14) 조선중앙통신, 2012. 8. 31.

제가 해결될 수 있다는 입장이고, 반대로 미국은 북한이 핵을 먼저 포기해야 북·미관계 정상화를 생각할 수 있다는 입장이다.

북한의 대외정책 수단은 대내외적으로 국가 자원이 제한된 상황에 직접적인 영향을 받는다. 북한은 경제력, 외교관계, 국제 여론 등에서 열악한 위치에 있다. 대신 외교정책의 통일성, 일관성, 대내 여론의 높은 지지도 측면에서는 유리해 보인다. 2013년 3월 26일 북한군 최고사령부는 1호 전투근무태세를 내외에 발표할 때 그것을 "우리 군대와 인민의 단호한 대응의지를 실제적인 군사행동으로 과시할 최종결심"이라고 정의하면서 '군민일치' 정신을 이용한다.[15] 국제 규범 사이의 불일치성을 활용하거나 국제 규범을 자의적으로 이용하는 점도 눈에 띈다. 북한은 인공위성 발사에 대한 유엔 안보리 결의를 비난하면서 안보리 결의보다 훨씬 더 우위를 차지하는 보편적인 국제법들이 우주의 평화적 이용 권리를 인정한다고 주장한 바 있다.[16] 북한은 또 2013년 3월 당중앙위원회 전원회의에서 핵보유국을 자처하면서 핵확산방지, 아시아와 세계의 평화와 안전 수호, 세계의 비핵화 노력을 공언하기도 했다.[17]

북한과 같은 권위주의형 정책 결정 유형이 대외정책에 주는 효과는 이중적이다. 긍정적인 면으로는 통일성 있고 기민한 대응이 가능하지만, 그 대신 정책 환경 변화와 정책 혁신에 둔감할 수 있다. 그런 조건에서 핵무장력이 제한적인 대외정책 수단을 보충하고 있는 현상이 최근 두드러지고 있다. 위에서 언급한 당중앙위원회 전원회의에서 북한은 "인민군대에서는 핵무력의 중추적 역할을 높이는 방향에서 전법과 작전을 완성해나가며 핵무력 전투준

15) 조선중앙통신, 2013. 3. 26.

16) 조선중앙통신, 2012. 4. 17.

17) 조선중앙통신, 2013. 3. 31.

비태세를 완비해나가야 한다"라고 밝혔는데, 이는 대외정책에서도 핵무장 능력 및 능력 향상 의지가 큰 정책 수단이 될 것임을 시사한다. 실제 북한 외무성 대변인은 최근 핵억지력을 북·미 대화의 조건 및 시점과 관련지어 의미심장한 언급을 했다. 북한은 ① 미국이 대북 적대정책과 핵위협 공갈을 포기하지 않는 한 진정한 대화는 오직 우리가 미국의 핵전쟁위협을 막을 수 있는 핵억지력을 충분히 갖춘 단계에 가서야 있을 수 있고, ② 그에 대처하여 핵억지력을 질량적으로 강화하기 위한 강도 높은 조치가 계속 취해지게 될 것이고, ③ 앞으로 자국과 미국 사이에 군축을 위한 회담은 있어도 비핵화 관련 회담은 절대로 없을 것이라고 밝혔다.[18] 이는 북한이 북·미 대화를 부인하지는 않지만 대화의 조건과 시점을 일방적으로 설정함으로써 대화의 가능성과 대화 시 타협의 수준이 핵실험 이전과 달라질 것임을 말해준다.

3. 김정은정권의 대외정책

1) 대미정책: 핵능력의 외교수단화

북한의 대미 불신 및 적대감은 한국전쟁에서 기인하지만 탈냉전 이후 어렵게 도출한 합의를 미국이 이행하지 않았다는 인식 때문에 여전히 계속되고 있다. 가령, 국방위원회 대변인은 2000년 10월 12일 북·미 공동콤뮤니케를 비롯해 기회가 있을 때마다 북한에 대한 적대의사가 없다고 한 미국의 선언은 예외 없이 적의를 감춘 거짓 광고였다고 주장한다. 9·19 공동성명에도 미국이 북한을 공격하거나 침공할 의사가 없다는 조항이 들어 있지만, 이 역

18) 조선중앙통신, 2013. 4. 16.; 2013. 4. 18.

시 미국의 검은 속내를 가리기 위한 권모술수였다는 것이다. 그 증거로 북한은 미국이 남한에 확장 핵억지력(extended nuclear deterrence)을 제공하고, 남한과 그 주변 지역에서 무력을 노골적으로 증강하며 북한을 겨냥한 대규모 핵전쟁연습을 벌인다고 주장했다.[19] 여기에 북한이 가장 민감하게 반응하는 '최고존엄'을 모독하는 행위가 있었다고 하면서 미국의 대북 적대정책으로 한반도에 대결과 긴장 격화의 악순환이 되풀이되고, 한반도 비핵화는 더욱 요원해지고 있다고 주장한다.[20]

오바마 정부 들어 북·미 간 공식적인 대화는 2011년 7월 뉴욕, 10월 제네바, 그리고 2012년 2월 베이징 등지에서 세 차례 진행되었다. 미국은 북한에 핵개발 중단과 국제원자력기구(IAEA)의 사찰 수용을, 북한은 미국에 제재 중단과 인도적 지원을 각각 요구했다. 그에 따라 2012년 2월 23~24일 베이징 회담에서 일정한 합의에 이르렀다. 2·29 합의로 불리는 북·미 간 베이징회담과 관련해 북한 외무성 대변인은 북·미 고위급회담에 긍정적인 분위기를 유지하기 위해 회담 진행 동안 핵실험과 장거리미사일 발사, 영변 우라늄 농축 활동을 임시 중지하고, 국제원자력기구의 감시를 허용하기로 했다고 밝혔다. 이로써 한반도 비핵화의 재개와 북·미관계 개선이 병행 추진될 희망이 보이는 듯했다. 그러나 북한의 위성발사 계획에 대한 북·미 간 분명한 입장 차이로 2·29 합의는 빛을 바랬다. 한반도 비핵화와 북·미관계는 나락으로 떨어지기 시작했다. 북·미관계가 북핵문제에 깊이 연계되어 있음을 재확인한 셈이다.

2012년 4월 13일 북한이 광명성 3-1호를 발사하고 그로부터 3일 후 미국 주도의 유엔 안보리 의장 성명이 채택되었다. 북한 외무성은 한반도 핵문제

19) 조선중앙통신, 2012. 7. 29.; 2014. 8. 25.

20) 조선중앙통신, 2012. 7. 20.

해결의 기본 장애는 미국의 대북 적대정책이라는 비망록을 발표했다. 북한은 위성을 쏘아 올리는 운반 로켓이나 탄두를 나르는 미사일의 추진 기술이 유사한 것은 사실이지만, 미국은 다른 나라들이 위성을 쏘아 올릴 때에는 미사일 발사라고 시비하거나 제재를 가한 적이 없다고 말했다. 북한은 미국이 자신을 적으로 보기 때문에 미국의 눈에는 북한의 위성 운반 로켓이 장차 저들에게로 날아올 장거리미사일로 보인 것이라고 주장한다. 이 비망록은 또 오바마 행정부가 들어서자마자 처음으로 취한 대북 조치가 바로 광명성 3-2호 발사를 문제시한 처사였다고 꼬집었다.[21)]

북한은 미국의 대북정책에 두 가지 길이 있다고 말하면서 그에 따른 대응이 있을 것이라고 밝혔다. 북한은 미국이 대북 적대정책을 중단한다면 언제든 기꺼이 화답할 준비가 되어 있다고 밝히며, 김정일이 1997년 8월 4일 "우리는 미국을 백년숙적으로 보려 하지 않으며 조미관계가 정상화되기를 바라고 있다"라고 말한 것을 상기시켰다. 그러나 미국이 적대시정책을 계속 유지한다면 북한은 핵무장 능력을 강화할 것이라고 말한다.[22)] 실제 북한의 대미정책은 후자의 길로 나아갔다. 북한은 오바마 행정부의 대북정책은 전임 부시 행정부와 같은 적대시정책이라고 규정하고, 총에는 대포로, 제재에는 보복으로, 대결에는 전면대결로 대답할 것이라고 밝혔다. 특히, 자주권과 생존권을 지키기 위해 핵억지력을 더욱 강화하는 길을 선택한 것이 천만 번 정당하다는 것을 굳게 확신한다고 강조한다.[23)] 북한은 미국과의 적대관계를 핵억지력 확보를 위한 명분으로 이용해왔고, 앞으로도 그럴것이다.

북한은 미국이 자신의 핵문제를 경제적 혜택과 교환하거나 일방적인 협상

21) 조선중앙통신, 2012. 8. 31.

22) 조선중앙통신, 2012. 8. 31.

23) 조선중앙통신, 2012. 11. 18.

의제로 삼는 것에 강하게 반발하며, "미국이 대조선 적대시정책을 포기하지 않는 한 우리는 미국과 대화할 생각이 없으며 그 누가 뭐라고 해도 우리가 정한 선군의 항로를 따라 끝까지 곧바로 나갈 것이다"라고 밝혔다.[24] 그리고 미국의 적대정책과 핵위협에 천만 군민의 단합된 의지와 소형화·경량화·다종화된 첨단 핵 타격 수단으로 맞서 싸울 것이라는 의지도 밝혔다. 북한 인민군 총참모부 대변인은 2013년 4월 4일 담화를 통해 그러한 입장을 담은 작전이 최종 검토 및 비준된 상태임을 미국 백악관과 국방부에 통고한다고 밝혔다.[25] 이런 북한의 입장은 미국의 적대정책이 가시적으로 약화되지 않을 경우 대화에 나서지 않고, 핵억지력 강화에 전념할 것임을 시사해준다. 이런 판단은 같은 해 4월 18일 발표된 북한 국방위원회 정책국 성명을 통해서도 알 수 있다.

국방위원회 정책국 성명에서 북한은 미국과 남한의 조건부 대화 언급을 비판하며 그들의 대화 조건을 밝혔다. 그것은 첫째, 북한에 대한 모든 도발 행위 중지 및 전면 사죄, 둘째, 북한을 위협하는 핵전쟁연습 중단 공약, 셋째, 핵전쟁수단의 전면 철수 및 재투입 시도 단념이다. 북한은 첫째 조치에 안보리 대북 결의 철회와 북한의 천안함 침몰 관련설과 같은 반공화국 모략 소동 중지를 포함시켰다. 북한은 대화와 전쟁 행위는 절대로 양립할 수 없다는 전제하에 핵전쟁연습이 강행되면 될수록 정세는 더욱 악화일로로 치닫게 될 것이며 대화의 길은 영영 막혀버릴 것이라고 경고했다.[26]

그러나 2013년 4월이 지나면서 북한은 유화적 제스처를 보이며 미국과 대화 의사를 표명하기 시작했다. 여기에는 '경제·핵 병진노선'으로 국가발전전

---

24) 조선중앙통신, 2013. 3. 16.

25) 조선중앙통신, 2013. 4. 4.

26) 조선중앙통신, 2013. 4. 18.

략 확정과 한미 합동군사연습 종료가 계기로 작용했다. 같은 해 5~6월 최룡해 북한군 총정치국장, 김계관 외무성 제1부상의 방중을 통해 북한은 대화를 통한 북핵문제 해결을 위해 6자회담 재개와 미국과의 대화 의사를 피력했다. 6월 15일 국방위원회 대변인은 '중대담화'를 발표해 한반도 비핵화 과제를 공식 재확인하며 북·미 고위급회담을 제안했다. 이 제안은 미국이 전제 조건을 붙인 대화를 언급한다고 비난하고 조건 없는 대화의 의제로 ① 군사적 긴장 상태 완화 문제, ② 정전체제를 평화체제로 바꾸는 문제, ③ '핵 없는 세계 건설' 문제를 포함함 양국 간 상호 관심사를 제시하고, 회담 장소와 시일은 미국 측에 일임한다고 밝혔다. 북한의 이러한 북·미 고위급회담 제안은 중국과의 긴밀한 논의 이후 내각보다 더 높은 국방위원회 명의로 나왔다는 점에서 주목을 끌었다. 물론 이 제의에서 북한은 주변 정세 악화의 책임이 미국에 있고, 한반도 비핵화가 북핵 폐기만을 위한 것이 아니라고 주장했다.[27] 그럼에도 이 제의는 북한이 추가적인 정세 악화를 원하지 않는다는 의지를 표명하고, 미국을 통해 6월 12일 예정이던 남북 장관급회담 결렬 이후 대화 분위기를 살려보려는 것이었다.

북한은 이후 6월 국방위 대변인의 고위급회담 제의를 반복하며 미국의 적대시정책과 핵위협으로 양국 간 적대관계는 물론 한반도 긴장과 비핵화 위험이 계속되고 있다고 주장했다. 북한은 그 대안으로 우선 조건 없는 대화를, 궁극적으로는 미국의 적대시정책[28] 및 핵위협 중단을 제시했다. 그러나

27) 국방위원회 대변인은 한반도 비핵화를 "우리의 비핵화는 남조선을 포함한 조선반도 전역의 비핵화이며 우리에 대한 미국의 핵위협을 완전히 종식시킬 것을 목표로 내세운 가장 철저한 비핵화"라고 정의했다.

28) 북한은 미국의 적대시 정책 청산의 징표로 ① 북한에 대한 자주권 존중, ② 북·미 평화협정 체결, ③ 유엔군사령부 철폐, ④ 대북 제재와 군사적 도발 중단을 들고 있다. 2013년 7월 2일 인도네시아 브루나이에서 열린 아세안지역포럼에서 한 박의춘 외무상의 연설과 2013년 10월 1일 유엔총회 제68차 전원회의에서 박길연 외무성 부상의

미국은 국무장관, 대북정책 특별대표 등 고위인사들이 한국 측 인사들과 함께 북한에 '진정성 있는 태도', '선 비핵화 조치'를 요구했다. 그런 가운데 10월 초순 남해상에서 핵 항공모함 조지워싱턴호가 참여하는 해상 훈련도 예정되어 있었다. 북한은 10월 8일 인민군 총참모부, 12일 국방위원회 대변인이 잇달아 나서 미국을 비난했다. 외교가 진행될 틈이 생기지 못했던 것이다. 북한은 미국이 대북 적대시정책 철회를 행동으로 보이지 않는 한 그들이 회담 재개를 위해 먼저 움직이는 일은 없을 것이고, 각종 전쟁연습을 비롯한 모든 도발 행위를 전면 중지해야 북·미관계 개선의 길이 있는데, 미국의 적대시책동이 강화되고 핵위협이 가중되는 한 핵억지력을 부단히 강화해나갈 것이라고 주장했다.[29)]

북한은 또 미국 민간인을 활용한 대미 접촉도 시도해왔다. 북한은 2012년 11월 3일 라선시에 관광 명목으로 입국한 미국 국적의 케네스 배(Kenneth Bae) 씨를 공화국 전복 혐의로 체포해 자백을 받아내고 재판을 거쳐 15년의 노동교화형을 선고했다고 밝혔다.[30)] 이 사건과 관련해 북한 외무성 대변인은 재판부가 "미국의 대조선 적대시정책이 존재하는 한 미국인의 위법행위에 엄격한 법적 제재로 대응해야 한다고 결론 내렸다"라고 전하고, "우리가 배준호[31)] 문제를 정치적 흥정물로 써먹는다는 것은 억측이다"라고 주장했다.[32)] 북한에 억류되어 있던 미국인 케네스 배 씨는 다른 미국인 한 명과 함께 2014년 11월 8일 전격 석방되었다.

그러나 북한은 42일 동안 억류해온 한국전쟁 참전 출신 미국인 메릴 뉴먼

연설을 참조.

29) 조선중앙통신, 2013. 10. 12.; 2013. 10. 26.; 2013. 10. 31.; 2013. 11. 26.

30) 조선중앙통신, 2013. 4. 27.; 2013. 5. 2.

31) 케네스 배의 한국 이름.

32) 조선중앙통신, 2013. 5. 5.; 2013. 5. 9.

(Merill Newman)을 인도주의적 견지에서 추방했다고 발표했는데,[33] 이는 미국의 농구 선수 데니스 로드맨(Dennis Rodman)의 수차례 평양 방문과 함께 북한이 미국과의 대화 분위기 조성에 힘쓰고 있음을 보여주는 것이다. 또 북한은 로버트 킹(Robert King) 미국 국무부 북한인권특사의 방북을 허용해 구금 중인 케네스 배의 신병 처리를 논의하려고도 했다.[34]

이상에서 살펴본 바와 같이 북한은 핵무력을 강화한 상태에서 미국에 공세적인 대화 제의를 해왔다. 이때 '공세적'이란 상이한 대화 재개 요건에 타협하지 않을 뜻임을 분명히 하는 한편, 대화가 이루어지지 않을 경우 그것을 핵능력 강화의 명분으로 삼는다는 것을 의미한다. 제3차 핵실험에 바탕을 둔 북한의 대미정책은 2014년 들어서도 변함이 없다. 오히려 2014년 들어 북한은 미국과의 대화 시도를 거의 하지 않은 채 대결 자세를 유지했다. 그 대신 2013년과 달리 북한은 8월 한미합동군사연습 이후 강석주 부총리를 유럽과 몽골로, 리수용 외상을 아세안안보포럼(ARF), 유엔 등지로 보내 다른 대외관계의 확대를 모색했다. 그러나 북한의 핵능력 강화 및 핵능력을 외교 수단으로 이용하려는 뜻은 더 커지고 있다.

> 우리가 강력한 전쟁억제력을 보유하지 못했다면 조선반도에서는 미제에 의해 핵전쟁의 불길이 열번도 더 일어났을 것이다. (중략) 현실은 우리로 하여금 믿을 것은 오직 자기 힘밖에 없다는 확신을 가지게 하고 있다.

---

33) 조선중앙통신, 2013. 12. 7.

34) 그러나 킹 특사의 방북은 이루어지지 못했는데, 북한 측은 그 이유를 "미국은 우리의 아량과 인내성 있는 노력에 화답은 못할망정 연속적으로 'B-52H' 전략폭격기가 한반도 상공에서 핵폭격훈련을 벌이는 군사적 도발을 감행하였다"라고 했다(조선중앙통신, 2013. 8. 31.). 미국은 이후에도 킹 특사의 방북을 북한과 타진해왔으나, 2014년 12월 1일 현재까지 이루어지지 않고 있다.

(중략) 우리는 자주권 수호와 평화보장을 위해 핵억제력을 질량적으로 더 욱 강화해나갈 것이다.[35)]

북한과 미국은 관계 개선의 기회를 스스로 포기하고 있는지도 모른다. 매년 2~4월과 8월에 진행되는 한미합동군사연습과 그것을 명분으로 하는 북한의 핵능력 강화, 그리고 상호 비난은 양측이 안보 딜레마를 벗어나기보다는 그것을 이용해 정치적·전략적 목표 추구를 정당화하는 행동으로 보인다.

2) 대중 정책: 전략적 협력관계 회복 노력

북한과 중국의 관계는 1992년 한중 수교 이후 2000년까지 소원한 상태를 벗어나지 못했다. 그러나 김정일 총비서는 총 6차례의 북·중 정상회담을 성사시키면서 양국 간 전통적인 친선협조관계를 회복한 것은 물론이고, 호혜적이고 전략적인 협력관계를 발전시켜왔다. 특히, 중국의 부상에 대한 미국과 아시아 미국 동맹국들의 대중 봉쇄와 지속적인 대북 봉쇄에 대처할 공동의 필요성이 더욱 높아지고 있다. 북·중 양국은 경제발전을 위해서도 접경지대 및 북한 지하자원의 공동 개발에 적극 협력하고 있다. 물론 중국이 미국과 '신형대국관계'를 형성하는 면에서 북한의 핵실험이나 국제 규범에 반하는 행위에 일정한 압박을 가하는 것은 사실이다. 그러나 중국은 후진타오(胡錦濤)에 이어 시진핑으로 권력이 교체되었는데도 지속적인 경제발전과 안정적인 대외관계 형성을 위해 북한과 우호협력관계를 유지하고 있다. 예를 들어 2012년 4월 북한이 장거리로켓 발사 시험을 하자 중국은 미국과 함께 유엔 안보리 의장 성명(S/PRST/2012/13)을 통해 북한을 비난하면서 2·29 북·미

35) ≪로동신문≫, 2014년 9월 1일 자.

간 베이징 합의 이행을 바탕으로 한 대화와 협상을 촉구했다. 특히, 2011년 5월 김정일의 중국 방문 기간(5월 20~27일) 중 개최된 북·중 정상회담에서 후진타오와 김정일이 "조중 친선협조관계를 대를 이어 계승하고 공고 발전시켜 나가는 것은 (중략) 확고부동한 립장이라는 데 대하여 견해를 같이 하시였다"라고 전해지면서 중국이 김정은 후계체제를 인정한 것으로 평가된다.[36)]

그에 따라 김정은정권 1년차인 2012년 북·중관계는 냉각되거나 지체되지 않고 다양한 차원에서 활발한 교류가 진행되었다. 2012년 7월 북한 인민보안부 대표단의 중국 방문에 이어 7월 30일~8월 3일 중국 공산당 대외연락부 대표단(단장: 왕자루이 부장)의 북한 방문이 있었다. 같은 해 8월에는 장성택(당중앙위원회 부장)을 단장으로 한 북·중공동지도위원회 대표단이 중국을 방문해 북·중공동지도위원회 제3차 회의를 개최함으로써 라선과 황금평·위화도 공동 개발 및 관리, 라선 경제무역지대 항구 및 산업구 투자 기본합의서를 비롯한 황금평 경제특구 관리위원회 설립에 관한 양해문 등을 조인했다.[37)] 물론 그 이후 황금평 개발은 두 차례 투자 설명회 등 활기를 띠는 것처럼 보였지만, 장성택 숙청으로 주춤한 것이 사실이다. 그러나 양국 간 공동이익이 일국의 내정으로 폐기 처분되지는 않을 것이다.

2013년 들어 북한과 중국의 관계는 냉각되기 시작했다. 중국은 북한의 2012년 12월 장거리로켓 은하 3호 발사와 2013년 2월 제3차 핵실험에 대해 유엔 안보리가 2013년 1월과 3월 각각 대북제재 2087호와 2094호를 채택하는 데 동참했다. 중국은 관련국의 자제와 대화를 요청하며 긴장 완화에 나섰다. 4월 한미합동군사훈련이 끝나면서 긴장이 진정되어가는 국면에서 북한은 최룡해 인민군 총정치국장을 김정은의 특사로 하는 방중단[38)]을 베이징에

36) 조선중앙통신, 2011. 5. 26.

37) 통일교육원, 『2013 북한이해』(2013), 81쪽.

보내 시진핑 주석을 예방하고 한반도 정세를 포함한 양국 간 관심사를 교환했다. 이 자리에서 최룡해는 북한이 6자회담 등 다양한 형식의 대화를 바라고, 한반도 안정과 평화를 유지하기 위해 적극적인 행동을 취할 것이고, 경제를 발전시키고 민생 개선을 바라며, 평화로운 외부 환경의 조성이 필요하다고 말한 것으로 전해졌다. 시진핑은 한반도 비핵화 목표를 견지해야 하며, 한반도의 평화와 안정을 유지 보호해야 하고, 중국의 당과 정부는 조선과 함께 양국관계가 장기적으로 건강하고 안정적으로 발전해갈 수 있도록 할 것이라고 밝혔다.[39] 천안함 사태에 따른 한국 정부의 대북 5·24제재조치 3주년에 이루어진 이 회동에서 시진핑은 최룡해의 핵보유국 지위 인정을 거부한 것으로 알려졌지만 한반도 비핵화를 목표로 하는 6자회담 등 대화 재개, 한반도의 평화와 안정, 양국 간 우호협력관계 발전에 공감을 표했다. 최룡해 일행의 방중은 북한에게는 한·미·일 주도의 대북제재를 약화시키고, 북·중 양국에게는 양국 간 협력 과시는 물론 긴장 완화와 대화를 통한 한반도 비핵화 의지를 보여준 것으로 평가할 수 있다. 특히, 북한은 6자회담 재개와 미국과의 적대관계 개선을 겨냥한 북·미 대화 의지를 피력하면서 중국의 중재자 역할을 요구한 것으로 분석된다. 2014년 10월 말 현재까지 북·중관계는 냉각되어 있는데, 정상회담을 비롯해 고위급 정치회담이 열리지 않고 있고 중국의 대북 원조도 크게 줄어든 것으로 알려졌다.

최룡해 일행의 방중에 이어 김계관 외무성 제1부상이 중국을 방문해 외교부문 전략 대화를 가졌다. 김 부상은 6월 19일과 21일 장예쑤이(張業遂) 중국 외교부 상무부부장, 양제츠(楊潔篪) 국무위원, 왕이(王毅) 외교부장과 각각

---

38) 북한의 방중 특사 일행에는 리영길 조선인민군 상장, 김성남 조선로동당 중앙위원회 부부장, 김형준 외무성 부상, 김수길 조선인민군 중장과 관계자들이 포함되었다. 조선중앙통신, 2013. 5. 22.

39) ≪경향신문≫, 2013년 5월 24일 자.

면담한 것으로 알려졌다. 김계관 제1부상은 이어 7월 2~9일 러시아를 방문해 블라디미드 G. 티토프(Vladimir G. Titov) 외무성 제1부상과 친선 관계 발전과 상호 관심사를 논의한 것으로 알려졌다.[40] 김계관의 행보는 북한의 비핵화 선제 조치를 요구하는 한·미·일 3국의 대북 압박에 맞서 북·중·러 3국의 협력을 구하는 시도였다. 8월 27일에는 우다웨이(武大偉) 대표와 일행이 북한을 방문해 김계관 외무성 제1부상과 6자회담 재개 문제를 협의했다.[41] 9월 16~20일에는 김계관 1부상 일행이 '9·19 공동성명 채택 8주년 기념 국제토론회' 참석차 중국을 방문해 중국의 고위인사들과 만나 북·중관계, 한반도 정세, 6자회담 재개 등 공동 관심사를 협의했다.[42]

이상과 같이 북·중 간 6자회담 재개를 위한 일련의 협의는 중국 측의 중재 노력 및 6자회담 협의안 마련으로 이어졌다. 우다웨이 중국 한반도사무특별대표의 6자회담 재개 노력이 그것이었다. 그는 10월 28일 미국에서 글린 데이비스(Glyn Davies) 국무부 대북정책특별대표 등과 회담한 후, 11월 4일 북한을 방문해 북한 측과 6자회담 재개 방안을 협의하고 8일 귀국했다. 우다웨이 대표는 북한 등 관련국과 6자회담 의제를 조율한 것으로 알려졌다. 그 내용이 일본 ≪요미우리신문(讀賣新聞)≫ 11월 22일 자에 보도되었다. 중국 측이 제시한 6자회담 재개 시 의제는 ① 참가국의 회담재개 동의와 9·19 공동성명에 따른 의무 이행, ② 한반도 비핵화 실현, ③ 비핵화 과정에서 북한의 관심 사항 해결, ④ 한·미·일과 북한의 관계 개선 및 북한체제를 전복하지 않는다는 명시적 의사 표시, ⑤ 한반도 평화조약 체결 노력, ⑥ 행동 대 행동 원칙 유지와 5개 실무 그룹 가동, ⑦ 6개국 협의 정례화 등 7개항으로 구성되

40) 조선중앙통신, 2013. 6. 18.~22.

41) 조선중앙통신, 2013. 8. 27.

42) 조선중앙통신, 2013. 9. 20.

었다. 그러나 이 조정안은 6자회담 재개 방안이 아니라 재개 이후 회담 의제를 다룸으로써 한·미·일의 지지를 얻지 못했다.[43]

북한은 한국전쟁 때 중국과 피를 나눈 혈맹관계를 재확인하며 우호협력관계를 과시한다. 2013년의 경우 국가 부주석 리원조(李源潮)를 단장으로 당정군을 대표하는 대표단이 북한이 주최한 '조국해방전쟁승리 60돐 경축행사'에 참가하기 위해 방북했다. 리원조 일행은 김정은이 참석한 정전협정 60주년 기념 중앙보고대회(7월 26일), 열병식 및 평양시 군중 시위와 조국해방전쟁승리기념관 개관식(7월 27일) 등에도 참여하는 등 양국 간 우호관계를 과시했다.[44] 그러나 2014년 들어 북·중관계는 냉각된 것처럼 보였다. 한국전쟁 기념행사에 중국 측의 참석이 없었던 것이다. 그보다 앞선 7월 3일 서울에서 있었던 한중정상회담으로 인해 김정은정권이 시진핑정권과 냉랭한 관계인 것처럼 관측되기도 했다. 김정은과 시진핑 간 정상회담은 2014년 9월 11일 현재까지 없다. 이와 관련해 김영남 북한 최고인민회의 상임위원장은 일본 교도통신과의 9월 10일 회견에서 시진핑 국가주석의 한국 방문을 간접 언급하며 "국가지도자의 외유는 그 나라의 사정에 응해 준비되는 것이다"라고 하면서 "중국은 이웃 나라이며 우호 관계에 있다. 북·중관계에 변화는 없다"라고 말했다.[45]

북한과 중국의 관계는 냉전 시기에도 부침이 있었다. 그때는 북한과 소련과의 관계가 주요 변수였지만, 이제는 한중관계가 주요 변수로 작용한다. 그러나 이념적 동질성과 지정학적 공통 이해관계가 북·중관계의 부침을 억제하고 있다. 북한의 '공화국 창건 66돐'인 2014년 9월 9일에 하루 앞서 중국은

---

43) 서보혁, 「끝나는 정전 60주년, 새로 시작할 평화 프로세스」, ≪코리아연구원 현안진단≫, 제246호(2013년 12월 9일).

44) 조선중앙통신, 2013. 7. 25.

45) ≪통일뉴스≫, 2014년 9월 11일 자.

국가주석, 국무원 총리, 전국인민대표대회 상무위원장 공동 명의로 북한의 최고지도자들[46] 앞으로 축전을 보냈다. 축전에는 다음과 같은 내용이 담겨 있다.

> 전통적인 중·조친선은 (중략) 두 나라와 두 나라 인민들의 공동의 귀중한 재부입니다. 새로운 정세하에서 우리들은 조선 측과 함께 두 나라 사이의 친선협조관계를 끊임없이 공고히 하고 강화함으로써 두 나라와 두 나라 인민들에게 복리를 가져다주고 지역의 번영과 발전, 평화와 안정에 적극 이바지할 것입니다.[47]

김정은정권은 김정일이 닦아놓은 대중 협력관계를 회복하지 못하고, 과도한 대중 경제 의존도 벗어나지 못하는 것으로 보인다. 북한은 그런 문제를 북·일관계 개선과 자체 경제개혁으로 극복하려 힘쓰고 있다. 그렇지만 중국 지도부의 축전에서 보듯이 양국은 상호 전략적 이해관계를 바탕으로 협력을 계속해서 유지해나갈 것이다. 거기에 한·미·일 3국 간 군사협력의 증대는 북·중 협력을 더욱 촉진할 것이다.

3) 평화외교 공세

북한의 평화 제안은 시기에 따라 대내외적 변수와 남북관계 변수를 통해 그 형식과 내용에 부침이 있어왔다. 2000년대에 들어 북한은 ① 평화체제의

---

46) 중국 측 지도자들의 직책에 상응해 축전에 언급된 북한 측 인사는 조선로동당 제1비서 김정은, 최고인민회의 상임위원회 위원장 김영남, 내각 총리 박봉주다.

47) 조선중앙통신, 2014. 9. 9.

당사자로 북한과 미국을 주 당사자로, 남한을 보조 당사자로 하고, ② 주요 방안으로 불가침조약, 종전 선언, 핵군축회담을 제시하고, ③ 주한미군 철수는 원칙론 수준에서 주장하고, ④ 평화문제를 통일문제와 구분하고, ⑤ 핵능력을 적극 활용하고 있다.[48]

2013년 정전협정 60주년에 즈음하여 북한은 전통적인 입장인 북·미 평화협정 체결을 주장하면서도 핵억지력 강화를 통한 평화 보장을 도모하는 이중적 태도를 보였다. 북한은 미국을 향해 말로만 자신에게 적대의사가 없다고 할 것이 아니라 아무런 구실이나 전제 조건 없이 정전협정을 평화협정으로 바꿀 용단을 내릴 것을 요구했다. 즉, 적대정책을 포기하는 것이 어떤 선물이나 홍정물이 아니라는 것이다. 북한은 미국의 대북 적대정책은 그 자체가 부당하고 시대착오적이므로 무조건 먼저 철회해야 한다고 말한다. 그리고 한반도 평화를 보장하는 방법으로 미국과 평화협정을 체결해 문제를 푸는 방법도 있고, 한반도에서 전쟁의 화근을 송두리째 들어내 항구적인 평화를 실현하는 방법도 있다고 말하며, 선택은 미국이 해야 할 것이라고 주장한다.[49] 북한 외무상 박의춘은 2012년 7월 아세안지역포럼(ARF)에 참석해 미국의 대북 적대정책과 핵개발을 연계시켰고, 리용수 외무상은 2014년 8월 같은 회의에서 제3차 핵실험을 통한 핵능력 향상을 방어를 위한 불가피한 조치라고 주장했다.[50]

한편, 북한은 정전협정이 1990년대 상반기 군사정전위원회 무력화와 북·미 군사회담 개시로 사실상 가동되지 않는다고 판단한다. 또한 2013년 군사적 긴장이 고조되자 "정전협정은 어느 일방이 준수하지 않으면 자동적으로

---

48) 서보혁, 「북한의 평화 제안 추이와 그 특징」, ≪북한연구학회보≫, 제13권 제1호 (2009년 여름), 76~79쪽 참조.

49) 조선중앙통신, 2012. 7. 25.

50) 조선중앙통신, 2012. 7. 13.; 2014. 8. 12.

백지화된다"라고 주장하기에 이른다. 북한군 최고사령부는 키리졸브 한미연합훈련이 시작되는 3월 11일부터 정전협정의 모든 효력을 전면 백지화할 것이라고 선포했다. 북한군은 다른 협정과 달리 정전협정은 그 특성상 어느 일방이 협정을 준수하지 않으면 자동적으로 백지화되는 것이라고 주장했다. 북한은 그에 따라 정전협정의 구속에서 완전히 벗어나 미국과의 전면대결전에 대처해나갈 것이라고 선언했다.[51] 북한은 인민군 최고사령부가 정전협정을 백지화한다고 선언한 것은 자신의 무력이 정전협정의 구속에서 벗어나 임의의 순간에 임의의 대상에 대한 자위적인 군사 행동을 취하는 것을 의미한다고 말했다.[52]

평화체제 수립을 위한 전제 조건의 하나로 북한은 유엔군사령부의 해체를 주장한다. 유엔군사령부는 정전협정 체결 직후부터 다국적군이 아니고 주한미군으로 된 미군사령부였다는 것이 북한의 인식이다. 더욱 결정적인 문제는 북한의 의도적 도발로 1990년대 들어 종래의 정전관리기구는 유명무실화되고,[53] 유엔군사령부가 정전 관리를 위해 마주할 상대가 없는 상태에서 정전 상태 관리와 관련한 모든 문제를 북한군 측과 미군이 협의해 처리한다고 판단한다.[54] 그에 따라 유엔군사령부를 해체하고 북·미 쌍방이 정전 상태의 관리 및 전환 문제를 다루어야 한다고 주장한다. 북한의 유엔군사령부 해체 주장은 한반도 정전 상태의 불안정성 및 불확실성을 부각하고, 평화체제로

---

51) 조선중앙통신, 2013. 3. 14.

52) 조선중앙통신, 2013. 3. 7.

53) 북한은 종래 정전관리기구가 유명무실해진 경위로 군사정전위원회 유엔군 측 수석대표직이 미군 장성에서 남한군 장성으로 바뀌고, 군사정전위에서 중국 인민지원군 대표단이 철수하고 북한 측에서는 조선인민군 판문점대표부가 군정위를 대신해 나오고, 중립국감독위원회 일부 국가가 철수한 점 등을 거론한다.

54) 조선중앙통신, 2013. 1. 14.

의 전환 문제를 남한을 배제한 채 북·미 대화의 방식으로 추진해 향후 관련 회담 시 유리한 협상의 주도권을 확보하려는 의도로 보인다. 2013년 6월 21일 신선호 유엔 주재 북한 대사는 유엔 본부에서 한국에 주둔 중인 유엔군사령부의 해체를 주장하는 기자회견을 가졌다. 그는 유엔군사령관 임명 권한도 미국 정부에 있으며 유엔군의 모자를 쓴 한국 주둔 미군의 감축이나 증강 문제도 전적으로 미국 정부가 결정하고, 미국이 유엔군사령부의 이름을 한국전쟁의 교전 일방으로 아직도 도용하는 현실은 시대착오의 산물이며 유엔의 수치라고 주장했다. 이어 신 대사는 미국에 의해 정전기구는 백지화되었으며, 유엔군사령부가 상대할 수 있는 기구들도 이미 사멸된 상태이므로 지체 없이 해체해야 한다고 주장했다.[55] 북한은 유엔사가 유엔의 산하기구도 아니고 유엔을 대표하지도 않는다고 본다. 북한은 또 한미합동 을지프리덤가디언(UFG) 연습에 유엔군사령부 구성원국이 참가하는 것을 지적하며, "유엔사가 긴장 격화 행위를 정당화하기 위한 미국의 책동에 이용되고 있다"라고 주장했다. 이어 북한은 "미국이 유엔사를 해체하면 그것은 곧 우리에 대한 적대의사가 없다는 것을 증명할 수 있는 행동조치 중의 하나로 될 것"[56]이라며 유엔사 해체를 북·미 관계 개선과 연계해 인식한다.

이와 같은 북한의 정전협정 백지화 및 군사 대비 태세 선언은 핵억지력 보유 이전과 다른 의미를 갖는다. 핵보유 이전 북한은 북·미 평화협정 혹은 불가침조약 체결, 주한미군 철수, 이를 위한 북·미 양자대화 제의 등 주로 대화와 협상을 강조해온 데 비해, 제3차 핵실험 이후에는 힘에 의한 평화 보장이라는 현실주의적 논리를 내세운다. 가령, 강권 행사가 횡행하는 한 평화는 진정한 평화가 될 수 없고, 강권에는 더 강한 힘으로 맞설 때 평화가 보장된

55) 조선중앙통신, 2013. 6. 26.

56) 연합뉴스, 2013. 7. 21.

다는 식이다. 북한은 한반도에서 반세기 이상이나 지속된 정전협정체계가 유명무실해지고, 새롭고 합리적인 평화보장체계가 세워지지 않은 조건에서, 그리고 미국의 적대정책이 지속되고 핵공격 위협이 상존하는 조건에서 자위적 핵억지력 보유가 정당하다고 주장한다.[57] 결국 북한은 2013~2014년에 자주권과 생존권을 엄중히 위협하는 준엄한 사태가 조성되고, 미국의 대규모 핵전쟁연습과 연례전쟁연습이 실전으로 넘어가고 있는 상황에서 외교적 해결의 기회는 사라지고 군사적 대응만 남았다고 인식하기에 이른다. 또 북한은 기존의 선의와 자제력을 버리고 핵선제타격 권리를 행사할 것이라고 밝힌다.

요컨대, 북한은 한반도 비핵화 공약을 버리지 않았지만[58] 제3차 핵실험과 '경제·핵 병진노선' 천명 이후에는 핵억지력 강화, 핵선제타격을 주장하며 평화 공세로 전환하고 있다. 북한은 핵보유 능력 증대에 즈음해 협상에 의한 평화체제 수립보다는 핵무력에 의한 평화,[59] 즉 자유주의적 평화관에서 현실주의적 평화관으로 입장을 변경하고 있다.

57) 조선중앙통신, 2012. 6. 13.; 2014. 8. 21.

58) "조선반도 비핵화는 조선의 군대와 인민의 변함없는 의지", ≪로동신문≫, 2014년 1월 22일 자; "조선반도의 비핵화는 민족공동의 목표", ≪로동신문≫, 2014년 2월 3일 자.

59) "공화국의 핵억제력은 조선반도의 평화보장과 경제강국건설의 보검", ≪로동신문≫, 2014년 3월 31일 자; "선제타격은 조선의 정정당당한 권리", ≪로동신문≫, 2014년 8월 21일 자.

4. 김정은정권의 대외정책 특징과 과제

북한은 미국의 지속적인 위협과 압박에 맞서 핵무장과 함께 중국과의 전략적 협력관계를 발전시키려 한다. 미국에 대해서는 대화 노력과 함께 깊은 불신으로 '핵억지력' 확충에 점점 더 높은 비중을 두고 있다. 김정은정권은 첫째, 핵무력 강화를 안전보장은 물론 외교안보정책을 공세적으로 전개하는 수단으로 활용하고, 둘째, 한·미·일 주도의 압박을 약화시키는 대신 중국과의 협력관계를 회복해 주변 정세를 유리하게 조성하려 노력하며, 셋째, 국제무대에서 자신의 입장을 홍보하는 데 국제 규범 및 제도를 적극 활용한다. 특히, 제3차 핵실험을 단행한 후 북한이 핵무력을 외교안보문제는 물론 경제정책, 지도력 등 대내 문제에도 적극 활용하는 점도 두드러지는 현상이다. 외무성, 최고인민회의 외에도 당중앙위원회, 중앙군사위원회 등 당기구의 활용이 두드러지고, 법제화 동향도 그 특징으로 꼽을 수 있다.[60] 이는 김정은정권이 출범 당시의 불안정을 일소하고 당·국가체제(party-state system) 복구를 통해 통치를 제도화했음을 의미한다.

김정은정권의 대외정책을 연속성과 변화의 측면에서 정리해보면서 약간의 전망을 해보고자 한다. 첫째, 연속성의 측면은 북한의 대외정세 인식과 대외정책 목표, 원칙 등에서 두드러지게 나타났다. 제국주의론에 입각한 대외정세 인식과 자주·평화·친선 이념에 입각한 대외정책 목표 설정, 김정일

---

60) 예를 들어 2013년 3월 31일 열린 당중앙위원회 전원회의에서 병진노선을 관철시키기 위한 12개 과업이 제시되었는데, 거기에는 "핵보유를 법적으로 고착"시키는 문제도 포함되어 있다. 또한 이어 열린 최고인민회의 제12기 제7차 회의에서 당중앙위원회 전원회의의 결정을 실행하기 위한 의제들이 논의되었는데, 그 안에 법령 「자위적 핵보유국의 지위를 더욱 공고히 할 데 대하여」와 「우주개발법」 채택이 포함되어 있다. 조선중앙통신, 2013. 3. 31.; 2013. 4. 1.

유훈 승계와 선군정치노선에 입각한 대외정책 방향, 그리고 자주권 존중 및 평등의 원칙, 동시행동원칙 등이 좋은 예다. 제3차 핵실험으로 북한은 선군정치노선, 강성국가 건설전략을 앞으로도 지속할 것으로 예상된다. 물론 김정은의 지도력이 확고해지면 김정일의 유훈, 김일성-김정일주의와 같은 호명은 줄어들 것으로 예상된다. 제3차 핵실험 이후 열린 당중앙위원회 전원회의에서 김정은은 '경제·핵 병진노선'을 '새로운 전략적 노선'이라고 말한 것으로 알려졌는데, 이것이 김정은정권의 새로운 국가발전전략을 보여주는 지도 모른다.

변화의 측면에서 북한의 대외정책은 현상 타파보다는 경제발전을 뒷받침하는 안정적이고 내향적인 방향의 정책을 전개할 가능성이 높다. 북한은 제3차 핵실험을 통해 국방에서의 자신감을 바탕으로 자체 경제개선 조치를 통해 경제발전을 도모할 것으로 예상된다. 북한도 대외협상에 먼저 응하기보다는 핵억지력을 활용한 일방적 대화 조건 제시와 상대의 불응을 명분으로 대내정치에 주력할 가능성이 높다. 이는 북한의 핵무장 능력 강화 및 대내적 안정을 위한 시간벌기를 위해서도 유용하다. 김정은정권 들어 북한 대외정책의 변화는 핵무력의 외교수단화, 국제 레짐의 활용 등 대외정책 수단 측면에서도 찾아볼 수 있다. 다만, 장성택 숙청과 한중관계 발전으로 북·중 간 완전한 협력관계 회복에 시간이 좀 더 걸릴지 모르지만, 양국 간 상호 전략적 협력의 필요성은 전통적 우호관계, 지정학적 요소, 한·미·일 군사협력에 대한 공동 대응과 같은 필요 때문에 줄어들지는 않을 것이다.

사안별 북한의 입장에서도 흥미로운 사실을 발견했다. 북한은 전 세계 비핵화가 실현되기 전까지는 핵을 포기하지 않겠다고 하고, 로켓 발사를 핵문제와 구분해 평화적 이용 권리를 고수하며, 핵무기 보유 이후 평화체제 문제에 공세적인 자세를 취하고 있으며, 대미관계에서도 자신감을 내보인다. 이런 점은 북한 대외정책의 연속성보다는 변화에 가까운 현상이다. 이는 더 세밀한 분석과 대응 방안 개발이 필요한 도전적 과제다.

제3차 핵실험과 김정은정권의 등장은 우리에게 한반도 비핵화는 물론 대북정책 전반에 대한 근본적 성찰과 창의적인 대안을 요구한다. 경제제재, 군사적 압박, 외교적 고립 등의 강압정책이 북핵문제를 더 악화시키지는 않았는지 냉정한 평가가 있어야 한다. 이에 대한 미국 등 주변국들과의 공동 인식과 협력도 그 중요성을 더해가고 있다. 북한의 제3차 핵실험이 우리의 통일외교 안보정책과 대북정책에 어떤 의미를 주는지를 정리하는 작업이 급선무다. 이와 함께 북한의 '경제·핵 병진노선'을 어떻게 평가하고 대응할 것인지 판단하는 것도 현실적인 과제다. 요컨대 ① 한반도 비핵화 전략의 재구성, ② 북핵정책과 대북정책의 조정, ③ 남북대화 복원 전략 재설정은 김정은정권이 전개하는 새롭고 공세적인 대외정책에 직면한 남한이 감당해야 할 3대 과제로 다가와 있다.

참고문헌

1. 국내 문헌

서보혁. 2009. 「북한의 평화 제안 추이와 그 특징」. ≪북한연구학회보≫, 제13권 제1호(여름), 76~79쪽.

_____. 2013. 「끝나는 정전 60주년, 새로 시작할 평화 프로세스」. ≪코리아연구원 현안진단≫, 246호(12월 9일).

외교부. 2014. 『2014 외교백서』.

통일교육원. 2013. 『2013 북한이해』.

≪경향신문≫. 2013년 5월 24일 자.

통일뉴스. 2014. 9. 11.

연합뉴스. 2013. 7. 21.

2. 북한 문헌

김인옥. 2003. 『김정일장군 선군정치리론』. 평양: 평양출판사.

김재호. 2000. 『김정일 강성대국 건설전략』. 평양: 평양출판사.

김철우. 2000. 『김정일장군의 선군정치』. 평양: 평양출판사.

≪로동신문≫. 2014. 1. 22. "조선반도 비핵화는 조선의 군대와 인민의 변함없는 의지". 평양.

_____. 2014. 2. 3. "조선반도의 비핵화는 민족공동의 목표". 평양.

_____. 2014. 3. 31. "공화국의 핵억제력은 조선반도의 평화보장과 경제강국 건설의 보검". 평양.

_____. 2014. 8. 21. "선제타격은 조선의 정정당당한 권리". 평양.

_____. 2014년 9월 1일. 평양.
조선중앙통신.

3. 외국 문헌

US Department of Defense. 2012. *US 2012 Defense Strategy Review: Sustaining US Global Leadership: Priorities for 21st Century Defense*. Washington D.C. (January 2012).

제10장

중국의 부상에 대한 김정은정권의 헤징전략*

장용석 | 서울대학교 통일평화연구원 선임연구원

1. 머리말

북한은 현실주의적 국제관을 강하게 표출하면서[1] 상호 의존 및 협력의 필요성이나 증진보다는 국제 질서의 무정부성과 힘의 논리를 강조한다.[2] 북한

* 이 글은 장용석, 「중국의 부상에 대한 북한의 헤징(hedging)전략」, ≪통일문제연구≫, 제24권 제1호(2012)를 축약, 보완한 것이다.

1) 우승지, 「김정일시대 북한의 국제관계론 이해」, 현대북한연구회 엮음, 『김정일의 북한, 어디로 가는가?』(한울, 2009); 최종건, 「북한의 세계관에 나타난 국제정치이미지 분석: 이미지 이론을 중심으로」, 이수훈 엮음, 『북한의 국제관과 동북아질서』(한울, 2011) 참조.

2) "조선민주주의인민공화국 외무성 성명", 조선중앙통신, 2014. 7. 19.; "조선민주주의인민공화국 외무성 대변인 담화", 조선중앙통신, 2014. 8. 18.; 김형기, "자주와 선군으로 존엄 높은 우리 공화국은 누구도 헐뜯을 수 없다", ≪로동신문≫, 2014년 9월 14일 자

은 세계적·지역적 차원에서 군사적·전략적 세력균형의 유지가 평화와 안정의 기반이라고 보고,[3] 지정학적 인식을 바탕으로 대국의 동향을 주시하는 가운데[4] 동북아에서 중국의 부상에 따른 지역 내 세력관계 변화와 아시아태평양지역의 중요성 증대를 주목한다.[5] 북한은 특히 중국의 부상에 따른 미국과 중국 주도의 지역 질서 형성과 미국의 중국 견제를 중요하게 인식하면서[6] 미국과 중국에 의한 강대국 정치(협조체제)를 경계해 미·중 양국의 협력 가능성보다는 갈등 가능성을 강조한다.[7]

북한은 또한 한반도가 해양과 대륙을 연결하는 가교로서 지정학적인 요충지라는 점도 강조하면서 힘을 가질 때 지정학적 숙명론에서 벗어나 전략적 요충지로서의 위상을 확보하고 핵심 국익을 실현할 수 있다고 본다.[8] 한반

등 참조.

3) "전략무력분야에서 심화되는 로미대립", 조선중앙통신, 2011. 10. 28.; 리학남, "지역의 전략적 균형을 파괴하는 망동", ≪로동신문≫, 2014년 9월 2일 자 등 참조.

4) 배금희, "중앙아시아를 둘러싼 대국들의 동향", ≪로동신문≫, 2014년 8월 29일 자.

5) "뒤흔들리는 지배체계", 조선중앙통신, 2014. 7. 8.; "우리 공화국은 주체의 한 길따라 끝없이 강성번영할 것이다", ≪로동신문≫, 2014년 9월 9일 자.

6) "힘의 대결장으로 화하고 있는 아시아태평양지역", ≪로동신문≫, 2014년 6월 10일 자; 리학남, "지역의 전략적 균형을 파괴하는 망동", ≪로동신문≫, 2014년 9월 2일 자.

7) 배금희, "해킹문제로 불거지는 비난전", ≪로동신문≫, 2014년 6월 24일 자; "힘의 대결장으로 화하고 있는 아시아태평양지역", ≪로동신문≫, 2014년 6월 10일 자; 라명성, "중미마찰을 더욱 격화시키는 기소놀음", ≪로동신문≫, 2014년 6월 3일 자; 리경수, "허물어지고 있는 미국의 패권적 지위", ≪로동신문≫, 2014년 6월 2일 자; 조택범, "전략적 리해 관계를 둘러싸고 심화되는 모순", ≪로동신문≫, 2011년 1월 13일 자. 그 외에도 리학남, "대립되는 리해 관계, 마찰의 불씨", ≪로동신문≫, 2011년 5월 23일 자 등 참조. 2011년 1월 13일 자 기사는 후진타오 주석의 1월 18일 방미를 앞두고 나왔으며 2011년 5월 23일 자 기사는 5월 9~10일 열린 미·중 간 경제전략대화 직후에 나왔다.

8) 김지영, "일심단결의 중심에서 최고사령관의 령도력-3", ≪조선신보≫, 2012년 3월 17일 자; "격동의 동북아시아/조일합의를 둘러싼 국제정세(중)", ≪조선신보≫, 2014년 7월 2일 자; 채일출, "조선반도는 대국들의 각축전마당이 아니다", ≪로동신문≫, 2014

도가 주변 강대국의 이해관계가 교차하는 지점이기에 중국이나 러시아, 일본, 남한 등이 북한과의 관계 개선에 나설 수밖에 없다며 미국도 북한과 공존의 길을 택해야 자신의 존재감을 유지할 수 있다고 주장한다.[9)]

북한의 이러한 인식이 부상하는 중국에 던지는 함의는 명확하다. 중국에 인접한 국가로서 북한은 '주견을 갖고 상대해야 할' 지배주의자[10)]인 중국의 부상에 따른 전략적 환경 변화를 인식하고, 그로 인해 야기되는 위험을 회피하기 위한 노력을 적극적으로 기울이겠다는 것이다.[11)] 이러한 움직임의 이면에는 김정은정권 들어 특히 강조되는[12)] 자주와 존엄의 수호가 존재한다.

이 글은 이러한 점을 고려해 북한, 특히 김정은정권이 중국의 부상과 그로 인한 영향력 확대를 막기 위해 어떤 전략을 추진하는지 살펴본다. 이를 위해

년 9월 21일 자.

9) "격동의 동북아시아/조일합의를 둘러싼 국제정세(중)", ≪조선신보≫, 2014년 7월 2일 자.

10) 김준혁, "자주정신의 강자로 된 인민", ≪로동신문≫, 2011년 4월 7일 자. 북한은 중국을 대국이나 지배주의 세력으로 인식하고 경계심을 표출하는 한편, 국제 사회의 대북 압박 공조에 대해서는 강하게 비판하기도 한다. 이와 관련해서는 "조선민주주의인민공화국 외무성 성명", 조선중앙통신, 2013. 1. 23.; "조선민주주의인민공화국 국방위원회 성명", 조선중앙통신, 2013. 1. 24.; 리현도, "자주성을 국제관계수립의 첫째가는 원칙으로 삼으시고", ≪로동신문≫, 2014년 7월 4일 자; 라명성, "공정성은 유엔안전보장리사회 활동의 기본원칙", ≪로동신문≫, 2014년 8월 3일 자; 채일출, "자주적인 로선은 나라와 민족의 번영을 위한 만능의 보검", ≪로동신문≫, 2014년 9월 8일 자 등 참조.

11) 중국의 부상에 대한 북한의 인식은 장용석, 「북중관계의 성격과 중국의 부상에 대한 북한의 인식」, ≪통일과 평화≫, 제4권 제1호(2012), 69~99쪽 참조. 역사적으로 중국에 대한 북한의 자주성 견지와 관련 중요한 계기가 1950년대 중·후반에 발생했고, 이를 바탕으로 북한과 중국의 관계가 구조화되기 시작했다. 이에 대한 최근의 연구로 이종석, 『북한 주둔 중국인민지원군 철수에 관한 연구』(세종연구소, 2014) 참조.

12) "선군의 기치를 더 높이 추켜들고 최후승리를 향하여 힘차게 싸워나가자: 김일성대원수님 탄생 100돐 경축 열병식에서 하신 김정은동지의 연설", 조선중앙통신, 2012. 4. 15.

정치, 외교적인 대응으로 우리식 사회주의, 강성대국(강성국가),[13] 선군정치와 연성균형을, 군사적인 차원에서 핵무기와 장거리미사일 등으로 나타나는 내적 균형을, 경제적인 차원에서 자립과 협력 다변화를 검토한다. 또한 이를 통해 북한의 대중 헤징(hedging)전략이 결과적으로 헤징의 기반을 약화시키는 역설적 상황을 만들고, 북한은 이러한 딜레마에서 벗어나지 못하고 있음도 살펴본다.

이와 관련해 일반적으로 강대국의 부상에 대한 주변국의 대응을 살펴보면 크게 세 가지로 분류된다.[14] 첫째, 부상 자체를 좌절시키는 것, 둘째, 부상 속도를 지연시키는 것, 셋째, 부상 과정과 결과에 관여하고 적응하는 것이다. 이러한 세 가지 대응방안 가운데 현실적으로 북한이 중국의 부상에 대응해 선택할 수 있는 것은 세 번째 범주다. 이는 북한과 중국 간 국력 차이 등을 감안하면 불가피한 선택이다. 북한으로서는 적절한 편승과 더불어 자율성을 상실하지 않는 방안을 강구하면서 부상하는 중국에 적응하고 관여할 수밖에 없다. 이런 점에서 부상하는 중국에 대한 북한의 대응은 헤징전략으로 볼 수 있다. 헤징전략은 대상 국가의 현재와 미래의 불확실한 의도, 즉 불확실성에 대비하는 보험과 같은 전략이다.[15] 헤징전략은 안보, 경제, 정치적인 영역에서 높은 불확실성과 위험에 대비해야 하기 때문에 간접 균형(indirect balancing), 지배 거부, 경제적 실용주의, 결속적 관여(binding engagement), 제

---

13) 김정은정권 들어 강성대국 대신 강성국가 개념을 사용하면서 다양한 분야에서 강국을 건설하자는 담론을 내세우지만, 기본적인 틀은 강병부국(强兵富國)의 강성대국론과 마찬가지다.

14) 전재성, 「강대국의 부상과 대응 메커니즘: 이론적 분석과 유럽의 사례」, ≪국방연구≫, 제51권 제3호(2008), 6~18쪽.

15) E. Goh, "Understanding Hedging in Asia-pacific security", *PacNet*, 43(August 31, 2006); B. Tessman and W. Wolfe, "Great Powers and Strategic Hedging: The case of Chinese Energy Security Strategy", *International Studies Review*, 13(20 11), p. 216.

한적 편승(limited bandwagoning)[16)] 등 다양한 정책을 포함한다. 따라서 전형적인 균형(balancing)이나 편승(bandwagoning)을 제외한 다양한 정책이 헤징전략에 포함될 수 있다.[17)]

16) 약소국은 위협을 회피하거나 이익(profit)을 얻기 위해 강대국에 편승한다. 이때 제한적 편승은 정치적·군사적 지지(alignment), 하나의 강대국에 편승하기 위해 다른 강대국과 거리를 두는 영합(zero-sum) 시나리오, 후견국과 약소국 간 지배-종속 관계 수용을 수반하는 순수한 편승과 달리, 선택적인 이슈 조정과 큰 상대에 대한 자발적 존중(deference)으로 표현되는 정치적 파트너십, 비영합 시나리오, 약소국의 자율성 상실이나 과도한 의존 회피를 포함한다. 이런 점에서 순수한 편승은 위계질서를 수용하지만 제한적 편승은 위계질서를 회피한다. Cheng-Chwee Kuik, "The Essence of Hedging: Malaysia and Singapore's Response to a Rising China", *Contemporary Southeast Asia*, 30-2(2008), pp. 168~169. 한편 제한적 편승과 유사한 개념으로 적응(accommodation)도 존재한다. 적응은 상대의 핵심 이익을 존중·지지하면서 상대방을 불필요하게 자극하지 않는 가운데 자신의 자주성을 지키면서 이익을 확대하기 위해 유연하게 정책을 조정·적응하는 정책이다. Lam Peng Er, Narayanan Ganesan and Colin Dürkop, "Introduction: China and East Asia's Mutual Accommodation", in Lam Peng Er, N. Ganesan and Colin Dürkop(eds.), *Facing a Rising China in East Asia*(Seoul: Konrad Adenauer Stifung, 2010), p. 16.

17) Cheng-Chwee Kuik, "The Essence of Hedging: Malaysia and Singapore's Response to a Rising China", pp. 163~172. 이외에 헤징전략의 틀로 유럽연합의 안보 전략이나 중국의 부상에 대한 동아시아 국가의 대응 등 분석한 글로 R. A. Manning and J. J. Przystup, "Asia's transition Diplomacy: Hedging Against Future shock", *Survival*, Vol.41, No.3(Autumn 1999); E. Heginbotham and R. J. Sammuels, "Japan's Dual Hedge", *Foreign Affairs*, Vol.81, No.5(September/October 2002); Chien-Peng Chung, "Southeast Asia-China Relations: Dialectics of Hedging and Counter-Hedging", *Southeast Asian Affairs*(2004); D. Roy, "Southeast Asia and China: Blancing or Bandwagoning?" *Contemporary Southeast Asia*, Vol.27, No. 2 (2005); S. G. Brooks and William C. Wohlforth, "Hard Times for Soft Balancing", *International Security*, Vol.30, No.1(Summer 2005); E. S. Medeiros, "Strategic Hedging and the Future of Asia-Pacific Stability", *The Washington Quarterly*, Vol.29, No.1(winter 2005~2006); Asle Toje, "The EU Strategy Revised: European Hedging in Its Bets", *European*

2. 정치·외교적 대응: 자주와 연성균형

1) 정치적 대응

먼저 정치적인 영역에서 북한이 어떻게 대응하는지는 우리식 사회주의론과 그 구체적 비전인 강성대국(강성국가) 건설론, 그리고 이를 달성하기 위한 선군정치에서 확인된다. 이는 자주성 고수를 위한 국가전략이지만 자주성 견지는 대외정책의 기본 원칙이라는 점에서 인접한 '대국'이자 '지배주의자' 이기도 한 중국에 대한 대응으로서의 의미를 지니기 때문이다.

우리식 사회주의론은 중국의 변화와 동유럽의 사회주의권 붕괴 등 대외적 위기가 체제나 정권의 위기로 이어지는 것을 막기 위해 북한식 사회주의 고수를 천명한 이데올로기적 담론으로 1980년대 말 등장했고, 1991년 김정일에 의해 정식화되었다.[18]

그러나 우리식 사회주의의 원형일 수 있는 '우리식대로 살아가자'는 담론은 이미 1970년대 말부터 등장했다.[19] 이는 중국에 대한 대응의 성격을 지닌다. 중국은 이미 1970년대 말부터 개혁개방을 통해 사회의 성격 자체를 일

Foreign Affairs Review, 15(2010) 참조.

18) 김정일, 「인민대중 중심의 우리식 사회주의는 필승불패이다」(1991년 5월5일 조선로동당 중앙위원회 책임일군들과 한 담화), 『김정일선집』, 제11권(평양: 조선로동당출판사, 1997). 이런 점에서 우리식 사회주의담론은 체제 전환에 들어간 동유럽이나 구소련 등의 붕괴된 사회주의와 북한식 사회주의를 구별함으로써 체제와 정권을 유지하고자 한 북한의 위기 대응 담론으로 볼 수 있다. 고유환, 「사회주의의 위기와 북한의 '우리식 사회주의'」, ≪통일문제연구≫, 제7권 제1호(1995), 39~46쪽.

19) 김정일, 「당의 전투력을 높여 사회주의 건설에서 새로운 전환을 일으키자」(1978년 12월25일 조선로동당 중앙위원회 조직지도부, 선전선동부 책임일군협의회에서 한 연설), 『김정일선집』, 제6권(평양: 조선로동당출판사, 1995), 203쪽.

정하게 변화시켰고, 이는 북한에 개혁과 개방의 압력으로 작용했기 때문이다.[20] 이러한 우리식 사회주의론은 김정은정권 들어서도 지속적으로 지켜나가야 할 김정일 위원장의 유훈이자 정치적 비전으로 선전된다.[21]

우리식 사회주의론이 체제의 성격을 북한 스스로 규정한 것이라면 강성대국론은 우리식 사회의주의가 현실에서 구체화된 국가비전이자 전략일 수 있다. 강성대국론은 국가 발전 목표와 새로운 비전을 담은 북한의 국가발전전략으로서[22] 김정일 위원장 시대에 등장해 김정은 국방위원회 제1위원장 시대 들어 강성국가론으로 이어졌다. 북한은 1995~1997년까지 이른바 '고난의 행군'을 거친 뒤 1998년부터 사회주의 강행군으로 들어가면서 국가비전으로 강성대국론을 제시했다.[23] 특히 북한은 2007년 11월 30일~12월 1일 개최된 지식인대회에서 김일성 전 주석의 100회 생일을 맞는 2012년 강성대국의 문

20) 허문영·마민호, 『중국의 부상에 대한 북한의 인식과 대응』(통일연구원, 2011), 25~29쪽. 덩샤오핑(鄧小平) 등 중국 지도부는 김일성 전 주석을 비롯해 북한의 정부 대표단이 중국을 방문할 때마다 완곡하게나마 북한의 경제개혁을 촉구한 것으로 알려진다. 어우양산, 『중국의 대북조선 기밀파일』, 박종철·정은이 공역(한울, 2008), 63~64쪽.

21) "위대한 김정일 동지의 사회주의강국건설업적을 끝없이 빛내여 나가자", ≪로동신문≫, 2011년 12월 27일 자; 리강철, "인민대중중심의 우리 식 사회주의위업은 필승불패이다", ≪로동신문≫, 2014년 1월 3일 자; 오수경, "우리 식 사회주의의 공고성과 불패성의 원천", ≪로동신문≫, 2014년 5월 5일 자 등 참조.

22) 정우곤, 「김정일정권의 국가발전전략: '강성대국'을 중심으로」, ≪한국과 국제정치≫, 제20권 제4호(2004), 37쪽.

23) "김정일 총비서의 숭고한 애국애족리념", ≪로동신문≫, 1998년 7월 12일 자; "조선혁명을 이끄시는 위대한 령도자", ≪로동신문≫, 1998년 8월 11일 자; "청년들은 당의 위업에 충실한 청년전위가 되자", ≪로동신문≫, 1998년 8월 28일 자; "김일성주석의 건국업적을 빛내이시는 걸출한 령도자", ≪로동신문≫, 1998년 8월 28일 자; "승리자의 50년", ≪로동신문≫, 1998년 9월 1일 자; ≪로동신문≫·조선인민군·청년전위, "[공동사설] 올해를 강성대국건설의 위대한 전환의 해로 빛내이자", ≪로동신문≫·조선인민군·청년전위, 1999년 1월 1일 자 등 참조.

을 열겠다는 목표를 설정하고, 이를 달성하기 위한 '대고조'를 강조했다.

북한은 강성대국을 정치와 사상, 군사, 경제, 과학문화강국으로 대별한다. 정치사상강국은 "모든 사회성원들이 혁명적 수령관으로 튼튼히 무장한 나라"로서 "수령결사옹위의 결정체"인 강성대국의 첫 번째 징표이며, 군사강국은 국력의 정수인 "군력을 핵으로 하여 나라의 전반적 국력을 강화함으로써 군력으로 강성대국의 지름길"을 열어가게 하는 것이고, 경제강국은 "강성대국의 물질적 토대"로서 이미 정치사상강국과 군사강국의 수준에 올라섰기에 경제강국만 달성하면 사회주의 강성대국이라고 당당히 말할 수 있고, 과학문화강국은 "과학과 교육, 문학예술과 체육을 비롯한 문화의 모든 부문을 발전시켜 사회주의 건설의 전반적 앙양을 이룩하는 것"을 의미한다. 특히 과학기술은 강성대국의 추동력이자 경제력과 군사력의 '담보'로서 사상중시와 총대중시에 더해 강성대국 건설의 3대 기둥 중 하나로 강조된다.[24]

김정은정권 들어 북한은 강성대국 대신 강성국가라는 개념을 사용하고 있으나, 강성대국론이 지닌 대외정책적 함의는 지속되고 있다. 북한은 강성대국의 목표가 "민족사에서 처음으로 제시된 가장 웅대한 국가건설목표"로서 "선군총대를 틀어쥐면 (북한과 같은)[25] 작은 나라도 대국이 될 수 있다"라는 것을 확증했다고 주장한다.[26] 북한의 국력이 대국에 미칠 수 없는 현실을 감안하면 이는 주변 대국과 어깨를 나란히 할 수 있다고 하면서 정권과 체제의 정당성을 강조하고 주민을 결집시키려는 선전적 의미가 강한 수사일 수 있다. 그러나 다른 한편에서는 주변의 대국이 자신의 자주권을 침해하는 것을 수용할 수 없다는 의지의 표현이기도 하다. 이는 중국의 영향력에 대한 경계

24) 조선로동당 중앙위원회 당역사연구소, 『우리당의 선군정치』(평양: 조선로동당출판사, 2006), 327~382쪽.

25) 필자 추가.

26) 조선로동당 중앙위원회 당역사연구소, 『우리당의 선군정치』, 327쪽.

와 대응의 의미가 있는 것이다.

북한은 또한 선군정치가 강력한 국력을 마련해 북한을 강성대국으로 전변시키는 정치 방식이라고 주장한다. 그 이면에는 대국의 지위가 군사력에 의해 좌우되며, 아무리 방대한 경제력과 과학기술이 있어도 군사력이 약하면 외세에 지배당하게 된다는 인식이 있다. 이는 강한 군사력을 가져야만 "자기 운명을 제 손에 틀어쥐고" 스스로 발전과 번영을 이룩할 수 있다는 논리다. 이러한 논리를 기초로 북한은 선군정치가 "군사적, 정치사상적, 경제적 위력을 비상히 강화하여 군사강국, 사상강국, 정치강국, 경제강국을 성과적으로 건설"할 수 있게 하며, "강성대국 건설의 확고한 담보"가 된다고 주장한다.[27)]

북한은 선군정치를 통해 "미국을 비롯한 제국주의 나라들이 우리나라를 존중하지 않을 수 없게 하고" 있으며, "우리 나라가 대국들과 어깨를 견주고 국제문제를 론하며 세계 여러 나라들이 중시하는 나라로 되게 하고" 있다고 주장한다.[28)] 이는 선군정치가 자주성을 견지하면서 대국인 중국과도 어깨를 견주며 중국이 자신을 중시하게 만들고 있다는 인식이다. 이런 맥락에서 북한은 김정일 위원장의 중국 방문(2000년 5월, 2001년 1월, 2004년 4월, 2006년 1월)이 선군정치에 기초한 북한의 '대외적 권위와 위신을 온 세계에 힘 있게 시위한 역사적인 방문'이었다고 평가한다.[29)]

북한이 자주성을 강조하면서 내세운 '인민대중 중심의 사회주의'인 우리식 사회주의, '강성국가'로 낮춰진 강성대국 건설과 '사회주의 기본정치 방식'인 선군정치는 김정은 제1위원장 시대에 들어서도 계승, 달성되어야 할 유훈으로 강조된다.[30)] 이는 김정은 제1위원장 시대에도 미국 등의 이른바 제국

---

27) 같은 책, 191~197쪽, 462쪽.

28) 같은 책, 417쪽.

29) 같은 책, 423쪽.

30) "위대한 김정일 동지의 사회주의강국건설업적을 끝없이 빛내여 나가자", ≪로동신문≫,

주의 세력뿐 아니라 중국과 같은 '대국'이자 지배주의 세력에 대한 북한의 자주성 견지 노력이 지속되고 있음을 의미한다.

이러한 자주정 견지와 관련해 김정은정권 들어 중국과의 관계에서 가장 중요한 사건으로 장성택 국방위원회 부위원장의 숙청도 주목된다. 장성택 부위원장은 라선경제지대와 황금평·위화도경제지대를 중국과 공동으로 개발, 관리하는 '조중공동지도위원회'의 북한 측 위원장으로서 중국과의 협력 관계에서 중요한 역할을 수행해왔다. 따라서 장성택 부위원장의 숙청은 대내적으로 권력과 세력, 이권 갈등 등이 복합적으로 작용한 결과지만,[31] 북한 내에서 중국과 우호적인 협력을 모색하던 세력에 상당한 타격을 줄 수 있고, 결과적으로 중국 견제의 효과를 유발한다.

2) 외교적 대응

북한이 2013년 2월 제3차 핵실험을 단행한 이후 북한과 중국의 관계는 소강 또는 경색 국면에서 벗어나지 못하고 있고, 고위급 교류도 제대로 이루어지지 않고 있으나 북한은 기본적으로 중국과의 전략적인 소통과 협력관계를

2011년 12월 27일 자; "조선로동당 중앙위원회, 조선로동당 중앙군사위원회 공동구호: 위대한 수령 김일성동지의 탄생 100돐에 즈음하여", 조선중앙통신, 2011. 12. 31; ≪로동신문≫·조선인민군·청년전위, "[공동사설]위대한 김정일동지의 유훈을 받들어 2012년을 강성부흥의 전성기가 펼쳐지는 자랑찬 승리의 해로 빛내이자", ≪로동신문≫, 2012년 1월 1일 자; 윤철희, "선군정치는 우리 식 사회주의의 백승의 보검", ≪로동신문≫, 2014년 7월 5일 자; 김철학, "선군의 기치 따라 나아가는 우리 조국은 끝없이 륭성번영할 것이다", ≪로동신문≫, 2014년 9월 4일 자 등 참조.

31) 장성택 부위원장에게 적용된 혐의는 "조선로동당 중앙위원회 정치국 확대회의에 관한 보도", 조선중앙통신, 2013. 12. 8. 참조.; "천만군민의 치솟는 분노의 폭발. 만고역적 단호히 처단: 천하의 만고역적 장성택에 대한 조선민주주의인민공화국 국가안전보위부 특별군사재판 진행", 조선중앙통신, 2013. 12. 13. 참조.

유지하고 있다. 중국으로서는 북한의 핵개발로 인한 부담이 있긴 하지만 미국의 견제에 맞설 전략적 협력 대상으로서 북한이 지닌 가치를 부정할 수 없다.[32] 북한의 입장에서도 김정은 제1위원장으로의 권력승계와 공고화를 추진하는 데 중국의 지지가 필요할 뿐 아니라 국제적인 제재와 압박 속에서 현실적으로 유일한 탈출구를 제공하면서 자국 경제의 버팀목이 되는 중국과의 전략적 협력이 절실하다.

이러한 상황에서도 북한은 중국에 대한 전략적 협력의 이면에서 연성균형정책(soft balancing)을 추진한다.[33] 이는 서방과의 관계 개선 노력과 함께 미국과의 관계 개선이나 러시아 등과의 협력관계 발전을 활용해 중국을 견제하려는 움직임으로 나타난다. 북한은 동서 간 긴장 완화에 편승해 1970년대부터 외교 다변화를 추진해왔으며, 특히 탈냉전기 들어 서방과의 전면적인 관계 개선을 모색해왔다.[34] 이러한 움직임 속에서 탈냉전기 북한 외교의 가장 큰 특징은 대미관계 개선 또는 정상화를 매우 중요한 외교 목표로 삼았다는 점이다.[35]

이는 중국에 대한 대응이라는 측면에서 북한이 중국에 대한 의존도를 분산시키면서 중국의 영향력 확대를 견제하는 연성균형정책을 의미한다. 과거

---

32) 曹世功, 「中国朝鲜半岛政策有关焦点问题的解析」, 『서울대학교 통일평화연구원과 北京大学韩半岛研究中心 공동개최 한중좌담회 '한반도 통일과 한중협력 비전' 발표자료집』(2014년 5월 22일), 91~101쪽.

33) 연성균형정책은 제3자에 대항한 군사적인 동맹 대신 정치적·외교적 관계를 발전시킴으로써 균형을 도모하는 것이다. 약소국은 강대국 간 경쟁관계를 자국에 유리하게 활용하기 위해 연성균형정책을 채택한다. Lam Peng Er, Narayanan Ganesan and Colin Dürkop, "Introduction: China and East Asia's Mutual Accommodation", p. 16.

34) 김계동, 『북한의 외교정책: 벼랑에 선 줄타기외교의 선택』(백산서당, 2002), 142~152쪽.

35) 탈냉전기 북한과 미국의 관계에 대해서는 장달중 외, 『북미대립: 탈냉전 속의 냉전 대립』(서울대학교출판부, 2011), 168~187쪽 참조.

냉전기에 북한은 중국과 소련 사이에서 적절한 균형을 취함으로써 자주성을 견지하는 가운데 실리를 극대화하는 정책을 추진했다. 이른바 중·소와의 등거리 외교가 그것이다. 탈냉전기 동아시아에서 미국과 중국을 축으로 한 양극적 질서가 형성되면서, 이는 중국과 미국에 대한 등거리-균형정책으로 나타난다.[36)]

이러한 북한의 입장을 잘 보여주는 사례가 주한미군을 지역 안정을 위한 균형자로 인식한 김정일 위원장의 발언이다.[37)] 이는 중국에 대한 견제의 함의를 지니고 있기 때문이다. 특히 북한에 대한 비핵화 논의 과정도 중국을 중재자로 활용하지만, 결국 미국과의 대화를 통해 핵심적인 문제를 풀어감으로써 중국의 과도한 영향력 확대를 경계하는 북한의 입장을 잘 보여준다. 2011년 7월과 10월, 2012년 2월 북·미 고위급 회담을 통해 비핵화 사전 조치에 먼저 합의하고, 북·미 간 비핵화에 대한 핵심적인 사항을 우선적으로 협의한 뒤 6자회담 재개로 나가려던 북한의 전략이 그것이다. 최룡해 북한군 총정치국장이 2013년 5월 김정은 제1위원장의 특사로 중국을 방문했을 때 중국의 6자회담 재개 요구에 대해 6자회담을 포함한 '여러 형태'의 회담에 응할 준비가 되어 있다고 대응한 것[38)]도 미국과의 대화를 우선적으로 고려한

---

36) 이상숙, "북미관계 개선 이후 북한의 대중 정책: 미중관계 변화를 중심으로」, ≪북한학연구≫, 제4권 제1호(2008). 이상숙은 등거리 외교를 위해서는 대립적인 두 국가가 존재해야 한다는 점에서 미국과 중국이 갈등하는 경우 북한이 이들을 상대로 등거리 외교를 전개할 것으로 본다.

37) 임동원, 『피스메이커: 남북관계와 북핵문제 20년』(중앙북스, 2008), 115~116쪽. 사실 북한은 1992년 1월 김용순 당 비서뿐 아니라 2000년 10월 조명록 특사의 방미 등 다양한 계기를 통해 주한미군 용인 의사를 지속적으로 밝혀왔다. 현성일, 『북한의 국가전략과 파워엘리트』(선인, 2007), 340~341쪽.

38) "President Xi reaffirms denuclearization on Korean Peninsula", *Xinhuanet*, May 24(2013).

행보일 수 있다. 한편 2007년 제2차 남북정상회담에서 채택된 10·4 정상선언에 한반도 평화체제 수립과 관련해서 "직접 관련된 3자 또는 4자 정상"들의 종전 선언 추진을 적시한 것도 '3자'에서 중국을 배제할 수 있음을 시사해 중국을 견제하려는 북한의 의도를 보여주는 대표적 사례다.

러시아도 북한의 대중 연성균형정책의 주요한 대상이다. 북한은 미국에 대응한 중국과 러시아의 협력 가능성을 주목하면서도[39] 러시아를 이용해 중국을 견제하려는 움직임을 지속적으로 보인다. 이는 과거 중·소 사이에서 등거리 외교를 통해 실리를 극대화했던 양태의 연장선상에서 북한 외교의 일반적인 특징으로 이해될 수 있지만 중국에 대한 의존도가 심화되는 과정에서 더욱 주목된다. 김정일 위원장은 2010년부터 1년 사이에 중국을 세 차례나 방문한 뒤 2011년 8월 극동 시베리아 지역을 방문해 남·북·러 가스관 연결 사업 등 러시아와의 경제협력 문제를 협의했고, 특히 드미트리 메드베데프(Dmitry Medvedev) 러시아 대통령과의 정상회담에서 핵물질 생산과 핵실험 중단 가능성을 언급함으로써[40] 동북아의 핵심적인 안보 현안에 대한 러시아의 중재자적 입지를 제고했다. 이와 함께 김정은정권 들어 제3차 핵실험 이후 중국과의 관계가 경색 국면을 크게 벗어나지 않은 가운데 중국이 동북진흥을 위한 연해 출구 확보 차원에서 적극적으로 개발에 나섰던 라선항에 러시아의 보조함대가 주둔하는 문제를 북한과 러시아가 논의하고 있다는 보도[41]는 북한이 러시아를 활용해 중국을 견제하는 중요한 사례일 수 있다.

---

39) 리철혁, "관계발전을 추동한 중로수뇌상봉", ≪로동신문≫, 2014년 6월 4일 자; "힘의 대결장으로 화하고 있는 아시아태평양지역", ≪로동신문≫, 2014년 6월 10일 자 등 참조.

40) 유철종, "러-북 정상, 울란우데서 어떤 합의했나", 연합뉴스, 2011. 8. 24.

41) 민경락, "북·러 나진항에 러시아 보조함대 주둔 논의", 연합뉴스, 2014. 6. 5.

3. 군사적 대응: 자위와 내적 균형

북한의 자주성 견지는 군사 부문에 가장 강하게 투영된다. '군력(軍力)'을 핵심 요소로 삼아 전반적인 국력을 강화함으로써 강성대국을 달성하겠다는 선군정치 논리나 강성대국의 핵심 지표인 군사강국 추구가 이를 보여준다. 이는 한·미·일 등의 군사적 위협에 대응한 자구책일 수 있으나 주변 대국, 특히 중국과의 관계를 고려하면 내적 균형(internal balancing)[42] 정책의 전형적인 사례라고 볼 수 있다.

북한은 1960년대부터 국방에서의 자위를 철저하게 견지해왔으며, 특히 탈냉전기 들어 만성적인 경제난에서 벗어나지 못하면서도 자위적 군사노선을 관철하기 위해 국방공업에 대한 우선적인 자원 배분을 이른바 선군정치 시대의 경제노선으로 천명했다. 2002년 천명된 '국방공업 우선과 농업·경공업 동시 발전' 노선이 그것이다. 국방공업 우선 전략은 중공업 일반보다는 국방공업과 직접적으로 연관된 기계나 전자공업에 대한 투자를 강조한다.[43]

김정은정권 들어서도 국방력의 강화와 군의 전투력 제고는 부단히 강조된다.[44] 특히 김정은정권 들어 북한은 핵보유국을 자처하면서 '경제·핵 병진노선'[45]하에서 핵능력의 증강을 공식적으로 천명하고 핵무기를 중심으로 한

---

42) 내적 균형은 동맹 형성과 같은 외적 균형(external balancing)의 불리한 점을 해결하기 위해 군사비 지출 증대나 징병제 시행과 같이 자신의 추가적인 자원을 동원해 상대방에 대해 균형을 모색하는 정책으로 '자위(self-help)'를 의미한다. J. J. Mearsheimer, *The Tragedy of Great Power Politics*(New York: W. W. Norton & company, 2001), p. 157.

43) 서재영 외, 『우리 당의 선군시대 경제사상 해설』(평양: 조선로동당출판사, 2005), 29~31쪽.

44) "김정은동지께서 하신 신년사", 조선중앙통신, 2013. 1. 1.; "경애하는 김정은동지의 신년사", 조선중앙통신, 2014. 4. 2.

45) "경애하는 김정은동지께서 조선로동당 중앙위원회 2013년 3월 전원회의에서 하신 보

군사력의 건설을 적극적으로 추진하고 있다. 북한은 2006년 10월과 2009년 5월에 이어 2013년 2월 제3차 핵실험을 실시한 뒤 핵무기의 경량화, 소형화, 다종화를 달성했다고 주장하면서[46] 핵능력의 증강을 뒷받침할 법제를 마련하고,[47] 핵무기의 운반 수단인 미사일 개발과 밀접하게 연관될 수 있는 국가우주개발국을 신설했으며,[48] 기존의 핵시설을 군사적 목적의 핵무기 개발 용도로 활용하겠다는 입장을 천명하는[49] 등 공식적이고 체계적으로 핵무기와 운반 수단의 개발을 통한 핵능력 증강을 도모하고 있다.

실제로 북한은 영변 원자력 단지에 원심분리기 2,000기 규모의 우라늄 농축 시설과 25~30MWe 규모의 실험용 경수로를 자체적으로 건설하는 한편,[50] 가동을 중단했던 5MWe 원자로도 다소간 어려움이 있었지만 2013년

고", ≪로동신문≫, 2013년 4월 2일 자. 북한은 '경제·핵 병진노선'하에서 이전에 국방력 강화를 위해 투입되었던 자원을 경제건설에 더 많이 투입할 수 있게 되었다고 주장하고 있으나, 병진노선하에서 여전히 핵무기와 운반 수단 개발을 지속하고 특히 재래식 전력의 확충까지도 적극적으로 추진한다는 점에서 과연 병진노선을 바탕으로 이전보다 더 많은 자원이 경제건설에 투입되고 있는지는 의문이다. 장용석, 「북한의 대외정책 변화와 6자회담: 대내정치적 요인을 중심으로」, ≪KDI 북한경제리뷰≫, 11월호(2013), 12쪽. 이와 관련해서 북한은 병진노선을 천명한 이후에도 계획화 사업에서 "방위력 강화에 필요한 수요를 우선적으로 보장하는 원칙에서 축적과 소비 사이의 균형을 설정"해야 한다는 입장을 지속적으로 보인다. 서성철, 「위대한 영도자 김정일동지께서 밝히신 국가적인 계획화사업을 개선강화할 데 대한 리론」, ≪경제연구≫, 제164호(2014), 7쪽.

46) "제3차 지하 핵시험을 성공적으로 진행", 조선중앙통신, 2013. 2. 12.

47) "자위적 핵보유국의 지위를 더욱 공고히 할 데 대한 법 채택", 조선중앙통신, 2013. 4. 1.

48) "조선에서 국가우주개발국을 내오기로 결정", 조선중앙통신, 2013. 4. 1.

49) "조선 원자력총국 대변인 현존 핵시설들의 용도를 조절변경해 나가기로 한데 대해 언급", 조선중앙통신, 2013. 4. 2.

50) S. S. Hecker, "A Return Trip to North Korea's Yongbyon Nuclear Complex", November 20, 2010. http://iis-db.stanford.edu/pubs/23035/HeckerYongbyon. pdf

여름 재가동했다.[51] 북한은 동시에 핵무기 운반 수단인 미사일 개발도 지속적으로 추진하고 있다. 2012년 12월 장거리로켓인 '은하 3호'를 통해 '광명성 3-2호' 위성을 예정된 궤도에 진입시킨 데 이어, 더 큰 규모의 로켓을 발사하기 위해 서해 발사장을 증축하는 등 장거리로켓 개발을 지속하면서[52] 대륙간탄도미사일(ICBM) 개발도 추진하고 있다.[53]

북한이 핵무기를 개발하는 목적은 여러 가지일 수 있다. 일반적으로 특정 국가가 핵무기를 개발, 보유하는 이유는 핵으로 무장한 적의 공격 억제, 재래식 군비의 비대칭성 극복, 군사적 우위 추구, 지구적 또는 지역적 강국으로 부상, 국제적 지위 강화, 외톨이 국가의 생존 능력 과시, 정치적·군사적 독립 자산, 국내 사기 진작, 초강대국에 의한 지역적 개입 억제, 경제적 방위 부담 경감 등 때문으로 지적할 수 있다.[54] 북한이 핵무기를 개발한 배경에도 이와 같은 요인들이 복합적으로 존재한다고 볼 수 있다.

그러나 부상하고 있는 중국에 대한 대응이라는 관점에서 보면 북한의 핵개발은 중국에 대한 견제 심리를 집중적으로 표출한 것일 수도 있다.[55] 김정일 위원장 사망 직후 북한은 인공위성발사국(장거리미사일 보유)에 더하여 핵

51) N. Hansen, "North Korea's Yongbyon Nuclear Facility: Problems Continue with Reactor Operations", *38 North*(On Line), July 18, 2014. http://www.38north.org/2014/07/youngbyon071814

52) N. Hansen, "North Korea's Sohae Satellite Launching Station: Upgrades Near Completion; Ready for More Launches?" *38 North*(On Line), August 21, 2014. http://www.38north.org/2014/08/sohae082114

53) N. Hansen, "North Korea's Sohae Facility: Preparations for Future Large Rocket Launches Progresses; New Unidentified Buildings", *8 North*(On Line), July 29, 2014. http://www.38north.org/2014/07/sohae073014

54) S. M. Meyer, *The Dynamics of Nuclear Proliferation*(Chicago: University of Chicago Press, 1984), pp. 48~49.

55) 현성일, 『북한의 국가전략과 파워엘리트』, 350쪽.

을 보유함으로써 대국들 틈에서 어깨를 펴고 살 수 있게 된 것이 김정일 위원장의 최대 유산이라며 이러한 의도를 공공연히 드러낸다.[56)]

4. 경제적 대응: 자립과 협력 대변화

북한은 중국의 경제성장과 특히 동북 진흥에 실용적으로 접근하면서 경제적 실리를 적극 도모한다. 북한의 제3차 핵실험 이후 북·중관계가 소강상태에서 크게 벗어나지 못하면서, 이는 최근 북한과 중국 간 경제협력 심화로 이어지고 있다. 그러나 경제협력의 심화는 사실상 중국에 대한 의존도 심화로 이어지고 있으며, 이는 북한이 정치군사적인 자주성을 견지할 토대를 침식한다.

북한의 대중 경제협력 심화는 우선 양국 간 무역 규모와 비중에서 확인된다. 〈표 10-1〉에서 보듯이 2005년 50%를 넘어선 북한의 대중 무역의존도는 2013년 90%에 근접했다. 2위인 러시아는 1.4%에 불과할 정도로 북한의 중국에 대한 무역의존도는 절대적이다.

북·중 간 경제협력이 보이는 또 다른 특징은 중국 자본의 북한 진출이 늘어나고 있다는 점이다. 사실 북한에 진출한 중국 기업의 수나 투자 규모 등은 정확히 집계되지 않지만, 실제 중국이 다른 인접 국가에 투자한 것과 비교했을 때 규모도 크지 않고 성공적이지도 않은 것으로 보인다.[57)] 그러나 중

56) 리동찬, "김정일 동지의 혁명 유산", ≪로동신문≫, 2011년 12월 28일 자.

57) 중국의 대북 투자에 대해서는 D. Thompson, *Silent Partners: Chinese Joint Ventures in North korea,* A U.S.-Korea Institute at SAIS Report(February 2011) 참조. 드류 톰슨(Drew Thompson)이 중국 당국의 자료, 중국 투자가들과의 인터뷰, 언론 보도 등을 통해 조사한 결과 1997년부터 2010년까지 공식적으로 법적 지위를 확보한 138개

〈표 10-1〉 북한의 10대 무역 상대국(2013년)

단위: 백만 달러, %

순위	국가명	수출		수입		수출입 합계		비중
		금액	증감률	금액	증감률	금액	증감률	
1	중국	2,914	17.3	3,633	3	6,547	8.9	89.13
2	러시아	7.7	-29.9	96.5	48.6	104.2	37.3	1.42
3	인도	34.9	24,659	63.1	-16.7	98.0	29.1	1.33
4	태국	10.6	-51.8	85.0	112.1	95.6	54	1.30
5	싱가포르	1.5	108.1	59.3	23.6	60.8	24.8	0.83
6	대만	37.5	-10.7	3.0	-71.9	40.5	-22.9	0.55
7	홍콩	6.4	-89.2	26.2	-50.5	32.6	-70.8	0.44
8	우크라이나	1.4	-14.3	26.3	1769.2	27.7	823.3	0.38
9	브라질	11.0	-42.2	16.5	380.3	27.4	22.3	0.37
10	방글라데시	26.5	22.9	0.3	23.7	26.7	22.9	0.36

자료: KOTRA, 『2013 북한의 대외무역 동향』, KOTRA자료 14-017(2014년 7월), 10쪽.

국의 대북 투자가 다양한 부문으로 확대되고 있는 점에는 주목할 필요가 있다. 중국은 동북진흥을 위한 인프라 구축 과정에서 북한과의 교통일체화를 추구하고, 자국의 경제성장에 필요한 자원 개발과 이에 필요한 인프라 구축 등에 집중적으로 투자하며[58] 제조업에 더해 주민생활과 밀접히 연관된 상업 유통 부문까지 진출하고 있다.[59]

의 북·중 합작기업이 설립되었으며, 이 가운데 채취업이 41%, 경공업이 38%, 서비스업이 13%, 중공업이 8%를 차지했다. 같은 책, p. 53.

58) 북한과 중국 간 인프라 구축 협력의 대표적 사례인 신압록강대교 건설을 살펴보면 중국은 1단계(단둥-신의주)와 2단계(신의주-평양), 3단계(평양-개성)로 나누어 프로젝트의 타당성을 조사함으로써 향후 북한의 주요 간선 축과의 연계를 통해 대북 경제협력 확대뿐 아니라 남한과의 협력관계, 즉 한반도(남북)와 중국 간 연계 발전과 협력 심화까지 고려하고 있었음을 보여준다. 안병민, 「북중 간 경제협력 현황과 향후 발전 전망: 교통인프라를 중심으로」, 『서울대학교 통일평화연구원 통일정책포럼 발표자료집』(2011년 8월 18일), 18쪽.

북한과 중국의 경제협력과 관련해서 가장 주목할 것은 북한의 제3차 핵실험 이후 다소 소강상태를 보이고 있긴 하지만, 2011년 이후 경제특구를 공동으로 개발하고 있다는 점이다.[60] 두 경제지대의 공동 개발은 중국의 동북진흥전략과 북한의 외자 유치를 통한 경제회생전략이 만들어낸 결과물이다. 중국은 균형 개발 차원에서 2001년 서부 대개발에 이어 2003년부터 동북진흥을 추진 중이며, 이를 위한 핵심 과제로 '랴오닝연해경제벨트'와 '창춘-지린-투먼개발개방선도구' 개발을 추진 중이다.[61] 이러한 중국의 개발전략은 북·중 간 접경지역의 안정과 발전에 더해 북한 지역이 지닌 지경학적 가치를 활용할 필요성을 증대시켰으며, 그 결과 북·중 양국은 동서 접경지대를 공동으로 개발한다.

한편, 무역 규모와 같은 경제 지표가 보여주는 것 이상으로 북한의 대중 의존도는 심각하다. 북한은 원유나 식량 같은 전략 물자와 원자재 등을 대부분 중국에 의존하기 때문이다.[62] 북한 주민들이 사적인 경제활동에서 사용하는 상품이나 원·부자재 중 중국산의 비중이 66%를 넘는 것으로 조사되었다.[63] 이는 북한의 산업 기반을 붕괴시킬 수도 있다.

---

59) 홍익표 외, 『북한의 대외경제 10년 평가(2001~2010)』(대외경제정책연구원, 2011), 103~110쪽; 이종운, 「북중 경제관계의 구조적 특성과 함의」, ≪KDI 북한경제리뷰≫, 1월호(2014), 58~63쪽.

60) "황금평·위화도경제지대와 라선경제무역지대 조중공동 착공식", 조선중앙통신, 2011. 6. 9.

61) 원동욱 외, 『중국의 동북지역 개발과 신북방 경제협력의 여건』(대외경제정책연구원, 2013), 26~74쪽.

62) 홍익표 외, 「북한의 대외경제 10년 평가(2001~2010)」, 101쪽; 임명, 「2000년대 북한의 대중 경제의존 및 영향 분석」, 『한국수출입은행·통일연구원·한국경제신문사 공동주최 학술회의 '북한 시장경제의 현주소와 발전 전망' 발표자료집』(2011년 7월 15일), 57~60쪽.

63) 박명규 외, 『북한사회변동 2012~2013』(서울대학교 통일평화연구원, 2014), 106쪽.

북한은 대외교역에서 중국에 대한 절대적 의존도가 고착화[64]되는 데 대해 대외협력 다변화와 자립경제 기반 강화로 대응한다. 북한은 우선 러시아와의 협력 확대를 적극적으로 추진한다. 북한과 러시아의 경제협력은 구소련의 붕괴와 체제전환기에 경색되었으나, 푸틴 대통령이 집권한 2000년대 이후 경제협력 중심의 관계 개선을 모색하면서 점차 회복세로 돌아섰고, 특히 최근 들어 극동지역을 중심으로 확대되는 양상을 보이고 있다.[65] 북한은 기존의 천연가스관통과, 시베리아 횡단철도와 한반도 종단철도 연결, 라진항 공동 개발 및 이용, 러시아의 극동지역 잉여 전력 수입 등 다방면의 경제협력을 모색하는 가운데,[66] 특히 최근에는 러시아 극동시베리아 개발에 많은 관심을 기울이면서[67] 교역 증대뿐 아니라 교통·물류, 농업, 노동 등 다양한 분야에서 러시아에 대한 협력을 확대해나가고 있다.[68] 한편 북한은 납치문제 해결에 대한 일본과의 합의 이후[69] 일본에 교역 재개를 강하게 요구하면서[70] 경제협력을 적극적으로 모색하고 있다. 남한에도 대북교류협력을

64) 이종운, 「북중 경제관계의 구조적 특성과 함의」, 63쪽.

65) 현대경제연구원, 「최근 북러 경제협력의 특징과 시사점」, ≪VIP리포트≫, 14-23(2014년 7월 2일), 3~9쪽.

66) 홍익표 외, 「북한의 대외경제 10년 평가(2001~2010)」, 262~270쪽.

67) 신경섭, "원동지역의 빠른 경제발전을 위하여", ≪로동신문≫, 2014년 6월 3일 자; "원동지역개발에 힘을 넣고 있는 로씨야", ≪로동신문≫, 2014년 6월 18일 자.

68) 이와 관련해서 러시아의 구소련 채무 90% 탕감과 나머지 10% 대북 투자, 양국 간 루블화 무역 결제와 자동차 교량 건설, 러시아에 대한 북한 내 주유소망 건설과 광물자원 개발권 부여 등도 러시아의 북한 내 투자가 확대될 가능성을 보여준다는 점에서 주목된다. 유철종, "러-北 경제협력 가속도 …… 양국 경협회의 큰 성과", 연합뉴스, 2014. 6. 5.; 박정우, "북, 러에 차량용 새 국경교량 제안", 자유아시아방송, 2014. 6. 6.

69) "조일정부 간 회담에서 합의된 발표문", 조선중앙통신, 2014. 5. 29.

70) "北, 일본기업 북한 진출 요구", 연합뉴스, 2014. 7. 1.; "日北 비밀접촉에 北 보위부 간부 참석 …… 납치 재조사 진전 없어", 교도통신, 2014. 9. 2.; 납치자 문제 해결을 위한 북·일 간 합의 이전 일본의 대북 제재에 대해서는 나미나, 「일본의 대북외교 현황」, ≪KDI

중단시킨 2010년 5·24 조치의 해제와 금강산 관광 재개를 강하게 요구하는 가운데 2000년 제1차 남북정상회담에서 합의된 6·15 공동선언과 2007년 제2차 남북정상회담에서 합의된 10·4 정상선언의 이행을 촉구하고 있다.[71] 이는 남북교류, 특히 경제협력의 재개와 확대를 통해 실리를 극대화하는 가운데 대중 의존도를 실질적으로 분산시킬 수 있는 방안이라는 점에서 북한의 대남협력 수요를 보여주는 것이자 강대국 사이에서 남북이 힘을 합쳐 대응하고자 하는 헤징전략의 일환이기도 하다.[72]

북한은 동시에 대내적으로 자력갱생[73]과 원료나 자재 국산화[74] 등을 통한 경제자립을 지속적으로 강조하는 가운데 기존의 라선, 위화도·황금평, 개

북한경제리뷰≫, 11월호(2011) 참조.

71) "조선민주주의인민공화국 정부 성명", 조선중앙통신, 2014. 7. 7.; "조국평화통일위원회 성명", 조선중앙통신, 2014. 8. 14.

72) "공화국 정부 성명에서 제시된 북남의 활로", ≪조선신보≫, 2014년 7월 7일 자.

73) "자력갱생은 조선인민의 투쟁방식", 조선중앙통신, 2014. 3. 5.; "자력갱생의 력사와 전통을 줄기차게 이어나가자", ≪로동신문≫, 2014년 3월 24일 자; "기적창조의 원천-자력갱생", ≪로동신문≫, 2014년 6월 3일 자; 채일출, "경제적 자립은 자주성의 물질적 기초", ≪로동신문≫, 2014년 6월 6일 자; 리병춘, "자력갱생의 궤도따라 달려온 승리의 20년", ≪로동신문≫, 2014년 7월 6일 자; 오수경, "당의 유일사상교양에서 틀어쥐고나가야 할 전투적 기치", ≪로동신문≫, 2014년 7월 15일 자 등 참조. 한편 북한은 자력갱생에 따른 문제점으로 "자력갱생을 한다고 하면서 재질적 요구가 보장되지 못한 대용품을 써서 질을 떨구는 것과 같은 현상"이 나타난다며 이에 대한 교양사업과 통제 강화를 주문하고 있다. 손영석, 「생산과 건설에서 질을 높이는 것은 사회주의 강성국가 건설의 중요한 요구」, ≪경제연구≫, 제162호(2014), 19쪽.

74) "김정은동지께서 전국경공업대회에서 하신 연설", 조선중앙통신, 2013. 3. 18.; 한치일, 「현시기 원료, 연료의 주체화, 국산화는 자립경제강국 건설의 필수적 요구」, ≪경제연구≫, 제154호(2012); 리진수, 「경공업 원료, 자재의 국산화는 경공업 발전의 생명선」, ≪경제연구≫, 제162호(2014); 안농재, 「화학공업을 발전시키는 것은 경공업 원료, 자재의 국산화를 실현하기 위한 중요 요구」, ≪경제연구≫, 제162호(2014) 등 참조.

성, 금강산 특구 외에 19개의 경제개발구를 추가로 설치해 외자 유치를 모색하면서[75] 국내 산업 기반 재건도 적극적으로 추진하고 있다.[76] 특히 외자 유치와 관련해서는 기존의 합영투자위원회와 국가경제개발위원회를 무역성과 통합한 대외경제성을 설립해[77] 대외경제협력의 효율성을 제고하기 위한 움직임도 보이고 있다.

문제는 이러한 노력이 성과를 내기 어려운 상황이라는 점이다. 북한이 핵무기와 장거리미사일 개발을 지속함으로써 국제적 제재와 압박, 그에 따른 고립이 더욱 심화되는 상황에서 외자 유치 등 대외경제협력을 통한 산업 기반 구축은 사실상 불가능하기 때문이다. 이런 점에서 북한이 비핵화를 위한 전향적 태도를 보이면서 국제 사회와의 협력 여건을 스스로 만들어가지 않으면 고착화되고 있는 경제의 대중 의존도 심화에서 벗어나기 어려울 것이다.

5. 맺음말

북한이 중국에 대해 헤징전략을 취하는 가장 큰 이유는 자주성의 견지다. 북한의 입장에서는 과거 중국의 대국주의적 간섭과 '배신'의 기억을 갖고 있고, 동서 데탕트(détente)와 탈냉전기에 전략적 이해관계와 포괄적 안보 위협 평가가 달라진 상황에서 부상하는 중국이 제공하는 기회 못지않게 그로 인한 대중 종속 또는 의존 심화가 북한체제와 정권에 야기할 정치적 위험성을

75) 이영재, "北, 경제개발구 급속 확대 …… 대외경협 의지 과시", 연합뉴스, 2014. 7. 24.
76) 경제개발구와 내부 산업 연계를 강조하는 글로 황한욱, 「경제개발구들을 설치하고 발전시켜 경제강국 건설을 다그치는데서 나서는 중요한 문제」, ≪사회과학원학보≫, 제4호(통권 제81호, 2013), 32쪽 참조
77) "조선에서 무역성을 대외경제성으로 하기로 결정", 조선중앙통신, 2014. 6. 18.

인식하지 않을 수 없다. 이런 점에서 북한의 대중 전략의 출발점은 중국이 지닌 경제력과 외교력을 최대한 활용하되 중국의 내정 간섭과 정치적 영향력을 철저히 견제하는 것이며, 체제와 정권 유지를 위해 '중국의 대한반도 이해관계를 역이용'하는 헤징전략으로 볼 수 있다.[78]

그러나 이러한 헤징전략을 추진하면 그에 따라 발생하는 비용도 감수해야 한다.[79] 북한이 지불하는 가장 큰 비용은 핵무기와 미사일 개발에 대한 국제적 제재와 압박에서 발생하는 국제적 고립이며, 군사적 균형을 위한 과도한 비용 지출로 인한 자원 배분 왜곡과 경제 회복 지체다. 이는 역설적으로 북한의 대중 헤징전략의 토대를 약화시키면서 대중 의존도를 심화시키는 요인이 되기도 한다. 경제적 의존도 심화가 그것이다. 이는 북한이 현재와 같이 핵개발 같은 내적 균형을 축으로 자주성을 강조하면 할수록 대중 의존도 심화라는 딜레마 — 자주성의 역설 — 에 빠질 수 있음을 의미한다.

2012년 4월 공식적으로 출범한 김정은정권도 이전 시대와 마찬가지로 대중관계에서 이러한 자주와 의존의 딜레마를 벗어나지 못하고 있다. 김정은정권은 특히 대내 정치적 수요 때문이라도 상당 기간 국제 사회의 비핵화 요구를 수용해 협력적 대외관계를 구축하는 연성균형보다는, 자주와 존엄을 내세운 군사적 내적 균형을 더 중요시할 것으로 보인다. 김정은정권이 그럭저럭 버티기를 할 가능성은 낮지 않지만, 결과적으로는 남한과 미국, 일본 등이 핵보유에 기반을 둔 북한의 내적 균형 전략을 용인하지 않는 한 국제적 제재와 압박이 지속되면서 중국에 대한 의존 심화에서 벗어나기 어려울 것이다.

---

78) 현성일, 『북한의 국가전략과 파워엘리트』, 346쪽.

79) Tessman and Wolfe, "Great Powers and Strategic Hedging: The case of Chinese Energy Security Strategy", p. 220.

참고문헌

1. 국내 문헌

고유환. 1995.「사회주의의 위기와 북한의 '우리식 사회주의'」. ≪통일문제연구≫, 제7권 제1호.

김계동. 2002.『북한의 외교정책: 벼랑에 선 줄타기외교의 선택』. 백산서당.

나미나. 2011.「일본의 대북외교 현황」. ≪KDI 북한경제리뷰≫, 11월호.

박명규 외. 2014.『북한사회변동 2012~2013』. 서울대학교 통일평화연구원.

안병민. 2011.「북중 간 경제협력 현황과 향후 발전 전망: 교통인프라를 중심으로」. 서울대학교 통일평화연구원 통일정책포럼 발표문(2011년 8월 18일).

어우양산. 2008.『중국의 대북조선 기밀파일』. 박종철·정은이 공역. 한울.

우승지. 2009.「김정일시대 북한의 국제관계론 이해」. 현대북한연구회 엮음.『김정일의 북한, 어디로 가는가?』. 한울.

원동욱 외. 2013.『중국의 동북지역 개발과 신북방 경제협력의 여건』. 대외경제정책연구원.

이상숙. 2008.「북미관계 개선 이후 북한의 대중 정책: 미중관계 변화를 중심으로」. ≪북한학연구≫, 제4권 제1호.

이종석. 2014.『북한 주둔 중국인민지원군 철수에 관한 연구』. 세종연구소.

이종운. 2014.「북중 경제관계의 구조적 특성과 함의」. ≪KDI 북한경제리뷰≫, 1월호.

임동원. 2008.『피스메이커: 남북관계와 북핵문제 20년』. 중앙북스.

임명. 2011.「2000년대 북한의 대중 경제의존 및 영향 분석」.『한국수출입은행·통일연구원·한국경제신문사 공동 주최 학술회의 '북한 시장경제의 현주소와 발전 전망' 발표자료집』(2011년 7월 15일).

장달중 외. 2011.『북미대립: 탈냉전 속의 냉전 대립』. 서울대학교출판부.

장용석. 2012.「북중관계의 성격과 중국의 부상에 대한 북한의 인식」. ≪통일과 평화≫, 제4권 제1호.

_____. 2013.「북한의 대외정책 변화와 6자회담: 대내정치적 요인을 중심으로」. ≪KDI 북한경제리뷰≫, 11월호.

전재성. 2008.「강대국의 부상과 대응 메커니즘: 이론적 분석과 유럽의 사례」. ≪국방연구≫, 제51권 제3호.

정우곤. 2004.「김정일정권의 국가발전전략: '강성대국'을 중심으로」. ≪한국과 국제정치≫, 제20권 제4호.

최종건. 2011.「북한의 세계관에 나타난 국제정치이미지 분석: 이미지 이론을 중심으로」. 이수훈 엮음.『북한의 국제관과 동북아질서』. 한울.

KOTRA. 2014.『2013 북한의 대외무역 동향』. KOTRA자료 14-017(7월)

허문영·마민호. 2011.『중국의 부상에 대한 북한의 인식과 대응』. 통일연구원.

현대경제연구원. 2014.「최근 북러 경제협력의 특징과 시사점」. ≪VIP리포트≫, 14-23(2014년 7월 2일).

현성일. 2007.『북한의 국가전략과 파워엘리트』. 선인.

홍익표 외. 2011.「북한의 대외경제 10년 평가(2001~2010)」. 대외경제정책연구원.

연합뉴스. 해당 일자.

2. 북한 문헌

김정일. 1995.「당의 전투력을 높여 사회주의 건설에서 새로운 전환을 일으키자」(1978년 12월 25일 조선로동당 중앙위원회 조직지도부, 선전선동부 책임일군협의회에서 한 연설).『김정일선집』, 제6권. 평양: 조선로동당출판사.

_____. 1997.「인민대중 중심의 우리식 사회주의는 필승불패이다」(1991년 5월5일 조선로동당 중앙위원회 책임일군들과 한 담화).『김정일선집』, 제11권. 평양: 조선로동당출판사.

리진수. 2014.「경공업 원료, 자재의 국산화는 경공업 발전의 생명선」. ≪경제연구≫,

제162호(2014년 제1호). 평양.
서재영 외. 2005. 『우리 당의 선군시대 경제사상 해설』. 평양: 조선로동당출판사.
손영석. 2014. 「생산과 건설에서 질을 높이는 것은 사회주의 강성국가 건설의 중요한 요구」. ≪경제연구≫, 제162호(2014년 제3호). 평양.
안농재. 2014. 「화학공업을 발전시키는 것은 경공업 원료, 자재의 국산화를 실현하기 위한 중요 요구」. ≪경제연구≫, 제162호(2014년 제3호). 평양.
조선로동당 중앙위원회 당역사연구소. 2006. 『우리당의 선군정치』. 평양: 조선로동당출판사.
한치일. 2012. 「현시기 원료, 연료의 주체화, 국산화는 자립경제강국 건설의 필수적 요구」. ≪경제연구≫, 제154호(2012년 제1호). 평양.
황한욱. 2013. 「경제개발구들을 설치하고 발전시켜 경제강국 건설을 다그치는데서 나서는 중요한 문제」. ≪사회과학원학보≫, 제81호(2013년 제4호). 평양.
≪로동신문≫. 해당 일자.
조선중앙통신. 해당 일자.

3. 외국 문헌

자유아시아방송.
曹世功. 2014. 「中国朝鲜半岛政策有关焦点问题的解析」. 『서울대학교 통일평화연구원과 北京大学韩半岛研究中心 공동 개최 한중좌담회 '한반도 통일과 한중협력 비전' 발표자료집』(2014년 5월 22일).
Brooks, S. G. and W. C. Wohlforth. 2005. "Hard Times for Soft Balancing." *International Security*, Vol.30, No.1(Summer).
Chung, Chien-peng. 2004. "Southeast Asia-China Relations: Dialectics of Hedging and Counter-Hedging." *Southeast Asian Affairs*, Vol.2004.
Goh, E. 2006. "Understanding Hedging in Asia-pacific security." *PacNet*, 43(31 August).

Hansen, N. 2014a. "North Korea's Yongbyon Nuclear Facility: Problems Continue with Reactor Operations." *38 North*(On Line), July 18, 2014. http://www.38north.org/2014/07/youngbyon071814

_____. 2014b. "North Korea's Sohae Facility: Preparations for Future Large Rocket Launches Progresses; New Unidentified Buildings," 8 North(On Line), July 29, 2014. http://38north.org/2014/07/sohae073014

_____. 2014c. "North Korea's Sohae Satellite Launching Station: Upgrades Near Completion; Ready for More Launches?" *38 North*(On Line), August 21, 2014. http://38north.org/2014/08/sohae082114

Hecker, S. S. 2010. "A Return Trip to North Korea's Yongbyon Nuclear Complex."(November 20, 2010). http://iis-db.stanford.edu/pubs/23035/HeckerYongbyon.pdf(검색일: 2011.11.5.).

Heginbotham, E. and R. J. Sammuels. 2002. "Japan's Dual Hedge." *Foreign Affairs*, Vol.81, No.5(September/October 2002).

Kuik, Cheng-Chwee. 2008. "The Essence of Hedging: Malaysia and Singapore's Response to a Rising China." *Contemporary Southeast Asia*, Vol.30, No.2.

Lam Peng Er, Narayanan Ganesan and Colin Dürkop. 2010. "Introduction: China and East Asia's Mutual Accommodation." in Lam Peng Er, N. Ganesan, and Colin Dürkop(eds.). *Facing a Rising China in East Asia*. Seoul: Konrad Adenauer Stifung.

Manning, R. A. and J. J. Przystup. 1999. "Asia's transition Diplomacy: Hedging Against Future shock." *Survival* , Vol.41, No.3(Autumn).

Mearsheimer, J. J. 2001. *The Tragedy of Great Power Politics*. New York: W. W. Norton & company.

Medeiros, E. S. 2005~2006. "Strategic Hedging and the Future of AsiaPacific Stability." *The Washington Quartely* , Vol.29, No.1(winter).

Meyer, S. M. 1984. *The Dynamics of Nuclear Proliferation*. Chicago: University of

Chicago Press.

Roy, D. 2005. "Southeast Asia and China: Balancing or Bandwagoning?" *Contemporary Southeast Asia*, Vol.27, No.2.

Tessman, B. and W. Wolfe. 2011. "Great Powers and Strategic Hedging: The case of Chinese Energy Security Strategy." *International Studies Review*, 13.

Thompson, D. 2011. *Silent Partners: Chinese Joint Ventures in North korea*. A U.S.-Korea Institute at SAIS Report(February).

Toje, Asle. 2010. "The EU Strategy Revised: European Hedging in Its Bets." *European Foreign Affairs Review*, 15.

Xinhuanet. 2013. "President Xi reaffirms denuclearization on Korean Peninsula", May 24.

제11장

장성택 처형 이후 북한의 대남정책*

양무진 | 북한대학원대학교 교수

1. 머리말

2013년 12월 3일 한국의 정보기관은 장성택이 실각했을 가능성에 대해 발표했고, 북한은 12월 13일 언론 매체를 통해 장성택에 대한 사형을 집행했다고 보도했다. 북한은 장성택의 처형 이유와 관련해서 북한에서 가장 중죄 중 하나로 간주되는 '국가전복음모죄'를 저질렀다고 발표했고, 장성택의 모든 범죄를 낱낱이 공개했다.[1] 장성택 실각과 군사재판 진행, 처형 사실은 한국 및 국제 사회에 엄청난 파장을 가져왔다. 장성택이 처형되고 4개월이 지난

* 이 글은 양무진, 「장성택 처형 이후 북한의 대남정책」, ≪북한연구학회보≫, 제18권 제1호(2014)를 수정·보완한 것이다.

1) "천하의 만고역적 장성택에 대한 조선민주주의인민공화국 국가안전보위부 특별군사재판 진행", ≪로동신문≫, 2013년 12월 13일 자.

이후 2인자로 등극했다던 최룡해가 총정치국장직에서 물러나고, 황병서로 전격 교체되었다. 한국은 물론 주변국은 북한의 2인자로 평가해온 장성택의 처형과 최룡해마저 총정치국장에서 물러난 것이 북한 정권의 안정성과 한반도 정세에 미칠 영향에 예의 주시하고 있다.

장성택 처형 이후 북한의 변화를 살펴보는 것은 매우 시의적절하다. 로열패밀리 중 한 명이자 사실상 북한 내 2인자로 군림해왔던 장성택의 숙청을 전후해 북한에서 많은 변화가 나타나고 있기 때문이다. 그중 가장 중요하면서도 눈에 띄는 대목은 대남 접근 방식의 변화라고 할 수 있다. 현재까지 여전히 남북관계에서 물리적으로 이렇다 할 큰 변화는 없고, 오히려 악화된 측면이 있기는 하지만,[2] 북한은 장성택 숙청 직후 대남 유화 접근을 시도하면서 장성택 사건이 체제에 미칠 영향을 최소화하려는 행보를 보였다.

이 글에서는 장성택 숙청이 북한체제에 미친 영향, 그리고 무엇보다 장성택 사건으로 촉발된 북한의 대남정책의 특징을 좀 더 구체적으로 고찰하고자 한다. 아울러 장성택 숙청 이후 북한의 대남정책이 어떤 방향으로 전개될 것이며, 한국의 대응은 어떠해야 하는지도 제시해보고자 한다.

2) 북한은 2014년 4월 25일 한·미 정상회담 이후 최고 수준의 위협을 연일 쏟아내고 있다. 4월 27일 조국평화통일위원회 대변인 성명을 통해 박근혜 대통령과 한·미 정상회담 결과를 원색적으로 비난했고, 28일에는 국방위원회 대변인 성명으로 '핵실험 이상의 조치'를 언급, 29일에는 외무성 대변인 담화를 통해 핵실험에 시효가 없음을 밝혔다.

2. 북한의 대남정책 추진 배경 및 변화

1) 북한 대남정책의 이론적 배경

북한 대남정책의 기초는 주체사상에 입각한 남조선 혁명론이다. 이는 '전 한반도의 주체사상화와 공산주의 사회 실현'을 위해 남한에 대해 전개하는 모든 실천적인 행동 지침을 의미한다.[3] 정권 수립 이후 1950년대까지 북한의 대남정책은 민주기지노선에 입각한 '무력해방'이었다. 그러나 1950년 6·25 남침이 실패한 이후 1955년 4월 당중앙위원회 전원회의에서 남조선 혁명을 '반제·반봉건 인민민주주의혁명'으로 규정한다.[4] 1964년 김일성은 당중앙위원회 제4기 제8차 전원회의에서 '3대혁명역량 강화노선'을 제창했다. 그리고 그 이후 3대혁명역량 강화는 전 한반도에서 프롤레타리아 혁명을 달성하려는 북한 대남정책의 기초가 되었다.[5]

북한의 대남정책은 3대혁명역량 강화를 통해 남조선 혁명을 달성하는 것인 바, 북한은 남조선 혁명의 성격을 '민족해방 인민민주주의 혁명'이라고 규정한다.[6] '민족해방'이란 결국 남한 사회를 지배하는 미국 제국주의를 남한 땅에서 축출하는 것이며, '인민민주주의혁명'은 미국 제국주의의 대리 통치 정권인 남한 정권을 남한 인민의 힘으로 타도하고, 민족자주정권인 인민정권을 수립하는 것이다. 이러한 대남전략에 따라 김일성시기에는 다양한 통

3) 이는 북한의 조선로동당 규약 서문에 명시되어 있으며 변함이 없다. 허종호, 『주체사상에 기초한 남조선혁명과 조국통일론』(평양: 사회과학출판사, 1975) 참조.

4) '반제'란 미국 제국주의에 반대한다는 의미이며, '반봉건'이란 지주, 자본가 등 미국 제국주의 앞잡이 정권을 타도한다는 의미다.

5) 김일성, 『김일성 저작선집』 제4권(평양: 조선로동당출판사, 1968), 249쪽.

6) 김일성, 『김일성 저작선집』 제5권(평양: 조선로동당출판사, 1972), 479쪽.

일전선전술을 펼쳐왔다. '통일전선'이란 공산당이 일정한 혁명 단계에서 주적을 타도하는 데 공산당 세력의 힘만으로는 불가능할 때 필요한 동조 세력을 규합하고, 이들과의 연계를 통해 인민민주주의 혁명을 완수하는 것을 의미한다.[7] 북한은 현실적으로 무력이나 체제 경쟁을 통한 남조선 혁명 완수가 어렵다는 판단 아래 점차적으로 남한체제를 무력화하는 가장 효과적인 방법으로 통일전선전술을 활용한다.

북한 대남정책의 본류를 이해하는 데 또 하나 필요한 것이 북한의 통일 방침을 담은 '조국통일 3대 헌장론'이다. 조국통일 3대 헌장 혹은 조국통일 3대 기둥은 '조국통일 3대 원칙', '고려민주연방공화국 창립 방안', '전민족대단결 10대 강령'을 의미한다.[8] 자주, 평화, 민족대단결로 이루어진 조국통일 3대 원칙은 1972년 7·4 남북공동성명에서 등장한 뒤 북한 대남 통일정책의 기본 원칙이 되었다.

고려민주연방제는 1980년 10월 제6차 조선로동당대회 시 김일성 주석이 밝힌 북한의 통일 방안으로 연방공화국 수립 후 남북교류를 실현하자는 것이다. 국가보안법 폐지, 폭압적인 통치기구 해체, 북·미 평화협정, 주한미군 철수, 모든 정당 및 단체의 합법적 정치 활동 보장 등을 선결 요건으로 한다.[9] 그러나 북한은 1990년대 공산권 붕괴 과정을 거치면서 고려민주연방제에 수정을 가하여 이른바 '낮은 단계의 연방제'를 제시했다.[10]

---

7) 사회과학출판사, 『정치용어사전』(평양: 사회과학출판사, 1970), 615쪽.

8) 김정일, 『김정일선집』, 제14권(평양: 조선로동당출판사, 2000), 349~359쪽; 김태영, 『애국애족의 통일방안』(평양: 평양출판사, 2001), 211쪽; 장석, 『김정일장군 조국통일론연구』(평양: 평양출판사, 2002), 33~42쪽.

9) 김정일, 『위대한 수령 김일성동지의 조국통일유훈을 철저히 관철하자』(평양: 조선로동당출판사, 1997), 7~22쪽.

10) '낮은 단계 연방제'와 관련된 북한의 입장은 1991년 1월 1일 김일성의 신년사를 통해 처음 표명되었으나, 공식적으로 등장한 것은 2000년 10월 6일 고려민주연방공화국창

전민족대단결 10대 강령은 김일성 주석이 1993년 4월 최고인민회의 제9기 제5차 회의에서 제시한 통일 강령으로 북한의 연방제 통일 방안을 관철시키기 위한 광범위한 전 민족적 통일전선을 형성하는 것을 목표로 한다. 이 강령은 통일 방안과 관련해 연방제 방식을 고집하는 가운데 범민련을 중심으로 한 통일 투쟁을 강조하는 등 통일전선전술에 입각한 이중적 대남전략의 연장선상에 있다고 할 수 있다.

2) 북한 대남정책의 변화와 남북관계[11)]

북한은 1950년대 전후 복구사업에 치중하면서 사회주의체제를 점차 공고화시켜왔다. 남한에서는 1960년대 4·19 혁명으로 이승만 정부가 무너지고 장면 정부가 등장했으며, 급진계와 학생 중심으로 통일 논의가 촉발되었다. 이에 북한은 1960년 4월 제정당·사회단체 연석회의를 열고 외국의 간섭 없는 자유총선거, 남북연방제, 미군 철수 등을 주장하면서 적극적인 대남 공세를 전개했다. 그러나 1961년 반공을 국시로 한 박정희 정권이 들어서고, '선건설 후 통일' 노선을 채택하자 북한은 반공 정권에 대비한 군사력을 강화시키는 데 집중한다. 이른바 체제 대결이 시작된 것이다. 1962년 이른바 '4대 군사노선'을 채택하고, '3대혁명역량 강화노선'을 통해 혁명기지 강화 작업에 들어섰다. 한편, 북한은 통일혁명당 등 남한 내에 구축하려 했던 지하조직사업이 실패로 돌아가자, 1967년 들어 노골적으로 남한 정부를 전복시키기 위한 폭력 투쟁을 선동하고, 청와대 무장공비 침투(1968년 1월), 울진·삼척 무

립 방안 제시 20돌 기념 평양시보고회에서다. 조선중앙방송, 2000. 10. 6.

11) Yang Moo Jin, "The Changes and Prospects of North Korea's Policy toward South Korea of the Kim Jong Un Era", *2014 DPRK Country Report(Classified)*(Seoul: KDI School & IFES, 2013), pp. 154~159.

장공비 침투(1968년 11월), KAL기 여객선 납치(1969년 12월) 등의 무력 도발을 감행했다.

1970년대 초 동서 진영 간 데탕트 등 국제 정세의 변화에 따라 북한은 기존 대남정책을 수정하지 않을 수 없었다. 한반도 주변 환경의 변화는 1960년대 후반부터 추진해오던 대남 무력 도발 정책에 강력한 제동을 거는 요인이 되었다. 이러한 상황에서 북한은 남북대화에 호응해오기 시작했고, 1971년부터 1973년까지 남북적십자회담이 개최되었다. 이와 별개로 남북 간 비밀 접촉이 진행 중이었고, 그 결과 1972년 7·4 남북공동성명이 발표되었다. 그러나 이후 남북조절위원회 회의 시부터 양측의 입장 차이는 극명히 드러났고, 북한은 무력 증강과 군비 경쟁 중단, 외국 군대 철수, 평화협정 체결 등이 우선적으로 협의되어야 한다고 주장했다. 게다가 박정희 정권이 6·23 선언을 통해 남북 동시 유엔 가입 등 두 개의 코리아 노선을 채택하자 북한은 1973년 모든 대화를 중단했다.

닉슨독트린(Nixon Doctrine)에 따라 미군이 철수하기 시작하고, 월남이 패망하는 등 국제 혁명 역량이 강화되자 북한은 다시 대남강경노선으로 전환했다. 김일성은 1975년 베이징을 방문해 무력에 의한 적화통일 의도를 분명히 했다. 1974년부터 비무장지대에서 발견되기 시작한 남침용 땅굴과 박정희 대통령 저격 미수 사건(1974년 8월), 판문점 도끼 만행 사건(1976년 8월) 등은 북한의 이러한 대남강경노선을 행동으로 보여준 것이다. 그러나 이러한 북한의 도발은 오히려 미국이 주한미군 철수 연기를 결정하게 하는 요인으로 작용하는 등 북한은 의도한 바를 이루지 못했다.

북한은 1979년 남한 내부에서 신군부세력이 등장하자 정세의 불안정을 틈타 남북총리회담을 위한 실무 대표 접촉을 제의(1980년 2월)하는 등 남한 정세를 탐색하고자 했다. 또한 1980년 고려민주연방공화국 창립 방안을 제시해 통일 논의를 선점하고, 김정일 후계체제의 새로운 통일 청사진을 뒷받침하고자 했다. 그러나 남한 사회가 안정되고, 오히려 남한이 남북 당국 최고책임자 간 직접 회담 등을 제의하는 등 남북대화를 선점해나가자 북한은 남북대화에 수세적 입장을 취하는 동시에 아웅산 폭탄 테러 사건(1983년 10월), 부산 다대포 무장간첩 침투 사건(1983년 12월) 등 대남 도발을 자행했다. 그러나 이러한 도발 행위 때문에 남한 및 서방 국가로부터 비난이 거세지자 외교적 고립을 벗어나기 위해 유화적인 대남정책으로 전환해 남북 대화공세와 미국과의 평화협정체결 문제를 다루기 위한 3자회담 개최를 제의했다.

1980년대 말부터 진행된 탈냉전의 흐름에서 체제 유지에 대한 불안감을 느낀 북한은 두 가지 방향의 대남정책을 통해 이를 극복해나가려고 했다. 남한 내부의 통일 논의의 활성화에 부응해 우리 사회 내부의 혼란과 국론 분열을 야기한 것과 함께 정치군사 문제 제기를 통해 남한으로부터 체제 공존과 불가침을 보장받는 것이었다. 김일성 사망과 고난의 행군을 거치면서 1990년대 북한의 대남정책에 근본적인 변화가 일어났다. 특히, 남북기본합의서를 통해 남한으로부터 체제 안전 보장을 획득했다는 판단하에 미국과의 관계 개선을 대외정책의 최우선 순위로 두었다. 이는 두 가지 방향에서 전개되었다. 하나는 핵개발을 통해 미국의 관심을 이끌어 핵협상을 통해 체제 안전을 보장받고 경제 지원을 받는 것이며, 다른 하나는 한반도 평화를 유지하는 정전 체제를 근본적으로 흔들어 체제 안전에 유리한 대외 환경을 조성하고자 하는 것이었다. 이를 위해 북한은 1990년대부터 노골적으로 정전협정체계를 무력화하는 행동을 구체적으로 취했고, 평화협정 체결 등 새로운 평화보장체계 수립을 주장해왔다. 이러한 북한의 전략은 김정은시대에도 계속되고 있다.

1998년 출범한 김대중 정부의 대북포용정책[12]을 북한은 또 다른 흡수통

12) 대북 포용정책은 북한의 붕괴나 흡수 통일을 의도한 것이 아니라는 것을 북한이 신뢰

일의 모략·책동이라고 비난하면서 남한의 대북정책에 대한 진정성에 의구심을 표했다. 그러나 2000년 남북정상회담은 남북관계의 새로운 패러다임을 구축했으며, 북한의 대남정책을 근본적으로 변화시키는 요인으로 작용했다. 북한은 기본적으로 기존의 정치 이념과 체제를 고수하면서도 실리주의적 정책 기조를 전개하기 시작했다. 이에 따라 다방면에 걸쳐 남북대화와 교류협력이 추진되었다. 남북이 직접 군사문제를 협의하기 시작했다는 것도 매우 의미가 크다. 그러나 남북정상회담으로 파생된 남북관계는 미국 부시 행정부의 대북 강경정책과 9·11 테러 사태, 이라크 전쟁 등 국제 정세의 악화로 진전과 부침을 반복했다. 또한 북한은 화해협력이 진행 중인 기간에도 서해교전과 핵개발 의혹을 일으키는 등 대화와 도발을 반복하는 이중적인 태도를 취했다.

2003년 출범한 노무현 정부가 6·15 남북공동선언 등 기존의 합의와 성과를 존중하는 바탕 위에 대북 화해협력 정책을 계승한다는 의사를 명확히 했다. 그러나 노무현 정부 초기에는 북한의 고농축 우라늄 개발 시인으로 비롯된 제2차 북핵 위기가 있었고, 국내적으로도 대북 송금 특검, 대통령 탄핵안 발의, 대선 자금 수사 등 정국이 혼란스러웠다. 남북관계에서 큰 진전을 거두기 어려운 상황에서도 남북경협 4대 합의서가 발효되었고, 철도도로 연결사업, 개성공단 조성사업과 금강산 관광사업 등은 지속되었다. 그러나 북핵문제는 노무현 정부 내내 대북정책을 추진하는 데 걸림돌로 작용했다. 북한은 오로지 미국하고만 핵협상을 하고자 했으며, 대북 지원 등 경제적 실리는 남측으로부터 취하는 이중전략을 강화했다. 군사문제 논의에서는 서해해상

하게 만들어 협상 테이블로 나설 수 있는 토대를 제공한 것이다. 남한 대북정책의 역사적 전개에 대해서는 양무진, 「대북 포용정책의 논리와 추진경과」, ≪통일한국≫, 3월호(2008), 19~23쪽 참조.

경계선 재획정 문제에 집착해 남측의 양보를 받아내려고 하는 등 북방한계선(NLL)을 무력화하는 데 집중했다.

한편 대선이 열린 2007년 남한 내 여당에 대한 지지도가 추락한 가운데 대선 개입을 강화하는 한편, 남북정상회담을 추진했다. 2007년 남북정상회담에서는 40여 개가 넘는 부문에서 다양한 합의가 이루어졌으나, 대선이라는 정치 일정을 감안해 남북이 정치적 차원에서 접근했다는 비판을 피해갈 수는 없었다.

이명박 정부는 출범 이후 6·15 공동선언과 10·4 선언에 대해 보수적인 입장을 견지했고, 북한은 이에 반발했다. 북한이 이명박 정부와의 대화를 거부하고, 금강산 관광객 피격 사건과 연평도 사태 등 도발과 위협을 강화하는 대남 강경노선을 취하면서 남북관계는 끝없이 경색되었다. 김정은정권도 출범 초기부터 이명박 정부의 대북정책을 비판하면서 선거 개입 의도를 노골화했다. 북한은 박근혜 정부 출범 이후에도 남북관계의 긴장을 조성하면서 현재까지 대남 강경노선을 견지하고 있다.

3. 장성택 처형 이후 북한의 대남정책 전개 과정

1) 장성택 처형 이후 북한 내부 동향

2013년 12월 8일 정치국 확대회의를 통해 장성택을 숙청하기로 결정한 이후 동 회의에서 장성택이 체포되는 장면을 조선중앙TV를 통해 적나라하게 공개했다.[13] 북한은 12월 12일 국가안전보위부 특별군사재판을 통해 '국가

13) ≪로동신문≫, 2013년 12월 9일 자.

전복음모죄'를 구형하고, 공화국 형법 절차에 따라 12월 13일 사형을 집행했다. 공개 숙청에서 사형까지 채 일주일이 걸리지 않은 신속한 집행이었다.

이는 장성택 처형 과정의 극적 효과를 노리기 위한 측면과 함께 12월 17일로 예정된 김정일 사망 2주기를 통해 김정은정권에 대한 충성 분위기를 조성하고, 체제의 안정을 도모하려는 시도로 분석되었다. 또한 그간 김정은 국방위원회 제1위원장의 국가 지도 경험이 일천하다는 이유로 후견 지배, 집단지도 체제 등의 추측이 있었으나, 장성택 숙청의 조속한 집행은 2014년 집권 3년차를 앞두고 김정은 유일지배체제를 확립하기 위한 목적에서 이루어진 것이기도 하다. 결과적으로 김정은 제1위원장은 장성택 숙청을 통해 유일영도를 확립할 수 있는 기반을 마련했고, 백두혈통, 빨치산 혈통의 계승을 강조하면서 3년차 집권의 토대를 쌓은 것으로 관측된다. 2013년 12월 14일 자 ≪로동신문≫은 정론을 통해 "나는 김정은 동지밖에 모른다, 나는 김정은 동지만을 위해 숨 쉬고 피가 뛰며 김정은 동지만을 위하여 싸우는 전사다. 누구나, 언제 어디서나 이렇게 소리높이 웨치며 나서야 한다"라고 강조했다.[14] 이어 12월 16일에는 김정은을 '단결과 영도의 유일중심으로 높이 받들어 모시고 결사옹위할 것을 다짐하는 조선인민군 장병들의 맹세모임'이 금수산태양궁전광장에서 진행되어 참가자들이 "위대한 김정은 동지밖에는 누구도 모른다는 신념의 노래를 심장으로 부르며 천만이 총폭탄되여 김일성결사옹위로 시작되고 김정일결사옹위로 이어온 조선혁명무력의 자랑스러운 전통을 김정은결사옹위로 더욱 빛내여나갈 것을 엄숙히 맹세했다"라고 북한 조선중앙통신이 보도했다.[15] 또한 12월 17일 공개된 김정일 국방위원장 2주기 추모사에서는 김정은 동지를 단결의 유일중심, 영도의 유일중심으로 높이 모

---

14) ≪로동신문≫, 2013년 12월 14일 자.

15) 조선중앙통신, 2013. 12. 16.

시고, 일편단심 충직하게 받드는 것이 중요하다고 강조했다.[16)]

그러나 고모부를 비인간적으로 처형하는 김정은 제1위원장을 보면서 '김정은 북한체제'에 대한 국제 사회의 우려는 증폭되었다. 북한 내부 엘리트 사이에서도 '누구든 숙청의 대상이 될 수 있다'라는 공포심을 심어놓음으로써 내적 불안정성 또한 가중되었다. 장성택 숙청 이후에는 김정은체제의 명실상부한 '2인자'로 부상했다고 평가받던 최룡해가 갑자기 총정치국장직에서 해임되었다. 이에 대한 분석과 평가 역시 분분하다. 북한 군부의 1인자라고 할 수 있는 총정치국장이 최룡해에서 황병서로 갑작스럽게 교체된 것이 무엇보다 최룡해의 건강 악화와 깊은 관련이 있다고 하더라도, 황병서로의 전격적인 교체를 통해 김정은의 권력이 더욱 공고화되고 체제가 안정되었다고 단정하기는 이르다. 어떠한 경우든 잦은 교체와 변화는 불안과 불만, 불안정성을 수반할 수밖에 없기 때문이다.

한국으로서는 체제가 불안정할 경우 북한은 늘 한반도의 군사적 긴장을 가져왔다는 점에서 장성택 숙청 이후 지금까지 북한의 도발 및 긴장 조성 행위에 촉각을 세우고 있다. 예상과 달리 2014년 초 북한은 다소 다른 행태를 보였다. 긴장 고조보다는 이산가족 상봉 행사 등 평화·대화 공세를 통해 내부의 불만 요소를 무마하고, 대외·대남관계에서의 돌파구를 찾으려는 모습을 보였기 때문이다. 그러나 다시 북한의 대남 위협 수위가 높아졌다는 점에서 북한의 내부 동향 변화와 대남정책의 연관성을 간과할 수는 없을 것이다. 현재로서는 장성택의 숙청과 최룡해의 실각이 북한의 대남정책과 남북관계에 직접적인 영향을 미칠 가능성은 그다지 높지 않을 것으로 보이지만, 북한

---

16) "경애하는 김정은 동지를 단결의 유일중심, 령도의 유일중심으로 높이 모시고 일편단심 충직하게 받드는 것은 위대한 장군님의 위업을 끝까지 완성하기 위한 근본담보입니다"(2013년 12월 17일 김정일 사망 2주기 중앙추모대회 중), ≪로동신문≫, 2013년 12월 18일 자.

내부 권력구조의 변화는 북한이 긍정적인 방향으로 대남정책을 추진하는 데 제한 요소가 될 수 있는 것만은 사실이다.

2) 장성택 처형 이후 대남정책 전개

김정은 제1위원장은 북한의 한 해 정책 방향을 가장 개괄적으로 보여주는 신년사를 지난해에 이어 올해도 직접 육성으로 발표했다. 과거와 비교해도 올해 신년사에서 보여준 대남 분야 메시지는 큰 변화가 없어 보인다. 다만 남북관계에서의 관계 개선을 위한 분위기를 마련해야 하며, 그러기 위해서는 상호 비방과 중상을 중단하고 '우리 민족끼리'의 입장에 의거해서 공동선언을 존중하고 성실히 이행해야 함을 강조했다.[17] 특히 장성택 숙청의 정당성을 부여하고, 사회주의 강성국가 건설에서 필수적인 경제 분야의 과업을 적시한 것이 큰 비중을 차지했다.

북한은 신년사 이후 지난 1월 16일 국방위원회의 중대제안이라는 형식으로 올해 대남정책의 기조를 발표했다. 중대제안에서 북한은 1월 30일 음력 설 명절을 계기로 상호 비방중상의 모든 행위를 전면 중지하는 실제적인 조치를 취할 것과, 2월 말 예정된 한미합동군사훈련 등 군사적 적대 행위를 전면 중지하는 조치, 미국의 핵타격 수단을 끌어들이는 행위를 하지 말 것을 주장했다.[18] 이후 북한은 각종 관영 매체뿐 아니라 해외 공관 등을 통해 자

17) "북과 남은 조국통일 3대원칙과 북남공동선언에서 천명된 자주의 원칙을 견지하고 우리 민족끼리 입장에 확고히 서야 하며 공동선언들을 존중하고 성실히 이행하여야 한다. (중략) 북남사이 관계 개선을 위한 분위기를 마련해야 한다. 백해무익한 비방중상을 끝낼 때가 되었으며 화해와 단합에 저해를 주는 일을 더 이상 해서는 안 될 것이다. (중략) 남조선 당국은 무모한 동족대결과 종북소동을 벌이지 말아야 하며 자주와 민주, 조국통일을 요구하는 겨레의 목소리에 귀를 기울이고 북남관계 개선에로 나와야 한다." "김정은 신년사", ≪로동신문≫, 2014년 1월 1일 자.

신들의 중대제안의 배경과 정당성을 설명하는 데 주력했다.

중대제안에 대해 남한 측의 반응이 냉소적이었음에도 북한은 남한 측이 제기한 이산가족 상봉을 위한 적십자 실무 접촉에 호응했고, 2월 20~25일 금강산에서 이산가족 상봉을 진행하자는 데 합의했다.[19] 이후 한미합동군사훈련 일정이 금강산 이산가족 상봉과 겹치는 문제가 발생하자 북한은 고위급 접촉을 제안했고, 고위급 접촉에서는 이산가족 상봉 행사를 당초 합의한 일정대로 진행하자는 데 합의했다. 이처럼 올해 초 남북관계의 전개 속에서 북한의 행태는 신년사에서의 남북관계 개선 필요성 제기 → 중대제안을 통한 상호비방 중단 주장 → 이산가족 상봉 수락 → 고위급 접촉에서 한미합동군사훈련 중단 제기 등으로 요약해볼 수 있다. 북한은 간헐적으로 우리 측을 비난하는 모습을 보이지만, 올해 초 대남 행보는 전반적으로 일련의 평화공세 및 대화공세를 통해 자신들의 남북관계 개선 의지의 진정성을 드러내려 했던 것으로 평가할 수 있다.

한편 한미합동군사훈련이 본격적으로 진행된 3~4월에는 동해상으로 여러 차례 단거리 미사일 시험발사를 단행했다. 이러한 발사 행위는 자신들이 반대했는데도 한미합동군사훈련이 예정대로 진행되는 데 대한 반발의 표시와 함께 남북관계 긴장 고조를 통해 남한 정부를 압박하려는 시도에서 비롯된 것이다.[20] 또한 3월 26일 천안함 피격 4주기를 맞아 남한 사회 내 강경한 대

18) "우리 민족끼리의 단합된 힘으로 북남관계 개선의 활로를 열어나가자 남조선당국에 보내는 중대제안"(2014년 1월 16일 조선민주주의인민공화국 국방위원회), ≪로동신문≫, 2014년 1월 17일 자.

19) 2014년 1월 6일 신년 기자 간담회에서 박근혜 대통령은 설을 계기로 이산가족 상봉을 공개적으로 제의했고, 이에 남한에서는 1월 10일 적십자 실무 접촉 개최를 제의했다. 북한은 우리 측의 요구를 합동군사훈련 등의 문제를 들어 거부했으나 2월에 이산가족 상봉을 위한 적십자 실무 접촉을 개최하는 데 동의했다.

20) 이산가족 상봉 협의 과정에서 군사훈련에 대해 한 차례 양보하는 태도를 보였던 북한

북 여론 형성을 차단하고, 박근혜 대통령의 핵안보 정상회의, 독일 방문 시 발언 등에 대한 반발 등 의도적으로 긴장을 조성하기 위한 것이다.[21] 다만 북한의 도발 행위는 늘 잠재되어 있지만 현실적으로 올해 초 북한의 도발은 지난 경험에 비추어 더 위협적이라고 볼 수는 없었다. 특히 지난해 북한 핵 실험, 개성공단 폐쇄 등 남북관계를 위협적으로 몰아간 것에 비하면 올해 초에 보인 대남 위협의 수위는 높지 않다고 판단된다.

그러나 현재 남북관계를 보면 2월 이산가족 상봉과 고위급 접촉을 통해 조성된 남북 대화 분위기는 한미합동군사훈련 이후 끊긴 모양새다. 북측은 이산가족 상봉 정례화를 위한 접촉이나 북한 구제역 퇴치를 위한 남한 측의 실무 접촉 제의에 아무런 반응을 보이지 않고 있다. 오히려 다양한 경로를 통해 대남 비난과 위협 수위를 극대화하고 있다. 이러한 북한의 대남정책 변화에 대한 우리 정부의 반응은 매우 신중하다. 북한이 그간 대화 공세를 펼치다가도 도발 행위로 급격히 전환하거나 또 그와는 정반대의 상황이 존재했었기 때문에 장성택 숙청 이후부터 지금까지 북한이 펼치는 대남정책에 신중한 입장을 취하고 있는 것으로 보인다.[22]

이 이번 훈련에도 가만히 있으면 군사훈련을 묵인하는 꼴이 되어 나중에 남북회담을 할 때도 입지가 좁아질 것을 염려해 이번에는 가만히 있기 어려웠을 것이라는 분석도 있다. ≪경향신문≫, 2014년 4월 1일 자.

21) 박근혜 대통령은 3월 24일 네덜란드 핵안보정상회의에서 "북한 영변에서 화재가 나면 체르노빌보다 더 심각한 핵 재앙으로 이어질 것이다"라고 발언했고, 25일 베를린에서는 "김정은 제1국방위원장을 만나면 병진노선은 도저히 이룰 수 없는 불가능한 정책이라는 것을 이야기할 것"이라고 언급했다. ≪한겨레≫, 2014년 3월 28일 자.

22) 북한의 중대제안에 대해 통일부는 대변인 논평을 통해 "남북 간 '비방·중상 중지' 합의를 위반하면서 그동안 비방·중상을 지속해온 것은 바로 북한이며, 우리의 군사훈련은 주권 국가가 행하는 연례적인 방어 훈련이기 때문에 북한은 우리의 정당한 군사훈련을 시비할 것이 아니라, 과거 도발 행위에 대한 책임 있는 조치를 먼저 취해야 할 것이다. 핵문제의 본질은 바로 북한의 핵개발로부터 비롯된 것인 바 조속히 북한이

4. 최근 북한 대남정책의 특징

이제 집권 3년차를 맞은 김정은정권의 대남정책을 속단하기에는 아직 이르다. 그러나 김정은시대 북한의 대남정책이 김일성, 김정일 등 선대의 대남정책과 다른 개별적인 독자성 혹은 고유성을 가진 것은 아니다. 2011년 김정일의 갑작스런 사망으로 정권을 물려받은 김정은 제1위원장은 김일성시대 당시의 주체사상, 김정일시대의 선군정치와 같은 고유의 통치 이념을 채택하지 않고, 두 개를 조합한 '김일성-김정일주의'를 지도 이념으로 하여 후계체제를 안착시키는 데 주력했다.[23] 이념보다는 체제 결속과 민생 문제 해결이 더 시급한 상황에서 대남 기조 혹은 통일 방안과 관련해서 선대의 대남정책 및 통일전선전술의 기조를 대체로 이어오는 것으로 판단된다.[24] 특히 김정은정권이 출범했던 2012년은 이명박 정부 말기 남북관계가 극도로 좋지 않았던 시기다. 북한은 3대 세습체제 구축과 함께 남한의 대선 결과를 자신들에게 유리하게 만드는 데 총력을 기울였다.[25] 2012년 한 해 동안 당·군·정

비핵화 조치를 취해야 한다"라고 강조했다. 「통일부 대변인 논평」, 2014년 1월 17일.

23) 김정은체제의 공식 출범을 전후하여 발표된 김정은 제1위원장의 당중앙위원회 책임일군과의 담화(4월 6일), 100번째 '태양절'을 기념하는 열병식장에서의 연설(4월 15일), 그리고 최고인민회의(4월 14일)에서 제시된 2012년의 과업 등을 종합하면 김정은 집권 1년차의 정책 방향을 추정할 수 있다. 이석기 외, 『2012년 북한경제 종합평가 및 2013년 전망』(통일부 정책용역과제, 2012), 3~11쪽 및 38~45쪽.

24) 김정은 제1위원장은 2012년 4월 열병식, 2014년 1월 신년사에서 "진정으로 나라의 통일을 원하고 민족의 평화번영을 바라는 사람이라면 누구든지 손잡고 나갈 것"이라고 반복해 언급함으로써 기존의 통일전선전술을 지속해나갈 것임을 드러내었다. ≪로동신문≫, 2012년 4월 16일 자; ≪로동신문≫, 2014년 1월 1일 자.

25) 김정일 위원장의 장례에 제한적으로 조문을 허용한 이명박 정부와 거족적 투쟁에 나서고 보수 정권의 재집권을 막아낸다는 명분 아래 각종 관영 매체뿐 아니라 국방위, 조평통, 외무성 등 기관·단체 등을 총동원해 이명박 정부의 실정을 비판하고 새누리

등 조직 개편, 리영호 해임 등 군 인사 세대교체 등을 통해 체제 정비에 어느 정도 자신감을 가진 김정은정권은 2013년부터 본격적으로 국제무대의 주목을 끌기 위해 노력했다. 긴장 조성을 통해 협상을 이끌어내는 김정일식 외교 전략을 이어받은 김정은정권은 2012년 12월 장거리로켓 발사, 2013년 2월 제3차 핵실험을 단행하기에 이르렀다. 국제 사회가 유엔 안보리 제재 결의안(2087호)을 만장일치로 통과시키고, 대북제재 수위를 한층 강화하자 북한은 정전협정 파기, 비핵화 공동선언 무효, 서울 불바다, 제2의 조선전쟁 등을 운운하면서 남북관계의 긴장을 극도로 고조시켰다. 2013년 3월 27일에는 군 통신선을 차단하고 4월 8일 개성공단 근로자들을 철수시키면서 개성공단을 일방적으로 폐쇄했다.[26)]

그러나 세습체제의 결속, 고립 탈피, 한반도 정세의 주도권 선점 등이 필요했던 김정은정권의 강경한 대남·대외정책 구사는 국제 사회의 큰 반발을 불러왔다. 오바마 2기 행정부는 '대화를 위한 대화', '불법 행위에 대한 보상'을 하지 않겠다는 1기 행정부 때의 북핵정책을 더 강화했고, 새로 출범한 박근혜 정부 역시 북한의 '도발 → 협상 → 보상'의 악순환을 근절하겠다는 입장하에 개성공단 폐쇄도 불사했다. 무엇보다 제3차 핵실험은 막 등장한 중국 시진핑 새 지도부의 심기를 불편하게 했다.

이처럼 제3차 핵실험과 개성공단 폐쇄 등을 통해 스스로의 고립을 자초한 북한은 지난해 중반에 들어서면서 유화적인 국면으로 전환하는 듯했다. 그

당 및 박근혜 후보에 대한 비난을 강화했다.

26) 개성공단 실무 회담에서 북한은 한국에 유화적인 자세로 양보를 하면서 공단 정상화에 합의했다. 일부에서는 박근혜 정부가 새로운 남북관계를 만들기 위해 이른바 '북한 길들이기'를 하고 있다고 지적한다. 양문수, 「개성공단 사태와 남북경협」, ≪한반도포커스≫, 제25호(2013), 3쪽; 김근식, 「박근혜 정부 남북관계 평가: 신뢰형성의 원칙과 유연함이 필요」, ≪한반도포커스≫, 제25호(2013), 15쪽.

러나 지난해 9월 이후에는 다시 강온을 반복하는 등 대남정책에서 일관적이지 못하고 즉흥적인 양태를 보였다. 여러 가지 이유가 있겠으나 북한은 이산가족 문제와 금강산 관광을 연계 추진하려 했으나 남한 측이 이산가족 상봉과 금강산 관광을 분리하고자 하는 데 따른 반발인 것으로 분석된다. 또한 남한 언론 등에서 북한이 박근혜 정부의 원칙론에 굴복한 것처럼 보도하고, 리설주 등 로열패밀리와 관련된 소문이 제기된 것도 북한을 자극했던 것으로 보인다.

그러나 지난해 제3차 핵실험 이후 강경했던 대남정책의 방향은 장성택 숙청 이후 대화공세, 평화공세를 통한 유화적인 국면으로 전환되었다. 이렇게 유화적인 국면으로 전환된 이유는 세 가지로 요약된다.

첫째, 집권 3년차를 맞이해 안정적인 대외기반을 만들기 위한 것으로 판단된다. 지난 제3차 핵실험을 통해 북한은 사실상 핵보유국의 지위를 달성했지만, 중첩적인 안보리 차원의 제재로 국제적인 고립과 함께 대외관계에서 많은 제약을 받고 있다. 이러한 상황에서 지난해 하반기 미·중 간 6자회담 재개를 위한 논의가 전개되었으나, 양측의 입장 차이로 6자회담 재개는 결국 달성하지 못했다.[27] 이 과정에서 북한은 현 단계에 미국과의 직접 협상은 어렵다는 것을 깨달은 것으로 보이며, 남북관계 개선을 통해 고립된 여건을 완화해보려는 시도를 시작한 것으로 판단된다.

한편 이러한 변화는 중국과의 관계도 고려한 것으로 보인다. 체제 내적 정비를 어느 정도 마친 김정은 제1위원장이 현재 필요한 것은 중국과의 관계

---

27) 6자회담 재개를 앞두고 한국과 미국은 사전 조치의 실제적인 이행을 주문한 반면, 북한은 전제 조건 없는 6자회담의 재개를 지속적으로 주장하고 있다. 중국이 미국의 사전 조치의 문턱을 낮추기 위해 중재 역할을 하고 있지만, 아직 그 결실은 보이지 않는다. 박형중·박영호·김동수, 『북한 3차 핵실험 이후 미국의 대북정책 논의』(통일연구원, 2013) 참조.

회복이다.[28] 이는 김정은 제1위원장의 방중, 시진핑 주석과의 만남 등도 포함되는 바 이에 앞서 중국은 북한의 성의 있는 태도 변화를 요구해왔다. 비핵화, 남북관계 개선을 포함하여 북한이 한반도에 긴장을 고조시키는 것을 중국은 더 이상 지켜보기 힘든 것이다. 지난해 하반기를 포함, 올해 초부터 대남 접근에서 유화적인 측면을 보이는 이유는 북한이 나름의 대화를 통해 문제를 해결하겠다는 의지를 중국 측에 보여주기 위한 목적도 있다고 판단된다.[29]

둘째, 내부의 경제 상황에 따른 남북관계에서의 수요가 북한 대남정책의 변화를 가져왔다. 올해 초 신년사에서 북한은 농업을 주 타격 방향으로 설정하고 민생문제 해결이 긴요함을 강조했다. 그리고 농·상공 분야에서 이른바 '우리식 경제 관리방법(6·28방침)'이라는 성과에 따라 처분권과 이윤을 보장하는 조치들을 취해나가고 있다. 현재 평양을 중심으로 건설 붐이 조성되고 있으며, 2013년 말에는 13개 경제특구 개발추진을 발표하는 등 생산력 향상, 외자 유치 등 경제발전을 위한 정책전환을 시도한다. 그러나 이러한 북한의 몸부림은 유엔 안보리 제재 국면에서는 한계가 있으며, 특히 북한이 '경제·핵 병진노선'을 취하는 한 외부 투자를 통한 개혁·개방은 쉽지 않다.

또한 2000년대 초반 전체 교역액의 30~50% 정도를 차지하던 대중 무역액이 5·24 조치 등으로 남한과의 교역이 감소하면서 최근 몇 년째 80~90%에

---

28) 김정일시대 북한은 미국에게는 체제 안전을, 한국에게는 경제적 이익을 확보하려 했지만 중국이 미국과 어깨를 나란히 하는 이른바 'G2'로 급부상한 김정은시대의 북한은 중국에 체제 안전과 경제적 이익을 모두 확보하려할지도 모른다. 김근식, 「김정은 체제 공식 출범 1년: 평가와 과제」, ≪한반도포커스≫, 제23호(2013), 9쪽.

29) 류전민(劉振民) 중국 외교부 부부장은 2월 17~20일 방북 후 곧바로 방한해 남한 측에 방북 결과를 설명했고, 북한이 대화 쪽으로 선회한 만큼 주변국들이 적극적으로 북한의 변화를 유도해나가야 한다고 주장했다. "중국 류전민 남북 연쇄방문, 긍정적 성과", 연합뉴스, 2014. 2. 24.

육박하는 매우 기형적인 모습을 보이고 있다. 자본과 생산이 부족한 상황에서 석탄, 철광석 등 주요 자원 매각을 통해 물자, 원유 등을 도입하면서 자원 유출도 심각한 상황이다.

이처럼 북한이 대중 무역 불균형을 해소하고 투자 유치 및 경제 재원 마련을 위해서는 남한으로부터의 지원이 절실한 상황이다. 이러한 점은 북한 당국이 지난해 개성공단을 일방적으로 폐쇄했다가 서둘러 재개한 측면과 금강산 관광 재개를 위해 이산가족 상봉을 연계시키려는 의도를 지속적으로 표출한 점에서 충분히 추측 가능한 부분이다. 특히 농업 분야의 혁신을 위해서도 식량, 비료 등의 지원이 필요한데, 이러한 북한의 대남 수요는 올해 북한의 대남정책을 유화적으로 변화시키는 데 중요한 요인으로 작용했다고 볼 수 있다.

셋째, 본격적인 김정은시대를 맞아 김일성, 김정일시대와는 다른 '김정은식 대남정책'을 추진하려 하는 점도 짚고 넘어갈 필요가 있다. 물론 앞서 기술한 바와 같이 김정은시대에도 기본적으로 선대의 대남정책 기조를 유지하고는 있다.

그러나 2012년 2·29 합의가 있었음에도 장거리로켓을 발사하고, 2013년 초에는 제3차 핵실험을 단행하는 등 도발과 위협, 긴장 조성을 기초로 한 과거 답습적 대남·대외정책은 큰 주목을 받지 못했다. 그런 측면에서 2014년 1월 16일 북한이 제시한 '중대제안'을 주목해야 할 것으로 본다. 중대제안의 내용이 결코 새로운 것은 아니지만, 그 시기와 배경적인 측면에서 볼 때 '김정은시대'에 관철하고자 하는 대남관계의 방향이 어느 정도 담겨져 있다고 본다. 특히 남북 대화와 협력에서 자신들이 먼저 짚고 넘어갈 사안을 적시했다는 점에서 의미가 있다.[30]

---

30) 국방위원회 중대제안 이후 1월 24일 공개서한에서 북한은 "우리의 중대제안은 결코

김정은시대에 남북관계에서 관철하고자 하는 중요한 부분의 첫 번째는 상호 비방중상 중단이다. 북한이 비방중상 중단을 주장하는 가장 큰 이유는 이 문제가 자신들의 '최고존엄'과 관련된 문제이기 때문이다. 북한은 김정은체제 출범 이후 김정은 우상화와 이미지메이킹을 통한 지도자상 정립에 많은 노력을 쏟았다. 따라서 북한은 남한의 김정은 제1위원장에 대한 보도나 발언, 인식과 행동이 북한체제에 미칠 영향에 매우 민감하게 반응한다.[31] 특히 북한은 우리 당국자의 발언이나 언론 보도, 전단 살포 행위 등이 우리 정부의 조작 혹은 묵인하에 이루어진다는 주장을 계속하고 있다.[32] 올해 2월 8일 고위급 접촉을 제의한 이유는 이러한 중대제안을 실현시키기 위한 목적이 크다. 우리 측과 '상호 비방 중단'에 대한 합의를 해 전단 살포, 대남 심리전을 중단시킬 명분을 쌓으려는 목적이 크다고 볼 수 있다. 북한은 고위급 접촉 이후에도 우리 측에 통지문을 통해 민간단체의 전단 살포 행위가 남북 간 합의 위반이라고 강력히 주장한다.

두 번째는 한미합동군사훈련에 대한 북한의 절박한 인식을 엿볼 수 있다. 주한미군 철수와 한미합동군사훈련 중지는 분단 이후부터 지금까지 북한 주장의 단골메뉴였다. 그리고 이러한 주장의 일면에는 한미동맹관계를 와해하

남조선 당국이 떠드는 것과 같은 위장평화공세도, 동족을 대상으로 벌리는 선전심리전도 아니며 그 무슨 새로운 도발을 전제로 한 구실이나 마련하고, (중략) 급변사태나 체제의 불안정을 수습하기 위해 내놓은 정략적인 조치가 아니다"라고 하면서 중대제안의 진정성을 설명하고자 노력했다. ≪로동신문≫, 2014년 1월 24일 자.

31) 국방위원회는 중대제안에서 "진정으로 북남관계가 개선되기를 바란다면 당국자들 자신부터 입 건사를 잘하고 언론 매체들을 관계 개선의 분위기 조성에로 이끌어 조선반도 전역에 화해와 단합의 열풍이 일게 하여야 한다"라고 주장했다.

32) 북한의 대남 기구인 조국평화통일위원회는 3월 26일 서기국 보도를 통해 "괴뢰군부패당은 북남고위급접촉에서 비방중상을 중지할 데 대한 합의가 채택되기 바쁘게 대북심리전은 비방중상에 속하지 않는다는 역겨운 망발을 공공연히 줴치면서 신형삐라포탄을 개발하여 배비하는 등 우리에 대한 심리전에 악랄하게 매달려왔다"라고 주장했다.

고, 남한의 안보체계를 흔들려는 의도가 있음은 주지의 사실이다. 그러나 천안함 피격 이후 근래의 한미합동군사훈련은 질적·양적으로 매우 확대되어왔다. 2010년 이후 미국의 핵항공모함과 핵잠수함이 한반도에 진입했고, 방공포가 미치지 못하는 고도의 상공에서 대량 폭격이 가능한 B-2, B-52 폭격기의 한반도 상공 진입은 북한에 매우 현실적인 위협으로 다가갔다.[33] 이미 재래식 무기로는 남한과의 비교에서 뒤쳐진 지 오래이며, 군사 부분에의 투입을 경제 분야로 돌려야 하는 중요한 시점에서 최첨단무기로 무장한 한미합동군사훈련에 큰 거부감을 보이는 것이다. 2014년 1월 16일 국방위원회 중대제안에서는 "미국과의 합동과 협동이 그처럼 버릴 수 없는 소중한 것이라면 그것을 조선반도의 령토와 령해, 령공을 멀리 벗어난 한적한 곳이나 미국에 건너가 벌려놓으라는 것이 우리의 립장이다"[34]라고 하면서 이러한 속내를 우회적으로 내보였다.

세 번째 중대제안에서는 "한반도 비핵화를 실현하는 것은 우리 군대와 인민의 변함없는 의지"[35] 라고 하면서도, 여전히 '경제·핵 병진노선'을 취해 핵무력을 강화하겠다는 내용을 담고 있다. 북한은 세계의 비핵화가 실현되기 전에는 조선반도의 비핵화는 불가능하다고 강조한다. "강력한 핵 억제력을 평화의 담보로 경제부흥을 본격화"[36]할 것임을 강조하기도 했다. 또한 자신들의 핵무력은 "철두철미 미국의 핵위협을 억제하기 위한 수단이지 결코 동

33) 북한이 2014년 2월 초 로버트 킹(Robert King) 미국 국무부 특사 방북을 허용했다가, B-52 한반도 전개 소식과 함께 방북을 취소한 것은 이를 항의하기 위한 의도라고 볼 수 있다.

34) 한미합동군사훈련에 최첨단 무기가 등장한 것에 대해 중국 또한 매우 거북한 반응을 보였다. 중국 일부 지역이 사정권 내로 들어가고, 중국 내 모든 군사 정보들을 탐지할 수 있는 핵항공모함이나 최신예 폭격기의 한반도 전개를 달가워하지 않는 것이다.

35) ≪로동신문≫, 2013년 2월 1일 자.

36) ≪조선신보≫, 2013년 4월 22일 자.

족을 공갈하고 해치기 위한 수단은 아니다"라고 주장하면서 미국의 최첨단 핵 타격 수단을 끌어들이지 말 것을 요구한다. 자신들의 핵무장이 남한을 겨냥한 것이 아니라는 것은 새로운 내용이 아니다. 그러나 동족을 해치는 외세의 핵은 용인하고, 온 겨레를 지키는 동족의 핵은 부인하는 이중적 행태와 단호히 결별해야 한다는 북한의 상습적 주장을 보면 핵보유와 관련해서 아직도 왜곡되고 자기중심적인 사고를 가지고 있음은 부정할 수 없다. 또한 북한은 이러한 중대제안이 실현되면 이산가족 상봉을 비롯하여 남북관계에서 제기되는 크고 작은 문제들이 다 풀릴 것이라고 하는 등 여전히 정치·제도적 문제 우선 해결에 중점을 두고 있다.

5. 맺음말

북한은 장성택 숙청 이후 체제에 미칠 영향을 최소화하고 안정적인 환경을 조성하기 위해 2014년에는 적극적으로 남북관계를 개선하는 데 주력하기보다 남한의 대북 개입 및 영향을 최소화하려 할 것이다. 여기에는 오히려 남측이 조바심을 내 움직일 수밖에 없도록 하겠다는 의도도 포함되어 있다. 이는 지난해 강경정책이 체제 고립에 적지 않은 부담을 주었고 중국, 일본, 미국 등 주변국과의 관계 개선을 위해서는 남북관계 개선도 무시할 수 없다는 점을 인식한 데 기인한 것으로 볼 수 있다.

그렇다면 이러한 북한의 대남정책은 앞으로 어떻게 전개될 것인가? 기본적으로 북한은 당분간 외형적으로 강경한 자세를 유지하려 하겠지만, 사안별로 강온 전술을 반복해나갈 것으로 보인다. 기본적으로 대남 비난과 위협을 지속하면서 남북관계의 긴장 국면을 일정 부분 유지하는 가운데 자신들의 주장의 정당성을 알리고 남한을 압박하는 강온 전술을 지속해나갈 것으로 판단된다.

무엇보다 향후 북한의 대남정책은 대외정책과 적극적으로 연계하여 추진될 것이다. 특히 주목할 부분은 북한의 중국과의 관계다. 장성택 숙청은 중국에도 큰 충격을 주었다. 로열패밀리이자 실질적으로 2인자로 군림하던 장성택의 숙청은 북한 내부의 불안정을 적나라하게 반영한다는 점에서 중국 정부로서는 매우 당혹스러웠을 것으로 짐작된다. 특히 중국 정부로서는 장성택이 여러 차례 중국을 방문했고, 대내외적으로 친중파로 알려진 데다가 중국과의 이권사업에 깊이 관여했다는 점에서 장성택의 처형 이유로 알려진 부정부패, 이권 다툼 등에 마치 중국이 연루되어 있는 것처럼 언급되는 것에 불쾌감을 느꼈을 것이다. 다만 예상과 달리 북한이 서둘러 장성택 숙청 사건을 마무리하고 체제 안정을 강화했기 때문에 장성택 사건을 둘러싸고 현재 중국의 대북 태도에 큰 변화는 보이지 않는다. 그러나 북한의 안정을 최우선적으로 고려하는 중국의 입장에서 장성택 숙청 사건은 북한 불안정에 대한 기본적인 인식을 재확인한 것이고, 향후 중국은 북한에 대한 관여를 강화할 것으로 보인다. 장성택 사건 이후 중국이 더 북한을 주시하는 것처럼 북한의 입장에서도 중국과의 관계 회복을 위해 많은 시도를 하려 할 것으로 보인다. 따라서 최근 북한이 이산가족 상봉을 수용하고, 고위급 접촉을 제의한 것은 남북관계의 안정을 바라는 중국 측의 입장을 고려한 측면도 있다고 보인다.[37] 따라서 앞으로 북·중관계와 남북관계의 연계성이 더 커질 것으로 보인다.

대미관계에서는 미국의 대북정책을 감안할 때 북한은 전통적으로 추진해

---

37) 최근 중국 내 여론 동향은 북한을 자극하지 말고 중국처럼 개혁·개방을 유도해 안정화시켜나가는 것이 가장 현실적인 방안이라는 의견이 대다수다. 따라서 한미합동군사훈련이나 언론 등을 통해 북한을 자극할 경우 도발, 위협 반복 등 북한의 예측 불가능성을 증대시킬 것이기 때문에 이를 자제하는 것이 바람직하다는 것이다.

왔던 '통미봉남(通美封南)'의 전략에서 '통남후미(通南後美)' 전략을 당분간 유지할 것이다.[38] 이는 미국과의 직접 접촉이 불가능하기 때문에 남북관계를 '징검다리'로 해 대미협상을 시도하려는 우회적인 전략이라고 볼 수 있다. 이러한 맥락에서 2014년 북한은 남북관계를 일정 수준으로 유지하면서 북·미 고위급회담 제의, 케네스 배 석방 등의 사안을 통해 대미 접근을 위한 여건을 마련하고자 할 것으로 보인다. 현재 구체적인 징후는 없지만, 궁극적으로 미국의 주목을 끌기 위해 장거리로켓 발사, 제4차 핵실험도 고려할 것으로 판단된다.[39] 현재로서는 미국에 대한 비난과 구두 위협으로 일관하고 있다.

최근 특색 있는 점은 일본과의 대화 재개 움직임이다.[40] 아베 신조(安倍晋三) 정부로서는 납치자 문제 해결은 일본 국내적으로도 지지율을 끌어올릴 수 있는 좋은 계기가 될 수 있고, 북한도 미국과의 대화 재개나 남북관계 개선, 중국과의 관계 회복 등이 더딘 속도로 진행되는 상황에서 국제적인 고립을 벗어나기 위한 출구 전략이 될 수 있다. 또한 북·일 대화를 여타 다른 대

38) 북한은 6자회담 재개가 가시화되면 대남유화정책의 전개와 함께 남북관계 개선에 나설 것으로 예상된다. 그러나 남북관계 개선이 여의치 않을 경우 북·미양자회담과 6자회담에는 적극적으로 임하면서도, 남북관계는 강경정책으로 대응하는 '통미봉남' 정책으로 전환할 가능성도 있다. 김일기, 「김정은체제의 대남정책과 남북관계」, ≪글로벌정치연구≫, 제5권 제1호(2012), 135쪽.

39) 북한의 동해상 탄도미사일 발사에 대해 유엔 안보리에서 안보리 결의 위반을 지적하고, 규탄 성명을 발표할 것을 검토하자 북한 외무성은 성명을 통해 "유엔안전보장이사회가 공정성이 없이 미국의 각본에 놀아나 천만부당한 결의들을 잣대로 내들고 우리의 정정당당한 권리를 부정하고 있다"라고 비난하고, "미국이 이것을 또다시 도발로 걸고드는 경우에 대처하여 적들이 상상도 하기 힘든 다음단계 조치들도 다 준비되어 있다"라고 핵억지력을 더욱 강화하기 위한 새로운 형태의 핵실험도 배제하지 않을 것이라면서 4차 핵실험의 가능성을 시사했다. ≪로동신문≫, 2014년 3월 31일 자.

40) 북한과 일본은 지난 5월 말 스웨덴 스톡홀름에서 열린 북·일 외무성 국장급 협의를 통해 일본인 납치 문제 재조사와 일본의 대북 독자 제재를 해제하는 데 합의하고, 5월 29일 이를 발표했다.

화 동력의 자극제로 활용하는 측면도 간과할 수 없다. 다만 북한이 납치자 문제 자체에 소극적인 데다가 북핵문제 등으로 국교 정상화 교섭에는 한계가 있을 수밖에 없다. 또한 일본 정부로서는 대북제재 등 북한에 대한 일관된 정책 공조를 요구하는 한국·미국과의 관계도 무시할 수 없을 것이다.

이러한 상황에서 박근혜 정부는 북한의 최근 얼마간의 대남정책의 변화에 의문을 제기하고 있으나 더 적극적이고 진취적으로 남북관계를 개선해나갈 필요가 있다고 하겠다. 무엇보다 2013년 북한의 제3차 핵실험 이후 장성택 숙청과 현재까지의 국면을 거울삼아 새로운 남북관계의 비전을 정립하고 이를 실천해나가야 한다.

박근혜 대통령은 독일 순방 과정에서 '드레스덴 통일 구상'을 통해 향후 남북관계의 발전 방향을 제시했다. 이는 전체적으로 통일대박론을 실현시키기 위한 구체적인 내용을 제시한 것으로 평가된다. 이명박 정부 5년간 남북관계에 진전을 보지 못했던 이유는 북핵문제와 남북관계를 강하게 연계시켰기 때문이다. 중국이 북한의 안정을 지원하고, 일본이 독자적으로 대북 접근을 해나가는 상황에서 한반도 문제의 당사자인 우리가 상황을 주도할 수 있는 환경을 만들어나가야 하며 박근혜 정부가 더 적극적으로 나가지 않으면 지난 정부의 전철을 되밟을 수밖에 없다.

그리고 통일 문제를 던져놓은 이상 통일 준비에 대한 범국민적 지지 기반을 확대해야 할 것이다. 이를 위해서는 한반도 신뢰프로세스와 통일대박론의 추상성을 줄이고 더 체계화해나가야 할 것이다.[41] 한반도 신뢰프로세스

41) 북한은 박근혜 정부의 대북정책인 한반도 신뢰프로세스에 대해 '우리에 대한 철저한 적대시 정책'이라며 비난했다. 이어 "괴뢰패당은 자주통일과 평화번영의 이정표인 6·15 공동선언, 10·4 선언 등 북남선언의 이행에 대해서는 외면하고 있으며, 남북관계발전기본계획에도 북과 남이 이행하기로 합의한 서해평화협력특별지대 등의 문제들을 완전히 폐기해버렸다"라고 비난했다. ≪로동신문≫, 2013년 11월 4일 자.

는 대북정책으로서, 통일대박론은 통일정책으로서 양자를 잘 접목해야 할 필요가 있다. 특히 남북관계 개선과 북핵문제 해결이 전제되지 않은 통일 강조는 자칫 현실과 동떨어진 장밋빛 통일관만을 각인시킬 뿐이다. 따라서 북핵문제 해결과 남북관계 발전 계획을 담은 한반도 신뢰프로세스의 구체적인 실행 계획을 제시하고, 이와 병행하여 통일과 관련된 희망적인 담론과 메시지를 국민에게 제시해나가야 한다. 또한 통일준비론이 성공할 수 있기 위해서는 통일문제를 정치 쟁점화하려는 의도나 시도를 철저히 배제할 필요가 있다. 통일대박론이 북한의 불안정 상황과 결합될 경우 북한 붕괴론 및 흡수통일론으로 변질될 수 있다는 점을 늘 경계해야 한다.[42] 장성택 처형 이후 폭발적으로 분출된 박근혜 정부 통일론을 색안경을 끼고 바라보는 예가 이를 방증한다. 올해 선거철을 앞두고 남북관계와 통일 논의를 정치적으로 활용하려는 시도를 배격해나감으로써 우리 국민뿐 아니라 북한에 대한 우리의 진정성을 보여줄 필요가 있다.

마지막으로 중국과 미국을 잘 활용해나가야 하겠다. 남한의 대북정책뿐 아니라 북한의 대남정책도 중국과 미국, 일본 등 주변국과의 관계 아래 형성되고 있다. 최근 북한의 정책 형성에서 과거와 같은 '독불장군'식 대남·대외 정책은 찾아보기 어렵다. 제3차 핵실험과 장성택 처형 이후 국제적인 비난과 고립의 상황에서 북한은 더욱 주변국과 국제 사회의 눈치를 보게 될 것이다. 이러한 상황은 비교적 주변국들과 정책 공조를 이루어나가는 남한 입장

42) 현재 통일대박론은 통일에 대한 전망 제시만 있을 뿐 통일 과정에 대한 현실 인식과 방법론이 없다. 또한 화해·협력을 통한 점진적이고 단계적인 통일을 염두에 둔 것인지 북한의 붕괴 유도를 여전히 선택지에 넣고, 최종적으로 북한의 붕괴 및 흡수를 염두에 둔 통일인지가 명확하지 않다. 일부 국민은 화해·협력-남북연합-통일국가 건설이라는 단계적 통일이 현재 한국 정부의 공식적 통일 방안인데도, 모든 단계를 생략하고 통일만을 강조하는 것에 의문을 제기한다.

에서는 매우 긍정적인 레버리지다. 미국의 강력한 지원, 주변 전승국들의 이해와 보장 속에서 독일 통일이 달성되었듯이, 앞으로의 전개 양상은 남한의 외교력을 시험해볼 수 있는 중요한 바로미터가 될 것이다.

다만 여건이 그렇게 좋지는 않다. 지난 중국의 방공식별구역의 일방적인 선포는 미국의 아시아 재균형정책과 미·일 군사동맹의 강화가 대중 봉쇄정책이라는 중국 내 우려와 부정적 인식을 여실히 드러냈다. 크림반도 합병을 둘러싸고 발생한 미국과 러시아의 갈등도 당분간 지속될 것이다. 이런 상황에서 해양 세력으로부터의 완충 역할을 하는 북한의 전략적 가치는 더 증대될 것이다. 한일관계는 미국의 중재로 한·미·일 3국 정상회담까지 갔으나 봉합 국면으로 보기는 힘들다. 핵을 보유한 북한이 한·미·일-북·중·러 등의 신냉전체제로 편입될 경우 한반도 정세는 더 긴장되고, 통일은 더 어려워질지 모른다. 우리로서는 통일 한국의 미래 비전 아래 한미동맹을 더 강화하고 한중간 협력관계를 지속해나갈 필요가 있다. 역사나 정서 문제와는 별개로 안보와 통일 문제에서는 일본과 러시아의 적극적인 협력 또한 구해나갈 필요가 있다. 박근혜 정부는 한반도 신뢰프로세스와 동북아평화협력론, 나아가 통일대박론까지 모두 제시했다. 이러한 비전을 토대로 구체적인 전략을 마련하고 실행해야 한다.

참고문헌

1. 국내 문헌

김근식. 2013a. 「김정은체제 공식 출범 1년: 평가와 과제」. ≪한반도포커스≫, 제23호.

_____. 2013b. 「박근혜 정부 남북관계 평가: 신뢰형성의 원칙과 유연함이 필요」. ≪한반도포커스≫, 제25호.

김일기. 2012. 「김정은체제의 대남정책과 남북관계」. ≪글로벌정치연구≫, 제5권 제1호.

박형중·박영호·김동수. 2013. 『북한 3차 핵실험 이후 미국의 대북정책 논의』. 통일연구원.

양무진. 2008. 「대북 포용정책의 논리와 추진경과」. ≪통일한국≫, 3월호.

양문수. 2013. 「개성공단 사태와 남북경협」. ≪한반도포커스≫, 제25호.

이석기 외. 2012. 『2012년 북한경제 종합평가 및 2013년 전망』. 통일부 정책 용역 과제.

≪경향신문≫.

≪한겨레≫.

연합뉴스.

통일부 홈페이지(http://www.unikorea.go.kr).

Yang, Moo Jin. 2013. "The Changes and Prospects of North Korea's Policy toward South Korea of the Kim Jong Un Era." *2014 DPRK Country Report (Classified).* Seoul: KDI School & IFES.

2. 북한 문헌

김일성. 1968. 『김일성 저작선집』 제4권. 평양: 조선로동당출판사.

______. 1972. 『김일성 저작선집』 제5권. 평양: 조선로동당출판사.
김정일. 1997. 『위대한 수령 김일성동지의 조국통일유훈을 철저히 관철하자』. 평양: 조선로동당출판사.
______. 2000. 『김정일선집』, 제14권. 평양: 조선로동당출판사.
김태영. 2001. 『애국애족의 통일방안』. 평양: 평양출판사.
사회과학출판사. 1970. 『정치용어사전』. 평양.
장석. 2002. 『김정일장군 조국통일론연구』. 평양: 평양출판사.
허종호. 1975. 『주체사상에 기초한 남조선혁명과 조국통일론』. 평양: 사회과학출판사.
≪로동신문≫.
≪조선신보≫.
조선중앙방송.

지은이(가나다순)

곽승지

동국대학교 정치학 박사

중국 연변과학기술대학 교양학부 교수

주요 저서: 『조선족, 그들은 누구인가: 중국 정착 과정에서의 슬픈 역사』(2013), 『동북아시아시대의 연변과 조선족: 현실 진단과 미래 가치 평가』(2008), 『북한의 국가전략』(공저, 2003) 등

주요 논문: 「북중 접경지역의 통일 지정학적 가치 재조명: 조선족동포들의 역할을 중심으로」(2012), 「북한사회 미시연구를 위한 시론: 북중 접경지역 활용을 중심으로」(2010), 「북한 개혁개방의 정치 경제: 현상과 인식」(2008) 등

김갑식

서울대학교 정치학 박사

통일연구원 연구위원

주요 저서: 『북한지식사전』(2013), 『2000년대 대북정책 평가와 정책대안』(2012), 『북한이탈주민을 통해 본 북한주민의 언론과 사회에 대한 이해』(2011), 『김정일 정권의 권력구조』(2005) 등

주요 논문: 「속도전식 김정은 권력승계」(2013), 「시나리오 기법에 기초한 북한의 변화와 한국의 전략」(2012), 「남북기본합의서에 대한 북한의 입장」(2011), 「탈냉전기 동북아 질서와 북한의 남북관계에 대한 인식」(2010) 등

김근식

서울대학교 정치학 박사

경남대학교 정치외교학과 교수 겸 극동문제연구소 연구실장

주요 저서: 『대북 포용정책의 진화를 위하여』(2011), 『한국 현대정치외교의 주요 쟁점과 논의』(2009), 『남북한 비교론』(2006), 『남북한 관계론』(2005) 등

주요 논문: 「북한 실리사회주의의 추진과 좌절: 북한변화에의 함의」(2010), 「탈냉전과 한반도 평화 그리고 민주주의」(2010), 「한반도 통일과정의 정치동학: 독일 예맨 사례의 시사점」(2010), 「사회주의 체제전환과 북한 변화: 비교사회주의 관점에서」(2010)

박영자

성균관대학교 정치학 박사

통일연구원 연구위원

주요 저서:『북한변화 촉진 및 남북친화성 증진』(공저, 2014), 『김정은 정권의 대남 긴장조성』(2014), 『시장화 및 빈곤감소형 경제질서 수립』(공저, 2013), 『통일 이후 통합을 위한 갈등해소 방안』(공저, 2013), 『북한의 권력과 일상생활』(공저, 2013), 『북한 부패 실태와 반부패 전략』(공저, 2012), 『북한주민의 삶의 질: 실태와 인식』(공저, 2011), 『북한 시장 진화에 관한 복잡계 시뮬레이션』(공저, 2010) 등

주요 논문: 「김정은 체제의 통치행위와 지배연합」(2013), 「독재정치 이론으로 본 김정은 체제의 권력구조」(2013), 「체제변동기 북한의 계층·세대·지역 균열」(2012), "Cleavage in the North Korean System: Unstable Structure and Complexity" (2012), 「다문화시대 한반도 통일·통합의 가치 및 정책방향」(2012), 「남북관계 전략적 상호작용과 <남북기본합의서> 이행」(2011), "North Korean Gender Roles and Changes"(2010), 「북한 경제시스템의 복잡계 현상」(2010) 등

박형중

독일 마부르크(Phillips-Universitaet zu Marburg) 대학교 정치학 박사

통일연구원 선임연구위원

주요 저서: 『북한에서 국가재정의 분열과 조세 및 재정체계』(2013), 『북한 부패 실태와 반부패전략』(2012), 『북한 '변화'의 재검토와 대북정책 방향』(2010)

주요 논문: 「김정은 시대 북한의 정치와 경제의 동학」(2014), 「김정은 정권의 핵 및 대남정책 방향 진단」(2014), 「북한은 왜 붕괴도 개혁개방도 하지 않았을까?」(2013), 「북한의 '새로운 경제관리체계'(6·28방침)의 내용과 실행 실태」(2013)

서보혁

한국외국어대학교 정치학 박사

서울대학교 통일평화연구원 HK연구교수

주요 저서: 『북한인권: 이론 실제 정책』(개정판, 근간), 『유엔의 평화정책과 안전보장이사회』(2014), 『인간안보와 남북한 협력』(공저, 2013)

주요 논문: "The Militarization of Korean Human Rights"(2014), "Beyond Silence and Blaming: Revisiting South Korea's Role in North Korean Human Rights"(2013)

양무진

경남대학교 정치외교학 박사

북한대학원대학교 교수, 산학협력단장

주요 저서: 『북한의 딜레마와 미래』(2011), 『북한의 체제전환과 국제협력』(2009), 『남북한 관계론』(2005), 『북한 대남협상전략 유형』(2001) 등

주요 논문: 「북핵문제의 경과와 쟁점, 그리고 정책적 제언」(2013), 「선전선동 사례연구: 나치독일, 중국, 북한」(2011), 「주체사상과 선군사상: 지배이데올로기의 변화 가능성」(2008), 「제2차 북핵문제와 미북간 대응전략」(2007)

우승지

인디애나 대학교(Indiana University, Bloomington) 정치학 박사

경희대학교 국제학부 교수

주요 저서: 『북한 2032 선진화로 가는 공진전략』(공저, 2010), 『매력으로 엮는 동아시아: 지역성의 창조와 서울컨센서스』(공저, 2007)

주요 논문: 「탈냉전 시기 북한의 의존 네트워크 분석」(2014), 「제3의 길: 북한문제와 창조적 관여론」(2012), 「김정일 시대 북한의 국제관계론 이해를 위한 시론」(2007)

이기동

건국대학교 정치학 박사

국가안보전략연구원 책임연구위원

주요 저서: 『김정은체제의 변화전망과 우리의 대책』(공저, 2013), 『강성대국론의 허와 실』(2012), 『북한군의 기강해이에 관한 연구』(공저, 2011) 등

주요 논문: 「통일환경의 변화와 민족공동체 통일방안」(2014), 「통합자본으로서의 신뢰와 남북한 정치적 신뢰형성 방안」(2013), 「김정은 유일지도체계의 이행가능성에 관한 시론적 연구」(2012), 「북한의 노동당 규약개정과 권력구조」(2011)

장용석

성균관대학교 정치학 박사

서울대학교 통일평화연구원 선임연구원

주요 저서: 『북한사회변동 2012~2013』(공저, 2014), 『북한국제화 2017』(공저, 2013), 『DMZ가 말을 걸다』(공저, 2013), 『중국의 부상과 동아시아: 인식과 대응전략』(공저, 2012) 등

주요 논문: 「서해 북방한계선의 성격과 서해평화협력특별지대 재론」(2013), 「북·중관계의 성격과 중국의 부상에 대한 북한의 인식」(2012)

장인숙

이화여자대학교 북한학 박사

이화여자대학교 통일학연구원 연구위원

주요 저서: 『북한 인구의 동태적 및 정태적 특징과 사회경제적 함의』(공저, 2011)

주요 논문: 「김정은 시대 정치사회 변화와 북한주민 의식」(공저, 2014), 「1970년대 북한의 발전위기와 대중운동노선 재정립」(2011) 등

전미영

한국학중앙연구원 정치학 박사

이화여자대학교 통일학연구원 연구위원

주요 저서: 『김정일과 북한의 정치』(2010), 『북한의 학문세계』(2009), 『김정일의 북한, 어디로 가는가?』(2009), 『현대북한연구의 쟁점 2』(2007) 등

주요 논문: 「김정은 권력승계이후 북한 텔레비전 방송의 실태와 변화」(2012), 「사회변혁

기 북한지식인의 역할과 정치의식」(2011), 「북한의 사회문화적 환경 변화와 사상교양정책」(2011), 「북한에서의 남한연구 현황과 특징: 대북, 통일정책 분야를 중심으로」(2010)

정성장

파리10대학교 정치학 박사

세종연구소 수석연구위원 겸 북한대학원대학교 겸임교수

주요 저서: 『현대 북한의 정치: 역사·이념·권력체계』(2011)

주요 논문: 「김정은 정권의 당과 군부 파워 엘리트 변동」(2014), 「북한군 총정치국의 위상 및 역할과 권력승계 문제」(2013), 「중국과 북한의 당중앙군사위원회 비교 연구」(2011)

최대석

클래어몬트 대학교(Claremont Graduate University) 정치학 박사

이화여자대학교 북한학과 교수 겸 정책과학대학원장

주요 저서: 『남북한관계론』(공저, 2009), 『현대북한체제론』(공저, 2000)

주요 논문: 「북한내 비사회주의적 요소 확산실태 및 주민의식조사」(2010), 「주체사상의 재인식:형성과 확립, 그리고 쇠퇴」(2007) 등

황지환

콜로라도 대학교 볼더캠퍼스(University of Colorado, Boulder) 정치학 박사

서울시립대학교 국제관계학과 부교수

주요 저서: 『변환의 세계정치』(공저, 2012), 『한미관계론』(공저, 2012), 『한국외교정책: 역사와 쟁점』(공저, 2010), 『북한 2032: 선진화로 가는 공진정책』(공저, 2010)

주요 논문: "The Paradox of South Korea's Unification Diplomacy: Moving beyond a State-Centric Approach"(2014), 「김정은 시대 북한의 대외전략: 지속과 변화의 '병진노선'」(2014), "The Two Koreas after U.S. Unipolarity: In Search of a New North Korea Policy"(2013), 「오바마 행정부의 핵비확산 정책과 미국 의회」(2013), 「남북정상회담과 북핵문제: 한반도 리더십 변수의 재검토」(2013)

한울아카데미 1751
북한연구학회 연구총서 01
김정은시대의 정치와 외교: 선군인가, 선경인가

기획 | 북한연구학회
편저 | 우승지
펴낸이 | 김종수
펴낸곳 | 도서출판 한울
편집 | 신유미

초판 1쇄 인쇄 | 2014년 12월 4일
초판 1쇄 발행 | 2014년 12월 31일

주소 | 413-120 경기도 파주시 광인사길 153 한울시소빌딩 3층
전화 | 031-955-0655
팩스 | 031-955-0656
홈페이지 | www.hanulbooks.co.kr
등록번호 | 제406-2003-000051호

Printed in Korea.
ISBN 978-89-460-5751-7 94340(양장)
978-89-460-4933-8 94340(반양장)
978-89-460-4937-6(세트)

* 책값은 겉표지에 표시되어 있습니다.
* 이 책은 강의를 위한 학생용 교재를 따로 준비했습니다.
강의 교재로 사용하실 때에는 본사로 연락해주십시오.